Stefan Reintgen
Key Account Management –
Das Praxishandbuch B2B

Stefan Reintgen

Key Account Management – Das Praxishandbuch B2B

WILEY-VCH Verlag GmbH & Co. KGaA

1. Auflage 2017

Alle Bücher von Wiley-VCH werden sorgfältig erarbeitet. Dennoch übernehmen Autoren, Herausgeber und Verlag in keinem Fall, einschließlich des vorliegenden Werkes, für die Richtigkeit von Angaben, Hinweisen und Ratschlägen sowie für eventuelle Druckfehler irgendeine Haftung.

© **2017 Wiley-VCH Verlag & Co. KGaA, Boschstr. 12, 69469 Weinheim, Germany**

Alle Rechte, insbesondere die der Übersetzung in andere Sprachen, vorbehalten. Kein Teil dieses Buches darf ohne schriftliche Genehmigung des Verlages in irgendeiner Form – durch Photokopie, Mikroverfilmung oder irgendein anderes Verfahren – reproduziert oder in eine von Maschinen, insbesondere von Datenverarbeitungsmaschinen, verwendbare Sprache übertragen oder übersetzt werden. Die Wiedergabe von Warenbezeichnungen, Handelsnamen oder sonstigen Kennzeichen in diesem Buch berechtigt nicht zu der Annahme, dass diese von jedermann frei benutzt werden dürfen. Vielmehr kann es sich auch dann um eingetragene Warenzeichen oder sonstige gesetzlich geschützte Kennzeichen handeln, wenn sie nicht eigens als solche markiert sind.

Bibliografische Information der Deutschen Nationalbibliothek

Die Deutsche Nationalbibliothek verzeichnet diese Publikation in der Deutschen Nationalbibliografie; detaillierte bibliografische Daten sind im Internet über http://dnb.d-nb.de abrufbar.

Printed in the Federal Republic of Germany

Innenlayout: pp030 – Produktionsbüro Heike Praetor, Berlin
Cover: Christian Kalkert, Birken-Honigessen
Coverfoto: Biletskiy Evgeniy – fotolia.com
Satz: inmedialo UG, Plankstadt
Druck & Bindung:

Print ISBN: 978-3-527-50902-7
ePub ISBN: 978-3-527-81385-8
mobi ISBN: 978-3-527-81386-5

10 9 8 7 6 5 4 3 2 1

Inhalt

Vorwort		**9**
1	**Key Account Management: warum und wie?**	**11**
1.1	Kontext	11
1.2	Vorteile von KAM	13
1.2.1	Vorteile aus Kundensicht	13
1.2.2	Vorteile aus Lieferantensicht	14
1.3	Begrifflichkeiten	17
1.4	Wie Key Account Management gestalten	18
2	**Fit für Key Account Management**	**21**
2.1	Unternehmens- und Vertriebsstrategie	21
2.1.1	Unternehmensstrategie	21
2.1.2	Vertriebsstrategie	23
2.2	Kernkompetenzen und Ressourcen	25
2.3	Grundsätze	27
2.4	Kundenorientierung	30
2.5	Key Account Management Fitness-Check	31
3	**Ziele**	**35**
3.1	Ziele	35
3.2	Zielkunden für Key Account Management	37
3.2.1	Die richtigen Kunden auswählen – wo bewegen wir uns?	38
3.2.2	Die Verfahren	39
3.2.3	Würdigung der Verfahren	55
3.2.4	Praxisbeispiel	56
3.3	Key Account Management einführen	59
3.3.1	Was kommt da auf uns zu?	59
3.3.2	Initialisierung	61
3.3.3	Konzeption	66
3.3.4	Testing	70
3.3.5	Umsetzung	73
3.3.6	Verstetigung	75
3.3.7	Risiko Management	78
4	**Potentiale ermitteln und entwickeln**	**83**
4.1	Analyse für die Potentialermittlung	83
4.1.1	Key Account Steckbrief	84
4.1.2	Der Markt des Key Accounts	85
4.1.3	Kundenanforderungen an Lieferanten	89
4.1.4	Das Buying Center	97
4.1.5	Das eigene Geschäft mit dem Key Account	128
4.1.6	Informationsquellen	154

4.2	Key Account Entwicklung strategisch und operativ	155
4.2.1	Vision und Werte	155
4.2.2	Ziele	161
4.2.3	Strategie	164
4.2.4	Maßnahmen	171
4.2.5	Operative Ressourcen, Planzahlen	206

5 Menschen im Key Account Management — 209

5.1	Key Account Management organisieren	209
5.1.1	Einflussfaktoren	209
5.1.2	Gestaltungsmöglichkeiten	214
5.1.3	Rollen und Verantwortung im KAM	223
5.2	Das Key Account Team	227
5.2.1	Teamzusammensetzung und Struktur	228
5.2.2	Teamerfolg orchestrieren	233
5.3	Der Key Account Manager	238
5.3.1	KA-Manager Aufgaben	238
5.3.2	Vorbereitung und Weiterentwicklung	244
5.3.3	Entlohnung des Key Account Managers	247

6 Prozesse und Tools — 253

6.1	Prozesse	253
6.1.1	Key Account Verkaufsprozess	254
6.1.2	Key Account Plan Erstellungsprozess	257
6.2	Toolbox: Der Key Account Entwicklungsplan	260
6.2.1	Zweck	260
6.2.2	Anforderungen an den KAP	261
6.2.3	Aufbau des KAP	262
6.3	Key Account Jahresgespräche	265
6.4	Kundenzufriedenheitsanalyse	266

7 Ergebnissicherung — 269

7.1	Controlling	269
7.2	Balanced Scorecard	273
7.2.1	Hintergrund	273
7.2.2	Aufbau	275
7.2.3	Grundsätze und Nutzen	283
7.2.4	Implementierung der Balanced Scorecard	285
7.2.5	Gründe für das Scheitern	289
7.2.6	Die Balanced Scorecard im KAM	290
7.3	CRM	294

8	Quo Vadis KAM?		**297**
	8.1	Digitalisierung	*297*
	8.2	Führung	*298*
	8.3	Agilität	*299*

Literaturverzeichnis — **303**

Abbildungsverzeichnis — **305**

Tabellenverzeichnis — **307**

Der Autor — **309**

Stichwortverzeichnis — **311**

Vorwort

Key Account Management ist die Königsdisziplin – Champions League, Formel 1 – der Vermarktung. Wir haben es mit Kunden zu tun, die in ihren Märkten die Top-Player sind. Deren hohen Ansprüchen gilt es gerecht zu werden. Auch kennen unsere Wettbewerber die Märkte genau so gut wie wir und wollen bei eben diesen Kunden ihren Teil des Geschäftes haben. Folglich liegt die Chance für uns darin, bei diesen Kunden besser zu sein als die anderen Anbieter. So sichern wir uns einen höheren Teil des vorhandenen Potentials, zudem stärken wir unsere kompetitive Fitness zum Nutzen des gesamten Unternehmens.

So wird unmittelbar klar, dass gutes und richtiges Key Account Management Kernbestandteil der Unternehmensstrategie sein muss. Als Querschnittsfunktion betrifft KAM alle Funktionen im Unternehmen und braucht deren Mitwirkung.

Key Account Management im B2B-Geschäft auf den Punkt gebracht, ruht aus meiner Sicht auf drei Säulen:

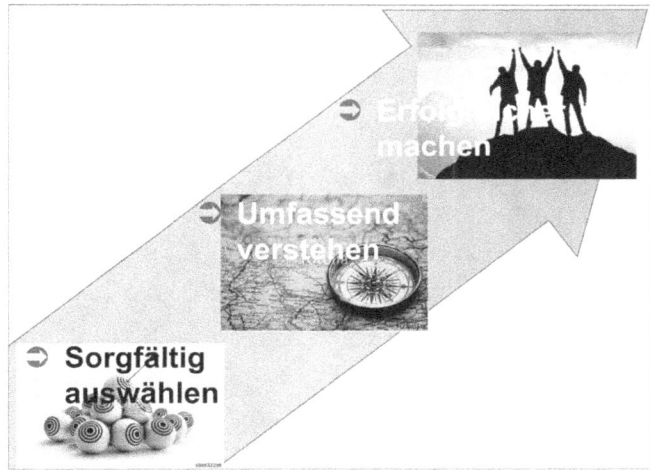

Abbildung 1:
B2B-KAM in a nutshell

Die drei Elemente bedingen sich gegenseitig. Nur die wirklichen Topkunden rechtfertigen eine herausragende Betreuung. Wie genau die aussehen soll, ergibt sich aus der umfassenden Kenntnis ihrer Märkte, Ziele, Anforderungen, Personen, etc. Erst dann lässt sich ein Leistungspaket schnüren, welches den Key Account in seinen Aktivitäten unterstützt und erfolgreicher macht.

Dies verlangt ein integriertes Konzept, welches Sie in diesem Buch kennenlernen werden. Es richtet sich an Entscheider und Praktiker gleichermaßen. Ob sie nun neuer oder erfahrener Key Account Manager sind, im Key Account Team mitwirken oder als Vertriebs-Geschäftsführer oder -Leiter die Bearbeitung Ihrer wichtigsten Kunden noch weiter professionalisieren möchten, Sie finden hier passende praxisorientierte Anregungen und Werkzeuge.

Als Praktiker habe ich Key Account Management betrieben und verantwortet, als Berater Kunden bei dessen Einführung und Zertifizierung unterstützt und es als Trainer vielen Teilnehmern vermittelt. Für alle Anregungen und Erkenntnisse sei meinen Ansprechpartnern hier herzlich gedankt. Ihnen allen, die Sie diese anspruchsvolle Disziplin praktizieren und perfektionieren wollen, wünsche ich gutes Gelingen!

Brüggen, 2017   Ihr Stefan Reintgen

Über Fragen und Anregungen freue ich mich. Kontakt: sr@prosalesacademy.com

1 Key Account Management: warum und wie?

Dieses Kapital zeigt Ihnen, dass Key Account Management unverzichtbar ist. Das beruht auf dem Kontext, in dem es stattfindet sowie den Vorteilen, die es sowohl für den Kunder als auch für den Lieferanten leistet.

Zwecks einheitlichen Verständnisses werden die Begrifflichkeiten hier anhand praxiserprobter und wissenschaftlicher Aussagen erklärt.

Wie Sie im beschriebenen Kontext die Vorteile für sich und Ihre Schlüsselkunden realisieren, zeigt Ihnen das Key Account Management Performance Konzept. Es dient als integrierter Leitfaden für den professionellen Aufbau und Betrieb Ihres Key Account Managements.

1.1 Kontext

Key Account-Management wird von unternehmens- und vertriebsstrategischen Überlegungen bestimmt. Es unterliegt aber auch gesamtwirtschaftlichen Einflüssen. Die Märkte verändern sich ständig. Geschwindigkeit und Intensität der Veränderungen variieren zwischen den Industriezweigen, es lassen sich aber einige Trends festhalten.

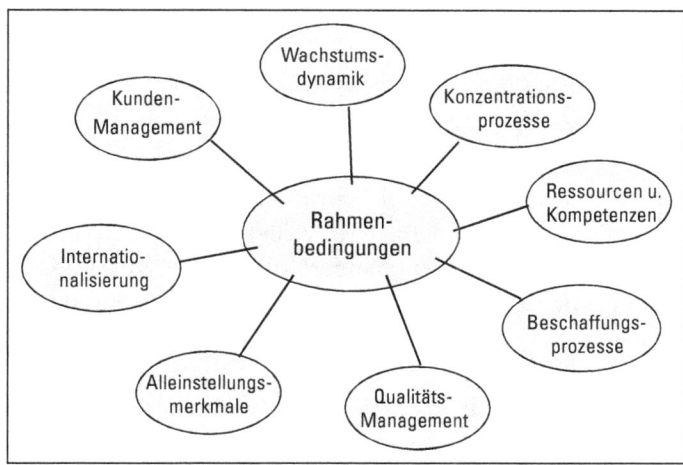

Abbildung 2: Rahmenbedingungen des KAM

Die Elemente im Einzelnen:

- **Wachstumsdynamik** und **Konzentrationsprozesse** führen dazu, dass die verbleibenden Kunden größer und damit wichtiger werden. Der Wettbewerb um die Bedienung dieser Kunden wird härter. In der Folge sind die Lieferanten gezwungen, entweder ihre Leistungen zu verbessern oder die Preise zu senken bzw. günstigere Konditionen einzuräumen.
- Viele Kunden fokussieren ihre **Ressourcen und Kernkompetenzen** und lagern Aufgaben, Funktionen, Bereiche oder ganze Unternehmensteile aus. Das eröffnet Chancen für denjenigen Lieferanten, der seinerseits von der Ausstattung

und den Fähigkeiten so aufgestellt ist, dass er für den Kunden in diesem Prozess zum Partner werden kann.

Professionalisierung von Funktionen und Prozessen

- Der **Beschaffungsprozess** der Kunden wird immer professioneller. Lieferanten werden regelmäßigen Bewertungen unterworfen. Die Nachfrage wird auf mehrere Anbieter verteilt, die so leichter austauschbar sind, Internetauktionen entpersonalisieren den Einkaufsvorgang und lösen Druck und Preiserosion aus. Die Loyalität der Kunden endet oft sehr schnell, wenn einer ihrer Wettbewerber günstiger anbietet. In bestimmten Industrien hingegen existiert bereits eine so intensive Verzahnung zwischen der Materialzufuhr vom Lieferanten zur Produktionskette des Kunden – z. B. bei just-in-time-Lieferung an das Montageband in der Automobilindustrie –, dass Zuverlässigkeit und Abstimmung zu dominanten Entscheidungskriterien werden.
- **Qualitätsmanagementsysteme** spielen in vielen Branchen eine große Rolle. Sie verlangen nicht nur vom Kunden konstante Anstrengungen, sondern auch die Lieferanten müssen sich den Anforderungen unterwerfen. Das beginnt schon bei der Zulassung als Zulieferer und setzt sich fort in regelmäßigen Audits.
- **Alleinstellungsmerkmale** von Produkten sind immer kurzlebiger. Deshalb müssen neben den Leistungsmerkmalen und der Qualität **Zusatznutzen** in Form von z. B. anwendungstechnischer Unterstützung oder anderer Dienstleistungen angeboten werden.

Dem Kunden begegnen, wo er uns braucht

- Die Kunden operieren in der Mehrzahl **international**. Mit zunehmender Größe, oder in Abhängigkeit von der Industrie bzw. Marktstufe, verlangen sie von ihren Lieferanten, dass sie in den gleichen Ländern präsent sind. Typisches Beispiel dafür ist die Automobilindustrie, die bei der Schaffung neuer Produktionsstandorte denjenigen Zulieferern, die sich mit eigenem Lager oder Produktion beim neuen Standort angesiedelt haben, bevorzugt behandelt. Aktuell passiert genau das in Mexiko. Audi, BMW und Mercedes bauen derzeit neue Kapazitäten auf, Zulieferer wie Bosch, Brose und Continental ziehen mit, eine ähnliche »japanische connection« läuft parallel.
- Sowohl auf Kunden- als auch auf Anbieterseite wirkt das **ökonomische Prinzip**. Das heißt, es gilt entweder mit einer gegebenen Ressourcenausstattung möglichst viel Erfolg zu erzielen oder ein angestrebtes Ergebnis mit möglichst wenigen Ressourcen. Das bedeutet für die Kundenbearbeitung, dass die Kräfte je nach Attraktivität der Kunden differenziert eingesetzt werden müssen.

Der Kontext bedeutet für Sie, dass Sie weniger, dafür größeren Kunden gegenüberstehen. Das ist zunächst eine gute Nachricht. Andererseits steigt die Komplexität der Kunden sowie die Anforderungen bezüglich der Produkt-, als auch der begleitenden Serviceleistungen. Damit einhergehend bauen Ihre Wettbewerber ihre Leistungsfähigkeit aus. Die Wettbewerbsintensität steigt.

Die Lösung erscheint zunächst denkbar einfach: den Kunden in seiner Gesamtheit erfassen und bearbeiten sowie differenzierten Nutzen anbieten. In der praktischen Umsetzung steckt die Herausforderung:

- Wie definiert sich Nutzen aus Kundensicht?
- Wie kann ich den anbieten?
- Was brauche ich dazu?

Professionelles KAM bietet Ihnen die Antworten.

1.2 Vorteile von KAM

In Gesprächen mit Kunden und Trainingsteilnehmern wird sehr häufig der Preis als das größte Konfliktthema mit Kunden genannt. Das scheint aus meiner Sicht überbewertet, besonders im KAM, da es wesentliche Vorteile für Kunde und Lieferant bietet.

1.2.1 Vorteile aus Kundensicht

Vereinfachung der Beschaffungsfunktion

Bei einer gut etablierten Zusammenarbeit zwischen Key Account und Lieferant erübrigt oder reduziert sich der Beschaffungsaufwand. Einkaufsprozesse können standardisiert und damit einfacher werden.

Qualitative und quantitative Vorteile

Maßgeschneiderte Lösungen

Aufgrund der detaillierten Kenntnisse der Anforderungen des KA und der Kompetenz im KA-Team kann der Lieferant passgenaue Lösungen anbieten.

Höhere Entscheidungsgeschwindigkeit

Mit dem Wegfall der Lieferanten- und Leistungsanalyse und bei Konzentration auf den »Key Supplier« kann die Beschaffungsentscheidung deutlich schneller getroffen werden.

Geringerer Erklärungsaufwand

Die Kenntnis der Anforderungen und Prozesse reduziert den Erklärungsaufwand. Darüber hinaus gibt es gerade bei den Unternehmen, die sich gerne als Key Accounts auf eine Partnerschaft einlassen, detaillierte Beschreibungen ihrer Anforderungen. Die Automobilindustrie und die Lebensmittelindustrie stellen solche Informationen ihren wichtigen Lieferanten zur Verfügung.

Fokus auf Kernaufgaben

Die beschriebene Vereinfachung erlaubt, in anderen Bereichen, in denen keine so gut ausgebaute Lieferantezusammenarbeit herrscht, Potentiale aufzuspüren und zu realisieren.

Lieferant wird zum Ideengeber, Berater

Als Quasi-Insider denkt der Lieferant mit, durch seine Kenntnis kann er seinerseits Vorschläge entwickeln oder als Gesprächspartner Ideen des Key Accounts kommentieren.

Lieferant übernimmt Zusatzleistungen

Unter dem Stichwort »Outsourcing«, d.h. nicht selber machen, sondern von außen zukaufen, kann der Key Account bestimmte Produkte oder Dienstleistungen auf den Lieferanten übertragen. Hierbei gibt es fast unendlich viele Möglichkeiten, von der Lagerhaltung (z.B. just-in-time Belieferung) bis hin zu Marketingaktivitäten, wie im Handel die Regalpflege.

Bessere Preise und Konditionen

Je größer und wichtiger der Key Account desto bessere Konditionen wird er durchsetzen können, vor allem bei Standardleistungen.

Potentielle Einsparungen:

Aus einer dauerhaften Zusammenarbeit erwachsen Einsparpotentiale. Allein die Planbarkeit und Stetigkeit der Belieferung bewirken Kostenreduktionen. Diese können über bessere Konditionen und Preise weitergegeben werden.

Aufwertung der Beschaffungsfunktion

Da der Key Account eine besonders hochwertige und intensive Betreuung erfährt, wird der Einkauf zur Informationsdrehscheibe und erfüllt in der Verzahnung mit dem Lieferanten strategische Funktionen, z.B. Einflussnahme auf die Leistungsgestaltung oder Forschungs- und Entwicklungsaktivitäten.

Bei einem meiner Global-Key Accounts habe ich erlebt, dass in der Zentrale besonderen Wert daraufgelegt wurde, von unseren Kontakten zu den verschiedenen Landesorganisationen zu erfahren. So konnten Trends frühzeitig berücksichtigt werden und mögliche Folgemaßnahmen mit ausreichendem Vorlauf geplant werden.

1.2.2 Vorteile aus Lieferantensicht

Kundenbindung

Bei gutem und wirkungsvollem Key Account Management hat der Kunde allen Grund, dem Lieferanten die Treue zu halten. Der Lieferant leistet Zusatznutzen, erleichtert die Arbeit des Key Accounts und steht als Partner zur Verfügung. Der Wert dieser Art von Zusammenarbeit ist auch für den Kunden unschätzbar. Sofern darin Kontinuität besteht, das Vertrauensverhältnis intakt bleibt, besitzt der Lieferant eine schwer angreifbare Position.

Cross- und Up-Selling-Potential

Mit fortschreitender Kenntnis des Kunden ergibt sich die Chance, weiteren Bedarf nach eigenen Leistungen zu ermitteln. Das können entweder ergänzend – Cross-Selling – oder höherwertig – Up-Selling – sein.

Einer meiner Kunden ist bei vielen seiner Kunden als Partner für SAP mit der Systemanalyse, Anpassung und Installation erfolgreich. Weitere Angebote sind CRM, Knowledge-Management und Prozessoptimierungswerkzeuge. Hier bietet sich ein großes Potential für Cross-Selling.

Empfehlungen, Referenzen

Der Austausch von (guten) Erfahrungen zwischen Anwendern und Interessenten ist höchst wirkungsvolle Werbung für Ihre Leistungen. So brachte z. B. *Die Sales Management Review* 5/2016 ein Interview mit einem Regionalverkaufsleiter, der Kundenreferenzen als »Case Studies« an potentielle Kunden weitergibt und sie als »wichtigstes Tool in unserem Werkzeugkasten« bezeichnet.

Key Account Ansprüche stärken die eigene Wettbewerbsfähigkeit

Die Ansprüche der Key Accounts erfüllen zu können, verlangt von allen Mitarbeitern, die mit den Key Accounts zu tun haben, überdurchschnittliche Leistung und Kundenorientierung. Das strahlt auf das gesamte Unternehmen aus. *Erfolgsfaktor Kundenorientierung*

Auch die Lieferung von speziell auf den Key Account zugeschnittenen Produkten und Dienstleistungen verlangt den Auf- und Ausbau von Kompetenzen, die anderen Kunden zugutekommen. Hierbei ist allerdings zu beachten, dass der Key Account einen Vorteil oder Vorsprung genießen muss, sonst stellt diese Leistung für ihn keinen Vorteil dar.

Informationsgewinnung

Key Accounts sind in ihren Märkten typischerweise in einer führenden Rolle. Damit haben und kreieren sie Informationen, die für die Entscheidungsfindung im eigenen Unternehmen relevant ist. Sofern die Zusammenarbeit so intensiv ist, dass gemeinsame Forschungs- und Entwicklungsaktivitäten betrieben werden, so können sich daraus konkrete Hinweise für die Ausrichtung der eigenen Strategie ergeben.

Leistungs- und Preisdifferenzierung

Bei Standardangeboten wird der Key Account aufgrund seiner Nachfragemacht günstigere Preise und Konditionen erzielen. Die bereits erwähnten maßgeschneiderten Lösungen sind exklusiv und damit nicht von einem Anbieter substituierbar. Damit besteht die Möglichkeit, Premiumpreise zu erzielen.

Leistungsdifferenzierung bietet Chancen, wenn bei genauer Kenntnis der Anforderungen des Kunden nicht benötigte Ausstattungsmerkmale ausgeschlossen werden und dadurch ein Kostenvorteil entsteht, der zwischen Lieferant und Kunden verteilt wird.

Eine in der Automobilindustrie verbreitete Praxis besteht in der Zusammenarbeit bei der Entwicklung ganzer Baugruppen, z. B. des Armaturenbretts. Lieferant und

Kunde übernehmen jeweils einen Teil der Entwicklungskosten, dafür wird der Lieferant mit entsprechenden Abnahmegarantien oder -Quoten »belohnt«, um ihm eine Rendite auf seine Investition zu ermöglichen.

Planbarkeit

Je weniger Pufferkapazitäten oder Lagerbestände vorgehalten werden müssen, desto geringer ist die Kapitalbeanspruchung und die damit verbundenen Kosten.

Gatekeeper-/Defender-Position

Als Gatekeeper wird derjenige bezeichnet, der den Zugang kontrolliert. Defender bezeichnet den etablierten Lieferanten, der seine Position gegen die Konkurrenz, die ihn aus dieser Position verdrängen will, verteidigen muss. Der aktive Lieferant besitzt einen Informationsvorsprung, bietet differenzierte Leistungen an, wird typischerweise als erster um ein Angebot gebeten, wenn er nicht schon von selbst eines abgegeben hat. Hinzu kommt der breitere und tiefere Kontakt zum Buying Center des Key Accounts.

Wenn dieser Vorteil nicht durch Fehler, Vertrauensbruch oder eine Innovation des Wettbewerbs zunichtegemacht wird, kann sich eine langanhaltende und für beide Seiten wertvolle Geschäftsbeziehung entwickeln.

Imagegewinn

Wie beschrieben handelt es sich bei den Key Accounts häufig um marktführende oder meinungsbildende Unternehmen. Diese als Lieferant zu bedienen kann als eine Bestätigung der eigenen Leistungsfähigkeit, Qualität und Zuverlässigkeit betrachtet und vermarktet werden.

> **Praxis-Tipp**
>
> Die Vorteile, die KAM bringen kann, beruhen fast alle auf guter Performance Ihrer Leistungen. Machen Sie es sich daher zur Angewohnheit, Ihren Kunden nach der Leistungserbringung nach seiner Zufriedenheit zu fragen.

> **Praxis-Tipp**
>
> Die KAM-Vorteile wachsen, je länger die Beziehung zum KA dauert. Entscheidende Zutat dafür ist Vertrauen. Werden Sie zum »Trusted Advisor«[1], in dem Sie Ihren Kontakten mit Kompetenz, Verlässlichkeit und Wertschätzung begegnen im vordringlichen Bestreben, dem Kunden zu helfen.

---

1 David H. Maister et al.(2004): *The Trusted Advisor*

1.3 Begrifflichkeiten

Key Account Management als Begriff ist im kommerziellen Umfeld inzwischen gut verankert. In einer Vielzahl von Unternehmen gibt es entweder dedizierte organisatorische Einheiten oder Key Account Manager und auf Kundenseite eben Key Accounts. Heißt das nun, dass Key Account Management ein »alter Hut« ist, umfassend verstanden und professionell praktiziert wird? Bei Weitem nicht. In Audits stoßen wir seitens der efkam, der European Foundation for Key Account Management, immer wieder auf große Verbesserungspotentiale. Selbst bei den Definitionen besteht Unklarheit.

Zu Key Accounts bestehen folgende Lehr- und Expertenmeinungen:

Noel Capon, Professor für Business und Marketing an der Columbia Universität in New York nennt Key Accounts »… your company's most important strategic asset«[2] (Capon – Key Account Management and Planning). Damit stellt er die Key Accounts über Mitarbeiter, Technologie, Finanzkraft usw.

Hartmut Biesel, Berater, Autor, efkam-Kollege, bezeichnet Key Accounts als die Kunden, »die zu verlieren sich ein Unternehmen nicht leisten kann«. (Biesel – Key Account Management erfolgreich planen und umsetzen). Damit stellt er auf den Beitrag dieser Kunden zur Zukunftsfähigkeit des Unternehmens ab.

In einem Kundenprojekt haben wir Key Accounts definiert als »sorgfältig ausgewählte Kunden, mit denen wir wichtiges und wiederholtes Geschäft haben. […] Sie liefern uns zusätzlichen Nutzen durch vertiefte Kenntnisse ihrer Anwendung, wodurch wir unsere Produkte und Services verbessern können.«

Es gibt eine Vielzahl weiterer Bezeichnungen für Key Accounts. Die amerikanische SAMA (Strategic Account Management Association) nennt sie Strategic Accounts. Mit Bezug auf übernationale Kunden finden sich Global Accounts oder International Key Accounts. Unabhängig von der Bezeichnung ist festzuhalten, dass es sich um eine ausgesuchte Anzahl handelt, die eine herausragende Bedeutung für Ihr Unternehmen hat.

Das Management dieser Kunden definieren Belz, Müllner und Zupancic so: »Key Account Management analysiert aktuell und potenziell bedeutende Schlüsselkunden des Unternehmens systematisch, wählt aus ihnen aus und bearbeitet sie wirksam. Dafür werden im Unternehmen die Voraussetzungen in Strukturen, Führung und Ressourcen aufgebaut und weiterentwickelt« (Belz/Müllner/Zupancic 2015, S. 27).

Hartmut Sieck definiert, dass »Key Account Management bedeutet, die eigenen, limitierten Unternehmensressourcen auf die wichtigsten Schlüsselkunden zu fo-

---

[2] »… der wichtigste strategische Vermögenswert Ihres Unternehmens.«

kussieren. Das heißt auch, Sie müssen bereit sein, andere (nicht Key Account Kunden) zu diskriminieren!« (Sieck 2016_1, S. 35).

Häufig findet sich der Bezug von Key Account Management zur Kundenorientierung. Dies ist sehr deutlich bei Sidow, der von Key Account Management als »institutionalisiertem Ausdruck von Kundenorientierung im ganzen Unternehmen« spricht. (Sidow 2002, S.52).

Im erwähnten Kundenprojekt haben wir definiert, dass »das Key Account Management alle Maßnahmen umfasst, die zur Ausschöpfung des im Key Account begründeten Nutzens liegen«, dazu gehört die Verantwortung für die Betreuung an allen Kundenstandorten.

Praxis-Tipp

Verschaffen Sie sich Klarheit darüber, was Key Account Management und Key Accounts für Sie bedeuten sollen. Je präziser Sie das definieren, desto leichter fallen die Folgeschritte, desto größer ist das »Buy-In« aller Stakeholder.

1.4 Wie Key Account Management gestalten

Die vorangegangenen Abschnitte haben deutlich gemacht, dass Key Account Management einen ganzheitlichen Ansatz braucht, um erfolgreich sein zu können. Dem dient das integrierte KAM Performance Konzept. Es umfasst alle Handlungsfelder für Einführung, Weiterentwicklung und Praxis Ihres KAM.

Die einzelnen Komponenten bedingen einander. Nur bei professioneller Gestaltung jedes einzelnen Elementes wird Ihr KAM die angestrebten Ergebnisse bringen.

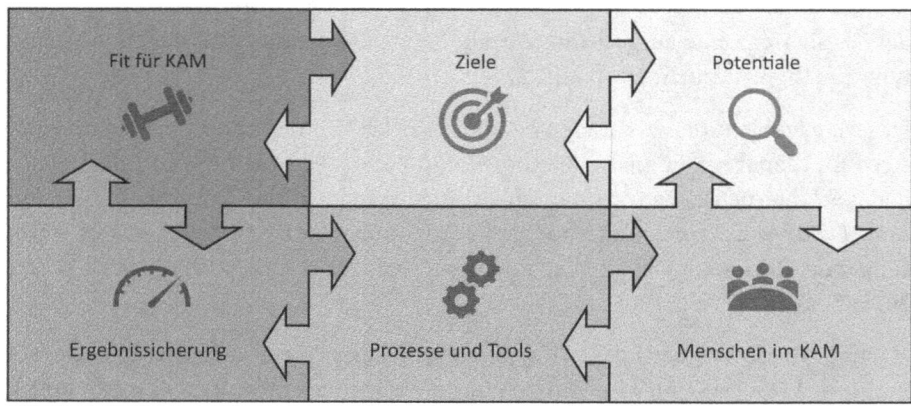

Abbildung 3: Das integrierte KAM Performance Konzept

Die folgende Übersicht zeigt Ihnen die Themen zu jedem Baustein:

Fit für KAM **Kap. 2**	**Ziele** **Kap. 3**	**Potentiale** **Kap. 4**
• Unternehmens- und Vertriebsstrategie • Kernkompetenzen und Ressourcen • Grundsätze • Kundenorientierung • KAM Fitness Check	• KAM-Ziele • Zielkunden für KAM • KAM einführen	• Analyse für die Potentialermittlung • KA Entwicklung strategisch und operativ
Ergebnissicherung **Kap. 7**	**Prozesse und Tools** **Kap. 6**	**Menschen im KAM** **Kap. 5**
• Controlling • Balanced Scorecard • CRM	• Prozesse • Toolbox • KA-Jahresgespräche • Kundenzufriedenheits-Analyse	• KAM organisieren • Key Account Team • Key Account Manager

Tabelle 1: Inhaltsübersicht zum Key Account Management Performance Konzept

Das Konzept verfolgt das Ziel, Ihnen einen Rahmen an die Hand zu geben, um zum einen eine Standortbestimmung vornehmen zu können. Zum anderen eröffnet es Ihnen Möglichkeiten, Ihr Key Account Management weiter zu entwickeln.

2 Fit für Key Account Management

Dieses Kapitel beleuchtet die Voraussetzungen, die ein Unternehmen erfüllen muss, um mit hoher Erfolgswahrscheinlichkeit Key Account Management ein- und durchzuführen. Die erste Weichenstellung findet auf der Ebene der Unternehmens- und Vertriebsstrategie statt.

Des Weiteren wird thematisiert, welche Grundsätze, Unterstützung und Ressourcen in der Anwendung geeignet sind.

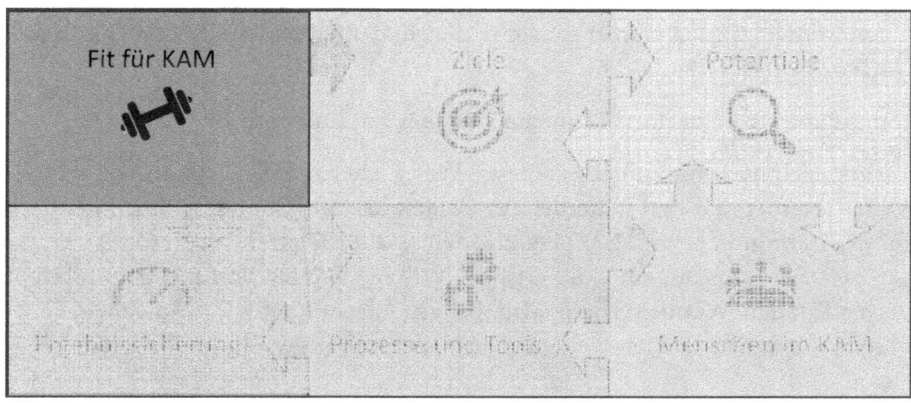

2.1 Unternehmens- und Vertriebsstrategie

2.1.1 Unternehmensstrategie

Die Unternehmensstrategie ist ein Gesamtwerk aus Vision, Mission, Werten, Zielen, Strategien, Positionierung, Fähigkeiten und Ressourcen. Sie beschreibt den Zweck des Unternehmens, setzt Leitplanken, macht Handlungsvorgaben und schlägt sich in der Planung konkreter Umsetzungsmaßnahmen nieder.

Vom Ende her denken

Der Bezugsrahmen ist das ganze Unternehmen in seinem Umfeld aus dem anvisierten Markt mit seinen Kunden und Wettbewerbern. Der Zeithorizont umspannt alle Aufgaben von der Zukunftssicherung bis zum operativen Geschäft.

Die Unternehmensstrategie markiert die Vorgabe für Geschäftseinheiten und Funktionsbereiche. Erstellung, Umsetzung und Aktualisierung der verschiedenen Strategieebenen müssen daher im Austausch erfolgen, damit Kohärenz hergestellt werden kann. Nur so lässt sich gewährleisten, dass das Unternehmen als Ganzes größtmöglichen Nutzen aus den externen und internen Faktoren generiert. Es geht letztlich um die Frage, wie kann ich als Unternehmen dauerhaft die sich mir bietenden Chancen und Risiken in meinen Zielmärkten mit den mir zur Verfügung stehenden begrenzten Fähigkeiten und Ressourcen optimal und fokussiert ausschöpfen?

Damit bewirkt eine Unternehmensstrategie drei Dinge:

- **Einbindung** und **Orientierung** der Mitarbeiter, indem sie aufzeigt, wohin die Reise geht und jeder seinen Beitrag für die Reisegruppe ermessen kann.
- **Ausrichtung** und **Planung** von Aktivitäten, was ist konkret zu tun, was zu unterlassen?
- **Ressourcenausstattung** für die Ausführung der Aktivitäten. Ressourcen sind knapp und damit ein »natürliches« Fokussierungshilfsmittel. Nur die Aktivitäten werden mit Ressourcen versorgt, die ein definiertes Mindestmaß an Ergebnis erwarten lassen.

Dem dienen die einzelnen Elemente in ihrem Zusammenspiel:

Vision: Helmut Schmidt hat geäußert: »Wer Visionen hat, soll zum Arzt gehen.« Viele Unternehmer und Unternehmenslenker haben sich offensichtlich dennoch für die Definition einer Vision entschieden, wie die Vielzahl an Veröffentlichungen zeigt. Es geht um ein Zukunftsbild. Wie möchte ich von meinen Stakeholdern – Kunden, Wettbewerbern, Mitarbeitern, Eigentümern, Öffentlichkeit, Fachkreisen – wahrgenommen werden? Die Vision soll begeistern, motivieren, inspirieren.

Mission: auch Unternehmenszweck. Sie proklamiert, warum Ihr Unternehmen am Markt ist, was Sie tun und wie. Oft sind hier die Werte enthalten.

Werte sind die Richtschnur für das Verhalten des Unternehmens bezogen auf die Mitarbeiter. Die Werte bestimmen die Kultur im Unternehmen, den »Geist« im Umgang mit z. B. Kollegen, Kunden, Lieferanten.

Ziele sind die verbindliche und präzise Vorgabe eines zu einem bestimmten Zeitpunkt zu erreichenden Endzustandes.

Strategie bezeichnet den Weg zum Ziel unter Berücksichtigung des eigenen Nutzenangebotes im Vergleich zum Wettbewerb.

Positionierung ist das Bestreben, das Angebot und Image des Unternehmens so zu gestalten und nach außen darzustellen, dass die Zielkunden erkennen können, wofür das Unternehmen im Vergleich zu seinen Wettbewerbern steht und so Interesse und Wertschätzung entsteht.

Fähigkeiten und **Ressourcen** sind das Fundament. Darauf baut die gesamte Unternehmensstrategie auf. Besonderes Augenmerk liegt auf den Kompetenzen, die Differenzierungspotential bieten und damit Alleinstellungsmerkmale ermöglichen. Eine solche »Unique Value Proposition« vereint die eigenen Kernkompetenzen und die darauf basierenden Spitzenleistungen, die vom Kunden erwarteten Nutzenbeiträge sowie die Unterscheidung vom Wettbewerb.

Die **Umfeldanalyse** bezüglich des Marktes lässt sich sehr strukturiert mit Capons PESTLE-Modell bewerkstelligen:

P	Political (Politisch)
E	Economic (Ökonomisch)
S	Social/Cultural (Sozial/Kulturell)
T	Technological (Techologisch)
L	Legal/Regulatory (Rechtlich/Behördlich)
E	Environmental (Ökologisch)

Tabelle 2: Umfeldanalyse mit PESTLE (Capon 2014)

> **Praxistipp**
>
> Im Strategieerstellungsprozess werden alle genannten Elemente berücksichtigt. Sofern Key Account Management – so wie es sein sollte – in Ihrer Unternehmensstrategie verankert ist, sind Sie als Key Account Manager in den Prozess involviert. Ihr Beitrag besteht darin, Erkenntnisse über Kunden, Bedürfnisse, Trends, Wettbewerbsaktivitäten einzupflegen, *bevor* die Unternehmensstrategie verabschiedet wird.

2.1.2 Vertriebsstrategie

Die Vertriebsstrategie folgt aus der Unternehmensstrategie und spitzt diese zu auf die Gestaltung und Ausführung der Vertriebsaktivitäten. Die Elemente einer Vertriebsstrategie zeigt die Abbildung 4.

Es wird deutlich, dass die Vertriebsstrategie vorgibt, bei Kunden, Kanälen, Leistungen und UVPs[3] eine Fokussierung vorzunehmen. Das erkennt an, dass das Unternehmen nicht alles für alle leisten kann, ohne sich zu verzetteln. Das hat Steve Jobs mit seiner Aussage »Deciding what not to do is as important as deciding what to do.« vollends bestätigt.

Die Vertriebsstrategie wird so zu einem kritischen Erfolgsfaktor. Sie weist den Weg, damit die richtigen Leistungen den dazu passenden Kunden auf dem richtigen Weg zu guten Preisen verkauft werden. Ohne Vertriebsstrategie herrscht Chaos, Preisdruck, Gewinnschwindsucht. Mehrere Studien haben das bestätigt.

---

[3] Unique Value Proposition = einzigartiges Nutzenversprechen

2 Fit für Key Account Management

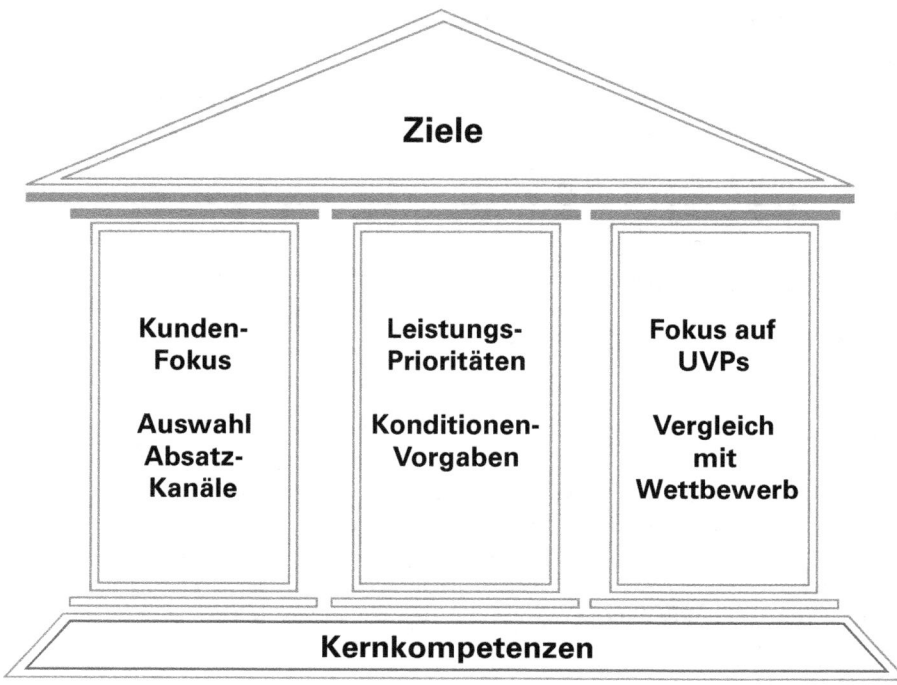

Abbildung 4: Vertriebsstrategie

Praxistipp

Stellen Sie, als Repräsentant Ihrer Key Accounts sicher, dass die Vertriebsstrategie beim Thema Kundenfokus klare Aussagen zum Key Account Management trifft. Achten Sie auch darauf, dass den Worten Taten folgen und differenzierte Leistungen mit attraktiven Nutzenangeboten zur Verfügung gestellt werden können.

Praxistipp

Sollten die vorangegangenen Aussagen Sie dazu veranlassen, nun eine Vertriebsstrategie zu formulieren, ist das eine gute Entscheidung. Üben Sie sich jedoch in der Erwartung an deutliche Ergebnisverbesserungen mit Geduld. Die Anpassung des Leistungsangebotes, Verbesserung der Kundenbeziehungen, Schaffung der Kernkompetenzen braucht Zeit. Dennoch: Sie sind auf dem richtigen Wege!

2.2 Kernkompetenzen und Ressourcen

Die Betrachtung der Ressourcen ist Gegenstand des Resource-based-View. Forschung, Lehre und Praxis hatten lange Jahre den Market-based-View, von außen nach innen, in den Vordergrund gestellt. Im Zusammenhang mit Überlegungen zur strategischen Unternehmensführung erkannte man, dass auch die internen Voraussetzungen der Leistungserbringung einer vertiefenden Untersuchung bedurften. Der Blickwinkel wechselte damit von außen nach innen. Inzwischen ist man zu der Einsicht gelangt, dass beide Betrachtungsrichtungen zusammengehören. Kompetenzen brauchen Ressourcen. Beides sind notwendige Voraussetzungen, um marktbezogene Ziele, Strategien und Maßnahmen umzusetzen.

Wie beantworten Sie für sich die Frage nach den Kernkompetenzen Ihres Unternehmens?

Was macht nun eine Kompetenz zur Kernkompetenz? Die beiden Erfinder des Konzeptes, Hamel und Pralahad, haben sie als »*...the skills that enable a firm to deliver a fundamental customer benefit*«[4] definiert. Hier steht also der Kundennutzen im Fokus. Eine interne Kompetenz wird also erst dann zur Kernkompetenz, wenn sie etwas Wertvolles beim Kunden bewirkt. Abbildung 5 verdeutlicht den Zusammenhang.

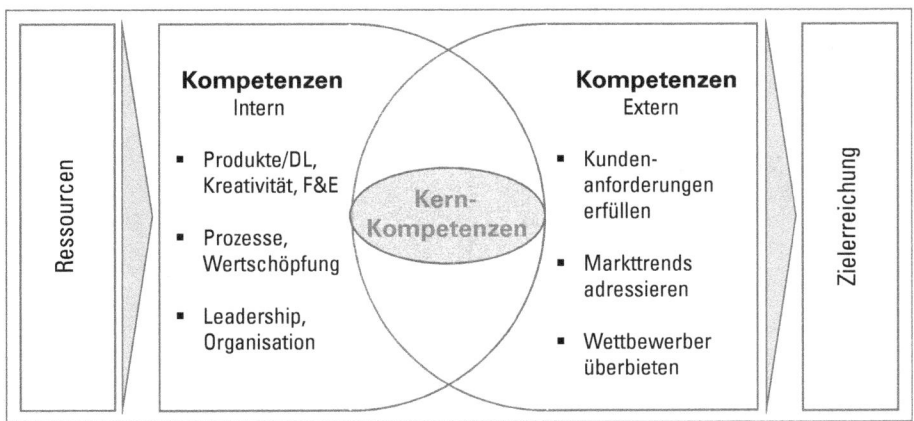

Abbildung 5: Kernkompetenzen

Ressourcen bedeuten per se noch keine Kompetenzen, sind aber die Basis dafür. Sander/Bauer (2006, S. 211) definieren so:

»*Ressourcen sind materielle und immaterielle Mittel, die benötigt werden, um wertschöpfende Aufgaben effektiv und effizient vollziehen zu können. [...] In den letzten Jahren sind die immateriellen Ressourcen ins Blickfeld getreten. Ihnen wird entscheidende Bedeutung für nachhaltigen Unternehmenserfolg beigemessen. Solche Ressourcen sind beispielsweise der Wissensbestand einer*

Ressourcenanpassung und Engpassfaktoren

---

[4] »... das Können, das ein Unternehmen befähigt, wesentlichen Kundennutzen zu stiften.«

Organisation, die Bündelung von Fähigkeiten zu Kernkompetenzen, eine spezifische Unternehmenskultur oder Marken.«

Wenn Kernkompetenzen und Ressourcen Gegenstand der strategischen Unternehmensführung sind, stellt sich die Frage nach deren Veränderbarkeit. Der Aufbau von Ressourcen kann bei Eigentümern in Form von Eigenkapital oder bei Finanzinstituten in Form von Fremdkapital realisiert werden. In beiden Fällen machen Entscheider an den Ressourcenquellen deren Gewährung davon abhängig, ob die damit zu unterstützende Strategie plausibel und erfolgversprechend ist. Bei konstanten Ressourcen besteht die Herausforderung darin, sie im Unternehmen so zuzuordnen, dass sie die größtmögliche Wirkung entfachen. Bereichsegoismen, Risikoaversion, schwache Entscheidungsbasis und Veränderungsresistenz behindern verbesserte Ressourcenallokation. Dagegen hilft nur ein solider Business Plan der Einheiten, die mehr Ressourcen brauchen.

Das Gleiche trifft im Key Account Management zu. Je sorgfältiger Sie bei der Key Account Auswahl vorgegangen sind, je gründlicher Sie den Kunden verstehen und je erfolgversprechender Ihre Key Account Entwicklungsziele, -Strategien und Maßnahmen sind, desto sicherer werden Ihnen die benötigten Ressourcen zur Verfügung stehen.

Dennoch bedarf es einer wichtigen Grundsatzentscheidung. Key Account Management lässt sich mit unterschiedlich hohem Aufwand betreiben. (siehe Abbildung 6).

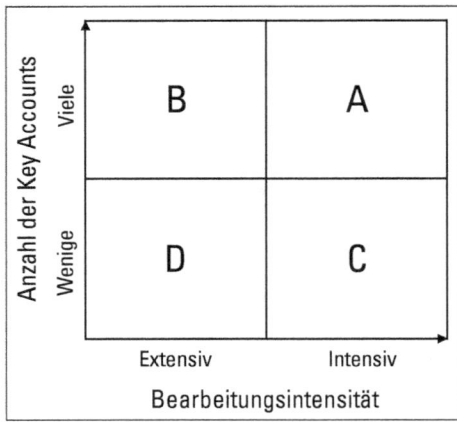

Abbildung 6: Aufwand im KAM

Mit den Dimensionen Anzahl der als Key Accounts und Bearbeitungsintensität ergibt sich eine Vierfeldermatrix. Die Bearbeitungsintensität in den Feldern B und D ist niedrig und intuitiv, organisatorisch wird sie typischerweise in Doppelfunktion ausgeführt. Hohe Intensität, Felder A und C, drückt sich durch umfassendes und individuelles, strategisch geplantes Management der Schlüsselkunden aus. Bei der Einführung von Key Account Management wird das zu berücksichtigen sein.

Kernkompetenzen sind nicht in Stein gemeißelt. Sie sind zwar oftmals Ausgangspunkt einer Geschäftsidee. Das, was Gründer besonders gut können und besonders gerne tun, wird zur Basis und verspricht Erfolg. Es findet im jeweils herrschenden Marktumfeld statt, welches jedoch Veränderungen unterworfen ist. Kernkompetenzen unterliegen also einem »Verfallsdatum«. Die Dauer und Vorteilhaftigkeit hängen von einigen Faktoren ab (siehe Tabelle 3).

Kern-kompetenz nutzenstiftend?	Kern-kompetenz selten?	Kern-kompetenz schwer zu kopieren?	Kern-kompetenz nicht zu substituieren?	Wirkung
NEIN				Nutzlos
JA	NEIN			Weder Vor- noch Nachteil
JA	JA	NEIN		Kurzfristiger Vorteil
JA	JA	JA	NEIN	Nischenvorteil
JA	JA	JA	JA	Dauerhafter Vorteil

Tabelle 3: Dauer und Vorteilhaftigkeit von Kernkompetenzen (in Anlehnung an Sander/Bauer)

Praxistipp

Sichern Sie sich den Zugang auf die für Ihre Key Accounts relevanten Kernkompetenzen. Sofern diese nicht ausreichen oder völlig fehlen, drängen Sie auf Bereitstellung von Ressourcen und Schaffung der benötigten Kernkompetenzen!

2.3 Grundsätze

Key Account-Management ist in vielen Unternehmen eingeführt worden, nicht immer mit dem erwarteten Erfolg. Daher sind einige Grundsätze zu beachten, welche nicht automatisch zu dem angestrebten Ergebnis führen, ohne die es aber nur eine äußerst geringe Chance dafür gibt. Die Abbildung 7 zeigt die Grundsätze im Überblick.

Key Accounts haben Vorfahrt

Die Key Accounts sind die wichtigsten Kunden und werden als Treiber des eigenen Fortschrittes gesehen. Sie werden deshalb vorrangig vor allen anderen Kundengruppen behandelt. Sie genießen die höchste Priorität und ihre Anforderungen werden zuerst erfüllt. Das Key Account Management hat Zugriff auf diejenigen Ressourcen, die es für seine Aufgaben braucht, z. B. Marketing, Produktmanagement, F&E, Logistik, Produktberatung.

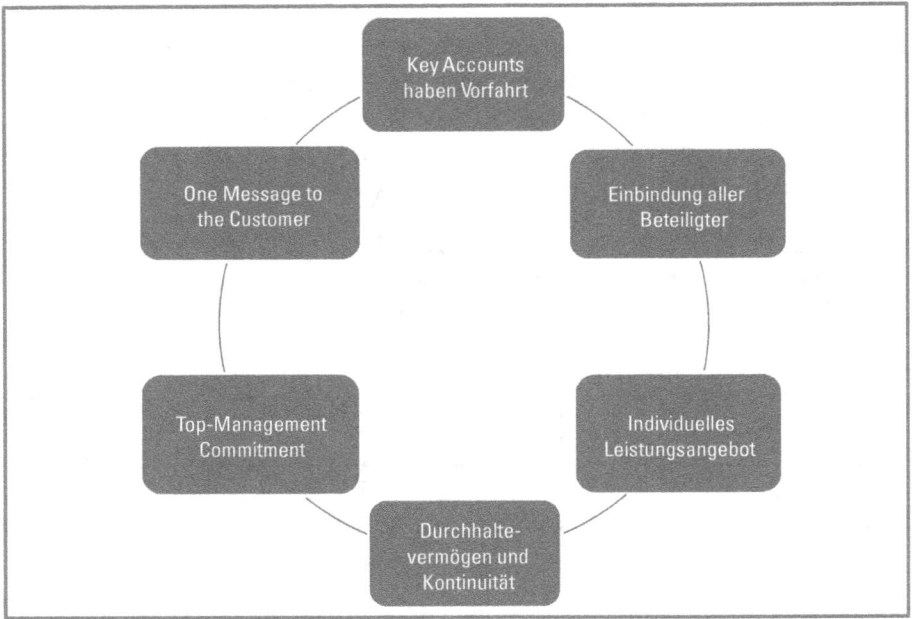

Abbildung 7: Grundsätze für Key Account Management

Praxistipp

Die Stunde der Wahrheit schlägt z. B. bei Warenknappheit. Wappnen Sie sich dafür, in dem Sie diesen Grundsatz schon vorher möglichst breit in der Organisation verankern.

Einbindung aller Beteiligten, Ausbau entsprechender Kompetenzen

Angesichts der Bedeutung der Key Accounts für das Unternehmen sind alle Funktionen und Mitarbeiter im Unternehmen für eine erfolgreiche und nachhaltige Geschäftsbeziehung mitverantwortlich. Auf Seiten des Key Accounts sind typischerweise mehrere Personen und Funktionen am Einkaufsprozess beteiligt. Sie bilden das sogenannte Buying Center (= Einkaufs-/Entscheidungsteam). Dem ist aufseiten des Lieferanten ein Key Account Team, auch Selling Center genannt, entgegenzusetzen, welches sachkundig und kompetent ist. In beiden Teams finden sich meistens die gleichen Funktionen, z. B. Logistik, F&E, QM wieder.

Individuelles Leistungsangebot, Partnerschafts- statt Massenmarketing

Aufgrund des Key Account Management Kontextes kann ein dauerhafter Erfolg beim Kunden nur auf individuellen Lösungen beruhen. Kundenorientierung statt Produktorientierung bedeutet, die Bedürfnisse, Wünsche und Erwartungen des Kunden als Ausgangspunkt aller Überlegungen zu wählen, anstatt auf das eigene Produkt oder die eigene Dienstleistung zu fokussieren.

Durchhaltevermögen und Kontinuität, Ressourceneinsatz

Nicht automatisch mit der Einrichtung von Key Account-Management stellt sich der große Erfolg ein. Der Prozess von Kundengewinnung bis zum Etablieren einer nutzbringenden und vertrauensvollen Zusammenarbeit braucht Zeit und Einsatz. Die Früchte der Arbeit wachsen langsam, sind dann aber umso lohnender.

Verantwortung im KAM ist Sprungbrett aber kein »Durchlauferhitzer«.

Kontinuität ist eine wichtige Voraussetzung für die Besetzung von Key Account Management Positionen. Das betrifft vor allem den Key Account Manager, aber auch die Mitglieder im Key Account Team. Da die Zusammenarbeit auf lange Dauer angelegt ist, Leistungen zum Teil maßgeschneidert werden, spielt gegenseitiges Vertrauen eine besonders große Rolle. Das lässt sich nur aufbauen bei personeller Kontinuität.

Topmanagement Commitment

Die Partnerschaft zwischen Key Account und (Key) Supplier (=Lieferant) umfasst alle Themen und alle Ebenen. Die »oberste Heeresleitung« sichert zum einen das Key Account Management in Unternehmens- und Vertriebsstrategie ab. Zum anderen ist sie die finale Entscheidungsinstanz, z.B. bei der Frage der Ressourcenzuordnung. Das schließt die Vermittlerrolle bei kontroversen Themen ein.

Im Umgang mit dem Kunden sind die obersten Führungskräfte ebenfalls gefordert. Das kann sich in regelmäßigen persönlichen Treffen auf Geschäftsleitungsebene äußern. Die Chance, dass Sie Zugang zum Chef des Kunden bekommen, ist signifikant höher, wenn Ihrer dabei ist. Die sogenannten Top-to-Top-Meetings heben den Austausch auf die konzeptionelle und strategische Ebene, können tiefere Einsichten und höhere Verbindlichkeit bringen sowie zusätzliche Ressourcen mobilisieren.

Praxistipp

Bereiten Sie Ihre »higher-paid intelligence[5]« auf jeden Fall gründlich auf das Gespräch mit Vertretern des Key Accounts vor. Sie ersparen sich viel Verdruss bis hin zu Gesichtsverlust.

One Message to the Customer

Die Wahrnehmung Ihres Unternehmens durch den Kunden soll in sich geschlossen sein. Der Kunde soll den Lieferanten als eine durchgängige Einheit erkennen. Das bezieht sich auf die Corporate Identity, z.B. Marke(n), Verpackungen, aber auch auf alle Ansprechpartner und die Nachrichten, die gesendet werden. Der Key Account Manager ist dabei grundsätzlich die zentrale Informationsdrehscheibe.

---

5 In USA gebräuchliche Bezeichnung für das (Top-)Management

2.4 Kundenorientierung

Kundenorientierung und Key Account Management hängen sehr stark zusammen. Kundenorientierung ist ein Wert, eine Grundhaltung, die nicht mehr das Produkt, die Positionierung und die Wettbewerber in den Fokus stellt, sondern den Kunden und seine Bedürfnisse. Sie manifestiert sich in der regelmäßigen, systematischen Erfassung und Analyse der Wünsche, Bedürfnisse und Erwartungen der Kunden sowie deren Umsetzung in Produkte, Dienstleistungen und Prozesse. Ziel dabei ist es, langfristig stabile und wirtschaftlich sinnvolle Beziehungen zu Kunden aufzubauen.

Das Ergebnis ist der erreichbaren Kundenwert, welcher die Gesamtheit aller Nutzenbeiträge des (Key-)Accounts für den Lieferanten umfasst. Der Weg dahin führt über Kundenzufriedenheit und -Bindung.

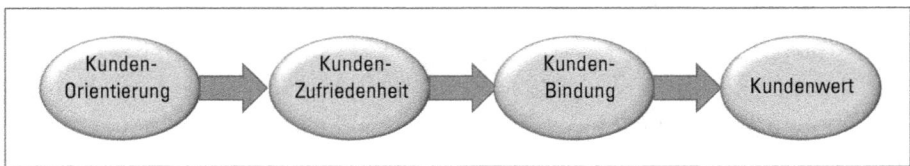

Abbildung 8: Wertkette der Kundenorientierung

Der Ursprung von Kundenzufriedenheit ist das Ergebnis eines Vergleiches der erwarteten und der erlebten Leistung. Erlebt der Kunde beim ersten Kauf, dass die tatsächliche Leistung mindestens entsprechend oder besser als erwartet eintraf, entsteht Zufriedenheit. Bei wiederholt entsprechender oder besserer Leistung wird aus einem Kunden ein treuer Kunde. Dessen Wert lässt sich über seine Beiträge ermitteln oder über eine Formel für den Customer Lifetime Value quantifizieren.

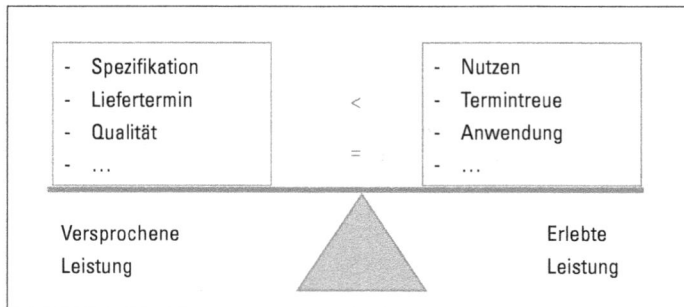

Abbildung 9: Ursprung der Kundzufriedenheit

Praxistipp

Bleiben Sie im Verkaufsgespräch realistisch. Erzeugen Sie nur die Erwartungen, die Sie auch erfüllen können. Besonders im Geschäft mit Key Accounts können Sie so die Chance auf eine langfristige vertrauensvolle Zusammenarbeit etablieren.

2.5 Key Account Management Fitness-Check

Ob Ihr Unternehmen fit für Key Account Management ist, liegt an vielen Faktoren, von denen die wichtigsten auf die Strategien, Ressourcen und Kernkompetenzen, Grundsätze und Kundenorientierung verdichtet sind. Den Menschen im KAM wird zusätzlich ein eigenes Kapitel gewidmet.

Für die beschriebenen Themen steht Ihnen hier ein Fitnesstest zur Verfügung. Ob Sie vor Einführung von Key Account Management stehen oder bereits »mitten drin« sind, der Test bietet Ihnen Anhaltspunkte für Stärken und Schwächen.

Key Account Management Fitness Check				
	Stimme nicht zu	Stimme z.T. zu	Stimme komplett zu	
Unternehmens- und Vertriebsstrategie	0 Pkte	1 Pkt	2 Pkte	Ansatzpunkte
1 Es gibt eine Unternehmensstrategie. Sie beruht auf fundierten Informationen, definiert smarte Ziele und ist umfassend kommuniziert.				
2 Für meinen Bereich gibt es eine Vertriebsstrategie mit soliden Annahmen, Zielen und Strategievorgaben. Sie ist allen Stakeholdern bekannt.				
3 Die Vertriebsstrategie gibt präzise Orientierung bezüglich der strategischen Schwerpunkte.				
4 Unternehmens- und Vertriebsstrategie enthalten klare Aussagen zur Bedeutung von Key Account Management.				
5 Es besteht eine Kultur, die das Key Account Management darin unterstützt, der Wichtigkeit der Schlüsselkunden gerecht zu werden.				
Ressourcen und Kernkompetenzen				
6 Kernkompetenzen werden regelmäßig auf ihre Relevanz für die Key Accounts hin überprüft.				
7 Kernkompetenzen werden kontinuierlich angewendet und weiterentwickelt.				
8 Das Umfeld wird kontinuierlich auf Imitationen oder Substitutionen von Kernkompetenzen beobachtet.				
9 Sofern Kernkompetenzen relevant für Key Accounts sind, werden sie bevorzugt mit Ressourcen ausgestattet.				
10 Die Ressourcenallokation wird regelmäßig anhand fundierter Erfolgskennzahlen definiert.				

2 Fit für Key Account Management

Key Account Management Fitness Check				
	Stimme nicht zu	Stimme z.T. zu	Stimme komplett zu	
Grundsätze	0 Pkte	1 Pkt	2 Pkte	Ansatzpunkte
11 Es gibt klare und belastbare Grundsätze für das Key Account Management. Sie sind bekannt und werden konsequent angewendet.				
12 Das Top-Management demonstriert die Wichtigkeit der Key-Accounts durch aktive eigene Beteiligung wie Kundenbesuche, Ressourcenzuteilung, Mitarbeiterförderung.				
13 Key Accounts erfahren eine umfassende Bearbeitung, inklusive individueller Leistungsangebote bis hin zur Verzahnung von Prozessen.				
14 Key Account Teams spiegeln Ansprechpartner und Anforderungen des Kunden und ziehen abteilungsübergreifend an einem Strang.				
15 Key Account Management ist auf Dauer angelegt, auch bei anfänglichen oder temporären Schwierigkeiten. Key Account Manager betreuen ihren Key Account mittel- bis langfristig.				
Kundenorientierung				
16 Kundenorientierung ist im gesamten Unternehmen verankert und wird gelebt.				
17 Kundenanforderungen der Key Accounts werden wiederkehrend erhoben und fließen in die Leistungsgestaltung ein.				
18 Key Accounts werden regelmäßig über die erlebte Leistung befragt.				
19 Aktivitäten für Key-Accounts werden mit höchster Priorität durchgeführt, andere erst danach.				
20 Der Kundenwert der Key-Accounts wird regelmäßig (min. 1 x p.a.) ermittelt.				
Ergebnis				

Tabelle 4: KAM Fitness Check

Auswertung: die mögliche Gesamtpunktzahl beträgt 40, pro Thema 10. Das liefert erste Hinweise, wo Sie gut aufgestellt sind und wo nicht. Das Gesamtergebnis entnehmen Sie der folgenden Tabelle:

Punkte gesamt	Bewertung	Empfehlung
31 – 40 Punkte	Hohe Erfolgswahrscheinlichkeit	Punktuell nachbessern
21 – 30 Punkte	Licht und Schatten	Mit Nachdruck an den nicht-erfüllten Themen arbeiten
0 – 20 Punkte	Große Herausforderung	Strategische Neuausrichtung anstoßen, hier hilft nur ein ganzheitlicher Ansatz

Sofern Sie Ihr Unternehmen in der Kategorie »Große Herausforderung« finden, bestehen Risiken für Ihr Key Account Management. Sollten Sie derzeit vor oder in der Einführung stehen, sollte von unternehmensstrategischer Seite eine unumstößliche Selbstverpflichtung gegeben werden.

Die Härte der Aussage ist mir bewusst. Eine solche Feststellung ist alles andere als erfreulich. Andererseits ist es noch weniger erfreulich, die Schlüsselkunden unangemessen zu bearbeiten, Unzufriedenheit auszulösen und die Kunden zu verlieren. Dann geht ihr Wert für das Unternehmen gegen Null, was eine weit schwerwiegendere Konsequenz ist.

Praxistipp

Sie können die Erkenntnis aus der Checkliste als Chance zur Verbesserung der Situation begreifen. Jetzt ist es an Ihnen, aktiv die entsprechenden Initiativen zu ergreifen. Ihre potentiell werthaltigsten Kunden werden es Ihnen danken.

3 Ziele

In diesem Kapitel erfahren Sie, welche Ziele es für das Key Account Management gibt. Des Weiteren werden Verfahren behandelt, die bei der korrekten Auswahl der Key Accounts und später bei deren Management eingesetzt werden können.

Sie werden qualitative und quantitative Methoden sowie deren Berechnungswege kennenlernen. Damit können Sie in Ihrer Praxis das für Ihre jeweilige Aufgabenstellung geeignete Verfahren auswählen.

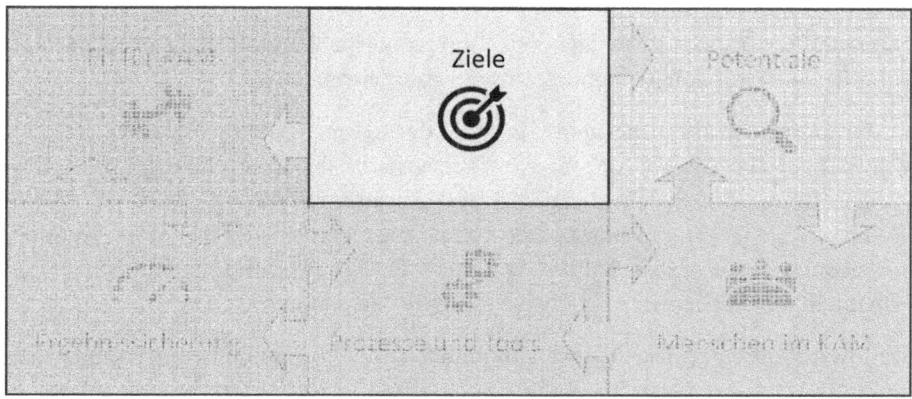

3.1 Ziele

Die Wichtigkeit von Zielen ist allgemein anerkannt. In der Praxis lässt sich jedoch häufig ein sehr laxer Umgang damit feststellen. Das äußert sich in der Vermeidung von Festlegungen, Maßnahmen statt Ziele, über- oder unterdimensionierte Zielgrößen und vieles mehr. Damit ist die Funktion eines Zieles, nämlich als präzise Richtschnur für das Umsetzungshandeln zu dienen, nicht erfüllt. Ist Ihnen eines der obigen Phänomene auch schon begegnet?

Die folgenden Zieldimensionen dienen als Basis, für Ihr eigenes Key Account Management konkrete Ziele zu definieren: **Zieldimensionen, Beispiele**

- Ausschöpfung und Ausbau von Wachstums- und Gewinnpotentialen,
- Kundenzufriedenheit,
- Angebot von kundenspezifischem Nutzen,
- Stärkung der eigenen Position,
- vertrauensvolle, kooperative Beziehungen zu den Ansprechpartnern,
- einfache, möglichst verzahnte Prozesse,
- Einsatz und Weiterentwicklung aller notwendigen Kernkompetenzen.

Als Hilfsmittel für die Übersetzung dieser Dimensionen in richtungweisende Ziele möge Ihnen die immer noch wirksame SMART-Regel dienen:

S	Spezifisch
M	Messbar
A	Attraktiv
R	Realistisch
T	Terminiert

In einem Key Account Management Einführungsprojekt sahen die Zielformulierung bezogen auf einen Zeithorizont von drei Jahren so aus:

- Verdoppelung des bisherigen Umsatzes der definierten Key Accounts,
- Systematische Integration der Key Accounts in den Innovationsprozess, Etablierung mindestens einer »Lead User«[6]-Zusammenarbeit,
- Share of wallet[7] von mindestens 25 % über die Gesamtheit der Schlüsselkunden,
- Ausnutzung des Cross-Selling[8]-Potentials für alle Produktlinien zu 100 %,
- Aufbau der Wahrnehmung als bevorzugter Lieferant.

Dahinter steht eine Vielzahl an Maßnahmen, Investitionen und ein ständiger Verbesserungsprozess. Nach inzwischen zwei Jahren ist die Zielerreichung auf einem guten Weg. Die Umsatzverdoppelung ist in greifbarer Nähe, share of wallet erscheint machbar, Cross-Selling wird etwas länger in Anspruch nehmen. Bei der Integration in den Innovationsprozess hat man sich zunächst auf einen Lead User fokussiert, angesichts der Intensität dabei reicht das hin. Die Kundenbeziehungen haben sich bei fast allen Key Accounts zu einem vertrauensvollen Verhältnis entwickelt.

Praxistipp

Die Key Account Management Ziele gehen aus Unternehmens- und Vertriebsstrategie hervor. In der Phase der Strategiefindung bzw. -Aktualisierung hat die organisatorische Einheit Key Account Management die Pflicht und Chance mitzuwirken. So können die richtigen Weichenstellungen für die strategischen Leitplanken so vorgenommen werden, dass die KAM-Ziele erreicht werden können.

---

6 Anwender, die ein Bedürfnis erkannt haben, für das es noch keine Lösung auf dem Markt gibt, und die deshalb selbst aktiv danach suchen bzw. daran arbeiten.
7 Lieferanteil: der Teil der Kundenausgaben, die ein Lieferant bedient. Je nach Analyseziel kann die Bezugsgröße variieren, z. B. Gesamtausgaben, bestimmte Produktgruppen etc.
8 Querverkauf von zusätzlichen Leistungen des Lieferanten zur Ergänzung des bisherigen Angebotes mit dem Ziel der Kundenbindung und Steigerung des Lieferanteils.

> **Praxistipp**
>
> Als Key Account Verantwortlicher erreichen Sie deutlich höheres Buy-in aller Beteiligter an der Kundenbearbeitung, wenn Sie die Bedeutung des jeweils eigenen Wirkens als Beitrag zu den in der obersten Strategieebene definierten Zielen erkennen. Machen Sie also transparent, wie KAM-Ziele mit Unternehmens- und Vertriebsstrategie im Einklang stehen.

3.2 Zielkunden für Key Account Management

Key Accounts sorgfältig auszuwählen ist Voraussetzung dafür, dass Key Account-Management gut funktionieren kann. Auch die positive Wahrnehmung und Unterstützung aller Beteiligten hängt davon ab. Somit ist die richtige Auswahl ein Erfolgsfaktor.

Fokus, nicht alles für alle!

Es geht darum, diejenigen Kunden, die das höchste Potential bieten, herausragend zu betreuen und dauerhaft zu binden. Diese Art der Bearbeitung ist besonders aufwendig. Um eine akzeptable Balance zwischen Bearbeitungsaufwand und Ertragspotential zu gewährleisten, muss die Anzahl auf wenige ausgesuchte Topkunden limitiert werden.

Die anderen Kunden werden selbstverständlich auch verlässlich und gut betreut, jedoch weniger intensiv und nicht individuell. Bei unpräziser Auswahl sind falsche Ressourcenallokation und suboptimale Ergebnisse zu erwarten.

In einem Beratungsprojekt habe ich erlebt, dass die Top-Ten-Kunden im Umsatz als Key Accounts definiert wurden. Mit der Frage nach den Folgen, wenn Kunden Nr. 11 den aktuellen 10. überholen würde, war deutlich, dass diese Auswahl ihre Schwächen hatte.

Das genannte Beispiel weist auf einen weiteren wichtigen Aspekt der Key Account Auswahl hin: Verändert sich die Zusammenarbeit mit einem Key Accounts derart, dass er die Auswahlkriterien nicht mehr erfüllt, entsteht Handlungsbedarf. Wird Ihr intensiver Bearbeitungsaufwand beispielsweise nicht mehr durch Aufträge honoriert, sollten Sie mit dem Kunden eine angepasste Vorgehensweise vereinbaren. Das kann bedeuten, dass er zukünftig wie jeder andere mittlere oder kleine Kunde betreut wird. Die dadurch frei gewordenen Kräfte stehen Ihnen dann für andere Potentiale zur Verfügung.

3.2.1 Die richtigen Kunden auswählen – wo bewegen wir uns?

Zunächst sollten Sie Ihr »Spielfeld« abstecken:

Gesamtunternehmen oder bestimmte Geschäftseinheit:

Je größer oder unterschiedlicher die Geschäfts- oder Produkteinheiten sind, desto differenzierter sind Kunden, Anforderungen und Märkte der Kunden. Key Account Management als ganzheitlicher Ansatz kann sinnvoll sein, wenn eine homogene Kundensituation mit den eigenen Kernkompetenzen wirkungsvoll zu bedienen ist. Ist das nicht der Fall, wird die Key Account Auswahl für jede Einheit nach einem gesonderten Verfahren vorgenommen werden.

Denken Sie an Beispiele wie Bayer, die von Alion (Herbizid) bis Zelnate (Tiergesundheit) einen Bogen über globale Anwendungen und Kunden spannt. Auch KMUs mit großer Bandbreite brauchen vor der endgültigen Key Account Auswahl ein genaues Bild des Bezugsrahmens.

Lokal – regional – global

Die Komplexität nimmt überproportional zu, je größer das Territorium ausfällt. Das regulatorische, tarifäre, kulturelle und kommunikative Umfeld stellt Sie vor besondere Herausforderungen. Ich begegne immer noch einer Mehrzahl von Kunden, die zwar ein gut funktionierende nationales Key Account Management betreiben, aber ihre PS nicht auf die internationalen Straßen bringen können.

Absatzkanäle

Kürzlich wunderte sich ein Kunde während der Auftragsklärung darüber, dass nicht nur Industriekunden, sondern auch (Groß-)Händler Key Accounts sein können. Entscheidend ist die Zielsetzung, die in Unternehmens- und Vertriebsstrategie festgelegt sind und die Bedingungen, die im Zielmarkt herrschen. So läuft in der Bauzulieferindustrie der Absatz zu einem großen Teil über Großhändler. Daneben werden auch Direktabnehmer bedient, die parallel z. B. Kleinmengen- oder Lagerkäufe bei Händlern tätigen.

Kundenbesonderheiten

Kunden, die zentrale Einkaufsentscheidungen treffen oder unternehmensweite Spezifikationen definieren und »Haus- und Hof-« Lieferanten zulassen, eignen sich eher als Key Accounts als solche, die atomisiert und unkoordiniert an jedem Standort selbst entscheiden. Hier bietet sich der Flächenvertrieb bzw. automatisierte Plattformen als effizientere Methode an.

Dieser Filtervorgang lässt sich um weitere Schritte ergänzen. Das gilt z. B. wenn Ihre spezifische Situation absolute Killer- oder Sine-qua-non-Kriterien verlangt. Das Ergebnis ist eine Vorselektion, der eine Feinauswahl folgt.

> **Praxistipp**
>
> Seien Sie in der Aufbauphase Ihres Key Account Managements eher restriktiv bei der Zahl der Schlüsselkunden. Ein Aufbau nach einer Lernphase ist durchaus sinnvoll. Denkbar ist auch eine Pilotphase mit sehr wenigen Key Accounts oder in einer kleineren Geschäftseinheit.

In der Feinselektion spielt der Umsatz als Auswahlkriterium immer eine Rolle. Zumal diese Information auf Kundenebene leicht zu ermitteln ist. Des Weiteren ist es naheliegend, die umsatzstärksten Kunden zunächst einmal in die weiteren Überlegungen mit einzubeziehen. Denn die Absicherung der davon abhängigen Absatzmengen, Umsätze, Deckungsbeiträge, Kapazitätsauslastungen ist unverzichtbar. **Nicht nur vom Umsatz allein...**

Daneben sind für die intensive Bearbeitung weitere Aspekte wichtig, z. B. ob diese Kunden kooperativ sind, zu meinem Unternehmen passen, ob mein Leistungspotential zum Kunden passt, ob der Kunde profitabel ist, ob Übereinstimmung in strategischen Fragen besteht, welche Perspektive Kunde und Lieferant sich gegenseitig bieten können. **... sondern von einer Vielzahl an Kriterien**

Um alle diese Fragen zu berücksichtigen werden verschiedene Verfahren zum Einsatz kommen. Sie sollen sich ergänzen, dabei verlässlich, nachvollziehbar, transparent und mit angemessenem Aufwand ausführbar sein.

3.2.2 Die Verfahren

Zur Kundenauswahl können Sie verschiedene Verfahren anwenden:

- *ABC-Analyse*: Die Kunden werden in A-, B- und C-Kunden eingeteilt anhand ihres Umsatzes oder Deckungsbeitrages.
- *Kundendeckungsbeitragsrechnung*: Für jeden Kunden wird aus Umsatz und variablen Kosten ein Deckungsbeitrag ermittelt.
- *Scoring-Verfahren*: Bewertung der Transaktionen mit dem Kunden nach einem »Bonus-Malus« System.
- *Portfolio-Technik*: In zwei Dimensionen wie z. B. »Attraktivität« und »Zusammenarbeit« werden Kunden in einem Portfolio abgebildet.
- *Customer Lifetime Value*: Wertbeitrag eines Kunden für das Unternehmen über dessen Kundenlebenszyklus hinweg.

Zur Erinnerung: die Anwendung dieser Verfahren verfolgt das Ziel, eine differenzierte Kundenbearbeitung vorzunehmen und nach dem Grundgedanken von Investitionen die Ressourcen dort einzusetzen, wo das relativ höchste Ertragspotential steckt.

3.2.2.1 Die ABC-Analyse

Anhand ihres Umsatzes werden die Kunden in der ABC-Analyse in drei Gruppen eingeteilt:

- A-Kunden: die Top-Kunden,
- B-Kunden: das »Mittelfeld«,
- C-Kunden: Kleinkunden.

Die ABC-Analyse für Kunden basiert meistens auf dem Umsatz, in wenigen Fällen auf Deckungsbeitrag. Aus der Ermittlung der drei Kundengruppen wird abgeleitet, vorrangig den A-Kunden Zeit und Geld zu widmen.

Die C-Kunden werden weniger intensiv betreut, z. B. nicht mehr persönlich besucht oder an einen Absatzmittler oder Call Center abgegeben. In eigener Praxiserfahrung habe ich erlebt, dass für die abzugebenden Kunden eine einfache qualitative Einschätzung möglich war, welche Kunden das Potential hatten, nicht abgegeben zu werden.

Im folgenden Bild sehen Sie die graphische Darstellung einer ABC-Analyse. Hier wurden die Kunden, die 80% des Umsatzes auf sich vereinigen, als A-Kunden klassifiziert. Es sind dies 20% der Kunden, womit diese Analyse der Pareto-Regel 80:20 folgt.

Vilfredo Pareto (1848-1923) hatte die Einkommensverteilung in mehreren Ländern untersucht und herausgefunden, dass 20% der Bürger 80% des Einkommens erzielten. Ähnliche Verteilungen habe ich bei Produkten und Deckungsbeitrag sowie Kunden und Umsatz in der Praxis regelmäßig angetroffen.

Die ABC-Analyse ist leicht und schnell anwendbar. Sie hat allerdings eine Schwäche. Sie untersucht nämlich nur eine Dimension, hier den Umsatz der Kunden. Damit ist noch nichts über die Ertragsstärke der Kunden ausgesagt. Schlimmstenfalls kann Ihnen sogar passieren, dass die umsatzstärksten Kunden so gute Preise und Konditionen verhandelt haben, so viele »Extrawünsche« erfüllt bekommen, dass Ihre Rentabilität geringer als bei B-Kunden ist. Eine Darstellung aus einem Projekt illustriert dies (siehe Abbildung 11).

Nicht jeder A-Kunde ist profitabel

Eine Verteilung von 80/20 wie im Beispiel kann unter bestimmten Gegebenheiten riskant sein. Wenn alle A-Kunden im gleichen Markt tätig sind und in diesem Markt eine unvorhergesehene Verschlechterung eintritt, dann ist Ihre Risikostreuung nicht ausreichend, um den drohenden Verlust auszugleichen. Die Automobilzulieferer mussten das leidvoll erfahren in der Finanz- und Wirtschaftskrise ab 2008.

Dennoch kann trotz ihrer Einfachheit – oder vielleicht gerade deswegen – die ABC-Analyse der Ausgangspunkt für weitergehende Untersuchungen sein wie Abbildung 12 zeigt.

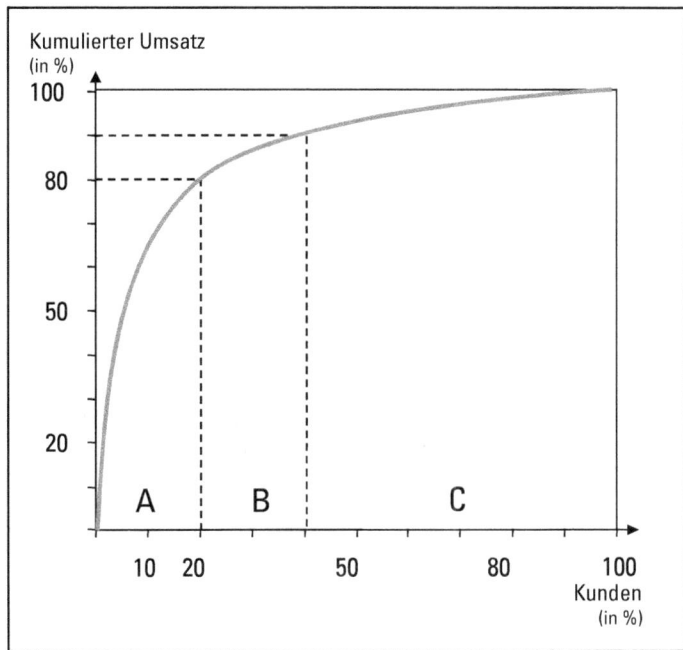

Abbildung 10: Die ABC-Analyse zur Kundenauswahl

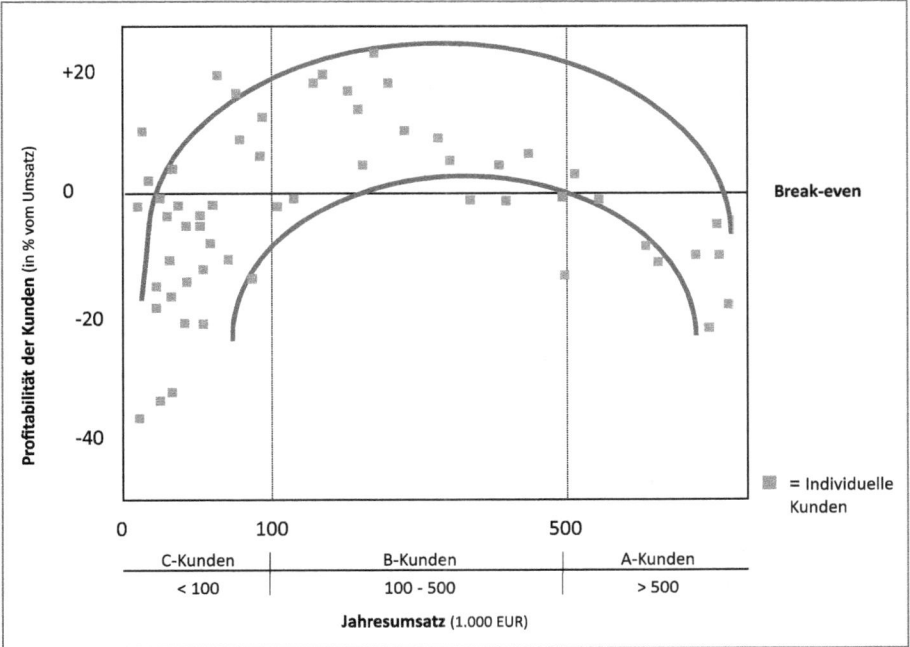

Abbildung 11: Profitabilität nach Kundengruppen

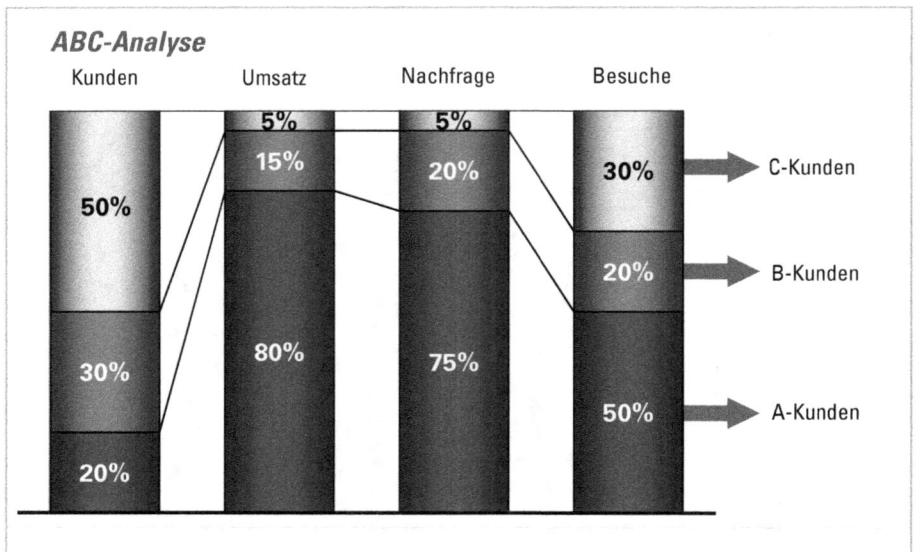

Abbildung 12: Weiterführende ABC-Analyse

Neben den beiden in Die ABC-Analyse zur Kundenauswahl dargestellten Verteilungen der Kunden und des Umsatzes mit diesen Kunden werden hier noch die Nachfrage und die Kundenbesuche der jeweiligen Kundengruppen dargestellt.

Als Nachfrage ist hier der für die betrachtete Produktgruppe insgesamt vorhandene Bedarf gemeint. Am Beispiel der A-Kunden kann festgestellt werden, dass diese aus unserer Sicht 80 % unseres Umsatzes mit ihnen ausmachen, während sie aber im Markt »nur« einen Bedarf von 75 % auf sich vereinigen. Wir scheinen bei unseren A-Kunden gut repräsentiert zu sein, umgekehrt verhält es sich bei den B-Kunden.

Ressourcenallokation auf Basis der ABC-Analyse Die Besuche bei den Kunden ist hier als ein Beispiel für die Ressourcenallokation gewählt worden. Diese können Sie noch differenzieren nach technischen und verkäuferischen Besuchen. Außerdem können Sie z. B. folgende Fragestellungen untersuchen:

- Aufträge: Je nach Verteilung lässt sich die durchschnittliche Auftragsgröße ableiten. Je weniger Aufträge die A-Kunden haben, desto größer und damit relativ billiger ist die Bearbeitung der einzelnen Aufträge.
- Entwicklungskosten: Ein Anteil über/unter dem Umsatzanteil bedeutet, dass diese Kundengruppe relativ zu viel / zu wenig berücksichtigt wird.

Für Ihre Situation lassen sich diese Analysen anpassen. Sie bekommen jeweils Anhaltspunkte für weitere Analysen. Da die ABC-Analyse ein statisches Verfahren ist und mit Daten aus früheren Perioden (Jahr, Monat) arbeitet, empfiehlt sich die Ergänzung um perspektivische und qualitative Fakten.

In der Praxis ist die ABC-Analyse ein häufig anzutreffendes Instrument, da sie einfach zu handhaben und leicht verständlich ist. Umsatzzahlen sind überall verfügbar und der Umsatz ist eine wichtige Kennzahl und Zielgröße.

Für die Auswahl von Key Accounts ist die ABC-Analyse für sich allein genommen nicht ausreichend, denn nicht jeder A-Kunde hat das Zeug zu einem Key Account, und nicht jeder B-Kunde scheidet automatisch als Key-Account-Kandidat aus. Sie erlaubt jedoch eine Vorauswahl und leistet damit einen Beitrag zur Effizienz weiterer Analyseschritte. Zur Verdeutlichung dient die Abbildung 13.

Grenzen der ABC-Analyse

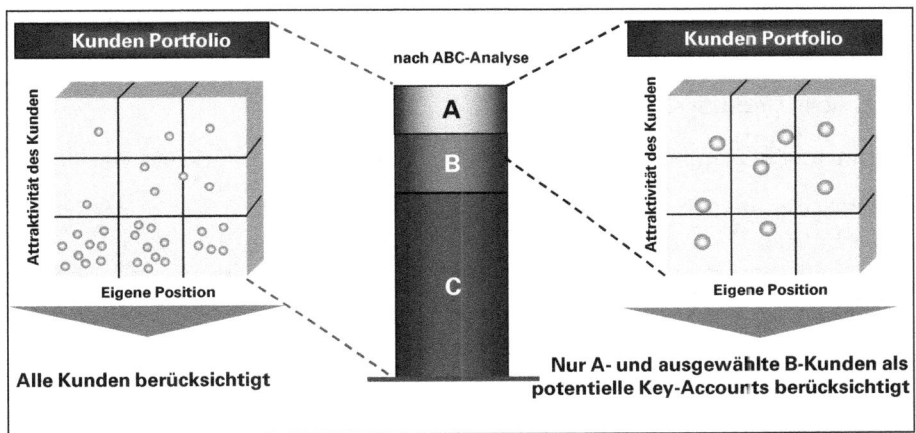

Abbildung 13: Kombination von ABC-Analyse und Portfolio-Technik

Bei der Anwendung der Portfolio-Technik werden Sie dankbar sein, eine vorselektierte Kundengruppe bearbeiten zu können.

3.2.2.2 Kundendeckungsbeitragsrechnung

Die Kundendeckungsbeitragsrechnung gibt Auskunft über den Wert des Geschäftes mit dem Kunden in einer Periode. Das Ergebnis ist der kundenindividuelle Beitrag zu den Fixkosten des Unternehmens.

Merke:
DB (Deckungsbeitrag)
= Netto-Umsatz
− variable Kosten

Das Berechnungsschema (in Anlehnung an Schneider 2008) sieht so aus:

Kunden-Bruttoerlöse pro Periode

− kundenbezogene Erlösschmälerungen (Boni, Skonti, Rabatte)

= Kunden-Nettoerlöse pro Periode

− Kosten der vom Kunden bezogenen Produkte (variable Stückkosten, multipliziert mit den Kaufmengen)

= Kunden-Deckungsbeitrag I

− Eindeutig kundenbedingte Auftragskosten (z. B. Vorrichtungen, Versandkosten)

= Kunden-Deckungsbeitrag II

− Eindeutig kundenbedingte Besuchskosten (z. B. Anreise zum Kunden)

− Sonstige relative Einzelkosten des Kunden pro Periode (z. B. Gehalt des speziell zuständigen Key Account-Managers)

= Kunden-Deckungsbeitrag III

− Dem Kunden zurechenbare Servicekosten (z. B. technischer Service)

= Kunden-Deckungsbeitrag IV

Sofern Ihre Datenlage es erlaubt, können Sie weitere Kostenarten, z. B. F&E-Kosten berücksichtigen. Alle Erweiterungen sind jedoch nur dann aussagekräftig, wenn Sie alle Kunden nach dem gleichen Schema analysieren können, sonst können Sie nicht vergleichen und damit keine Ressourcenallokationen entscheiden.

Periodenbezogen Ein zentrales Problem der Kundendeckungsbeitragsrechnung liegt in der »Periodenbezogenheit der Erlöse und Kosten« (Schneider 2008). Investitionen in den Kunden können sich über einen längeren Zeitraum erstrecken. Des Weiteren sagt ein positiver Deckungsbeitrag nichts darüber aus, ob die Fixkosten komplett gedeckt werden, erst dann steht unter dem Strich ein Gewinn.

Deckungsbeitragsrechnungen werden deshalb auch als kurzfristige Erfolgsrechnungsmethode bezeichnet, da ohne eine langfristige Deckung aller Fixkosten der Unternehmenserhalt nicht gewährleistet werden kann. Deshalb sollte zusätzlich versucht werden, den Gewinn pro Kunden zu berechnen.

Weitere Schwächen des Verfahrens sind:

- Einige Positionen wie Innendienstkosten (siehe Service) werden auf Basis von Verteilungsschlüssel ermittelt.
- Das Verfahren ist statisch und arbeitet mit vergangenheitsbezogenen Daten.
- Es fließen nur quantitative Größen ein.

Dieses Instrument wird entsprechend seltener angetroffen. Für die Beurteilung von Schlüsselkunden ist es geeignet, als Auswahlverfahren wird es aufgrund seiner Schwächen von anderen Verfahren verdrängt.

3.2.2.3 Das Scoring-Verfahren

Scoring-Verfahren, siehe auch Nutzwertanalyse, bewerten die zu untersuchenden Alternativen anhand mehrerer Ziel- oder Nutzenkriterien. Untersuchungsgegenstände können Kunden, Produkte, Ideen, Investitionen, Käufe, Lösungsoptionen u.v.m. sein. Je nach Erfüllungsgrad der Zielkriterien werden Punktwerte – scores – vergeben. Die Summe der Punkte gibt Auskunft darüber, wie gut eine Lösung, wie attraktiv ein Kunde ist, wie gut ein Angebot die Anforderungen erfüllt, oder wie aussichtreich eine Investition ist.

Der grundlegende Aufbau wird in der Tabelle 6 dargestellt. Bei der Anwendung der Scoring-Methode zur Bestimmung des Kundenwertes werden die folgenden drei Schritte ausgeführt (Schneider 2008, S 128ff):

- Schritt 1: Auswahl der Faktoren *Harte und weiche Faktoren ...*
  Zunächst müssen die Faktoren bestimmt werden, die den Wert eines Kunden ausmachen. Diese sollten sowohl die derzeitige Bedeutung als auch das zukünftige Potential der Abnehmer abbilden und harte sowie weiche Faktoren erfassen. Die in Tabelle 5 aufgeführten Faktoren haben sich in der Unternehmenspraxis als die wesentlichen herauskristallisiert.
- Schritt 2: Gewichtung der Faktoren *...gewichtet,*
  Nicht alle Faktoren beeinflussen den Wert eines Kunden gleich stark. Deshalb muss die Bedeutung der einzelnen Größen vor dem Hintergrund der unternehmensspezifischen Gegebenheiten gewichtet werden. In Tabelle 4 sehen Sie, dass der Deckungsbeitrag mit 30 % am schwersten wiegt. Dem Umsatz wird weniger Aussagekraft beigemessen, darüber hinaus soll eine zu hohe Gewichtung von zwei Fakten, von denen einer hoch mit dem andern korreliert, vermieden werden.
  Die Zukunftsperspektive wird in den Kriterien Umsatz-, Deckungsbeitrags- und Liquiditätspotential berücksichtigt. Letzteres wird für die Gegenwart nicht betrachtet, da ohne Liquidität das Unternehmen Insolvenz anmelden müsste, jede Zukunftsbetrachtung also überflüssig wäre.
  Die weichen Faktoren stellen in Summe immerhin ca. ein Drittel der Gewichtung dar. Auf den ersten Blick mutet der hohe Anteil des Informationspotentials als übertrieben an. Da es sich in dem Praxisbeispiel um einen sehr dynamischen Markt handelt, ist diese Gewichtung angemessen.
- Schritt 3: Bestimmung des Kunden-Scores *... bewertet.*
  Mit Hilfe einer Skala von 1 (schlecht) bis 10 (sehr hoher Wert) wird nun jeder Faktor bewertet. Dabei sind aktueller (= letzter errechneter) Umsatz und Deckungsbeitrag leicht zu bestimmen. Die Potentialgrößen und die weichen Faktoren sind weniger leicht zu bewerten.

Folgende Fragestellungen können Ihnen dabei behilflich sein:
- Wie und wie schnell wird sich der Kunde/der Markt zukünftig entwickeln? (**Umsatzpotential**)
- Handelt es sich aus unserer Sicht eher um einen Wachstums- oder einen gesättigten Markt? Droht ein ruinöser Preiswettbewerb? Welche Wettbewerber gibt es, wie vergleichen sich die Leistungsangebote, besitzen wir Wettbewerbsvorteile? Wie hoch ist unser Lieferanteil am gesamten Nachfragevolumen des Kunden? (**Deckungsbeitragspotential**)
- Welche Erfahrungen haben wir mit dem Kunden bezüglich seiner Zahlungsmoral gemacht? Erwarten wir eine Verschlechterung seiner wirtschaftlichen Situation? (**Liquiditätspotential**)
- Kann der Kunde – und ist er auch bereit dazu – uns wichtige Informationen zu Neuigkeiten und Trends im Markt liefern? (**Informationspotential**)
- Kennt der Kunde schon unsere gesamte Leistungspalette, gibt es Produkte und Dienstleistungen, die wir ihm noch anbieten können? (**Cross-Selling-Potential**)
- Genießt der Kunde ein gutes Ansehen im Markt? Kann die Erwähnung der Zusammenarbeit uns bei Akquisitionsaktivitäten nützen? Ist er bereit, uns weiter zu empfehlen? (**Referenzpotential**)

Nach der Punktevergabe erfolgt die Multiplikation mit der jeweiligen Gewichtung, die Summierung ergibt den Gesamtwert für diesen Kunden, im Beispiel 7,2. Für sich allein betrachtet kein berauschendes Ergebnis, aussagekräftiger wird es erst im Zusammenhang mit den Bewertungen der anderen Kunden.

Faktor	Bedeutung (in %)	Punkte	Punktwert (gewichtet)
Harte Faktoren			
• Umsatz	0,10	10	1,00
• Umsatzpotential	0,05	8	0,40
• Deckungsbeitrag	0,30	5	1,50
• Deckungsbeitragspotential	0,15	6	0,90
• Liquiditätspotential	0,05	7	0,35
Weiche Faktoren			
• Informationspotential	0,20	10	2,00
• »Cross-Selling«-Potential	0,10	8	0,80
• Referenzpotential	0,05	5	0,25
Kundenwert			**7,20**
Anmerkung: Die Punkteskala reicht von 1 (= kein Wert) bis 10 (= sehr hoher Wert)			

Tabelle 5: Der grundlegende Aufbau des Scoring-Verfahrens (Schneider 2008, S.129)

Was sagt Ihnen der Kundenwert von 7,2? Das hängt von der Gesamtheit der analysierten Kunden ab. Die Schwelle, oberhalb derer ein Kunde zum Key Account wird, definieren Sie in Funktion der Stichprobenverteilung. In der Praxis hat sich ein Wert zwischen 70 und 80 % des maximalen Scores bewährt. Zudem ist es sinnvoll, die Kunden in den darunter folgenden Scores in periodische Neubewertungen einzubeziehen. So stellen Sie sicher, dass ein attraktiver werdender Kunde auch in die Topkundengruppe aufrückt mit all den dazu gehörenden Investitionen und Perspektiven.

Das Scoring-Verfahren ist leicht anwendbar und bringt gute Ergebnisse. Eine Schwachstelle liegt in der Bewertung der Potentiale und der weichen Faktoren. Der Fragenkatalog kann helfen, dennoch ist der Einfluss von Interpretationen und eigenen Präferenzen möglich. Im Key Account Management ist diese Methode daher wenig verbreitet.

3.2.2.4 Portfoliotechnik

Ein Portfolio ist die Darstellung verschiedener Betrachtungsgegenstände anhand von zwei Bewertungskriterien. Diese betrachten und vergleichen aus zwei unterschiedlichen Blickwinkeln und unterscheiden in den meisten Portfolios in jeweils hohe und niedrige Ausprägung. Damit lassen sich selbst komplexe Situationen übersichtlich darstellen und Handlungsanweisungen ableiten. Portfolios sind vielseitig einsetzbar und weit verbreitet. *Der Klassiker unter den Portfolios*

Das vielleicht bekannteste Portfolio ist das von der Boston Consulting Group, auch bekannt als BCG-Matrix.

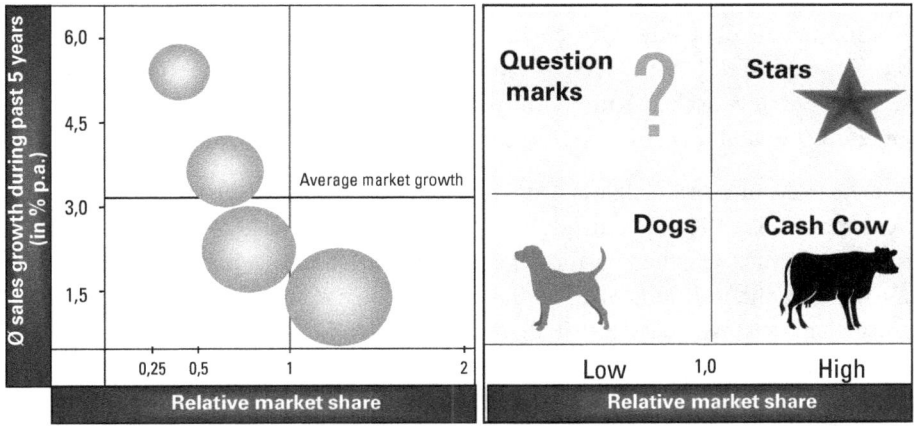

Abbildung 14: Die BCG-Matrix in verschiedenen Darstellungsvarianten (Beispiel links aus einem Beratungsprojekt).

In der BCG-Matrix wird das durchschnittliche Marktwachstum der letzten fünf Jahre und der relative Marktanteil zueinander in Relation gesetzt. Relativer Marktanteil heißt, dass der jeweilige Marktanteil durch den des größten Wettbewerbers dividiert wird. Beide Achsen werden jeweils in die Ausprägung »hoch« und »niedrig« unterteilt. So ergibt sich eine Matrix mit vier Feldern. Für die vier Grundtypen »Questionmarks«, »Stars«, »(Poor) Dogs« und »Cash Cows« lassen sich strategische Stoßrichtungen bestimmen:

- Die *Question-Marks* (hohes Marktwachstum, niedriger Marktanteil) bezeichnen in der Regel Kunden, Segmente oder Produkte, die in der Anfangsphase ihres Lebenszyklus stehen und ein hohes Wachstum versprechen. Sie benötigen allerdings große finanzielle Mittel und es werden weitere Mittel benötigt, um den Marktanteil zu vergrößern.
- *Stars* (hohes Marktwachstum, hoher Marktanteil) bringen Gewinne, benötigen diese aber meist selbst, um in dem stark wachsenden Markt die eigene Position zu sichern oder weiter auszubauen.
- *Poor Dogs* (niedriges Wachstum und niedriger Marktanteil) befinden sich häufig in der Endphase ihres Produktlebenszyklus und erzeugen meist, falls überhaupt, nur Gewinne für ihren eigenen Bedarf. Sie sind in der Regel Problemfälle.
- Bei einem verlangsamten Wachstum werden Stars zu *Cash-Cows*. Diese setzen hohe Finanzmittel frei und mit den von ihnen erwirtschafteten Überschüssen kann das Wachstum anderer strategischer Geschäftsfelder finanziert werden.

Ein Unternehmen braucht ein ausgewogenes und gesundes Portfolio an Produkten zur langfristigen Sicherung seiner Gewinne.

Für die Anwendung der Portfolio-Methode im Zusammenhang mit Kundenorientierung und Key Account Management empfiehlt sich folgendes Vorgehen:

1. Schritt: Auswahl der Dimensionen
Bestimmen Sie die beiden Dimensionen. Für das Kundenmanagement haben sich die Kundenattraktivität einerseits (später die y-Achse), und andererseits die Zusammenarbeit zwischen Kunde und Lieferant, als »Kundenakzeptanz« oder »Eigene Position« als geeignet erwiesen (x-Achse).

2. Schritt: Konkretisierung der Dimensionen
Was macht einen Kunden attraktiv? Was verbirgt sich aus der Sicht Ihres Unternehmens hinter »eigener Position«? Ich empfehle Ihnen, gemeinsam mit einigen Kollegen in einem Brainstorming diese Kriterien zu erarbeiten. Der Vorteil dieser Vorgehensweise ist, dass Sie Vielfalt und Konsens erreichen. Hier einige Vorschläge, die ich wiederholt in Projekten angetroffen habe:

Attraktivität: (Bsp.):

- aktueller Bedarf,
- Wachstumspotential,
- Vertriebsstandorte,
- Marketing- und Vertriebsressourcen,
- Kundenansehen,
- ...

Eigene Position (Bsp.):

- aktueller Absatz,
- Lieferanteil,

- Stetigkeit des Absatzes,
- Übereinstimmung in Strategie- und Marketingfragen,
- Umsatz mit DB-starken Produkten,
- ...

3. Schritt: Gewichtung der Kriterien
Nicht jedes der gefundenen Kriterien beeinflusst Attraktivität und Akzeptanz gleichermaßen. Daher verständigen Sie sich gleich auf die Wichtigkeiten der einzelnen Kriterien. Sie können das über eine Skala von 1 = unwichtig bis 5 = sehr wichtig ausdrücken. Das erlaubt Ihnen auch, die Vielzahl, die aus dem Brainstorming herauskam, zu reduzieren. Kriterien mit Gewichtung 1 oder 2 können Sie vernachlässigen. Es gilt, je mehr Kriterien Sie festgelegt haben, desto klarer können Sie Ihre Kunden differenzieren, je weniger desto besser bleibt der Aufwand handhabbar. Versuchen Sie, Redundanzen zwischen den Kriterien zu vermeiden.

4. Schritt: Erfüllungsgrade definieren
Ein verlässlicher Maßstab ist gerade bei der Kundenselektion wichtig. Typischerweise wird ein Account-Manager, Verkäufer, Kundenberater/-Betreuer, der sich seinem Kunden verbunden fühlt, so positiv wie möglich urteilen.

Um ein möglichst objektives Bild zu erhalten und damit eine belastbare Basis für spätere Entscheidungen zu schaffen, eliminieren Sie Einflussfaktoren wie persönliche Präferenzen, Optimismus/Pessimismus, langjährig gewachsene Kontakte etc. durch eine Kalibrierung. Indem Sie für die einzelnen Kriterien die Ausprägungen und Bewertungen kombinieren, erstellen Sie sich ein Bewertungsschema, wie das Beispiel in Tabelle 6 verdeutlicht.

Objektivität fördert die Glaubwürdigkeit, was besonders der Ressourcenallokation zugutekommt

> **Praxis-Tipp**
>
> Beginnen Sie bei der Festlegung der Maßstäbe mit den Extremen, also einem und fünf Punkten. Fragen Sie sich beispielsweise, welchen Absatz Sie bei einem Kunden erzielen müssten, um sich zu einer 5 begeistern zu lassen. Wenn Sie die Extremwerte haben, können Sie dazwischen extrapolieren.

5. Schritt: Durchführung der Bewertung
Bei der ersten Durchführung der Portfolio-Analyse sind Sie gut beraten, im kleinen Kreis vorzugehen. Notwendig ist die Teilnahme des Verkaufsleiters, des jeweiligen Verkäufers, sinnvoll die eines Controllers wegen der Daten, VK-Innendienst, eventuell jemand vom Marketing. Ihre Kriterien-Auswahl bestimmt den Kreis.

6. Schritt: Ermittlung des Gesamtergebnisses
Jetzt geht es um simple Mathematik in Form der Multiplikation von Gewichtung und Bewertung und Addition. Sie können sich dazu auch selbst ein Spreadsheet aufbauen oder fertige Portfolio-Analyse-Software kaufen.

Tabelle 6: Bewertungs-Maßstab für Kundenportfolio (Beispiel)

			Bewertungs-Maßstab				
	Kriterien	Gewichtung	1	2	3	4	5
Marktattraktivität	Aktueller Bedarf (Gesamtmarkt = 100)	5	0-5	6-10	11-20	21-30	>30
	Wachstumspotential	5	4% < Ø Marktwachstum	2% < Ø Marktwachstum	Gleich dem Ø Marktwachstum	2% > Ø Marktwachstum	4% > Ø Marktwachstum
	Vertriebsstandorte	4	<10	50	100	250	500
	Marketingbudget	3	50T€	100T€	250T€	500T€	1000T€
	Image im Markt	4	Wird gemieden	Wird nicht wahrgenommen	guter Follower, Leistungen im Trend	Massgebliche Beiträge, knapp hinter Leader	Meinungsführer, Price Leader
	Zahlungsmoral	3					
Eigene Position	Aktueller Absatz	5	0-2	3-4	5-7	8-15	>16
	Lieferanteil	5	noch nie gliefert	nur bei Bedarfsspitzen	gelegentlich, jeweils	Liefervertrag, stets 1.-2. Lfrt	Alleinlieferant
	Stetigkeit des Absatzes	3					
	Strategic Fit	4					
	DB-starke Produkte	4					

7. Schritt: Visualisierung

Zur Ermittlung der jeweiligen Position auf den Achsen wird der Punktwert für Attraktivität ins Verhältnis gesetzt zum möglichen Höchstwert, im Beispiel 120. In der Tabelle 7 sehen Sie, dass der Kunde 1 bei Attraktivität mit 97 Punkte abschneidet, das entspricht 81 %, Kunde 2 erreicht 38 %, Kunde 3 91 %.

			Key Account Bewertung				
	Kriterien	Gewichtung	Kunde 1	Kunde 2	Kunde 3	Kunde 4	Kunde 5
Attraktivität des Kunden	Aktueller Bedarf (Gesamtmarkt = 100)	5	5	1	4		
	Wachstumspotential	5	3	3	5		
	Vertriebsstandorte	4	4	2	5		
	Marketingbudget	3	5	1	4		
	Image im Markt	4	5	3	5		
	Zahlungsmoral	3	2	1	4		
	Total	max 120	97	46	109	0	0
Eigene-Position	Lieferanteil	5	3	5	5		
	Stetigkeit des Absatzes	3	2	4	4		
	Strategic Fit	3	4	5	4		
	DB-starke Produkte	4	4	4	5		
	Informationsaustausch	3	3	5	4		
	Gemeinsame F&E	4	2	5	5		
	Total	max 110	66	103	101	0	0

Tabelle 7: Bewertungsbeispiel

Die %-Werte für die eigene Position liegen bei 60/94 und 92 %.

Im Kundenportfolio sieht dann so aus wie in der Abbildung 15. Die drei Kunden sind auch eingetragen. Kunden 1 und 3 sind sehr attraktiv, 2 hingegen wenig.

Kunden 2 und 3 arbeiten sehr gut mit uns zusammen, 1 liegt im Mittelfeld. Damit präsentiert sich der Kunde 3 für uns als der attraktivste und passendste.

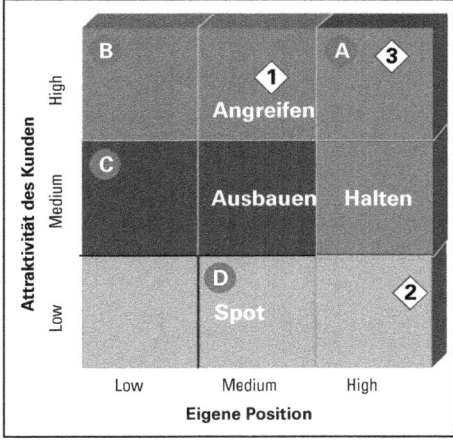

Abbildung 15: Kundenportfolio

8. Schritt: Strategische Ansätze ableiten

Aus diesem Portfolio lassen sich so genannte Normstrategien ableiten. Für A- und B-Kunden heißt es halten oder angreifen:

- häufige Besuche durch den Vertrieb,
- regelmäßiger Kontakt/Besuche durch das Management,
- bevorzugter Lieferservice,
- Beratungs- und Trainingsangebote,
- persönliche Beziehung aufbauen,
- gemeinsame F&E-Aktivitäten,
- Flexibilität bei Preisen und Konditionen, wenn nötig,
- Inkaufnahme erhöhter Marketing- und Vertriebskosten.

A- + B Kunden

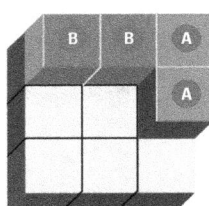

Für Kunden im C-Quadranten ist das Ziel: ausbauen

- Kundenanforderungen und -Erwartungen genauer analysieren,
- Abgleich mit den eigenen Leistungsmöglichkeiten,
- Ansatzpunkte für Intensivierung identifizieren,
- Kontaktnetz beim Kunden ausbauen,
- Überzeugungsarbeit intensivieren.

C-Kunden

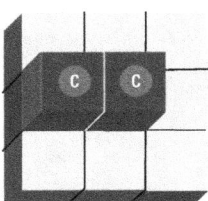

Für D-Kunden gilt: opportunistisch bearbeiten

- standardisiertes Leistungsangebot,
- geringstmögliche Serviceintensität,
- direkte Kundenbesuch gegen Null,
- Betreuung via Call-Center oder EDI (=Electronic Data Interchange),
- Rigidität bei Preisen und Konditionen.

D-Kunden

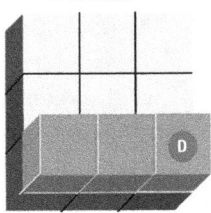

Die Portfolio-Technik erlaubt die Berücksichtigung sowohl quantitativer als auch qualitativer Aspekte, Daten der Vergangenheit und Zukunftsperspektiven. Das Verfahren ist so gestaltet, dass es weitestgehend objektiviert werden kann.

Quantitativ und qualitativ, weitestgehend objektiv, solide Entscheidungsgrundlage

Das empfohlene Verfahren der Definition der Kriterien, deren Gewichtung und der Bewertung dient diesem Zweck, schafft gleichzeitig gemeinsames Verständnis und Kommunikationsgrundlage, kann verschiedene Akteure und Funktionen einbinden. Dafür ist der Preis des erhöhten Aufwandes zu zahlen. Aufgrund der Bedeutung der Schlüsselkunden ist der Aufwand jedoch gerechtfertigt. Dieses Verfahren hat für die Key Account Auswahl und für strategische Grundentscheidungen breite Akzeptanz gefunden.

3.2.2.5 Customer Lifetime Value

Die Methode des Customer Lifetime Value (CLV) dient dem Zweck, den Wert über die gesamte Beziehung mit dem Kunden vom Beginn bis Ende zu ermitteln, also die gesamte »Lebenszeit« zu berücksichtigen. Die Methode basiert auf dem Wissen um den Wert und den Verlauf von Kundenlebenszyklen. Zum besseren Verständnis des Kundenlebenszyklus dient Abbildung 16.

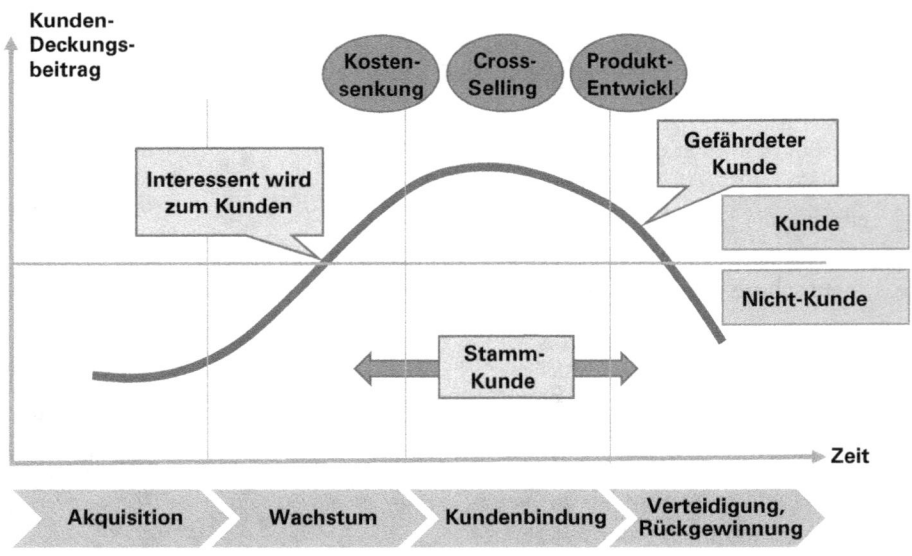

Abbildung 16: Kundenlebenszyklus

Als Exempel (Wikibooks 2009) zur Erklärung der Grafik kann ein Hochschulabsolvent verwendet werden. Dieser wird im Jahr »x« von einem Bankinstitut akquiriert. Zu dieser Zeit ist sein Kundendeckungsbeitrag gering. Im Laufe der Zeit intensiviert sich die Kundenbeziehung. Der Hochschulabsolvent, der zuvor nur ein Sparkonto besaß, benötigt nun einen Dispositionskredit. Etwas später schließt genau diese Person eine Risikolebensversicherung, eine Kapitallebensversicherung und einen Bausparvertrag ab; der Kundendeckungsbeitrag steigt. Der Kundendeckungsbeitrag ist ebenso wie die Kundenbindung nun bei einer nennenswerten Größenordnung angelangt. Aus dem damalig unprofitablen Studenten ist ein gewinnbringender Kunde geworden. Der Bedarf an Finanzdienstleistungen ist im Laufe der »Customer-Lifetime« gestiegen, der Wert des Kunden für das Bankinstitut ebenfalls. Weitere Geschäfte mit Baudarlehen, Geldanlagen und Altersvorsorgeprodukten sind absehbar.

Das Verfahren und der Rechenweg sind nicht neu. Bei der Einführung war der CLV allerdings das erste Verfahren, welches die Methodik der Investitionsrechnung auf einen Kunden, eine Kundengruppe oder Segment anwandte. Methodisch ist der CLV eine Kapitalwertmethode.

Anerkannt, gut anwendbar, dennoch wenig verbreitet

Der Kapitalwert ist die Summe der auf einen Betrachtungszeitraum diskontierten Überschüsse der Einzahlungen über die Auszahlungen (Lücke, 1975).

Der Customer Lifetime Value ist der individuelle Wert eines Kunden für ein Unternehmen über die gesamte Dauer der Geschäftsbeziehung hinweg (Schneider 2008).

Der CLV enthält sowohl quantitative als auch qualitative Größen. Die quantitativen Größen umfassen:

- Akquisitionskosten, die zu Beginn der Kundenbeziehung anfallen.
- Sämtliche Einnahmen des Kunden abzüglich der jeweils anfallenden Ausgaben, z. B. variable Stückkosten.
- Kosten für kundenbezogene Marketings- und Vertriebsmaßnahmen, z. B. Kundenbesuche, Serviceleistungen, Werbegeschenke, Mailings etc.
- Rückgewinnungskosten.

Qualitative Kundenwertfaktoren sind:

- Das Ausschöpfen von »Up-Selling«, d.h. der Kunde wird für höherwertige Produkte und Dienste gewonnen, und »Cross-Selling«, d.h. der Kunde wird für andere Leistungen interessiert.
- Funktion des Kunden als Meinungsführer.
- Weiterempfehlungs- und Referenzpotential.
- Informationsaustausch.

Der grundlegende Aufbau eines Berechnungsschemas für den CLV wird in der Tabelle 8 gezeigt. Die Berechnung erfolgt in drei Schritten.

Faktor	Zeitraum				
	Jahr t	Jahr t + 1	Jahr t + 2	...	Summe
Umsatz					
./. Einstandspreis					
./. Vertriebskosten					
./. Servicekosten					
./. Akquisitionskosten					
./. Kundenbindungskosten					
./. Rückgewinnungskosten					
= **Kundendeckungsbeitrag p.a.** (= „Potential value")					
Abzinsungsfaktor (Basis: 10 %)	1,00	0,91	0,83		
Kapitalwert d. Kundendeckungsbeitrags (= „Present value")					
Wiederkaufsrate (jährl. Kauf)		0,75	0,56		
„Customer lifetime value" (CLV)					

Tabelle 8: Schema zur Berechnung des quantitativen CLV (Schneider 2008, S.132)

1. Schritt: Berechnung des »potential values«, das ist der Kundendeckungsbeitrag, d.h. Erträge abzüglich Aufwendungen in diesem und in den Folgejahren.

2. Schritt: Berechnung des »present values« (= diskontierter Kundendeckungsbeitrag). Hierzu werden die vorher ermittelten Deckungsbeiträge der einzelnen Perioden auf den heutigen Termin abgezinst, im Beispiel werden 10 % als Abzinsungsfaktor festgelegt.

3. Schritt: Berücksichtigung der Wiederkaufrate: unter Zugrundelegung einer Kundenbindungsquote, auch retention rate, wird der CLV bereinigt um die Absatzpotentiale, die verloren gehen, z.B. an Wettbewerber oder Substitutionsprodukte.

Alternativ können Sie die retention rate bereits in der Umsatzprognose berücksichtigen, was in der Praxis die gängige Vorgehensweise ist.

Der CLV-Ansatz ist datenintensiv und hat sich daher in den Branchen stärker ausgebreitet, in denen die Datenverfügbarkeit größer ist, beispielsweise in der Telekommunikation, Banken, Versicherungen und Energiekonzernen. Gleichzeitig sind die meisten Leistungen der Anbieter wenig differenziert. Nachdem durch den Wegfall von Monopolen und gestiegenem Preisbewusstsein der Kunden die Wechselbereitschaft größer geworden ist, lohnt sich professionelles Kundenbindungs-Management. Das wiederum bedeutet, sich auf die Kunden zu fokussieren, die den höchsten CLV haben.

Sofern Sie ein Mathematikfreund sind, gefällt Ihnen vielleicht folgende Formel:

$$CLV = \sum_{t=0}^{t=n} \frac{e_t - a_t}{(1+i)^t} = e_0 - a_0 + \frac{e_1 - a_1}{(1+i)} + \frac{e_2 - a_2}{(1+i)^2} + ... + \frac{e_n - a_n}{(1+i)^n}$$

Oft habe ich mich bei der Betreuung in einem Autohaus gewundert, wie wenig das Verhalten der Personen dort dem Wert eines Kunden gerecht wird. Bedenken Sie nur den Wert der regelmäßigen Werkstattbesuche, dann dazu im Abstand von mehreren Jahren den Ersatzbedarf, Empfehlungen, Mund-Propaganda. Da besteht noch erhebliches Verbesserungspotential!

Im Key Account-Management habe ich den CLV nur in sehr vereinfachter Form angetroffen, so vereinfacht, dass »Lifetime« zu streichen wäre. Immerhin wurden für drei bis fünf Jahre Erträge und Aufwendungen prognostiziert und Auswirkungen bestimmter Entscheidungen in CLV-Szenarien abgebildet und bewertet. Diese Nutzung ist für die Zieldefinition und Erfolgskontrolle sehr sinnvoll.

Zielplanung und Erfolgskontrolle

3.2.3 Würdigung der Verfahren

Sie haben in diesem Kapitel eine Vielzahl von Analyseinstrumenten kennen gelernt. Es gibt noch weitere, aber diese Auswahl setzt Sie in den Stand, alle Fragestellungen, die im Key Account Management auf Sie zukommen werden, lösen zu können.

Jedes Verfahren bringt bestimmte Vor- und Nachteile mit (Tabelle 9):

Verfahren	Vorteile	Nachteile
	- Einfach und flexibel - Gute Datenverfügbarkeit - Flexibel und erweiterbar	- Vergangenheitsbezogen - Rein quantitativ - Keine Berücksichtigung von Potentialen
Kundendeckungs-Beitragsrechnung	- Erfasst kundenindividuelle variable Kosten - Ermöglicht Vergleich zwischen Kunden	- Statisch, vergangenheits-bezogen, quantitativ - Deckungsbeitrag sagt nichts über den Gewinn - Hoher Aufwand
Scoring-Verfahren	- Harte und weiche Faktoren - Pragmatisch und leicht zu handhaben - Bildet Potential ab	- Statisch, vergangenheits-bezogen - Bedarf der »Kalibrierung«
Portfolio-Methode	- Einfach und flexibel - Leicht durchführbar - Weitgehend objektiv - Qualitativ + quantitativ - Gegenwart + Zukunft - Strategische Ansatzpunkte	- Hoher Aufwand für Datenbeschaffung, Kalibrierung und Bewertung
Customer-Lifetime-Value	- Alle Phasen der Beziehung - Erfassung von Potentialen - Qualitativ + quantitativ - Erlaubt fundierte Ressourcenallokation - Tool für Zieldefinition und Kontrolle	- Hoher Aufwand - Projektion enthält Unsicherheit

Tabelle 9: Vor- und Nachteile der Verfahren

Keines der Verfahren für sich allein angewendet erfüllt alle Anforderungen an Ergebnisqualität und Arbeitsökonomie. Deshalb bietet sich an, verschiedene Tools zu kombinieren. Das könnte wie in Tabelle 10 aussehen.

Zweck	Ansatzpunkt	Verfahren
Vorauswahl	Aus allen Kunden diejenigen aussuchen, die als Key Accounts in Frage kommen	ABC-Analyse
Detaillierte Analyse	Identifikation der attraktivsten und passendsten Kunden, Normstrategien	Portfolio-Technik
Ermittlung des Kundenwertes	Entscheidungsbasis für Ressourcen-Allokation, Zielplanung und Kontrolle	Customer-Lifetime-Value

Tabelle 10: Umfassender Analyseansatz

> **Praxistipp**
>
> Achten Sie bei der Auswahl der Stufen und Verfahren darauf, dass sie effektiv und effizient sind. Letztlich geht es darum, zwischen den Kunden, die einen angemessenen Return-on-Investment versprechen und denen, die das nicht tun, zu differenzieren und die Auswahl regelmäßig zu überprüfen.

3.2.4 Praxisbeispiel

Der Kunde, ein mittelständisches Unternehmen der Elektroindustrie, hatte für die Einführung eines internationalen Key Account Managements (IKAM) die Ziele gesetzt, die Bedürfnisse eines ausgewählten Kreises wichtiger und dauerhafter Kunden zu verstehen, um durch individuelle Lösungen den einzelnen Kunden zu helfen, noch erfolgreicher zu sein.

So wie in der Unternehmensphilosophie formuliert, kann durch die beschriebene Art der Kundenbearbeitung das Leistungsangebot ständig verbessert, die Zusammenarbeit vertieft, Kundenorientierung verankert und folglich auch der eigene Erfolg gesichert werden.

Die Einbettung in die internationale Vertriebsstruktur sowie die Bereitschaft der Kunden zur internationalen Zusammenarbeit mit Lieferanten waren als Rahmenbedingungen und Voraussetzungen zu berücksichtigen. Dafür wurde ein dreistufiges Auswahlverfahren geschaffen (Abbildung 17).

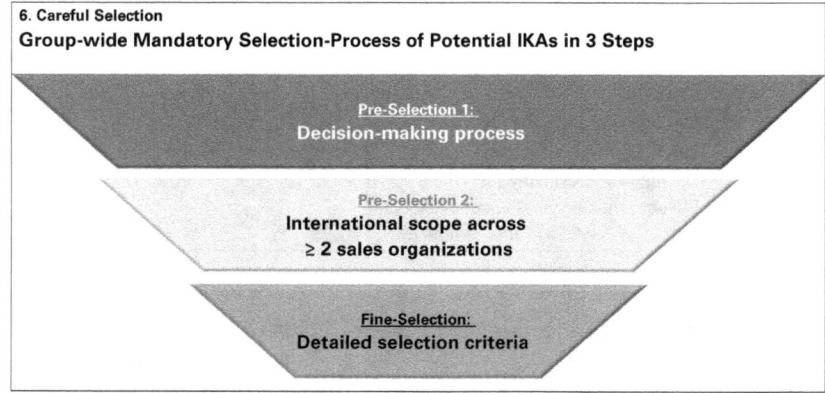

Abbildung 17: Auswahlprozess - Übersicht

In der ersten Auswahlstufe »Decision making process« geht es um die Anwendbarkeit von IKAM. Nur die Kunden sind sinnvoll als internationale Key Accounts (IKA's) zu bedienen, die das Unternehmen als zugelassenen Lieferanten in einer zentralen Listung führen und dadurch den KA-Landesgesellschaften den Kauf ermöglichen. Ein Kunde, bei dem das Unternehmen nicht zentral gelistet ist, der zudem lokal entscheidet, wird lokal bedient.

In der zweiten Vorauswahl wird die internationale Reichweite geprüft. Sofern er durch mehr als zwei Vertriebsgesellschaften betreut wird, ist er ein potentieller

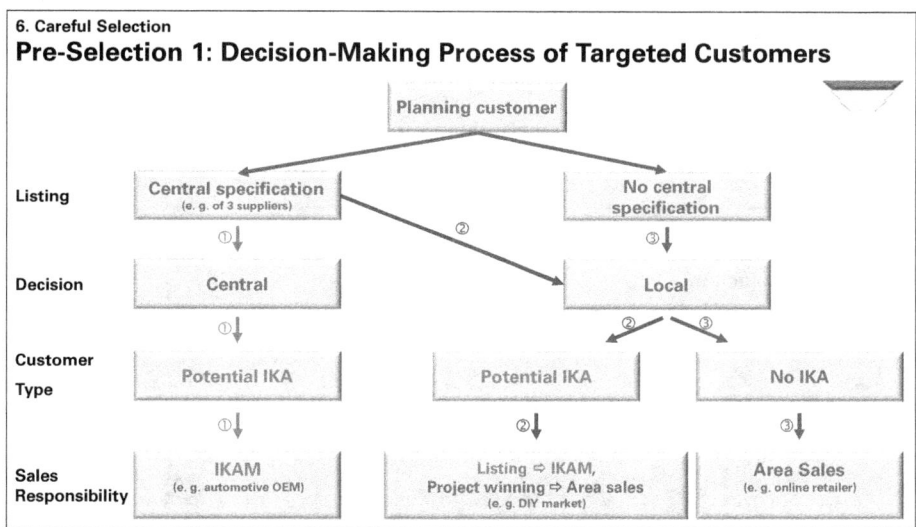

Abbildung 18: 1. Vorauswahl: Kundenentscheidungsprozess

Abbildung 19: 2. Vorauswahl: Internationale Reichweite

IKA. Passiert er auch den letzten Selektionsschritt, übernimmt das IKAM-Team die Verantwortung. Damit wird sichergestellt, dass der Kunde »aus einem Guss« bzw. mit »»one voice to the customer« bearbeitet wird.

Damit ist die Vorauswahl getroffen. Nun kommt das Scoring-Verfahren zur Anwendung. Anhand von knapp 10 Kriterien, ähnlich denen in Tabelle 10, also Umsatz- und Margenpotential, Markt-Standing, Referenzqualität etc. wird die Feinauswahl vorgenommen. Zunächst werden die Kriterien gewichtet. Dann wird bewertet. Es gibt einen genau definierten Maßstab, für welche Ausprägung eines jeden Kriteriums welche Punktzahl vergeben wird. Während bei Schneider (Tab. 10) die Bepunktung bis 10 reicht, sind es hier 5 Punkte. Schließlich wird über alle Kriterien aufsummiert. Als Maximalwert sind 5 Punkte erreichbar.

Das Ergebnis ist ein Customer Portfolio, in das die Kunden entsprechend ihres Ergebnisses eingeordnet werden und das die vertriebliche Zuständigkeit definiert.

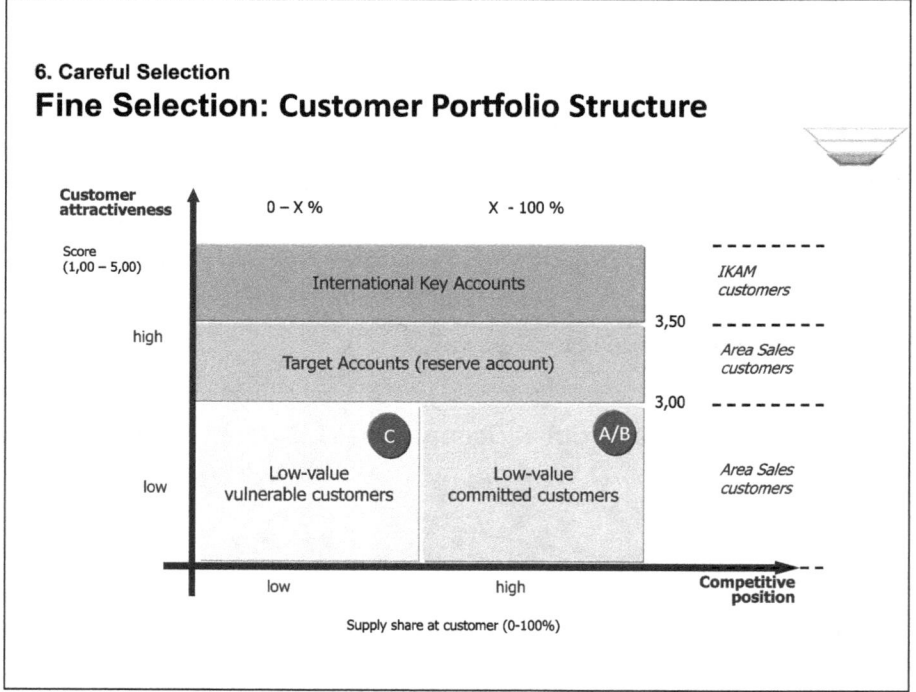

Abbildung 20: Feinauswahl (Quelle: Kunde, Prof. U. Burchard)

Als IKA wird ein Kunde dann betreut, wenn er einen Punktwert von mindestens 3,5 erzielt. Potentielle IKA's zwischen 3 und 3,5 Punkten werden als Target Accounts vom Flächenvertrieb entwickelt und in regelmäßigen Abständen – typischerweise jährlich – analysiert und entsprechend zu IKA's umsortiert oder in der Fläche belassen. Damit einhergehend ändert sich auch die Bearbeitungsintensität.

Praxis-Tipp

Führen Sie regelmäßig, z. B. jährlich, eine Neubewertung Ihrer Key Accounts durch. Definieren Sie Ihre Vorgehensweise, wenn ein bisheriger KA die Kriterien nicht mehr erfüllt. Seien Sie konsequent in der Anwendung. Fokussieren Sie Ihre Ressourcen auf die echten KAs, um einen angemessenen ROI (return on investment) zu erzielen. Die richtigen Auswahlkriterien stellen das sicher.

3.3 Key Account Management einführen

In diesem Kapitel erfahren Sie, was auf Sie zukommt, wenn Sie Key Account Management einführen wollen, was es so schwierig macht und wie dieser Prozess sinnvollerweise zu handhaben ist. Sie werden erkennen, wie gegebene Einflussgrößen die Gestaltung Ihres KAM bestimmen.

3.3.1 Was kommt da auf uns zu?

Mit seiner Aussage »*For firms adopting key account management for the first time, a transformation must be made.*« hat Capon *(Capon, 2001)* auf das Kaliber dieses Vorhabens hingewiesen. Wenn sie der Bedeutung der Key Accounts bezüglich Wachstums- und Gewinnpotential sowie Förderung der eigenen Kundenorientierung und dem Ausbau von Wettbewerbsstärke Rechnung tragen wollen, dann ist die Einführung von Key Account Management nicht nur eine marginale Umwidmung von Kunden, sondern eine größere Anstrengung. Es geht um Veränderung, und zwar massive.

Veränderungsprojekte sind im Praxisalltag inzwischen eher die Regel als die Ausnahme. Ein Kundenkontakt formulierte es neulich so, dass »man gar nicht mehr weiß, welche Sau gerade durchs Dorf getrieben wird«. Die typischen Anzeichen und Verhaltensweisen sind daher möglicherweise bekannt. Hier sollen sie zwecks besserer Risikovermeidung nicht unerwähnt bleiben:

- Veränderung wird grundsätzlich abgelehnt: »Wofür brauchen wir das?«, »Ohne ging's doch auch gut.«, »Nur weil's der XY macht.«
- Veränderung wird in der geplanten Form nicht für gut befunden.
- Befürchtung von höherer Belastung.
- Angst vor Machtverlust.
- Misstrauen gegenüber Entscheidern.
- Passivität, Dienst nach Vorschrift oder Blockade.
- Flucht in Formalitäten.
- Befeuerung des »Flurfunks«.

Praxistipp

Widerstände sind zunächst unerfreulich. Begreifen Sie sie dennoch als Anzeichen, dass Sie noch mehr Menschen informieren, überzeugen und ins Boot holen müssen. Machen Sie Betroffene zu Beteiligten.

In einem Kundenprojekt haben wir die Veränderungsreaktions-Typen und deren Verteilung wie in Abbildung 21 dargestellt ausgemacht.

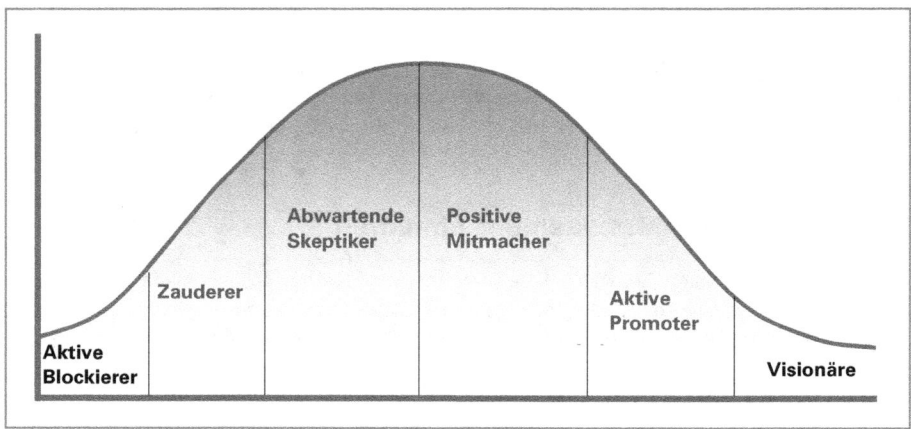

Abbildung 21: Veränderungsreaktions-Typen

- Die **aktiven Blockierer** und **Zauderer** sind diejenigen, die die Veränderungen attackieren, oft aus dem Untergrund. Sie verzögern die von ihnen zu erbringenden Beiträge oder halten sich ganz und gar nicht an Verabredungen. Dazu wird offen und verdeckt schlechte Stimmung gemacht.
Diesen Kollegen begegnen Sie am besten, indem Sie ihnen ausreichend Informationen geben, insbesondere über den Nutzen der erwarteten Ergebnisse für sie selbst. Klären Sie die Rollen der Kollegen und den erwarteten Beitrag. Als Eskalationsstufen kommen Isolierung innerhalb oder Entfernung aus dem Projekt in Frage.
- Die **abwartenden Skeptiker** und die **positiven Mitmacher** betonen mehr die negativen Seiten der Veränderung. Sie sind passiv und ergreifen nicht die Initiative mit der Begründung, dass der Projektleiter schon wisse und zeigen müsse, wo es langgehen soll.
Auch hier ist wieder Information ein wirksames Überzeugungsmittel. Dazu hilft der Aufbau einer engeren persönlichen Beziehung, die Vertrauen schafft. Das gelingt durch intensivere Beteiligung, z. B. der Verantwortung für ein Arbeitspaket oder Konzept.
- Die **aktiven Promoter** und **Visionäre** sind die stärksten Protagonisten des Veränderungsvorgangs. Sie sind voller Elan, treiben proaktiv und mit eigenen Ideen voran. Sie versuchen andere zu gewinnen und investieren viel Energie in das Projekt.
Kanalisieren Sie die positive Unterstützung durch Vereinbarung eines Zielkorridors. Innerhalb dessen gewähren Sie weitest mögliche Handlungsfreiheit. Übertragen Sie wichtige Teilprojekte oder Arbeitspakete in deren Gesamtheit.

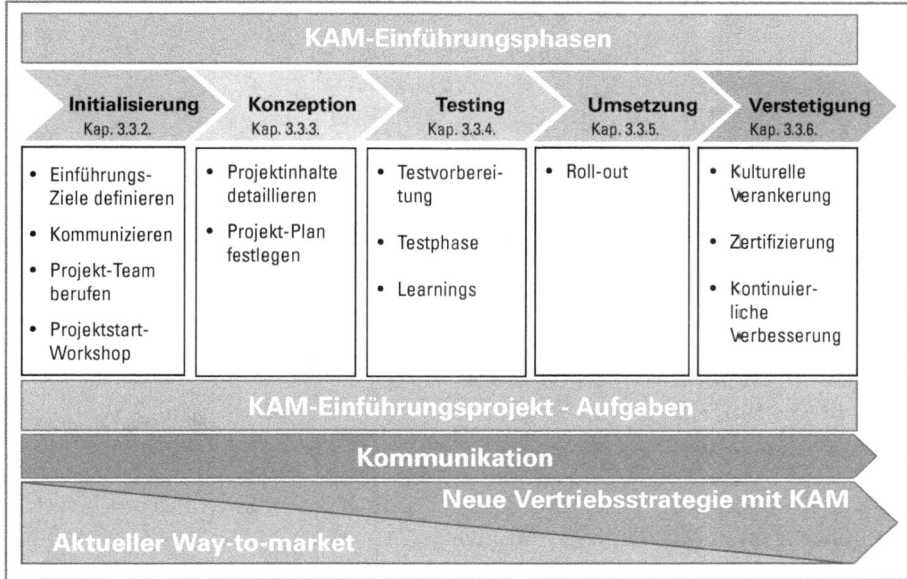

Abbildung 22: KAM-Einführung: Projekt-Überblick (in Anlehnung an Krüger, 2014, S. 40)

Das Management von Veränderungsprozessen hat die größten Erfolgsaussichten, wenn es als Projekt geführt wird. Die Übersicht in Abbildung 22 zeigt ein Modell, welches sich vielfach bewährt hat.

3.3.2 Initialisierung

3.3.2.1 Ziele

Den Zusammenhang von Unternehmens- und Vertriebsstrategie mit den Zielen für das Key Account Management haben wir bereits betrachtet. Wir befinden uns also in der Situation, dass die strategische Entscheidung, Key Account Management einzuführen – oder signifikant zu verbessern – gefallen ist. Für die folgenden Betrachtungen nehmen wir des Weiteren an:

- dass eine intensive Bearbeitungstiefe angestrebt wird und entsprechende Kernkompetenzen und Ressourcen zur Verfügung stehen,
- die KAM-Einführung eine Geschäftseinheit betrifft
- und den nationalen Markt.

Damit lassen sich die Stakeholder des Projektes identifizieren. Stakeholder sind diejenigen Personen, die am Gelingen des Vorhabens ein Interesse haben und Ansprüche daran stellen (Abbildung 23).

Neben den internen gibt es auch externe Stakeholder, allem voran die Kunden, aber auch Wettbewerber, Lieferanten und weitere Gruppierungen. Es kommt durchaus vor, dass ein Kunde den Anstoß zur Schaffung eines Key Account Managements gibt. Dann empfiehlt es sich, ihn als quasi-internen Stakeholder in das

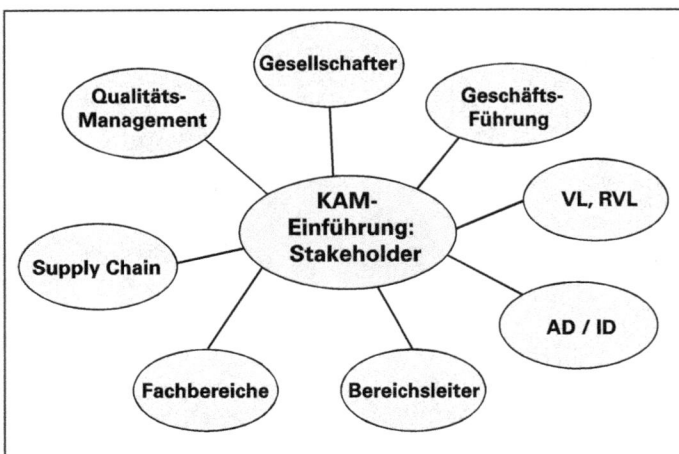

Abbildung 23: Stakeholder einer KAM-Einführung

Projekt einzubeziehen. Ansonsten werden hier nur die internen Interessenvertreter einbezogen, da wir deren Erwartungen als Grundlagen für das Projektziel heranziehen. Die Tabelle 11 zeigt eine generelle Zusammenstellung der Erwartungen der einzelnen Stakeholder.

Stakeholder	Erwartungen an Key Account Management
Gesellschafter	• Reputation des Unternehmens • Kapitalverzinsung
Geschäftsführung	• Zukunftssicherung • Profitabilität
Vertriebsleiter, Regionalvertriebsleiter	• Wachstum von Umsatz, Deckungsbeitrag, Marktanteil • Beitrag zur Zielerreichung • Weiterhin Zugang zu attraktiven Kunden
Außendienst, Innendienst	• Erfolg bei Kunden • Betreuung attraktiver Kunden, Kundenprojekte
Bereichsleiter	• Förderung der Geschäftsentwicklung • Erkenntnisgewinn von den trendbestimmenden Kunden
Fachbereiche (e.g. Finanzen, HR, Marketing, Recht, ...)	• Beitrag leisten können • Bereichsvorgaben werden eingehalten • Marktanteilsgewinn • Unterstützung bei Produkteinführungen
Supply Chain	• Sicherung / Erhöhung der Auslastung • Komplexitätsreduzierung
Qualitäts-Management	• Partnering mit Kunden-QM • Weiterentwicklung QM-System

Tabelle 11: Erwartungen der einzelnen Stakeholder

Unter Berücksichtigung dieser Interessen lassen sich die Ziele für Ihr KAM-Einführungsprojekt definieren.

Praxistipp

Definieren Sie die Stakeholder für Ihr KAM-Einführungsprojekt. Finden Sie im Gespräch mit ihnen heraus, welche Erwartungen sie an das Key Account Management haben. Halten Sie Ihre Stakeholder über den Projektfortschritt auf dem Laufenden.

Praxistipp

Binden Sie frühzeitig die Arbeitnehmer-Vertretung wie Betriebsrat, Sprecherausschuss ein.

3.3.2.2 Kommunizieren

Über die Bekanntmachung der KAM-Einführung gibt es unterschiedliche Ansichten bezüglich des Timings. Es gibt Verfechter möglichst früher Veröffentlichung, andere bevorzugen einen Zeitpunkt kurz vor der Umsetzung. Ich erinnere an die Verhandlungen zum Freihandelsabkommen CETA. Sieben Jahre wurde geheim verhandelt, kurz vor geplanter Unterzeichnung kamen Details an die Öffentlichkeit. Die Wallonie tat sich auf als Verfechter der Interessen der Bürger, erkämpfte wichtige Verbesserungen für die EU und brachte damit Plan und Unterzeichnung zum Platzen. Ähnliches kann Ihnen bei später Information auch passieren. Also empfiehlt sich eine frühe Bekanntgabe und danach laufende Updates.

Im Projektüberblick (Abbildung 22) läuft der Pfeil Kommunikation über die gesamte Projektdauer. Aus gutem Grund: Kommunikation ist eine der wichtigsten Voraussetzungen für Projekterfolg. Sie soll informieren, Zahlen, Daten und Fakten vermitteln. Sie soll aber auch emotionalisieren, Begeisterung wecken, Ängste überwinden helfen. Sie soll alle betroffenen und beteiligten Zielgruppen erreichen und für das Einführungsprojekt gewinnen. Kommunikation muss sich im Prozessverlauf verändern. Während es am Anfang darum geht, die Notwendigkeit der KAM-Einführung zu verdeutlichen, verschiebt sich der Schwerpunkt zur Weckung der Akzeptanz. Im weiteren Verlauf soll die Akzeptanz aufrechterhalten werden und aktive Verhaltensänderung gefördert werden. Das wird selbst nach Komplettierung der Einführung weitergehen. Die Darstellung in Abbildung 24 liefert eine Übersicht.

Die Kommunikation bedient sich einer Vielzahl von Formaten und Kanälen. Vom persönlichen Dialog bis zur Rund-Mail, von der Mitarbeiterzeitung bis zum Workshop, von Videobotschaften zu Roadshows reicht die Bandbreite. Ziel dabei ist, in einem ausgewogenen Verhältnis zwischen Aufwand und Wirkung ausreichend Begeisterung und Unterstützung für die KAM-Einführung zu erzeugen.

	Initialisierung	Konzeption	Testing	Umsetzung	Verstätigung
Ziel	Wandlungsbedarf ist kommuniziert und W.-Träger sind aktiviert	Bedeutung und Beachtung von Kommunikation ist sichergestellt	Akzeptanz und Emotionen sind hergestellt	Fähigkeiten sind vermittelt und Problemlösungen ermöglicht	Status-Quo erhalten, Erneuerung ermöglicht
Aufgaben	• Persönliche Ansprache relevanter Promotoren • Entwicklung einer Change-Story • Identifikation geeigneter Kommunikatoren	• Entwicklung von Kommunikations-Strategie und – Konzept • Verbreiterung der politischen Basis • Einbindung / Schulung wesentlicher Kommunikatoren	• Generierung von Aufmerksamkeit • Überzeugende und emotionalisierende Darstellung der ersten Schritte • Erzeugung von Akzeptanz und Verständnis	• Info zum Umsetzungs-Fortschritt • Darstellung individueller Vorteile und Projektnutzen • Kommunikation von Resultaten/ Erfolgen	• Erfolgsberichte erstatten • Schaffung einer breiten Dialogplattform • Überführung in die Regelkommunikation
Schwerpunkt	Informelle persönliche Kommunikation im kleinen Kreise	Legitimierte Kommunikation im Projektteam und darüber hinaus	Persönliche und mediale Kommunikation in Groß- und Kleingruppen	Regelmäßige Update-Kommunikation für Großgruppen sowie Dialoge auf allen Ebenen	Dialogkommunikation auf allen Ebenen, informelle persönliche Gespräche

Abbildung 24: Kommunikation im Wandlungsprozess (in Anlehnung an Brehm, 2014)

3.3.2.3 Projektteam berufen

Mit der Stakeholder-Analyse haben Sie bereits grundlegende Vorarbeit geleistet. Aus dem vorher gezeigten Kreis bietet sich an, eine Auswahl zu treffen. In der Praxis hat sich bewährt, folgende Rollen bzw. Funktionen bei der Zusammenstellung des Einführungsteams zu berücksichtigen:

Vertriebsleiter:

Hier liegt die Verantwortung für alle Kunden. Nach Einführung von KAM wird der Flächenvertrieb möglicherweise die in das jeweilige Gebiet fallenden zukünftigen Key Accounts gar nicht mehr oder innerhalb der Räson des Key Account Managements betreuen. Drohende Widerstände kann der gesamtverantwortliche Vertriebsleiter glaubwürdig adressieren.

Bereichsleiter:

Der oder die BL, für deren Angebot KAM aufgesetzt werden soll, haben maßgeblichen Einfluss auf die Leistungsgestaltung, Kernkompetenzen und Ressourcen. Sie verfügen üblicherweise über wichtige Kenntnisse zu Märkten, Trends, Wettbewerbern und Kunden.

Marketing:

Das Marketing kann wertvolle Beiträge zu den Themen Kundenselektion, Leistungsgestaltung, Positionierung und Markteinschätzung leisten.

Human Ressources:

Neben allen fachlichen Aspekten der KAM-Einführung sind die menschlichen Belange der entscheidende Faktor für das Gelingen. In Fragen von Organisationsgestaltung, Positionsbeschreibungen, Besetzungen, Rekrutierung, Personalentwicklung und Entlohnungsmodellen ist die Kompetenz der Personalabteilung gefordert.

Controlling:

Gerade für den Punkt Ergebnissicherung des KAM-Konzeptes bedarf es des Controllings. Auch als Mitgestalter und Datenlieferant bei der Key Account Auswahl ist es gefordert. Desweitern leistet es wichtige Hilfestellung in der Testphase, in dem es bei der Gestaltung und Überprüfung von Sollgrößen mitwirkt.

Fachbereiche:

Je nach Leistungsangebot, Prozessen, Kundenbedürfnissen oder Marktgegebenheiten kann es hilfreich sein, Fachbereiche wie Supply Chain, F&E, IT, QM im Team zu haben.

> **Praxistipp**
>
> Wägen Sie bei der Teambesetzung ab zwischen Teamstärke und Einbindung. Droht in einem komplexen Einführungsvorhaben das Team zu groß zu werden, können kleinere Teilprojekt-Teams eingesetzt werden, deren jeweiliger Teilprojektleiter an das Kernteam berichtet. So bleiben Effizienz und Effektivität gewahrt.

3.3.2.4 Projektstart-Workshop

Die Ziele für die Einführung sind gesetzt, das Projekt Team ist nominiert. Die Mitglieder sind zu diesem Zeitpunkt noch gar nicht oder nur oberflächlich über das Vorhaben und seine Ziele informiert. Gelegentlich kennt man sich untereinander wenig, wenn überhaupt. Unter diesen Umständen ist mit der ganzen Bandbreite an Gemütslagen zu rechnen, von Skepsis bis gespannter Erwartung. Der Start-Workshop soll eine umfassende Informationsbasis herstellen, Begeisterung erzeugen und einen Teambildungsprozess anstoßen.

Neben dem Projektteam nimmt das Topmanagement teil, um den Kontext und die Erwartungen zu erläutern und um Flagge zu zeigen. In einem Projekt habe ich die Anwesenheit und unterstützende Einstellung des Betriebsratsvorsitzenden als sehr förderlich erlebt. Ein externer Moderator ist hilfreich für den Ablauf. Ein Vorschlag dazu finden Sie in Tabelle 12.

Punkt	Inhalt	Wer?
1	Begrüßung	Moderator
2	Hintergrund der KAM-Einführung: Umfeld, Märkte, Kunden, Wettbewerb	Vorstand / Geschäftsführung
3	Ziele und Nutzen der Einführung	Vorstand / Geschäftsführung
4	Vorstellung des Projektteams	Projektleiter, Team
5	Grobstruktur	Projektleiter
6	Regeln der Zusammenarbeit	Moderator
7	Anregungen, Feedback	Moderator, Team
8	Abschluss	Vorstand / Geschäftsführung

Tabelle 12: Ablauf des Projetstart-Workshops

Es empfiehlt sich eine geeignete Umgebung, idealerweise außerhalb der üblichen Räumlichkeiten. Teamaktivitäten sollten einbezogen und ein angemessener Zeitrahmen vorgesehen werden.

3.3.3 Konzeption

3.3.3.1 Projektinhalte detaillieren

Das Gesamtvorhaben KAM-Einführung lässt sich am Besten in mehrere Teilpakete aufteilen. Diese beantworten dann die Fragen

- **WEN** werden wir als Key Account behandeln?
- **WAS** bieten wir ihm an?
- **WER** werden die Akteure sein?
- **WIE** werden wir das bewerkstelligen?
- **WOZU** dient das?

Arbeitspaket: WEN? → Key Account Auswahl

Ziel:	Diejenigen Kunden auszuwählen, mit denen in Zukunft die für Key Accounts angemessene exquisite Zusammenarbeit möglich ist, zu mehr Umsatz und Gewinn führt und einen positiven Return-on-Investment bringt.
Aufgaben:	• Festlegung von Filterschritten • Muss-/Darf-Nicht-Kriterien definieren • Feinselektionskriterien und deren Gewichtung Bewertungsmaßstab erstellen • Mindestanforderung zur Qualifikation als Key Account • Durchführung der Key Accounts Selektion • Auswahl von Kunden für die Testphase
Verantwortlicher, Mitstreiter:	Vertriebsleiter Marketing, Controlling
Zeitaufwand	3 – 6 Wochen, in internationalen Projekten bis 12 Wochen

Praxistipp

Als Zielkunden für die Testphase eignen sich besonders jene, die als Key Accounts behandelt werden möchten, da von ihnen umfassende Information und Kooperation erwartet werden kann. Abgeraten wird davon, gleich mit den absoluten Top-Kunden zu beginnen, denn Fehler sind nicht mit ausreichender Sicherheit auszuschließen. Ebenso wenig eignen sich Kunden, die nur nach Preis entscheiden und keinerlei Vorteil in einer vertieften Zusammenarbeit mit Ihnen als Lieferant sehen.

Arbeitspaket: WAS? → Differenziertes Leistungsangebot

Ziel:	Ausgehend von den Kundenanforderungen festlegen, welches differenzierte Leistungsangebot gemacht werden kann unter Berücksichtigung der vorhandenen und aufbaubaren Kompetenzen und Ressourcen
Aufgaben:	• Ermittlung und Aggregation der Kundenanforderungen • Erhebung der Marktstandards (Wbw, best practices) • Abgleich mit aktuellem eigenen Leistungsspektrum • Ableitung differenzierter Produkte, Dienstleistungen und begleitender Services • Ableitung Ressourcenbedarf
Verantwortlicher, Mitstreiter:	Bereichs- oder Marketingleiter Vertrieb, Marketing oder Unternehmensbereich, F&E, Supply Chain
Zeitaufwand	8 – 12 Wochen

Praxistipp

Im Rahmen der Bestandsaufnahme über Kunden, Wettbewerb und eigene Firma lässt sich gleich eine Festlegung treffen, welche Leistungen zukünftig exklusiv für Key Accounts angeboten werden und welche auch für die nächstwichtige Kundengruppe verfügbar gemacht werden können.

Praxistipp

Bitte beachten Sie, dass KAM ein beziehungs- und kundennutzenorientierter Ansatz ist. Der Fokus liegt also vordringlich bei der Unique Value Proposition, was eine angemessene Preisstellung mit sich bringt. Ein umfassendes Leistungsangebot in Kombination mit niedrigsten Preisen ist langfristig äußerst riskant.

Arbeitspaket: WER? → Organisation und Personen

Ziel:	Das Key Account Management als organisatorische Einheit ist an der richtigen Stelle und in der richtigen Form in der Aufbauorganisation eingeordnet.
	Die Voraussetzungen für die Besetzung der KA-Manager-Positionen und die Zusammensetzung der KA-Teams sind geschaffen.
	Die handelnden Personen können mit den richtigen Kompetenzen und Fähigkeiten ausgestattet und angemessen entlohnt werden.
Aufgaben:	• Festlegung des Bezugsrahmens (Geschäftseinheiten, Funktionen, Länder)
	• Organisationsgestaltung
	• Definition Aufgabenbeschreibungen und Anforderungsprofile
	• Mitarbeiterauswahl oder Rekrutierung
	• Anpassung von Vergütungsmodellen
	• Personalentwicklungskonzept
Verantwortlicher, Mitstreiter:	Personalleiter
	Vertriebsleiter, Personalentwicklung, Regionalvertriebsleiter
Zeitaufwand	6 – 8 Wochen

Praxistipp

Verfügt das Unternehmen über weniger potentielle Key Account Manager als für die ausgewählte Anzahl Schlüsselkunden gebraucht werden, empfiehlt sich die Rekrutierung frühzeitig anzustoßen und die Testphase dafür zu nutzen.

Arbeitspaket: WIE? → Prozesse und Tools

Ziel:	Für die Ausführung von KAM sind wirkungsvolle Prozesse und Werkzeuge verfügbar, die sowohl nach außen zum Key Account, als auch nach innen in die eigene Firma so gut funktionieren sollten, dass Kundenzufriedenheit erreicht wird.
Aufgaben:	• Sichtung existierender Prozesse und Tools
	• Ableitung von Verbesserungspotential allgemein
	• Schaffung KAM-spezifischer Prozesse und Tools für:
	– Key Account Entwicklungsplan: Vorlage, Schaffung, Review und Aktualisierung
	– Leistungsgestaltung
	– Budgeting
	– Personalmanagement

Verantwortlicher, Mitstreiter:	Vertriebsleiter, Marketing, Bereich, HR, Controlling
Zeitaufwand	4 – 6 Wochen

Praxistipp

Legen Sie besonders viel Wert auf die Gestaltung einer Key-Account-Plan-Vorlage. Im täglichen Tun ist der KAP das zentrale Werkzeug und kritischer Erfolgsfaktor.

Arbeitspaket: WOZU? → Ergebnissicherung

Ziel:	Entwicklung von Kennzahlen und Daten, die den Erfolg von KAM bezüglich den Zielen Kundenzufriedenheit, Prozesse und Mitarbeiter abbilden.
Aufgaben:	• Auswahl geeigneter KPI's[9] • Aufbau der Datenerfassung und -Auswertung • Verdichtung in einem Cockpit oder einer Scorecard
Verantwortlicher, Mitstreiter:	Controller Vertriebsleiter, Personalentwicklung
Zeitaufwand	4 – 6 Wochen

Praxistipp

Weniger ist mehr: Halten Sie die einzelnen Arbeitsteams kompakt. Das steigert die Effizienz. Das schließt nicht aus, dass Sie sich Expertenwissen bei Bedarf punktuell hinzuziehen.

3.3.3.2 Projektplan festlegen

Die gezeigten Arbeitspakete lassen sich mithilfe von Projektmanagement-Methoden organisieren. Für einen Projektplan bestens geeignet ist ein Gantt-Chart (siehe Abbildung 25).

Die Zeiten sind großzügig berechnet. Sie enthalten jedoch nicht die Anpassung oder Neugestaltung von Systemen wie ERP, Datenbanken, Personalmanagementsysteme. Der hier gezeigte Zeitraum von 22 Wochen für die Konzeptionierungsphase lässt sich bei einer Einführung mit geringer Komplexität an Ländern und Geschäftseinheiten und entsprechend hoher Zeitzuordnung der Beteiligten an den Arbeitspaketen realisieren.

---

[9] Key Performance Indicators = Kennzahlen zur Erfolgsmessung

Abbildung 25: Projektplan Konzeptionsphase

> **Praxistipp**
>
> Planen Sie ausreichend Puffer ein!

3.3.4 Testing

In der Testphase soll sich erweisen, ob das Konzept funktioniert. Aufgrund der Bedeutung der Key Accounts wird dieser Zwischenschritt eingefügt, um vor dem umfassenden Rollout mit allen ausgewählten Accounts mögliche Konzeptfehler zu entdecken und zu beheben. Das Testing besteht aus drei Schritten:
1. Testvorbereitung
2. Testing in praxis
3. Learnings

3.3.4.1 Testvorbereitung

Während der Projektstart-Workshop diejenigen aktiviert hat, die in der Konzeptionsphase an den Arbeitspaketen mitgewirkt haben, nehmen an der Vorbereitung alle diejenigen Personen teil, die in der Testing-Phase beteiligt sind. Zunächst handelt es sich nur um einen oder sehr wenige Test Key Accounts mit jeweils einem Key Account Manager und Account Team entsprechend der Ergebnisse des 3. Arbeitspaketes.

Dieser Personenkreis wird in einem ausgiebigen Workshop mit den Themen und Inhalten der KAM-Konzeption vertraut gemacht. Ein Ergebnis soll die Emotionalisierung und Begeisterung dieses sich neuformierenden Teams sein. Als weiteres Resultat wird ein erster Key Account Plan (vgl. Kapitel 6.1) erarbeitet. Er enthält auch einen Aktionsplan, wie das Account-Team die neue Art der Zusammenarbeit mit dem Kunden implementieren und dem Kunden kommunizieren will.

3.3.4.2 Testing in praxis

Unter Berücksichtigung der Tipps zur Auswahl des/der Testkunden ist eine Mitteilung an den Kunden über die intensivere Art der Zusammenarbeit sinnvoll. Hier ist das Topmanagement gefordert, in einem gemeinsamen ersten Besuch Flagge zu zeigen und den Key Account Manager in dieser neuen Funktion vorzustellen. Die Anwesenheit des eigenen Topmanagements ist in doppelter Hinsicht angezeigt. Sie verleiht dem Key Account Manager angemessenes Standing. Andererseits lässt sich nur so die Teilnahme entsprechender Vertreter des Kunden erreichen. Die wiederum sind für das neue Kapitel der Geschäftsbeziehung von maßgeblicher Bedeutung.

Bezüglich des KA-Teams obliegt es dem Key Account Manager, die Teammitglieder vorzustellen. Es ist gute Praxis, Kollegen mit häufigem Kontakt zu Personen beim KA regelmäßige persönliche Besuche zu ermöglichen.

Die Mitteilung über die KAM-Einführung ist eine gute Gelegenheit, die bisherige Zusammenarbeit zu resümieren. Sodann werden Hintergründe und die neue Ausrichtung dargestellt. Den Ansprechpartnern wird dabei verdeutlicht, welchen zusätzlichen Nutzen sie zukünftig erwarten können und welcher Input dazu gebraucht wird.

Selbst bei einem neu zum Key Account ausgewählten Kunden, der Ihrem neuen Ansatz positiv gegenübersteht, wird zunächst von Ihnen erwartet, dass Sie in Vorleistung gehen. Die »Beweislast«, dass Key Account Management sinnvoll ist, liegt beim Lieferanten. Hilfreich ist eine vom Kunden auch vorher schon als wirkungsvoll empfundene Betreuung. Ein erstes erfolgreiches gemeinsames Vorhaben wird über die weitere Bereitschaft zu intensiverer Zusammenarbeit entscheiden. Im Idealfall lässt sich eine echte Partnerschaft entwickeln, der Lieferant wird über den Zeitverlauf zum Key Supplier.

In der Testphase werden zusätzliche Erkenntnisse zur Konzeptphase generiert:

- Wie funktioniert die präzise und umfassende Ermittlung der Kundenanforderungen in der Praxis?
- Wie leistungsfähig ist der interne Prozess der Umsetzung in Produkte, begleitende Services und Interaktionsprozesse?
- Wer sind die handelnden Personen im Entscheidungsgremium, in welchem Verhältnis stehen sie zueinander, wie sind sie am besten zu überzeugen?
- Wie bewertet der KA das Leistungspaket und welchen Nutzen hat er in welcher Ausprägung wahrgenommen?

Die Dauer der Testphase wird eine Balance finden müssen zwischen perfekter Vollendung des Konzeptes und zügigem Ausbau auf alle identifizierten Key Accounts. Je nach Komplexität hat sich ein Zeitraum von 3 – 6 Monaten als geeignet herausgestellt.

3.3.4.3 Learnings

Das Testing erfüllt seinen Zweck am besten, wenn unter Hinzuziehung der Beteiligten der Konzeptionierung die tatsächlichen Resultate und zusätzlichen Erkenntnisse analysiert und bewertet werden. Zur Orientierung finden Sie in Tabelle 13 einen Fragebogen.

Frage	Erkenntnis	Folgeaktion	Wer, wann?
Sind die gesteckten Ziele für das Key Account Management realisierbar?			
Wie gut waren die zugrundeliegenden Informationen und Annahmen?			
Hat sich die KAM-Strategie als tragfähig erwiesen?			
Was hat gut funktioniert?			
Was hat nicht funktioniert?			
Wie hat das Team kooperiert?			
Wie hat sich die Kundenbeziehung im Verlauf des Tests entwickelt?			
Haben wir die richtigen Ansprechpartner erreicht?			
Inwieweit war die Ressourcenausstattung angemessen?			
Waren Tools und Prozesse geeignet?			
Wie zufrieden war der KA mit dem Testverlauf?			

Tabelle 13: Fragebogen zu Learnings aus der Testphase

Nach den Learnings und Folgeaktivitäten empfiehlt sich ein Abschlussbericht und -Treffen. Darin stellen Projekt- und KA-Team die Erkenntnisse und Konzeptanpassungen dem Topmanagement vor. Ebenso die geplanten Folgeschritte, Verantwortliche und den Zeitplan. Zweck dieser Maßnahme ist die Freigabe für die komplette Umsetzung.

> **Praxistipp**
>
> Halten Sie während der gesamten Testphase die Entscheider informiert. Nutzen Sie dazu formelle und informelle Kanäle. Besonders hilfreich ist es, wenn einer der Geschäftsführer oder Vorstände eine Coaching-Rolle wahrnimmt.

Für das praktische Testing ergibt sich der in Abbildung 26 dargestellte Plan.

Abbildung 26: Projektplan Testing

3.3.5 Umsetzung

Der große Moment ist da. Der Rollout auf alle identifizierten Key Accounts beginnt. Damit wird auch die neue Organisation eingeführt. Die Vorgehensweise für die Umsetzung bei den Kunden ist die gleiche wie im Testing, die Intensität ist jedoch wesentlich höher. Die Wirkung auf die Betroffenen z. B. in den Ländern, im Flächenvertrieb und in den unterstützenden Funktionen ist deutlicher spürbar. Insbesondere diejenigen Vertriebskollegen, die vorher einen Kunden allein verantwortet haben und ihn nun entweder ganz abgeben oder alle Maßnahmen mit einem Key Account Manager abstimmen müssen, sind naturgemäß Opponenten zu Ihrem Projekt. Ihnen ist gesonderte Aufmerksamkeit zu widmen, hier ist die direkte Führungskraft gefordert.

Die zeitliche Inanspruchnahme der Beteiligten ist ebenfalls höher. Das verlangt Entscheidungen, bei welchen anderen Aufgaben Zeitkontingente freigemacht werden können.

Die Schritte des Rollouts illustriert die Übersicht in Abbildung 27.

74 3 Ziele

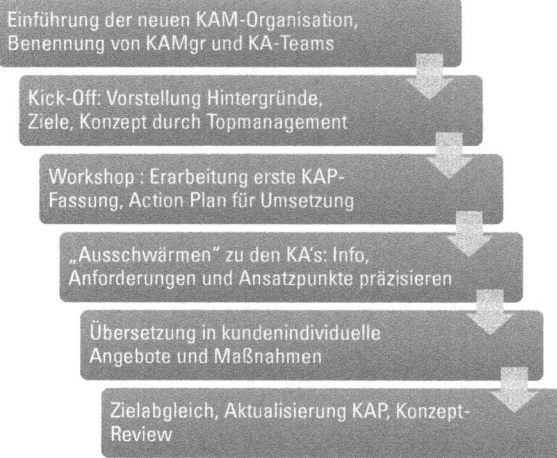

Abbildung 27: Schritte der Umsetzung

Den Zeitplan für diese Phase zeigt die folgende Abbildung

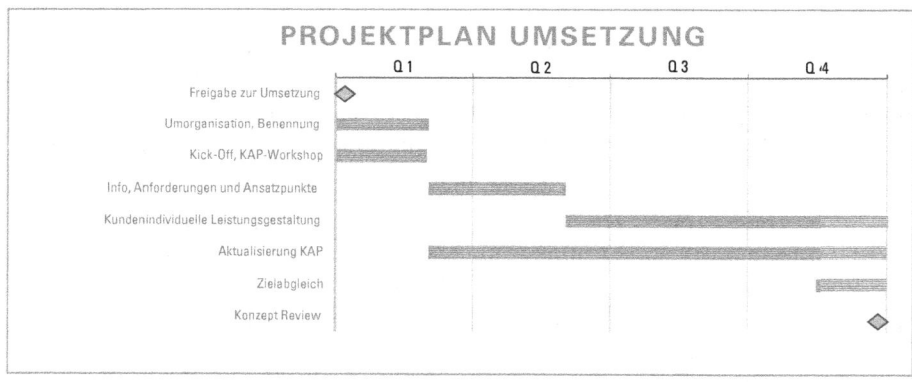

Abbildung 28: Projektplan Umsetzung

Praxistipp zur Einführung der neuen Organisation

Zu Beginn der Umsetzungsphase gibt es im KAM-Einführungsprojekt mehr Betroffene und Beteiligte als in jeder anderen Phase. Kommunizieren Sie deshalb so intensiv und vielfältig wie möglich, nicht nur in die Tiefe entlang der Berichtslinien, sondern auch in die Breite über Bereiche, Funktionen und Standorte. Als Botschafter sind besonders das Topmanagement, der Leiter Key Account Management und die Key Account Manager gefordert.

Praxistipp zum Key Account Plan

Mit Erstellung der Key Account Pläne beginnt deren Aktualisierung. Der KAP als strategisches und operatives Instrument dient Ihnen am meisten, wenn er als »lebendiges Tool« beim Vorliegen neuer Erkenntnisse und bei Fortschritten in den Aktivitäten prompt aktualisiert wird.

> **Praxistipp zur Konzept-Review**
>
> Im Interesse der kontinuierlichen Verbesserung bedarf Ihr KAM-Konzept der regelmäßigen Überprüfung. Es empfiehlt sich daher, eine Routine zur Überprüfung und Weiterentwicklung Ihres Key Account Managements zu etablieren.

3.3.6 Verstetigung

In der Verstetigung soll erreicht werden, dass

- die bis zum Ende der Umsetzung bestehenden Konzepte und Erkenntnisse verankert werden,
- die Key Account Bearbeitung dauerhaft professionell geschieht,
- die beteiligten Einheiten und Personen ihrer Verantwortung für ihren Beitrag dazu gerecht werden,
- der Grundstein gelegt wird für die kontinuierliche Verbesserung des KAM-Konzeptes und der KA-Bearbeitung.

Diese Phase enthält drei Hauptaufgaben:
1. Kulturelle Verankerung
2. Zertifizierung
3. Kontinuierliche Verbesserung

3.3.6.1 Kulturelle Verankerung

Kultur im Sinne des Kulturwissenschaftlers Hofstede lässt sich veranschaulichen durch seine Kulturzwiebel.

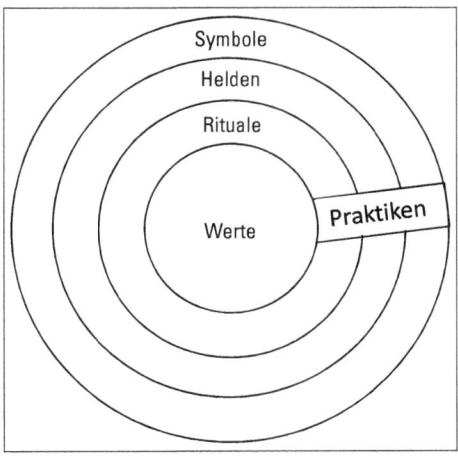

Abbildung 29: Kulturzwiebel nach Hostede (2006)

Kultur ist veränderbar und unterliegt dem Zeitgeist und spiegelt das eigene Selbstverständnis wieder. Der zentrale Wert im Key Account Management ist Kundenorientierung.

»Kundenorientierung ist die regelmäßige, systematische Erfassung und Analyse der Wünsche, Bedürfnisse und Erwartungen der Kunden sowie deren Umsetzung in Produkte, Dienstleistungen und interaktive Prozesse. Ziel dabei ist es, langfristig stabile und wirtschaftlich sinnvolle Beziehungen zu Kunden aufzubauen«. (Johne 2005, S. 10)

Durch die Praxis des ständigen Arbeitens mit Key Accounts, die konsequente Anwendung der Key Account Pläne, die Ermittlung der Kundenbedürfnisse, Übersetzung in Leistungsangebote und Abläufe sowie Kundenzufriedenheitsmessungen wird Kundenorientierung gelebt und verankert.

3.3.6.2 Zertifizierung

In vielen Unternehmen ist es gängige Praxis, die Erfüllung wichtiger Qualitäts- oder Leistungsmerkmale durch ein unabhängiges Zertifikat bestätigen zu lassen. Weite Verbreitung in vielen Industrien hat ISO 9001 gefunden. Weitere Beispiele:

- in der Lebensmittelindustrie findet sich der IFS (International Food Standard),
- die Pharmaproduktion arbeitet nach GMP (Good Manufacturing Practices),
- die Automobilindustrie nach IATF 16949 (International Automotive Task Force).

Allen Zertifizierungen liegt ein adäquater Qualitätsanspruch zugrunde, der für Lieferanten und Kunden gleichermaßen Orientierung, Risikomanagement, Marktgängigkeit und Weiterentwicklung bietet.

Um die werthaltigsten Kunden eines Unternehmens nach den gleichen Prinzipien zu bearbeiten, hat die efkam (European Foundation for Key Account Management) eine Zertifizierung für Key Account Management geschaffen. Anhand der Standards eines Qualitätshandbuches werden strategische Einbindung, Ziele, KA-Auswahl, Leistungsgestaltung, Organisation und Personal, Prozesse, Tools und Berichtswesen überprüft. Je nach Reifegrad des KAMs wird es in eine der drei Stufen Basic, Advanced oder Professional eingeordnet. Ein Audit umfasst vier Schritte, ähnlich eines ISO 9001 Audits (www.efkam.net/Zertifizierung):

1. **Vorgespräch:**
   Festlegung der Eckpunkte, Umfang (z. B. national, international), Personen und Dokumente, die einbezogen werden, Kommunikation über das Audit.
2. **Audit vor Ort:**
   Dokumentenreview (z. B. KAM-Handbuch, KAPs, KA-Auswahl, etc.) und Abgleich mit efkam-Qualitätshandbuch. Interviews mit KAM-Leitung, einem Vertreter der Geschäftsführung, ca. ¼ der KA-Manager (min. 3, ca. 2h jeweils) und Vertreter des KAM-Teams durch zwei Auditoren.

3. **Auswertung und Zertifizierung:**
   Die Auditoren ermitteln aus den Audit-Erkenntnissen die Bewertung und leiten Empfehlungen ab. Die Bewertung erfolgt auf drei Levels anhand des Durchschnitts aller Einzelwertungen auf einer Skala von 1-9:
   Gesamtpunktzahl unter 4 Punkte: **KAM Basic**
   Gesamtpunktzahl von 4 bis 6,9 Punkte: **KAM Advanced**
   Gesamtpunktzahl von 7 bis 9 Punkte: **KAM Professional**
4. **Abschlusspräsentation und Zertifikats-Übergabe:**
   Die der Bewertung zugrundeliegenden Erkenntnisse werden Ihnen präsentiert, ebenso wie konkrete Empfehlungen für weitere Maßnahmen zur Professionalisierung Ihres KAMs. Die Zertifikat-Übergabe schließt sich an. Sie können die Zeremonie so gestalten, dass sie kommunikativ genutzt werden kann, intern wie extern.

Der Nutzen liegt in der objektiven Standortbestimmung, in konkreten Entwicklungsempfehlungen und nach außen nachgewiesener Professionalität und Commitment im Key Account Management.

> **Praxistipp**
>
> Vergleichen Sie Ihr KAM am Ende des laufenden Geschäftsjahres mit dem des vorhergehenden:
>
> - Was ist besser geworden (z.B. Teamkompetenz, Zusammenarbeit, interne Unterstützung)?
> - Welche Fortschritte haben Sie erreicht (z.B. Zugang zum Buying Center, Infoqualität, gemeinsame Projekte)?
> - Wieviel zufriedener sind Ihre Key Accounts (Feedback, Empfehlungen)?
> - Wie hat sich das Geschäft entwickelt (Umsatz, DB, Cross-Selling)?
>
> Sofern keine oder wenige gute Entwicklungen zu verzeichnen sind, kann eine Auditierung den Weg zu den nächsten Erfolgsstufen Ihres KAM freimachen.

3.3.6.3 Kontinuierliche Verbesserung

Angesichts dynamischer Märkte, neuer Technologien, Maßnahmen des Wettbewerbs und wiederum der Bedeutung der Key Accounts ist das aktive Streben nach Weiterentwicklung des Key Account Managements unverzichtbar. Die kontinuierliche Verbesserung muss daher alle Kernkompetenzen (vgl. Abb. 4) erhalten und ausbauen sowie neue schaffen.

Ansatzpunkte liefern Ihnen die Key Accounts, Markt- und Wettbewerbsbeobachtungen sowie Audits. Diese Aufgabe als solche wird in der Praxis leider häufig von dringenden Prioritäten des Tagesgeschäftes verdrängt und wiederholt vertagt. Daher wird dringend angeraten, einen KVP (kontinuierlichen Verbesserungs-Prozess) zu etablieren.

> **Praxistipp**
>
> Definieren Sie für den KVP einen Prozessverantwortlichen (z. B. Leiter KAM), Beteiligte (z. B. einige Key Account Manager, Vertreter wichtiger Funktionen für das KAM (z. B. HR, Controlling), Zeitintervalle (z. B. jährlich) und wie die Umsetzung gesichert werden soll (z. B. über die Zielvereinbarung).

3.3.7 Risiko Management

Das KAM-Programm wurde mit großen Erwartungen und hohen Ansprüchen gestartet, getestet und umgesetzt, die Verstetigung ist auf einem guten Weg. Haben Sie bereits gewonnen? Wenn Sie sich über mögliche Risiken klar sind und sich dagegen wappnen, sollte Ihrem Erfolg nichts im Wege stehen. Folgende Risiken können auftreten:

- Ungleichgewicht der Interessen/Macht zwischen KA und Lieferant

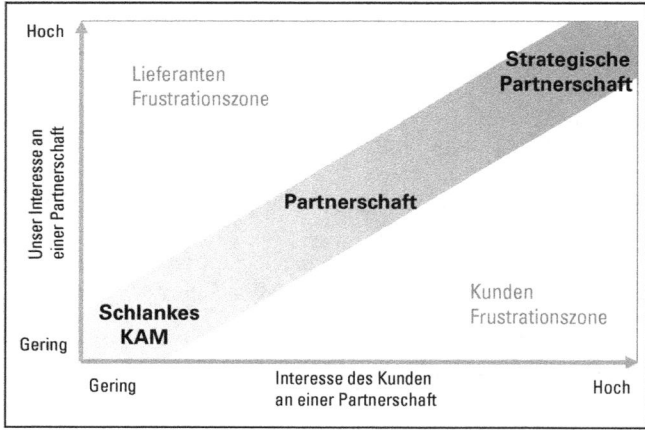

Abbildung 30: Beziehungsbalance (nach Sieck 2016_1, S. 40)

Solange das Interesse beider Seiten im Balance-Korridor verläuft, ist mit einer langen und fairen Geschäftsbeziehung zu rechnen. Frustrationen stellen ein Risiko dar. Ursachen eines Ungleichgewichts können aus Marktpositionen, z. B. wenige Kunden treffen auf viele Lieferanten, oder mangelnder Unterscheidbarkeit der Lieferanten entstehen.

Im Interesse einer fundierten Ermittlung des Beziehungsstatus wurde bei einem efkam-Best-Practice-Workshop ein Tool dafür entwickelt. Anhand einer Liste von 16 Kriterien wird erhoben, inwieweit auf beiden Seiten die Bereitschaft und Voraussetzungen bestehen, die Zusammenarbeit zu fördern. Die Ausprägungen sind nein, teilweise, jeweils mit 0, 1 oder 2 Punkten (siehe Tabelle 14).

3.3 Key Account Management einführen

	Bereitschaft von beiden Seiten in eine intensive, strategische Partnerschaft zu investieren		
	Kriterium	Bereitschaft Lieferanten Seite	Bereitschaft Key Account Seite
1	Frühzeitige Einbindung in Projekte (z.B. beim Key Account in neue Projekte; z.B. beim Lieferanten in die Produktentwicklung)	teilweise	nein
2	Bereitschaft zu und Förderung von einem breiten Beziehungsnetz auf verschiedenen Ebenen, über verschiedenen Abteilungen hinweg	teilweise	nein
3	Gemeinschaftliche Weiterentwicklung / Anpassung von Prozessen und Abläufen	ja	teilweise
4	Die jeweils andere Seite darf die Spezifikation von zukünftigen Projekten, Leistungen mit-gestalten	teilweise	nein
5	Es geht bei der Partnerschaft in erster Linie nicht um Produkt und Preis, sondern darum die Wettbewerbsfähigkeit des Key Accounts weiter auszubauen (Stichworte: Prozesskosten, TCO Betrachtung, Serviceleistungen jenseits vom Produkt, ...)	teilweise	nein
6	Feedback der anderen Partei wird aktiv eingefordert und auch berücksichtigt	ja	ja
7	Konstruktives Feedback (zu den Bereichen Lösungen, Zusammenarbeiten, ...) wird der anderen Partei auch ohne Aufforderung gegeben	teilweise	nein
8	Bereitschaft mit der anderen Partei ein gemeinsames Zielbild der Geschäftsbeziehung zu definieren und umzusetzen	teilweise	nein
9	Verträge gehen über Preisvereinbarungen hinaus und beinhalten auch Verpflichtungen (z.B. Abnahmemengen, SLAs oder andere Zusagen).	teilweise	nein
10	Bereitschaft die andere Partei auch öffentlich als Partner zu nennen (gemeinsame Presseartikel, Referenz, Nennung von uns auf der Internetseite, ..)	ja	nein
11	Respektvoller, kooperativer, lösungsorientierter Umgang auf allen Ebenen	nein	nein
12	Bereitschaft, Konflikte / Risiken gemeinsam zu "heilen"	nein	nein
13	Bereitschaft zu einer (zeitlich begrenzten) Exklusivität	nein	nein
14	Bereitschaft zu einem aktiven Wissens- und KnowHow-Transfer	teilweise	teilweise
15	Zusagen werden eingehalten	ja	teilweise
16	Die Unternehmenskulturen (Visionen, Leitbilder, ...) stimmen überein	teilweise	teilweise
	Gesamtpunktzahl	**17**	**6**

Tabelle 14: efkam Werkzeug: Partnerschaftsdiagramm

Das Ergebnis der Tabelle zeigt die Abbildung 31. Im Beispiel befindet sich die Beziehung in einem Ungleichgewicht zuungunsten des Lieferanten. Diese Erkenntnis wird der KA-Manager auch schon vor Einsatz des Tools intuitiv gehabt haben. Nun gibt es hingegen konkrete Anhaltspunkte, bei welchen Themen angesetzt werden muss, um eine dauerhaft ausgewogene Beziehungs-Bilanz zu erzielen. Das sollte sich auch in der Rentabilität des Geschäftes niederschlagen. Unabhängig vom Grad der Partnerschaft sollte eine angemessene Zielgröße realisiert werden können.

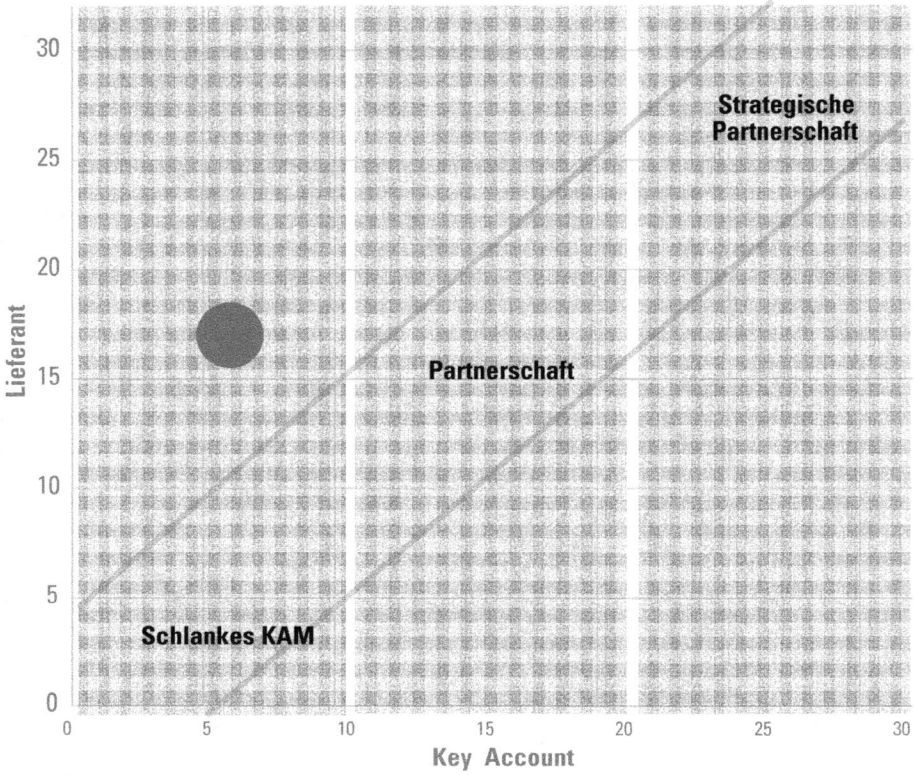

Abbildung 31: efkam Partnerschaftsdiagramm (Beispiel)

Praxistipp:

Definieren Sie nach der Einordnung der Key Accounts in das Partnerschaftsdiagramm, wie Sie Ihre Leistungs- und Preisgestaltung KA-individuell anpassen wollen, um eine Balance zu erzielen. (siehe dazu Kap. 4.2.4)

- Erwartungsmanagement gescheitert
  Wird der angekündigte Mehrwert nicht geliefert und kann auch die Nachbesserung keine Abhilfe schaffen, so ist der Verlust des Interesses auf Kundenseite vorprogrammiert.
- Verlust kritischer Erfolgsfaktoren
  - Technologiesubstitution.
  - KA-Manager oder andere Teammitglieder verlassen das Unternehmen.
  - Intellektuelles Eigentum gerät in falsche Hände z. B. durch Industriespionage oder Hacking.
- Mangelnde Risikostreuung im Kundenportfolio
  Zu wenige bzw. zu große oder ungeeignete KAs können zu einer Schieflage führen. »Ungeeignet« kann sich auf Faktoren wie Wachstumspotential, Marktstellung des KA oder strategische und technologische Passung beziehen.

3.3 Key Account Management einführen

Praxistipp:

Welche weiteren Risiken bestehen für Ihr KAM?

Risiken setzen sich zusammen aus zwei Komponenten:

- Eintrittswahrscheinlichkeit
- Tragweite: welcher Schaden entsteht bei Eintritt?

Abbildung 32 hilft bei der Visualisierung.

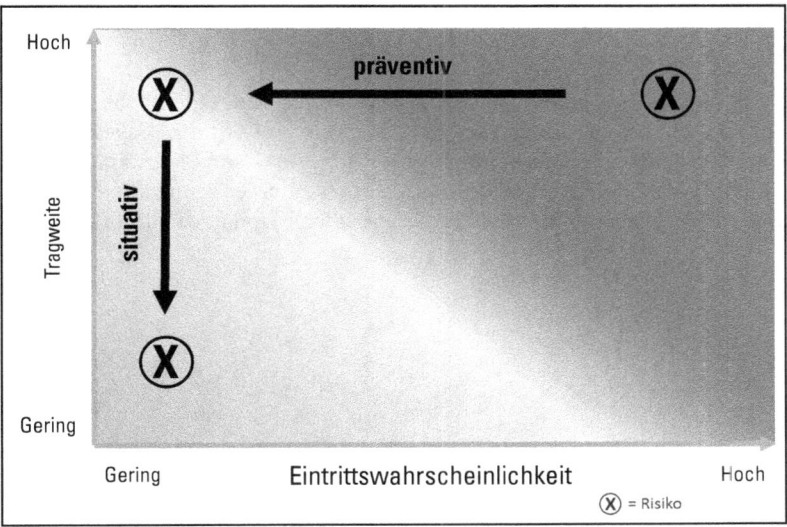

Abbildung 32: Risiko Management Ansätze

Für Risiken mit hoher Eintrittswahrscheinlichkeit und großer Tragweite empfehlen sich präventive Maßnahmen, also solche die den Eintritt verhindern sollen oder zumindest die Chance des Auftretens reduzieren. Für seltene, dabei weitreichende Risiken wird situativ entschieden. Beispiel: Das Risiko des Abbrennens eines Holzhauses mit alter Gasheizung ist sehr hoch, der Schaden groß. Prävention lässt sich über vernetzte Rauchmelder betreiben, eine Sprinkleranlage und eine direkte Meldeverbindung zur Feuerwehr schaffen eine schnelle situative Abhilfe. Mit dem einfachen Werkzeug in Tabelle 15 können Sie Ihr Risiko-Management planen.

Risiko	T (in €)	W (in %)	Prio (A - C)	Mess-Größe	Präventiv	Situativ

Tabelle 15: Risiko-Management-Planung

Praxistipp:

Risikoanalyse und -Management scheinen Sie zunächst vom eigentlichen Ziel abzuhalten. Angesichts der einzubringenden Ressourcen wird die Frage danach kommen. Die frühe Bearbeitung dieses Aspektes kann Ihren Fokus schärfen, Fehlentwicklungen verhindern und Ihnen zu einer schnelleren – und sichereren Realisierung – verhelfen. Gelegentliche Updates halten Sie auf Kurs.

4 Potentiale ermitteln und entwickeln

Potentiale für die Weiterentwicklung des Geschäftes mit dem Key Account zu finden und zu nutzen, ist Gegenstand dieses Kapitels. Sie lernen sowohl die analytischen als auch die strategischen und operativen Elemente der KA-Entwicklung kennen.

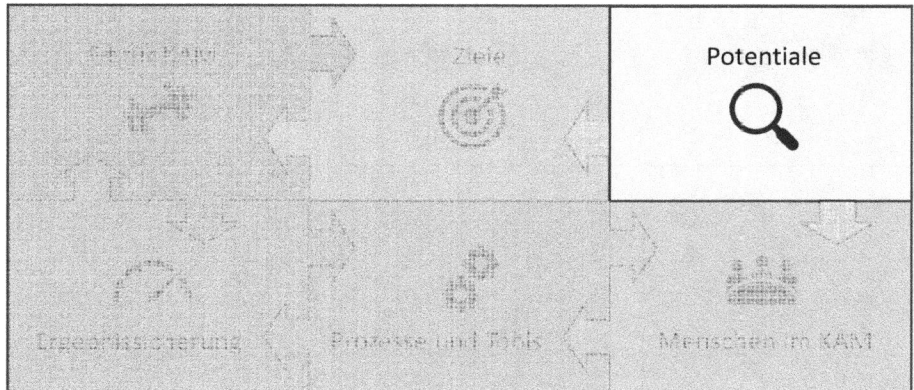

4.1 Analyse für die Potentialermittlung

Eine solide Analyse aller Facetten des Key Accounts und des Geschäftes mit ihm ist die Vorbedingung für eine erfolgreiche Bearbeitung. Die spannende Frage ist, was verbirgt sich hinter »solide« und »aller«. Die Spannweite dafür ist so groß wie die Persönlichkeiten der Analysierenden unterschiedlich sind. Sie reicht von groben Überschriften bis zu Analyse-Paralyse. Das entscheidende Prüfkriterium für die Datenauswahl und -Tiefe ist die Relevanz. Sieck hat das auf die griffige Formulierung »So what?« gebracht (Sieck 2016_2, S. 42). Relevanz bedeutet, dass aus Informationen über alle Aspekte dieses Kapitels verwertbares Wissen für die Weiterentwicklung der gemeinsamen Geschäftsbeziehung generiert werden kann.

> **Praxistipp**
>
> Betrachten Sie die gründliche und wiederholte Analyse Ihres Key Accounts wie eine Investition: Nur wenn Sie zum Investieren bereit sind, können Sie mit attraktiven Erträgen rechnen.
>
> Des Weiteren gilt: Je umfassender und je aussagekräftiger – So what? – Ihre Analyseergebnisse sind, desto leichter wird Ihnen die Definition der strategischen und operativen Elemente fallen.

4.1.1. Key Account Steckbrief

Versetzen Sie sich bitte für einen Moment in die Lage eines Beraters, der eine telefonische Anfrage für eine Strategieberatung von einem ihm bisher unbekannten Unternehmen erhält. Welche Informationen zur Beschreibung des potentiellen Kunden würden Sie kennen wollen? Und für welchen Zweck? Bitte notieren Sie:

Information	Relevanz?

Praxistipp

Diese Informationen werden Ihre Entscheider und KA-Teammitglieder auch haben wollen, z. B. für die KA-Auswahl und die Mitarbeit an Analyse- und Umsetzungsaktivitäten.

Ein umfassendes Key Account Profil enthält die folgenden Aspekte:

Information	Relevanz?
Industrie/n	Attraktivität der Zielmärkte des KA, eigener Bezug dazu
Leistungsschwerpunkte	Wie passen die eigenen Kernkompetenzen dazu?
Umsatz, Deckungsbeitrag, Ergebnis (jeweils über mehrere Jahre, möglichst auch vorausschauend)	Bedeutung, Entwicklung, Erfolgsmaßstab, Solidität, Risiko, potentielle Nachfrage
Eigentümer, Aufsichts-/Beirat	Ressourcenausstattung, Stabilität, Anknüpfungspunkte, Wettbewerbssituationen
Beteiligungen	Cross-Selling-Potential, Wettbewerbssituationen, Merger- und Akquisitionspotential des KA
Vorstand/Geschäftsführung, Organisation, Mitarbeiterzahl (über mehrere Jahre)	Anknüpfungspunkte, Netzwerk, Bearbeitungsansätze, Wirkungsgrad/Fertigungstiefe (Umsatz/Mitarbeiter)
Vision, Mission, Werte	Besteht ein »strategic fit«, ist der KA kompatibel zur eigenen Philosophie? Z. B.: Qualitätslieferant passt schwierig zum Preiskäufer
Ziele, Strategie	Strategic fit, Chancen für Unterstützung, Erwartungen an Lieferanten, Potential-ermittlung
Standorte	Nationaler, internationaler, globaler Key Account? Betreuungsintensität
Lieferantensteuerung	Anforderungen, angestrebte Anzahl und Qualität der Lieferanten, mögliche Lieferanteile

Praxistipp

Halten Sie sich über die Themen des Steckbriefs auf dem Laufenden. Viele Unternehmen informieren aktiv darüber. Internetplattformen bieten passende Dienste an und nicht zuletzt Ihre Gesprächspartner beim Key Account sind wichtige Quellen.

4.1.2 Der Markt des Key Accounts

Die Analyse des Marktes des Key Accounts soll Ihnen Einsichten liefern, wie attraktiv der Markt ist, wie stark die Position des Key Accounts ist, wie sie sich im Zeitverlauf entwickelt hat, welche Produkte/Produktgruppen und welche Wettbewerber betrachtet werden.

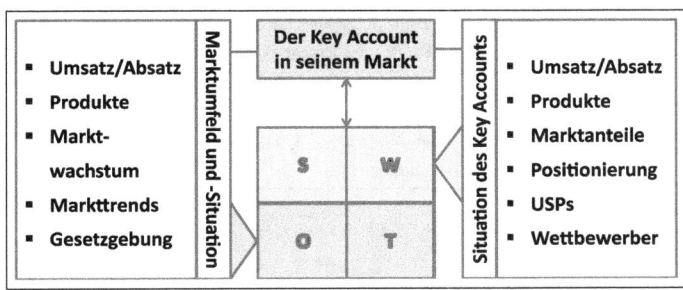

Abbildung 33: Der Markt des Key Accounts

4.1.2.1 Marktgröße und -Wachstum

Idealerweise haben Sie Zugang zu umfangreichen Marktinformationen über den Markt /die Märkte Ihres Kunden. Angebote von Marktforschungsinstituten können hier wertvolle Dienste leisten. Die damit verbundenen Kosten sind je nach Industrie, Länderzahl, Anzahl der Interessenten und Detaillierungsgrad, z. B. Produktdaten, beträchtlich. Die Erfahrung zeigt, dass die Investition sich lohnt. Die Informationsqualität steigt signifikant, ebenso Ihr Standing bei Ihren wichtigsten Kunden. Sie diskutieren auf Augenhöhe, erreichen dadurch tiefere Einblicke und profilieren sich gegenüber Ihren Kontakten als kompetenter Partner, von dem Unterstützung bei der Erreichung der KA-Ziele erwartet werden kann.

> Auch im B2B-Geschäft ist der Zugriff auf angemessene MaFo von hohem Wert

Die Investition in Marktforschung kommt üblicherweise nicht nur einem Key Account zugute, sondern allen, die den gleichen Markt bearbeiten, sowie allen anderen Kunden auch. Außerdem hat es sich als ausreichend erwiesen, in mehrjährigen Abständen lediglich ein Update zu erwerben.

Trends

> »The trend is your friend«, wenn man ihn früh erkennt!

Trends können Märkte und deren Größe, Dynamik und Anforderungen an alle Marktteilnehmer verändern. Ein Trend beschreibt Veränderungen und Strömungen in allen Bereichen der Gesellschaft. Die Aufgabe besteht darin, die Auswirkungen existierender Trends auf das Geschäft des Key Accounts sowie den eigenen Anteil daran zu erkennen und zu nutzen. Je früher ein Trend erkannt und adressiert wird, desto größer ist der First-Mover-Vorteil, allerdings auch das Risiko, einen Flop zu landen.

Die Tabelle 16 zeigt einige Megatrends und deren Relevanz für typische B2B-Industrien.

Megatrend	Relevanz?
Urbanisierung: Leben in wachsenden Ballungsräumen mit steigender Bevölkerungsdichte	Bauzulieferer müssen energieeffiziente Lösungen anbieten. Lockerung von Standards, z. B. Lärmschutz, wird Bedarf nach Schallschutz (z. B. Fenster, Wände) steigern, damit einhergehend werden angepasste Raumklimakonzepte an Bedeutung gewinnen
Umwelt und Ressourcen: globale Erwärmung, steigender Ressourcenbedarf bei größerer Knappheit	Die chemische Industrie wird Potentiale erschließen können mit Produkten und Prozessen, die energieeffizienter und wassersparend sind.
Individualisierung von Lebensstylen, Produkten und Dienstleistungen	Maschinenbauer, die hochflexible und effiziente Maschinen für custom-made Produkte anbieten. Beispiel Automotive: Ersatz des Fließbandes durch Produktionsinseln

Tabelle 16: Megatrends und ihre Relevanz

Um Trends zu entdecken bieten sich verschieden Verfahren an:

- Expertenbefragungen bei Spezialisten im eigenen Unternehmen, beim Kunden, an Forschungseinrichtungen. Hat sich grundlegend bewährt, kann aber aufgrund der starken Themenfokussierung der Experten zu verzerrten Ergebnissen führen.
- Eigenes Monitoring oder zentral im Unternehmen: Beobachtung einschlägiger Foren, Veröffentlichungen, Blogs, Messen etc. auf der Suche nach Hinweisen. Erfolgsrelevant ist die Treffsicherheit der Informationsauswertung.
- Beobachtung von Meinungsführern.
- Szenariotechnik für die Trendvorhersage.

> **Praxistipp**
>
> Für die Umsetzung der Trend-Entdeckung sollten Sie für Ihr Unternehmen eine klare Vorstellung entwickeln, ob Sie First Mover oder Follower sein wollen. Beantworten Sie sich folgende Fragen:
> - Besteht im Unternehmen eine ausreichend hohe Risikobereitschaft?
> - Ist der finanzielle Spielraum ausreichend, einen Fehlschlag zu verkraften?
> - Begünstigt die Schnelllebigkeit des Marktes den First Mover?
> - Ist der Key Account so aufgestellt, dass er die Innovation schnell und breit in den Markt ausrollen wird?

4.1.2.2 Situation des Key Accounts

In diesem Analyseschritt stellen Sie den Marktgegebenheiten diejenigen des Key Accounts gegenüber. Sie erkennen daran, welche Rolle Ihr Kunde in seinem Markt spielt, z. B. ob er Marktführer oder Folger ist. Die Daten haben Sie zu einem Teil schon erhoben für die Key Account Auswahl. Details auf Produktebene liefert Ihnen entweder Ihr Kunde oder die Marktforschung. Idealerweise verfügen Sie über eine Datenbank oder ein CRM-Tool, worin diese Information vorhanden ist.

Die Relevanz dieser Information liegt darin, Zielerreichung, Strategieumsetzung und Herausforderungen des Schlüsselkunden zu ermessen. Das wiederum bietet Ansatzpunkte für gemeinsame Projekte.

Wettbewerb

Der Wettbewerber Ihres Schlüsselkunden ist möglicherweise auch Kunde Ihres Unternehmens. Schon von daher lohnt sich die Beschaffung von Daten über ihn. Möglicherweise liefern die Quellen für Ihren Key Account auch gleich Informationen über dessen Konkurrenz mit. So verfügen Sie über einen weiteren »Puzzlestein«, um das Gesamtbild zusammenzusetzen. Jetzt können Sie die Unterschiede in Zielen, Strategie, Positionierung, Kompetenzen und Ressourcen erkennen und beurteilen, welches Vorgehen im Markt zielführender ist.

4.1.2.3 SWOT

Hinter dieser Abkürzung verbergen sich Strengths (= Stärken), Weaknesses (= Schwächen), Opportunities (= Chancen) und Threats (= Bedrohungen/Risiken). Stärken und Schwächen sind interne Faktoren, die sich im Vergleich zur Konkurrenz definieren. Ein Forschungsbudget von 10 % des Umsatzes ist eine Stärke, wenn die Konkurrenz nur 5 % investiert, eine Schwäche, wenn die Konkurrenz 20 % ausgibt. Chancen und Risiken beziehen sich auf externe Gegebenheiten.

Eine Stärke kann z. B. beruhen auf bestimmtem Know-how, Patenten, Kundenzugang, wertvollen Ressourcen wie Mitarbeitern, Zugang zu Rohstoffen, Landbesitz, Finanzkraft etc. Stärken sind deshalb so bedeutungsvoll, als sie Wettbewerbsvorteile darstellen können und maßgeblich in die Strategiebildung einfließen.

Die SWOT-Analyse ist vielseitig einsetzbar und leicht zu handhaben. Bezugsgröße kann ein Unternehmen insgesamt, ein Bereich/Abteilung oder ein Produkt sein. Sie lässt sich ad hoc und wiederkehrend durchführen.

In der Analyse des Key Accounts werden SWOT aus **seiner** Perspektive betrachtet. D. h. dass die Chancen und Risiken **seines** Marktes sowie **seine** Stärken und Schwächen betrachtet werden. In Beratungsprojekten und Trainings wird dies oft mit den SWOT des eigenen Unternehmens vermischt. Außerdem ist immer wieder festzustellen, dass externe Marktchancen mit Ansätzen für die Zusammenarbeit verwechselt werden. Unter Berücksichtigung dieser Hinweise lässt sich die SWOT-Analyse sehr sinnvoll einsetzen, um dem Kunden gezielt bei der Umsetzung der Maßnahmen der Konfrontierungs-Matrix zu helfen (siehe Abbildung 34).

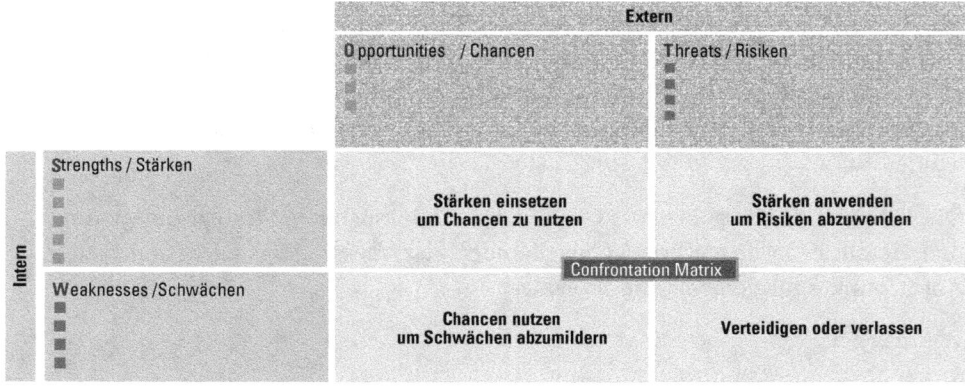

Abbildung 34: SWOT-Analyse mit Konfrontierungsmatrix

Die Konfrontierungs-Strategien im Einzelnen:

- Die **Stärken-Chancen-Situation** ist der Idealfall. Eigene Stärken korrespondieren mit Marktchancen. Diese Ausgangslage lässt sich für den Ausbau des eigenen Marktanteils nutzen. Ein Beispiel war die Photovoltaikbranche. Als das Er-

neuerbare-Energien-Gesetz (EEG) beschlossen wurde und nennenswerte Einspeisevergütungen für Solarstrom enthielt, waren die Hersteller, die über Produkte, Produktion und Vertriebswege von Solarpanels verfügten, in einer äußerst günstigen Situation. Die Strategie lautete Kapazitätserweiterung und Präsenz in Vertriebs- und Kommunikationskanälen stärken.
- Eine **Stärken-Risiken-Situation** entstand in der genannten Branche als chinesische Anbieter auftraten. Die oben genannten Stärken, ergänzt um den Qualitätsvorteil bzw. das Qualitätsimage, wurden nun für die Verteidigung der Marktanteile eingesetzt. Entsprechend war die Strategie, den Qualitätsvorteil herauszustellen und die Vertriebspartner zu binden.
- Eine **Schwächen-Chancen-Situation** entstand im gleichen Beispiel aus Sicht chinesischer Produzenten oder Interessenten. Eine Strategie musste lauten, Präsenz zu errichten und USPs zu definieren und zu kommunizieren.
- Eine **Schwächen-Risiko-Situation** ist die schwierigste Herausforderung. Überhaupt stellt sich die Frage, ob der Markt unter dem existierenden Risiko attraktiv genug ist, in die Überwindung der eigenen Schwäche einerseits und des Risikos andererseits zu investieren. Andernfalls ist ein Ausstieg zu prüfen.

> **Praxistipp**
>
> Steigern Sie die Aussagekraft der SWOT-Analyse durch Quantifizierung der einzelnen Faktoren. Zwecks effizienter Vorgehensweise führen Sie die Analyse gemeinsam mit einigen Kollegen bzw. Ansprechpartnern des Kunden durch. Sie erhöhen damit signifikant die Validität der Ergebnisse.

4.1.3 Kundenanforderungen an Lieferanten

4.1.3.1 Kundenanforderungen

Klarheit darüber, was Ihr Kunde braucht und erwartet, ist entscheidender Erfolgsfaktor in der Key Account Bearbeitung. Kundenanforderungen entstehen bei den Kontaktpersonen aufgrund von persönlichen Bedürfnissen, bisherigen Erfahrungen, Empfehlungen und Leistungsversprechen des Anbieters.

Die Nutzenerwartungen der Key Accounts ergeben sich zudem aus deren Marktgegebenheiten, Unternehmenszielen und Strategie sowie dem gewünschten Beitrag der Zulieferer zur Leistungserstellung.

Wie lassen sich Kundenanforderungen ermitteln? In der Praxis finden sich die folgenden drei Methoden:

- **Inhouse Methode:** Unter der Annahme, dass der Key Account Ihnen schon bekannt ist, können Sie sich einen – ersten – Überblick verschaffen, indem Sie aufgrund Ihrer Kenntnis aus früheren Gesprächen die Anforderungen auflisten.

Anschließend gewichten Sie die einzelnen Anforderungen nach deren Einfluss auf die Kaufentscheidung und die spätere Kundenzufriedenheit. Ich empfehle eine Skala von 1 – 5:
- 1 = unwichtig (not important)
- 2 = wenig wichtig (slightly important)
- 3 = wichtig (important)
- 4 = sehr wichtig (very important)
- 5 = am wichtigsten (most important)

Neben ihren eigenen Einschätzungen sind die von anderen Kollegen, die intensiven Kontakt zum Key Account haben, wichtig. Deshalb empfehle ich Ihnen, diese Kollegen einzubeziehen.

Nach der Sammlung und Gewichtung ordnen Sie die Anforderungen in einer Reihenfolge aufsteigender Wichtigkeit. Die Anwendung von Tabellenkalkulation wird empfohlen, um weitere Schritte und die spätere grafische Darstellung zu erleichtern[10]. Ein Projektbeispiel illustriert das mögliche Ergebnis.

Das beschriebene Vorgehen eröffnet auf schnelle und kostengünstige Weise Zugang zu der unverzichtbaren Information über die Erwartungen des Key Accounts. Es ist jedoch zu berücksichtigen, dass es sich um erwartete Erwartungen handelt.

Kundenanforderungen (Principle factors)	Key Account Perspective	Supplier Performance	Competitor Performance
Flexible reaction to market requirements	1		
Higher work efficiency	2		
Low Investment/TCO, high ROI	2		
Relationship to supplier, high support quality	3		
Higher and better output	3		
Ease of service, short downtimes	3		
Longevity	3		
Long spare part availability	4		
Operator friendliness	4		
Operators can handle all machines of supplier	4		
Process development and support	4		
Quality of finished products (precision)	5		

Tabelle 17: Kundenanforderungen und deren Wichtigkeit aus Key Account Sicht (Kunden-Beispiel)

- **Erhebung im Kundengespräch:** Die direkte Befragung des Key Accounts durch Sie selbst bietet viele Vorteile:
  - Informationen aus erster Hand,
  - belastbare Basis für Ihre Entscheidungen,

---

[10] Eine Vorlage erhalten Sie unter sr@prosalesacademy.com

- gute Grundlage für vertieften Dialog mit dem Kunden,
- Ausdruck von Wertschätzung, Relationship Building,
- die Erhebung der Key Account-Erwartungen dokumentiert Ihre Kundenorientierung, Zuwendung und Bereitschaft, Ihre Aktivitäten danach auszurichten,
- Ausgangslage für spätere Kundenzufriedenheitsmessungen.

Damit wird deutlich, dass die direkte Befragung des Key Accounts unverzichtbar ist. Sie ist die ideale Ergänzung zur Inhouse-Methode. Deren Ergebnisse lassen sich auch als Gesprächsgrundlage nutzen. Wie können Sie vorgehen?

Sie können die Erwartungen völlig offen, d. h. ungestützt (unprompted), oder durch Vorschläge, d. h. gestützt (prompted) und deren Einschätzung erfragen. Auch die Kombination ist möglich, indem Sie zunächst ungestützt fragen und danach die von Ihnen und Ihren Kollegen erarbeiteten Erwartungen, sofern noch nicht genannt, einschätzen lassen. So nutzen Sie die Ergebnisse der Inhouse-Methode und erhalten direkt die Einschätzung Ihres Gesprächspartners.

- **Erhebung durch externe Dienstleister:** Zunächst soll hier das Für und Wider der Beauftragung von Dritten betrachtet werden. Gemeint sind externe Berater, insbesondere Marktforschungsinstitute. Zunächst die Nachteile:
  - Aufwand für Briefing, kennen Ihr Unternehmen und die Situation nicht,
  - Vertraulichkeit: sensitive Daten gelangen in die Hände von Externen,
  - Kosten,

  Die Vorteile:
  - Methodenkompetenz, z. B. Fragebogendesign,
  - Erfahrung in deren Anwendung,
  - größtmögliche Zuverlässigkeit der Daten, da die Befragung anonym, d. h. ohne Bekanntgabe des Auftraggebers durchgeführt werden kann, der Befragte antwortet unbefangener als bei einem Interviewer des Unternehmens selber,
  - zusätzliche, zeitlich begrenzte Manpower.

Nach meiner Erfahrung war das Hinzuziehen von Marktforschungsprofis immer eine gute Investition. Die Erfolgsfaktoren waren die Auswahl eines kompetenten, verlässlichen und vertrauenswürdigen Partners, eine klares und umfassendes Briefing sowie der enge Kontakt während der Durchführungsphase.

Praxistipp

Am Beginn einer Key Account Beziehung empfiehlt es sich, die Anforderungen umfassend und selbst zu ermitteln. Das bietet sehr gute Gelegenheiten, mit den handelnden Personen zu sprechen, den Kontakt zu vertiefen, Interesse zuzuwenden und Informationen aus erster Hand zu gewinnen. Die Beauftragung Dritter bietet sich dann für spätere Kundenzufriedenheitsmessungen an.

> **Praxistipp**
>
> Es hat sich als sinnvoll erwiesen, sich für die wertvolle Information zu bedanken und die Ergebnisse *gemeinsam* zu besprechen. Idealerweise haben Sie aus den Erkenntnissen bereits Ansatzpunkte für das weitere Vorgehen formuliert und können diese einbringen und gleich Feedback einholen. Außerdem bereiten Sie damit schon den Boden für zukünftige Kundenzufriedenheitsbefragungen und können mit bereitwilliger Unterstützung und relevanten Ergebnissen rechnen.

4.1.3.2 Erfüllung der Kundenanforderungen

Die Kundenanforderungen sind die Messlatte für das Leistungsniveau der Lieferanten. Deren Erhebung ist der folgende Analyseschritt. Sie wollen wissen, wie Ihr Key Account Ihre Leistung hinsichtlich seiner Erwartungen einschätzt. Inwieweit erfüllt Ihre »Performance« die Anforderungen. Dabei geht es nicht um die Alternative »Erfüllt«/«Nicht erfüllt«, sondern um abgestufte Erfüllungsgrade.

Als Skala haben sich folgende Grade bewährt:

- Nicht erfüllt (1)
- Etwas erfüllt (2)
- Mehr oder weniger erfüllt (3)
- Gut erfüllt (4)
- Komplett erfüllt (5)

Zunächst interessiert Sie, wie gut Ihr Leistungsangebot und die darum gruppierten Serviceleistungen den Anforderungen genügen. In Beispiel sah das Ergebnis wie in Tabelle 18 aus.

Kundenanforderungen (Principle factors)	Key Account Perspective	Supplier Performance	Competitor Performance
Flexible reaction to market requirements	1	4	
Higher work efficiency	2	4	
Low Investment/TCO, high ROI	2	3	
Relationship to supplier, high support quality	3	4	
Higher and better output	3	4	
Ease of service, short downtimes	3	3	
Longevity	3	4	
Long spare part availability	4	5	
Operator friendliness	4	5	
Operators can handle all machines of supplier	4	5	
Process development and support	4	4	
Quality of finished products (precision)	5	5	

Tabelle 18: Kundenanforderungen, Key Account Sicht und Lieferantenleistung (Kunden-Beispiel)

Darüber hinaus ist es von Belang, das Leistungsniveau des nächsten Wettbewerbers zu kennen. Den Grund dafür zeigt die Abbildung 35.

Abbildung 35: Wirkungskette Key Account Erfolg

Wie bei der Ermittlung der Kundenerwartungen können Sie oder Ihre Kollegen Annahmen über die Bewertung des Key Accounts über die Erfüllungsgrade Ihres Unternehmens und der Konkurrenz machen. Die Zuverlässigkeit solcher Erkenntnisse ist jedoch eingeschränkt. Nur eine Kundenbefragung gibt Ihnen ausreichend verlässliche Informationen. Sie brauchen die Kenntnis über die von Ihrem Key Account wahrgenommene Leistung Ihres Unternehmens und des Wettbewerbs.

Aufgrund eigener praktischer Erfahrung möchte ich näher auf die Bedeutung der Key Account *Wahrnehmung* eingehen. So wie Schönheit im Auge des Betrachters entsteht, so ist die Wahrnehmung des Key Account der einzige Prüfstein für die Erfüllung seiner Anforderungen. Ich habe Diskussionen mit Technikern und Entwicklern erlebt, die gegen die Einschätzung des Kunden oder den Vergleich mit dem Konkurrenten protestiert haben. Ihrer Überzeugung nach war das eigene Produkt »objektiv« besser.

Zunächst ist die Identifikation mit und das Engagement für die eigene Sache wertzuschätzen. Wenn aber der Kunde das Konkurrenzprodukt bevorzugt, dann ist er voll und ganz im Recht. Nun kommt es darauf an, was Sie und Ihre Kollegen aus dieser Erkenntnis machen. Sehen Sie sie als Chance für den Dialog mit dem Kunden und als Ausgangspunkt für Leistungsanpassungen, dann werden Sie dafür Anerkennung und zum gegebenen Zeitpunkt auch Aufträge ernten.

Das Ergebnis zeigt die folgende Tabelle 19.

94 4 Potentiale ermitteln und entwickeln

Kundenanforderungen (Principle factors)	Key Account Perspective	Supplier Performance	Competitor Performance
Flexible reaction to market requirements	1	4	5
Higher work efficiency	2	4	4
Low Investment/TCO, high ROI	2	3	5
Relationship to supplier, high support quality	3	4	3
Higher and better output	3	4	3
Ease of service, short downtimes	3	3	2
Longevity	3	4	4
Long spare part availability	4	5	3
Operator friendliness	4	5	4
Operators can handle all machines of supplier	4	5	3
Process development and support	4	4	5
Quality of finished products (precision)	5	5	3

Tabelle 19: Kundenanforderungen und deren Erfüllung (Kunden-Beispiel)

Mit dieser Informationsgrundlage lassen sich vertiefende Analysen machen. Die Visualisierung in Abbildung 36 beruht auf der Value Curve-Darstellung aus dem Blue Ocean Ansatz von W. Chan Kim und Renée Mauborgne (Chan, Mauborgne 2005).

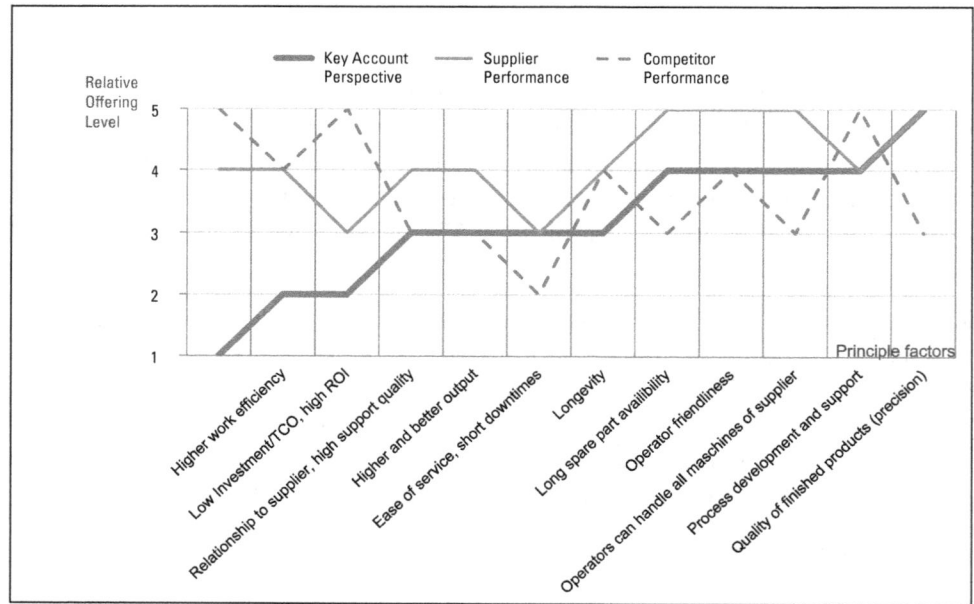

Abbildung 36: Kundenanforderungen, Wettbewerb, Lieferant (Kunden-Beispiel)

Auf der horizontalen Achse sind als »Principal factors« die Kundenanforderungen aufgetragen. Sie sind nach Wichtigkeit aus Kundeperspektive geordnet, damit ist die Qualität des Fertigproduktes die wichtigste Anforderung. Die Vertikale zeigt einerseits die quantitative Wichtigkeit der Anforderungen aus Key Account Sicht. Andererseits wird die jeweilige Leistung des »Suppliers«, also uns selbst, und des »Competitor« dargestellt relativ zu einem Industriedurchschnitt von 3. Der Competitor ist derjenige Wettbewerber, der bei diesem Kunden für uns der ernsteste Mitanbieter ist.

In der Blue-Ocean-Theorie (Kim, Mauborgne) gibt es vier strategische Ansätze:

- **Eliminate**: ein Leistungsmerkmal nicht mehr anbieten. Dieses Vorgehen lässt sich dann anwenden, wenn eine Anforderung vom Kunden als völlig unwichtig eingestuft wird und er darüber hinaus keinerlei Zahlungsbereitschaft dafür hat.
- **Reduce**: das Leistungsniveau zurücknehmen, angemessen bei unwichtigen Anforderungen, die aktuell relativ zu hochwertig ausgeführt werden.
- **Raise**: Anhebung von Leistungsmerkmalen, welche auf für den Kunden wichtige Anforderungen treffen, so dass das Leistungsniveau zumindest über dem des Wettbewerbers liegt.
- **Create**: neue Leistungsmerkmale schaffen, die bisher noch gar nicht oder im Paket mit anderen nicht angeboten werden. Je größer der dadurch geschaffene Kundennutzen ist, desto stärker wird die Wettbewerbsposition des Anbieters. Dieses Vorgehen enthält auch Innovationen, die auf bisher latente Bedürfnisse treffen.

Fokussierung auf die wichtigsten Kundenanforderungen, Reduzierung bei den weniger wichtigen und damit Kosteneinsparungen

Die ersten beiden Ansätze dienen der Ressourceneinsparung und damit der Kostenreduzierung. Die beiden anderen erhöhen den Kundennutzen durch die überdurchschnittliche Erfüllung seiner Erwartungen. Das Zusammenwirken ist der Blue Ocean, basierend auf der Value Innovation.

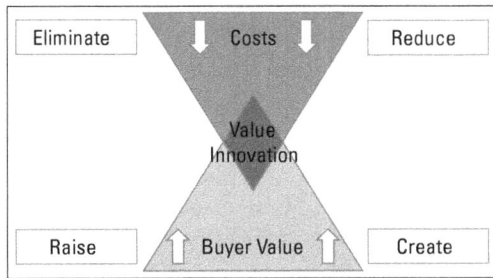

Abbildung 37: Herzstück der Blue Ocean Strategie (in Anlehnung an Kim/Mauborgne 2015)

Im Beispiel wird ersichtlich, dass der Anbieter insgesamt in einer guten Position ist. Die wichtigsten Erkenntnisse und Ansatzpunkte sind:

- Bei Prozessentwicklung und -Unterstützung sollte der Anbieter »noch 'ne Schüppe drauflegen«.
- Angesichts der starken Wettbewerbsposition bei den wichtigen Faktoren ist der Nachteil bei der Investition ausgeglichen.

- Die Kundenperspektive kann sich verändern, z.B. wenn der KA feststellen muss, dass Ersatzteile nach einiger Zeit nicht mehr verfügbar sind.
- Um eine einzigartige Value-Curve zu schaffen, bedarf es neuer bzw. innovativer Leistungsmerkmale, nach deren Einführung weitere Reduzierungen bei heutigen Leistungslevels vorgenommen werden können.

Gerade im letzten Punkt liegt bei proaktivem Herangehen ein besonders hohes Potential, sich von der Konkurrenz abzusetzen und einen besonders werthaltigen Kunden zu binden.

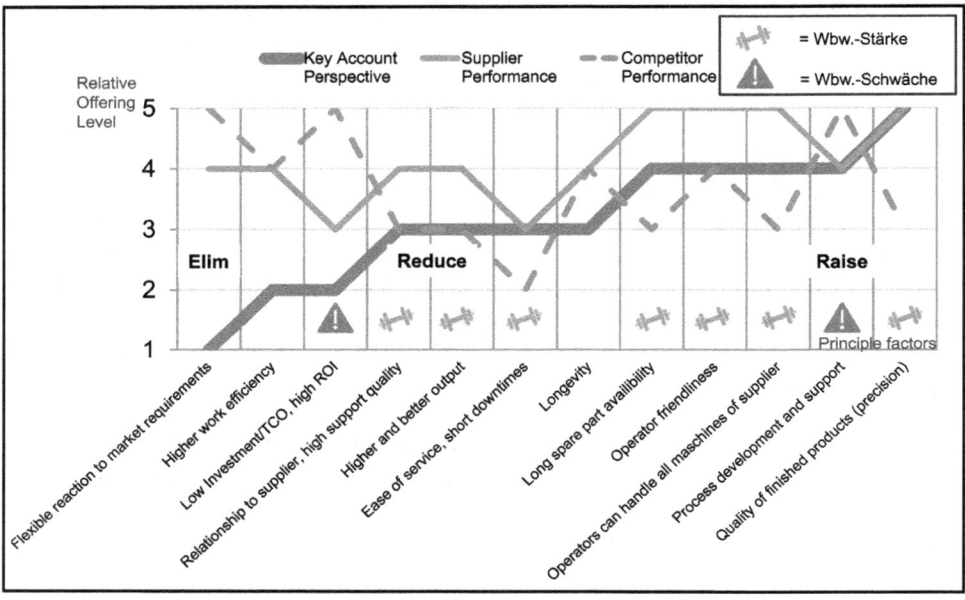

Abbildung 38: Ansatzpunkte für Leistungsgestaltung

> **Praxistipp**
>
> Investieren Sie ausreichend Zeit, um die Key Account Anforderungen und deren Bedeutung herauszufinden und den jeweiligen Hintergrund zu durchdringen. Widerstehen Sie der Versuchung, zu schnell von der Bedürfnis-Erhebung in die Entwicklung von Lösungsansätzen zu wechseln!

> **Praxistipp:**
>
> Finden Sie heraus, welche bisher unbekannte oder nicht adressierte Bedürfnisse der Key Account hat. Schaffen Sie –«create« im Sinne des Blue Ocean Ansatzes – dafür eine Lösung, und Sie werden Ihre Position, Wettbewerbs- und Verhandlungsstärke signifikant verbessern.

4.1.4 Das Buying Center

In diesem Kapitel geht es um die handelnden Personen im Kaufprozess bei Ihrem Key Account. Sie erfahren, aus welchen Perspektiven die einzelnen Personen betrachtet werden können und welche Schlussfolgerungen sich daraus ableiten lassen.

4.1.4.1 Grundüberlegungen

Beschaffungsmärkte werden stets komplexer, Einkaufsentscheidungen auch. Auswahlkriterien werden anspruchsvoller, Fachwissen spezifischer. Alle diese Aspekte werden im Einkaufsprozess von verschiedenen Personen vertreten. Sie bilden das Buying Center.

Als Buying Center wird der Personenkreis[11] verstanden, der beim Kunden an Einkaufsentscheidungen beteiligt ist.

Durch die Zusammensetzung aus Personen mit unterschiedlichen Funktionen, Kenntnissen und Erfahrungen sollen die Ergebnisse der Entscheidungen optimiert werden.

Studien zeigen, dass die Zahl der Beteiligten an Einkaufsprozessen steigt.

Für den Key Account-Manager und das Key Account Team kann die gründliche und systematische Kenntnis des Buying Centers zu einem entscheidenden Wettbewerbsfaktor werden. Schon aus Gründen der Risikominimierung ist es sinnvoll, nicht nur einen Kontakt bei dem Kunden zu haben, sondern mehrere. Denn selbst im geschäftlichen Kontext sind Entscheidungen nicht frei von persönlichen Präferenzen. Diese können zu Ihren Gunsten wirken, oder gegen Sie. In diesem Fall können andere, Ihnen gewogene Ansprechpartner Ihnen helfen, den Opponenten zu neutralisieren, damit Ihre Geschäfte nicht leiden.

Der wichtigere Grund, das gesamte Buying Center zu bearbeiten, besteht jedoch darin, dass die einzelnen Mitglieder unterschiedliche Zuständigkeiten und Verantwortungen haben sowie individuelle Ziele verfolgen. In vielen Unternehmen bestehen sogar Zielkonflikte zwischen den Akteuren des Buying Centers. So vermerkte Thomas Roye, Vorstand eines Regionalverbandes des Bundesverbandes Materialwirtschaft, Einkauf und Logistik e.V. und Einkaufsleiter Technik bei Oxea Deutschland GmbH, dass Zielkonflikte im Beschaffungsprozess »natürlich« vorkommen. So verfolgt z.B. die Instandhaltung primär das Ziel der Anlagenverfügbarkeit, während der Einkauf auf Kostenoptimierung fokussiert.

Einen weiteren Konflikt beschreibt Dr. Alwin Jung, seinerzeit Director, Procurement and Logistics, BASF SE und Dozent an der Steinbeis Hochschule Berlin: »So haben Marketing- und Vertriebsmitarbeiter auf der vermarktenden Seite des potenziellen Lieferunternehmens ganz andere – ja konfliktäre – Zielsetzungen zu denen der Vertreter der Einkaufsabteilungen bei dem beschaffenden Unternehmen. Hier kann man provokativ dann auch die These formulieren, dass der Ein-

---

[11] Dazu können auch kunden-externe Personen wie Berater zählen.

kauf quasi den Kehrwert des Marketings darstellt. Damit soll zum Ausdruck gebracht werden, dass der Einkauf das Gegenteil dessen anstrebt, was das Marketing versucht. Im Marketing wird als ein wichtiges Instrument die Differenzierung eingesetzt. Das äußert sich im Schaffen und Herausstellen von USPs, von Alleinstellungsmerkmalen.

Dem wirkt der Einkauf klar entgegen, da es zur Kernaufgabe des Einkäufers gehört, die Werthaltigkeit von derartigen Alleinstellungsmerkmalen zu hinterfragen und – wenn möglich – zu quantifizieren. Insofern hat der Einkäufer die generelle Tendenz zu ›commoditisieren‹, d. h. es wird versucht, die Alleinstellungsmerkmale auf ihre Werthaltigkeit zu überprüfen und konkret im Hinblick auf die Beschaffungsentscheidung in Euro zu bewerten.«

Hierbei kommt es dann zwischen Anwender – mit klaren Präferenzen für einen eventuell bereits etablierten Anbieter – und dem jeweiligen Zuständigen für den Einkauf zu Diskussionen. Nur wenn es dem Einkauf gelingt, mehrere Anbieter für eine Beschaffungsentscheidung als alternative Lieferanten potenziell zu positionieren, schafft er den Wettbewerb, den er für eine effiziente Beschaffungsentscheidung benötigt. Hingegen ist das Streben der Vermarktungseinheiten genau entgegengesetzt angelegt. Hier wird versucht, Wettbewerb über wahrgenommene Alleinstellungsmerkmale ganz oder teilweise auszuschalten.

Beispiel aus eigener Praxis: Eines der Produkte, für das ich verantwortlich war, wurde von Wettbewerbern aus Asien 20-30 % billiger angeboten. Dennoch bezog unser wichtigster Kunde seinen gesamten Bedarf bei uns. Der Vertrag stand zur Verlängerung an, in ersten Gesprächen wurde auf den Preisunterschied hingewiesen. Dann kam es zu einer Reklamation. Unser Produkt sei verunreinigt aus dem Lager in die Produktion gekommen. Später stellte sich heraus, dass die Verunreinigung unseres Produktes im Kundenlager entstanden war. Ohne Ersatz wäre es am Folgetag zu einem Produktionsstillstand gekommen, Kosten pro Tag ca. 2.000.000 US-Dollar! Sofortmaßnahme: Ersatzlieferung aus unserem Lager in der Nähe am Abend des gleichen Tages.

Lieferzuverlässigkeit: bei komplexen Kundenproduktionsprozessen absolut unverzichtbar, dennoch oft unterbewertet

Der Wettbewerber aus Asien hätte selbst per Luftfracht etwa ein Woche Lieferzeit gebraucht. Der potentielle Produktionsausfall hätte Kosten verursacht, die deutlich über dem Kostenunterschied bezogen auf die Vertragslaufzeit lagen. Der Vertrag wurde um zwei Jahre verlängert. Trotz der Austauschbarkeit des Produktes als solches war dank der Lieferfähigkeit die Vergleichbarkeit nicht mehr gegeben – ein USP hergestellt – und die Preisdiskussion in den Hintergrund getreten.

Zuverlässigkeit in der Vorproduktverfügbarkeit war im Beispiel eine wichtige Anforderung der Produktionsabteilung. Deren Einfluss auf die Einkaufsentscheidung war so hoch, dass der Einkauf unterstützt wurde, dafür Preiszugeständnisse zu machen. Die Information über die Stillstandskosten stammte von einem Kontakt des Key Account Managers in der Produktion. Sie war sehr hilfreich in der Verhandlung der Vertragsverlängerung.

> **Praxistipp**
>
> Mit Hilfe berufsorientierter sozialer Medien wie Xing, LinkedIn können Sie sich einen ersten Eindruck verschaffen, wer zum Buying Center gehören könnte. Je länger Sie den Key Account betreuen, desto mehr Kontakte werden Sie gewinnen. Beachten Sie bei der Zeitallokation zu den Personen deren Relevanz für die Einkaufsentscheidungen.

4.1.4.2 Beschreibungskriterien

Die Zusammensetzung des Buying Centers eines Key Accounts ist abhängig von der Komplexität der Beschaffungsvorgänge. Entsprechend der Anforderungen an Leistungen und Spezialisierungsgrad steigt die Anzahl der Beteiligten. Zur besseren Beschreibung der einzelnen Ansprechpartner lassen sich die in Abbildung 39 dargestellten Kriterien heranziehen.

Abbildung 39: Kriterien zur Beschreibung des Buying Centers

Die Kriterien im Einzelnen:

Organisation

Buying Center finden Sie nicht als formelle Einheiten auf einem Organigramm. Sie sind vergleichbar mit Projektarbeitsgruppen. Beide entstehen für die Erledigung einer definierten Aufgabe. Eine Projektgruppe löst sich meistens nach dem Abschluss des Projektes auf, ein Buying Center besteht so lange, wie im Kundenunternehmen Bedarf an den von Ihrem Unternehmen angebotenen Leistungen besteht.

Keine formelle Organisation

In bestimmten Branchen, z. B. Maschinenbau, IT-Systeme, kann das Buying Center gleichzeitig die Projektgruppe für die Beschaffung, Installation und Inbetriebnahme einer Maschine oder eines Systems sein. Sofern es sich um *eine* bzw. eine gelegentliche Beschaffungsmaßnahme handelt, stellt sich die Frage, ob Key Account Management die richtige Form der Kundenbearbeitung darstellt.

Wenn Sie eine Buying Center Analyse das erste Mal durchführen, werden Sie möglicherweise zwei Dinge erkennen:

- wie wenige Ansprechpartner Sie eigentlich beim Kunden derzeit haben,
- wie wenig Sie über eben diese Ansprechpartner wissen.

Organisationsplan als Navigationshilfe Um den Key Account besser zu verstehen, ist zunächst die Kenntnis des organisatorischen Aufbaus hilfreich. Es empfiehlt sich daher, dass Sie sich einen Plan der Organisation bzw. der für Sie relevanten Abteilungen besorgen. Dieser Plan ist gleichsam Ihr Navigationsinstrument zu den einzelnen Personen, die zum Buying Center gehören.

Nicht jedes Unternehmen gewährt Ihnen gerne diese Einblicke, aber im persönlichen Gespräch und durch Internet-Recherche können Sie einzelne Bausteine identifizieren und so das »Puzzle« zusammensetzen.

Entscheidungsprozess Neben dem Organisationsplan sollten Sie auch den Entscheidungsprozess kennen. Unabhängig davon, wer Ihr erster Ansprechpartner bei dem Key Account ist, sollten Sie ihn nach dem Ablauf des Prozesses befragen. Aus dieser Information können Sie ableiten, wer beteiligt ist. Spätestens jetzt wissen Sie, welche Personen das Buying Center bilden und welche Funktion sie im Unternehmen haben.

Dadurch gewinnen Sie die Entscheidungsgrundlage, ob Sie die einzelnen Personen kontaktieren wollen und welchen Gesprächsinhalt Sie vorbereiten und wen Sie gegebenenfalls aus dem eigenen Unternehmen hinzuziehen wollen. Dabei werden Sie Ihre Zeit und Kräfte fokussieren, da nicht jeder mögliche Ansprechpartner gleich stark in den Entscheidungsprozess einbezogen ist.

In der Praxis spielt beispielsweise das Qualitätsmanagement eine wichtige Rolle bei der Lieferantenauswahl. In diesem Fall bietet sich die Kontaktaufnahme an, um die Kriterien der Lieferantenzulassung zu erfragen. Damit demonstrieren Sie den Willen zu guter Zusammenarbeit, können das Qualitätsmanagement des Key Accounts und Ihres Unternehmens in Kontakt bringen und zudem auch noch Zeit sparen.

Zeitbedarf Die Kenntnis des Entscheidungsprozesses erlaubt Ihnen eine Einschätzung über den zu erwartenden Zeitbedarf bis zu einer Entscheidung und wie am Beispiel oben gezeigt der Ressourcen, die Sie brauchen.

Ein Buying Center ist ein lebender Organismus. So gibt es divergierende Zugang Interessen und Ziele, Konkurrenz unter den Mitgliedern ist durchaus möglich. Deshalb ist Sensibilität mit dieser Art von Befindlichkeiten angeraten. Sie sollten also herausfinden, welche »Spielregeln« für Ihren Umgang mit den einzelnen Mitgliedern des Buying Centers gelten. So kann es eine zentrale Figur geben, die einerseits über Ihre Kontaktaufnahme zu anderen Ansprechpartnern informiert werden will, andererseits Türen für Sie öffnet. Diese Person ist typischerweise Ihr Hauptkontakt.

> **Praxistipp**
>
> Sorgen Sie für einen guten Informationsfluss über Ihre Gespräche und Aktivitäten zum Hauptkontakt. Damit stellen Sie einerseits sicher, dass Vertrauen entsteht, andererseits sichern Sie sich die Unterstützung des Hauptkontaktes.

Rollen und Ziele

In der Soziologie wird eine Rolle beschrieben als die Gesamtheit der an einen Status wie Führungskraft oder Key Account Manager gerichteten Erwartungen, Verhaltensweisen, Werte sowie auch die Handlungsspielräume. Zu den Rollen im Buying Center gibt es Konzepte von mehreren Autoren. Gängige Beispiele zeigt Tabelle 20.

Backhaus, Voeth	Biesel	Miller-Heiman
Entscheider	(Fach-) Entscheider	Entscheider
Benutzer	Umsetzer	Anwender
Beeinflusser	Einflussnehmer	(Technische) Beurteiler
Einkäufer		
Initiator		
Informations-Selektierer		
	Promotoren/Gegner	Coach
	Controlling	

Tabelle 20: Vergleich der Rollen im Buying Center bei verschiedenen Autoren

Zwischen den drei Autoren herrscht Übereinstimmung über Entscheider, Anwender und Beeinflusser. Der Anwender ist typischerweise auch der Initiator des Beschaffungsvorganges. Der Info-Selektierer von Backhaus ist entweder bei den Anwendern oder den Beeinflussern zu finden. Der Beschaffer ist (Technischer) Beurteiler bei Miller-Heiman. Die Rolle des Coaches/Promotors wird unter Einstellung zu uns behandelt. Dort findet sich auch der Gegner. Als praxisgerecht und einfach handhabbar haben sich vier Rollen erwiesen:

- Entscheider,
- Anwender,
- Beeinflusser,
- Einkäufer.

Sofern Sie keine Rolle zuordnen können, vermerken Sie »unbekannt« oder »?«.

Entscheider

Jede Entscheidung braucht eine – und bei gutem Management nur eine! – Person, die die Verantwortung trägt, hier als der Entscheider bezeichnet. Die Verhaltensweisen und Handlungsspielräume des Entscheiders sind

- endgültige Genehmigung der Beschaffungsmaßnahme,
- Kostenkontrolle,
- Budgetverantwortung,
- Autorisierung der Bezahlung,
- Vetorecht.

Das Ziel des Entscheiders ist, den ökonomischen Gewinn aus der zu beschaffenden Leistung zu maximieren

Das »big picture« sehen und darauf hin argumentieren In der Organisation ist der Entscheider z. B. in der Geschäftsführung, im Vorstand, in der Bereichs- oder Abteilungsleitung zu finden. Der Entscheider wird im Beschaffungsprozess typischerweise erst kurz vor dem endgültigen Abschluss auftreten. Entsprechend seiner Zielsetzung wird er Sie z. B. fragen: »Was nützt uns das?« Oder: »Wie beeinflusst Ihre Leistung unser Ergebnis?« Bei guter Kenntnis der Anforderungen des Key Accounts einerseits und Ihrer Leistung – und zwar im Vergleich zum Wettbewerb – andererseits, können Sie bei dieser Frage punkten.

Auch verhandlungstaktisch ist die Kenntnis des Entscheiders von Bedeutung. Von Unternehmen, die aggressiv verhandeln, ist die Technik bekannt, den Verkäufer in langen Gesprächen mürbe zu machen um ihm dann mitzuteilen, gar nicht entscheiden zu dürfen. Dann tritt der (angeblich) Verantwortliche auf und verhandelt weiter.

Anwender

Die Anwender bzw. Benutzer sind diejenigen, die mit Ihrem Produkt arbeiten oder es im Wertschöpfungsprozess weiterverarbeiten. Sie sind am intensivsten von Ihrem Produkt bzw. dessen Nichtvorhandensein betroffen. Deshalb sind sie in den meisten Fällen die Initiatoren eines Beschaffungsvorganges und gleichzeitig Informationsbeschaffer und Selektierer.

Das Ziel der Nutzer ist, mit Hilfe Ihrer Leistung seine Aufgabe möglichst gut und einfach erledigen zu können

Typische Anwender sind Personen in der Produktion, in Forschung & Entwicklung und IT-Anwender. Bringen Sie die Nutzer in Kontakt mit Ihrem Produkt oder Ihrer Dienstleistung durch Muster, Ausprobieren, Schulungen etc. So gewinnen Sie wichtige Hinweise auf die von den Anwendern wahrgenommenen Unterschiede zwischen Ihrer Leistung und der des Wettbewerbs.

Diese Kenntnis ist von entscheidender Bedeutung in der Preisverhandlung mit dem Einkauf, je unterschiedlicher desto besser. Deshalb gibt es häufig das Bestreben des Einkaufs, den Zugang zu dieser Quelle von Argumenten zu blockieren. Die Präferenzen der Anwender, die aus der besseren Realisierung ihrer Ziele resultieren, die den vordringlich preisorientierten Verhandlungsspielraum des Einkaufs einengen.

Differenzierung durch höheren Anwendernutzen

Beeinflusser

Diese Personen haben die Aufgabe, Anforderungsdetails für zu beschaffende Produkte und Dienstleistungen zu spezifizieren und die Angebotsoptionen damit zu vergleichen. Die Anforderungen sind häufig in messbarer Form ausgedrückt bzw. in (technischen) Lastenheften enthalten. Damit können Beeinflusser eine Vorselektion der möglichen Anbieter vornehmen. Beeinflusser sind z. B. Personen aus der Konstruktion, Engineering, Qualitätsmanagement, Supply Chain/Logistik, Produktmanagement.

Das Ziel der Beeinflusser ist, die Erfüllung der definierten Anforderungen und die Einhaltung von unternehmensinternen Spezifikationen zu gewährleisten.

Insbesondere bei Beschaffungen über Ausschreibungen oder RFP[12] können Sie maßgeblichen Einfluss auf Ihre späteren Chancen nehmen, wenn Sie einen guten Kontakt zu den Beeinflussern haben. Die Erstellung eines Anforderungskataloges wird oftmals als lästige Zusatzbelastung empfunden, da sie hohes Detailwissen und Prozesskenntnis sowie Abstimmung mit den späteren Anwendern verlangt. Deshalb wird Input dazu gerne angenommen, ganz besonders, wenn Sie auch noch über gute Kontakte zu den Anwendern verfügen. Zögern Sie also nicht, Ihre Hilfe anzubieten, da Sie dadurch die Chance erhalten, die USPs Ihrer Leistung als Muss-Anforderung zu spezifizieren und damit praktisch eine Alleinstellung zu erreichen. Die Auswirkungen auf Preispremium und Abschlusschancen liegen auf der Hand.

Alleinstellung durch Unterstützung bei der Spezifikationserstellung

Einkäufer

Die Einkaufsfunktion ist bei vielen, insbesondere komplexen Unternehmen, deutlich professionalisiert worden. Dazu gehört auch die Unterteilung in strategischen und operativen Einkauf mit den in Tabelle 21 dargestellten Schwerpunkten.

[12] Request for Proposal

Strategischer Einkauf	Operativer Einkauf
Definition einer Einkaufsstrategie	Ausführung der Beschaffung:
Beschaffungsmarktforschung, Beschaffungsportfolio-Management	- Bestellung - Eingangsprüfung
Lieferantenmanagement: Suche, Entwicklung, Abbau	- Ggf. Reklamation - Terminverfolgung
Vertragsgestaltung, -Verhandlung	Lieferantenkontakt
Einkaufscontrolling	Sicherung der Warenverfügbarkeit
Toolentwicklung (Benchmarking, Wertanalyse, life cycle cost/TCO[13], ...)	Mengen-, Bestandsplanung und Überwachung

Tabelle 21: Aufgaben Strategischer und operativer Einkauf

Chance: Lead Buyer Konzept beim Key Account
Ein weiteres Konzept, welches zunehmend Verwendung findet, ist das des Lead-Buyers. Es findet Anwendung in großen Unternehmen, in denen mehrere Bereiche/Abteilungen bestimmte Produkte bzw. Produktgruppen beschaffen. Diejenige Abteilung oder Produktionsstätte, die den höchsten Bedarf und/oder die größte Fachkompetenz für diese Güter besitzt, übernimmt die Führungsrolle für das gesamte Unternehmen. Das drückt sich üblicherweise in einem Rahmenvertrag aus, innerhalb dessen alle bedarfsführenden Einheiten sich versorgen. Die Vorteile dieses Konzeptes liegen für den Kunden in Nachfragebündelung, damit einhergehend besserer Verhandlungsposition, günstigeren und einheitlichen Konditionen und Arbeitseffizienz. Den Lieferanten eröffnet sich der Zugang zu höheren Volumina und ebenfalls effizienterer Bearbeitung, sofern Kapazität und Zugang zum Lead Buyer gegeben sind.

Als Ziel ist allen Einkäufern gemein, dass sie Versorgungssicherheit in der geforderten Qualität und Menge zur rechten Zeit am richtigen Ort zu den bestmöglichen Konditionen erreichen wollen.

Im industriellen Umfeld ist der Einkäufer üblicherweise ein regelmäßiger und wichtiger Kontakt. Daher ist es lohnend, sich mit den Themen auseinanderzusetzen, die ihn aktuell umtreiben. Der Bundesverband Materialwirtschaft, Einkauf und Logistik e. V. (BME) nennt folgende Schwerpunkte (BME Pressekonferenz Dez 2015):

- **Risk Management: Stresstest für den Einkauf:** »Nur gegen Kosten- und Qualitätsrisiken gewappnet zu sein, reicht nicht mehr aus.« Finanzkrise, Naturkatastrophen, Währungsschwanken haben die Notwendigkeit neuer Ansätze zum Risikomanagement aufgezeigt.
- **Marktdaten allein reichen nicht:** Die Vielfalt an Daten muss zu unternehmens- und entscheidungsrelevanten Informationen für Einkauf, Produktion und Vertrieb verdichtet werden.

---

[13] Total Cost of Ownership

- **Nächste Rohstoffpreisrally nur eine Frage der Zeit**: Die aktuelle Niedrigpreisphase wird unweigerlich enden. Darauf sind nicht alle Rohstoffeinkäufer vorbereitet. Instrumente wie Rohstoffrecycling, Substitution, Hedging zur Preisabsicherung gewinnen an Bedeutung und stellen den Einkauf vor massive Herausforderungen.
- **Ohne den Einkauf findet Industrie 4.0 nicht statt**: Die Digitalisierung von Lieferketten und des Einkaufs bietet erhebliche Erfolgspotentiale, z B. schnelle Anpassung der Produktion an die Nachfrage mit ebenso schneller Anpassung der gesamten Supply Chain und Warenbestände.
- **Neuer Einkäufertyp gefragt**: Gefragt ist Internationalität, vorausschauendes Denken und die Fähigkeit gesamte Prozesse zu verstehen und zu verbessern.
- **Local und Global Sourcing zwei Seiten einer Medaille**: die Symbiose aus beidem bietet die größten Erfolgspotentiale.

> **Praxistipp**
>
> Verschaffen Sie sich Einblicke in die aktuellen Herausforderungen Ihrer Ansprechpartner im Einkauf. Denken Sie proaktiv über Ansatzpunkte oder konkrete Maßnahmen zur Unterstützung bei diesen Herausforderungen nach.

Einfluss

Der Organisationsplan informiert Sie darüber, welche Über- und Unterordnungen herrschen. Daraus lässt sich der formale Einfluss der Personen ableiten. Neben den offiziellen Verhältnissen gibt es die informelle Struktur. Dazu zählen Aspekte wie

- Einfluss auf die Meinungsbildung,
- Erfahrung,
- Vernetzung, Beziehungen,
- Durchsetzungskraft und –Wille.

Je nach Ausprägung dieser Eigenschaften besitzt eine Person mehr oder weniger Einfluss auf die Einkaufsentscheidung. Es hat sich als praktikabel erwiesen, zwischen hohem, mittlerem und geringem Einfluss zu unterscheiden.

Zweck dieser Unterscheidung ist auch hier, die Ressourcen möglich effektiv einzusetzen. Wenn es Ihnen gelingt, die Beurteiler und Anwender mit hohem Einfluss zu identifizieren, werden Sie die mit höchster Priorität bearbeiten bzw. versuchen, den Kontakt herzustellen.   *Ressourcen fokussieren*

Ermitteln Sie den Einfluss der Buying-Center-Mitglieder anhand der folgenden Checkliste (Tabelle 22):

Frage	Antwort
Gibt es ein Mitglied im Buying Center mit uneingeschränkter Meinungsführerschaft?	
Gibt es eine Person, die den Prozess dominiert?	
Welche Personen besitzen großen Einfluss?	
Wer berichtet an wen?	
Gibt es Personen, die als Außenseiter zu betrachten sind?	
Welches Beziehungsgeflecht gibt es zwischen den Personen?	
Gibt es einflussreiche Personen, die ich bisher nicht identifiziert habe?	

Tabelle 22: Checkliste Einfluss im Buying Center

Die Ausprägungen des Einflusses sind:

- gering,
- mittel,
- hoch,
- unbekannt.

Der Einfluss eines Buying-Center-Mitgliedes hängt auch davon ab, welche Vernetzung und Beziehung zu den anderen Mitgliedern besteht. Das lässt sich in einem Organigramm mit Symbolen visualisieren:

Einflussrichtung und Stärke:

Übereinstimmung oder Unstimmigkeit:

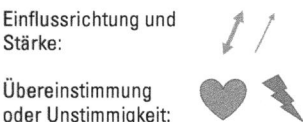

Einstellung zu uns

Die Frage nach der Einstellung zu uns oder zum Wettbewerb wird nicht oft gestellt. Das kann der vorweggenommenen fehlenden Bereitschaft zu einer ehrlichen Antwort geschuldet sein, oder der Angst, schlechte Nachrichten zu hören. Dabei sind schlechte Nachrichten besser als keine, denn ohne Kenntnis der Einstellung bewegen Sie sich quasi im »Blindflug«.

Ergänzung der Kundenbefragung Eine Kundenbefragung gibt Ihnen wichtige Hinweise, allerdings in aggregierter Form. Für Ihren direkten Kontakt mit den Mitgliedern des Buying Centers ist die Einschätzung der Einstellung der einzelnen Personen von Belang. Gegenstand Ihrer Beobachtungen und Fragen sollte sein, wie Ihre Kontakte Sie und Ihr Angebot als Ganzes wahrnehmen, und zwar im Vergleich zum Wettbewerb. Die Qualifizierung in *besser*, *gleich* oder *schlechter* als die Konkurrenz reicht dafür hin.

Der Nutzen dieses Wissens ist einerseits im Auffinden von Verbesserungspotential, in der Identifikation von Differenzierungsmöglichkeiten und andererseits in der Fokussierung von Ressourcen zu sehen. Jemand, der die Konkurrenz präferiert und zudem hohen Einfluss hat, verdient besondere Aufmerksamkeit in der Betreuung.

Auch zu diesem Aspekt lassen sich viele Fragen für Ihre Checkliste formulieren. Beispiele sind:

- Wie nimmt Person XY mich wahr?
- Wie steht diese Person zu unserem Angebot/zum Unternehmen?
- Welche Gründe oder Historie gibt es für die Präferenz für den Wettbewerb?

Die Einstellung der Buying-Center-Mitglieder wird beschrieben als:

- negativ/Gegner,
- neutral,
- positiv,
- Coach,
- unbekannt.

Coach, Gegner

Ein Coach oder Promotor ist jemand, der Sie unterstützen will. Es kann sich dabei um eine interne Person in Ihrem Key Account handeln oder um einen externen Berater. Das kann für Sie im ersten Fall detailliertere Informationen bedeuten, im zweiten Fall größere Objektivität oder eine breitere Perspektive.

Einen Coach zu finden ist von unschätzbarem Wert:

- Zugang zu Informationen, die Sie sonst kaum erhalten können.
- Wegweiser zu Gesprächspartnern, die Sie sonst übersehen hätten oder noch nicht kannten.
- Sparringpartner bei neuen Ideen, vor wichtigen Gesprächen oder Entscheidungen.
- »Frühwarnsystem« bei Konkurrenzaktivitäten, interner Unzufriedenheit, neuen Mitgliedern im Buying Center, die andere Lieferanten bevorzugen.

Das Ziel des Coaches ist, Ihnen (und Ihrem Unternehmen) bei der Erreichung Ihrer Ziele zu helfen.

Wie können Sie einen Coach finden bzw. aufbauen? Beste Ausgangsbasis ist gegenseitige Sympathie. Die ist vorhanden, wenn »die Chemie stimmt« oder kann aufgebaut werden durch gemeinsame positive Erlebnisse oder indem Sie durch eine freiwillige Vorleistung in die Zusammenarbeit investieren. Wenn dann im Zeitverlauf Vertrauen entsteht und die Zuverlässigkeit der Leistung und der sie begleitenden Services wahrgenommen wird, kann sich ein solcher Kontakt entwickeln.

Informations-quelle und Beeinflusser Idealerweise hat der Coach Zugang zu den für Sie relevanten Informationen und Einfluss auf die in den Beschaffungsprozess involvierten Personen. Bei verschiedenen Leistungsangeboten, einer Vielzahl von Mitgliedern im Buying Center oder bei separat operierenden Unternehmenseinheiten mit eigenen Buying Centern, empfiehlt sich die Suche nach mehreren Coaches.

Bedenken Sie bei Ihrem Umgang mit einem Coach, dass ein hohes Risiko von Interessenkonflikten besteht. So sehr ein Coach Ihnen auch helfen will, so gelten auch immer die firmeninternen Verpflichtungen zur Vertraulichkeit und Loyalität dem eigenen Unternehmen gegenüber. Dementsprechend feinfühlig müssen Sie den Coach behandeln.

Der Gegner ist das Gegenteil des Coaches. Er ist möglicherweise der Promotor des Key Account Managers Ihres Wettbewerbers, hat eventuell früher dort gearbeitet. Die Übersicht in Abbildung 40 gibt Ihnen Hinweise auf verschiedene Vorgehensweisen mit Coach und Gegnern.

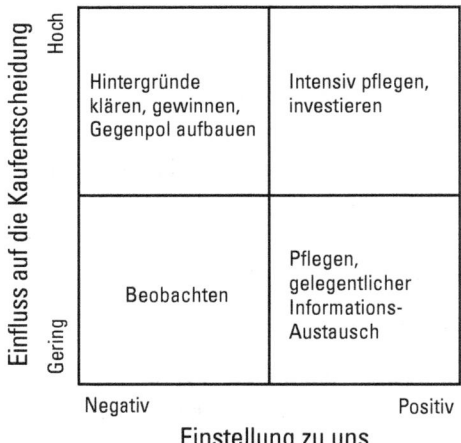

Abbildung 40: Umgang mit Coach und Gegner

Interessen

Hier finden sich einerseits diejenigen Aspekte, die die Funktion der jeweiligen Person betreffen. Das können Interessen an Technologie, Innovation, Qualität, Systemen, Kosten, Effizienz und vieles mehr sein. Es besteht meistens ein Zusammenhang zwischen Funktion, Rolle, Zielen und geschäftlichen Interessen.

Karriere Des Weiteren bestehen Interessen, die sich auf die eigene Entwicklung der Person im oder außerhalb des Unternehmens beziehen. Damit sind nicht nur Veränderungen der Funktion und Hierarchieebene gemeint, sondern auch Weiterentwicklung von Kompetenzen und Verantwortung in der gleichen Position. Im zweiten Fall können Sie möglicherweise sogar helfen, im ersten Fall kann leicht eine »red flag« daraus werden.

Private Interessen wie Familie, Freizeit, Hobbies etc. sind selten Gegenstand der offiziellen Gespräche, eher im Small Talk und bei informellen Veranstaltungen. Nicht jeder Ansprechpartner gibt diese Information gerne preis, viele versuchen, eine Trennung zwischen Beruf- und Privatleben aufrechtzuhalten.

Im Laufe der Zeit werden Sie Gelegenheit haben, einige der privaten Interessen herauszufinden. Der Umgang mit dieser Information muss jedoch sehr stark dem Naturell der Person angepasst sein. Zurückhaltung und Respekt sind Forschheit und Direktheit vorzuziehen, die Gefahr des Vertrauensverlustes bei gefühlter Verletzung der Privatsphäre ist groß. Achten Sie also unbedingt darauf, sorgsam und im Sinne der informationellen Selbstbestimmung mit den Informationen über Ihre Ansprechpartner umzugehen.

Treffen Sie hingegen auf mitteilsame Gesprächspartner, können Sie die Kenntnis sowohl privater wie beruflicher Interessen nutzen, um leichter eine entspannte Atmosphäre herzustellen, Vertrauen aufzubauen und ein belastbares Netzwerk zu etablieren.

Kontakt

Wie häufig und intensiv ein Kontakt ist, entscheidet über die Kenntnis bei allen anderen Aspekten und die Chance, eine gute Beziehung herzustellen. Die Ausprägungen sind:

- Selten, z. B. 0 – 4 Mal pro Jahr
- Mittel, z. B. alle 2 – 3 Monate
- Häufig, ein- oder mehrmals pro Monat

> **Praxistipp**
>
> Als Kontakt werten Sie diejenigen Begegnungen, die von Gehalt, Nähe und Intensität ausreichen, die persönliche Beziehung zu Ihrem Ansprechpartner weiterzuentwickeln.

Persönlichkeitstypen

Persönlichkeitstypen lassen sich auf vielfältige Art ermitteln und beschreiben. Entsprechend groß ist die Zahl an Methoden. Beispiele sind der Myers-Briggs Type Indicator MBTI, Herman Brain Dominance Instrument (HBDI), 16-Persönlichkeits-Faktoren-Test, Bochumer Persönlichkeits-Inventar, Biostrukturanalyse, Assess und DISG bzw. INSIGHTS MDI. Mit Ausnahme der Biostrukturanalyse habe ich alle Verfahren im Selbstversuch kennen gelernt. Für INSIGHTS MDI habe ich eine Präferenz entwickelt. Es hat mir gute Ergebnisse geliefert, ist verständlich und anwenderfreundlich.

»Wer andere kennt, ist gelehrt. Wer sich selber kennt, ist weise!«

Wahrnehmung und Reaktion Das Grundmodell von INSIGHTS MDI geht zurück auf C. G. Jung und Dr. William Marston. Sie haben zwei Haupteinflussfaktoren, die das menschliche Verhalten bestimmen, ausgemacht:

1. Die Art und Weise wie eine Person die äußere Umgebung *wahrnimmt*. Dabei wird unterschieden zwischen den Polen Aufgaben- und Menschenorientierung.
2. Die Art und Weise wie eine Person auf die Umgebung aus der inneren Einstellung heraus *reagiert*, entweder eher aktiv oder eher passiv. Diese innere Einstellung wird als extra- oder extrovertiert und introvertiert beschrieben

Wahrnehmung und *Reaktion* als die entscheidenden Einflussfaktoren bilden in der graphischen Darstellung in Abbildung 41 die *vertikale* und die *horizontale* Achse.

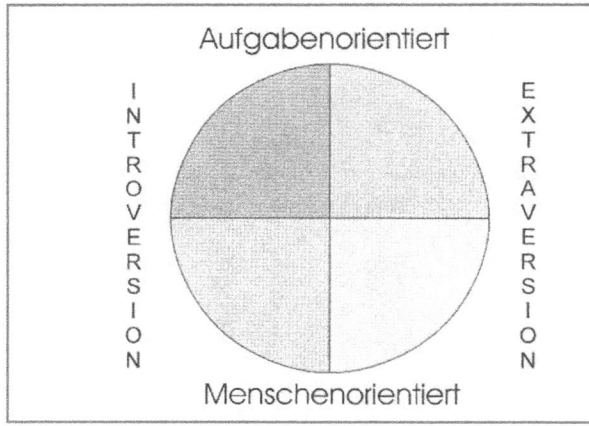

Abbildung 41: Haupteinflussfaktoren menschlichen Verhaltens nach Jung/Marston
Quelle: INSIGHTS MDI International® Deutschland GmbH

Das ergibt die typischen präferierten Verhaltensweisen, die den Polen der beiden Einflussfaktoren zuzuordnen sind.

Introvertierte Verhaltensweisen:

- Risiken, Entscheidungen oder Veränderungen werden langsam/vorsichtig angegangen.
- Beiträge zu Gruppenunterhaltungen, ebenso Gestik und Intonation sind unregelmäßig.
- Hervorhebung bestimmter Punkte durch Wiederholung.
- Fragen neigen zur Klärung, Unterstützung, Informationsweitergabe.
- Spart sich den Ausdruck von Meinungen.
- Eher geduldig und kooperativ.
- Diplomatisch.
- Tolerant gegenüber anderen Meinungen (wenn es sich nicht um größere Sachen handelt).
- Untertreibend, reserviert.

- Bei gesellschaftlichen Anlässen Neigung, den anderen den Vortritt bei der Vorstellung zu lassen.
- Zarter Händedruck.
- Neigt zur Befolgung von Regeln.

Extravertierte Verhaltensweisen

- Geht schnell/spontan an Risiken, Entscheidungen oder Veränderungen heran.
- Aktiv in Gruppenunterhaltungen.
- Inhaltliche Punkte werden durch Körpersprache wie Gestik und Intonation unterstrichen.
- Macht oft emphatische Aussagen: »Das ist so!«, »Ich stimme zu!«
- Fragen tendieren dazu, rhetorisch zu sein, Punkte besonders zu betonen und Information in Frage zu stellen.
- Sagt bereitwillig seine Meinung.
- Weniger geduldig, konkurrierend.
- Konfrontationsfreudig.
- Neigung, bei Dissens auf seiner Meinung zu beharren.
- Intensiv, bestimmt.
- Anfänglicher Augenkontakt wird durchgehalten.
- Stellt sich eher selber vor.
- Fester Händedruck.
- Neigung, bestehende Regeln zu beugen.

Aufgabenorientierte Verhaltensweisen

- Kontrolliert.
- Behält seine Gefühle für sich, sagt nur, *was gewusst werden muss.*
- Die meisten Entscheidungen werden rational/»vernünftig« (objektiv) getroffen.
- Konzentriert Gespräche auf Aufgaben und Sachthemen, schweift eher nicht ab.
- Eher formal und ordentlich.
- Arbeitet Agenda ab.
- Fakten- und aufgabenorientiert.
- Braucht Zeit, um in neuen Situationen »warm« zu werden.
- Reagiert strikt und diszipliniert auf den Umgang anderer mit seiner Zeit.
- Bevorzugt unabhängiges Arbeiten.
- Vermeidet, minimiert physischen Kontakt.
- Genießt zielorientierte Anekdoten zu hören oder zu erzählen.
- Eingeschränktes Repertoire an Gesichtsausdrücken während des Sprechens.
- Unterdurchschnittlicher Enthusiasmus.
- Formaler Händedruck.
- Weniger nonverbales Feedback – »Pokerface«.
- Reagiert auf Realitäten, Fakten, Erfahrungen.

Menschenorientierte Verhaltensweisen

- Selbstmitteilend.
- Zeigt und teilt freimütig Gefühle.
- Entscheidungsfindung meist gefühlsmäßig (subjektiv).
- Schweift vom Thema ab.
- Eher entspannt und warm.
- Bewegt sich mit der Strömung.
- Meinungs- und Gefühlsorientiert.
- Wird schnell »warm«, Leichtigkeit der Kontaktaufnahme zu ihm/durch ihn.
- Bevorzugt Zusammenarbeit mit anderen.
- Initiiert oder akzeptiert körperlichen Kontakt.
- Lebhafter Gesichtsausdruck im Gespräch.
- Zeigt mehr Begeisterung als der Durchschnitt.
- Freundlicher Händedruck.
- Nonverbales Feedback eher erkennbar.
- Offen für Träume, Visionen und Konzepte.

Die Abbildung 42 fasst die Verhaltensweisen zusammen.

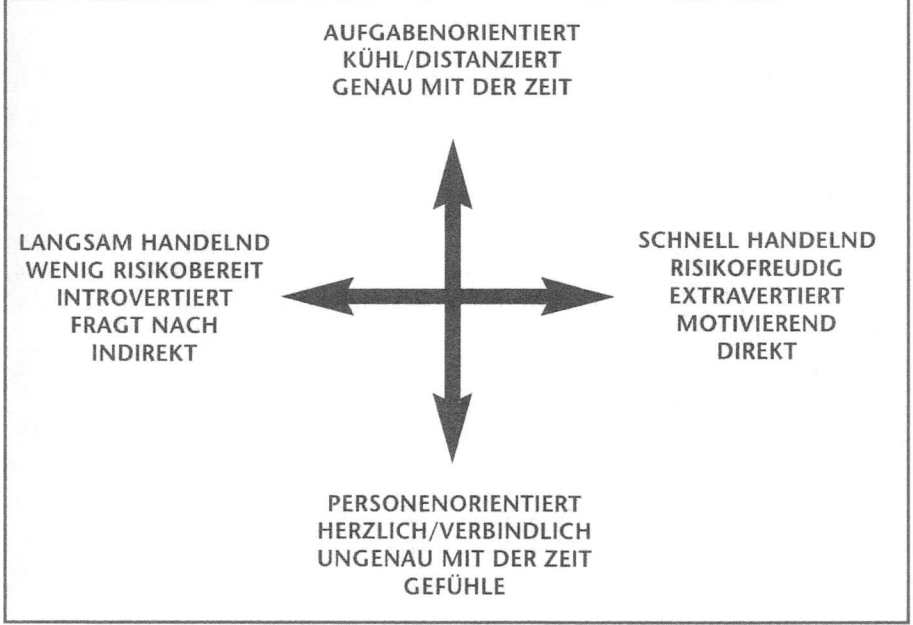

Abbildung 42: Übersicht der präferierten Verhaltensweisen
Quelle: INSIGHTS MDI International® Deutschland GmbH

Die Quadranten

Die Achsen geben die Ordnungskriterien Wahrnehmung und Reaktion an und die Bandbreite davon. Da jede Person individuell jeweils durch beide Kriterien beschrieben wird, entstehen vielfältige Kombinationen, die in den Quadranten abgebildet werden (Abbildung 43).

Abbildung der vielfältigen Individualität

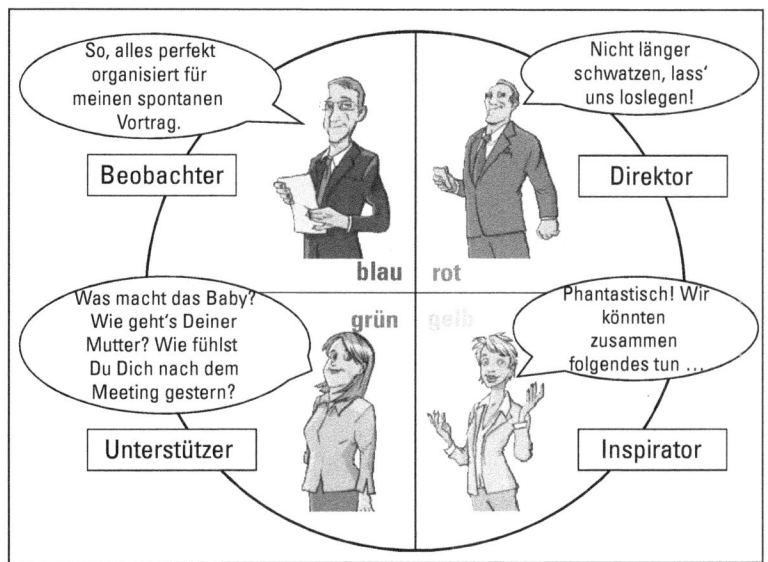

Abbildung 43: Die Quadranten und ihre Repräsentanten
Quelle: INSIGHTS MDI International® Deutschland GmbH

Die vier Typen legen verschiedenes Verhalten an den Tag:

Der Rote – Macher und Kämpfer

Ein Roter wird Ihnen nicht sehr entgegenkommend begegnen, eher kritisch. Er will schnell herausfinden, ob er von Ihnen profitieren kann. Das können Sie ihm bieten durch etwas Neues oder indem Sie ihm die Bühne gewähren für seine Themen. Wenn das für den Roten nicht eintritt, verliert er schnell das Interesse, wird unaufmerksam, ungeduldig oder lässt Sie stehen, wenn es die Situation zulässt.

Die Kämpfernatur – der Rote ist kompetitiv – findet Eroberungen reizvoll. So zeigt er sich im gesellschaftlichen Umfeld gern in Begleitung attraktiver Damen und Herren oder bekannter Persönlichkeiten. Er selbst strahlt Selbstsicherheit und natürliche Autorität aus, Unsicherheit oder Angst wird er sich nie anmerken lassen.

Die Körpersprache unterstreicht seine Haltung, Platzbedarf, herablassender Blick, Lautstärke unterstreichen seinen Anspruch. Ebenso seine Büroausstattung. Große Möbel, möglichst Designerware (jedenfalls teuer), Distanz zum Gesprächspartner, Wandschmuck zeugt von Kunstverstand und/oder Erfolgen, exklusiven Kursen oder Zusammenarbeit mit Prominenten. Überhaupt ist er an Prestige, Position und Titel interessiert, demonstriert seinen Erfolg gerne durch materielle Dinge.

Er gebraucht für ihn typische Redewendungen:

- »Wann sind Sie damit fertig?«
- »Was machen Sie beruflich?«
- »Waren Sie schon einmal in Australien? Auf meiner letzten Reise …«
- »Ich habe jetzt keine Zeit, machen Sie mir doch eine kurze Mail.«
- »Da habe ich ein Wörtchen mitzureden!«
- »Nicht in meinem Haus/Unternehmen/…!«
- »Ich will Ihnen/Dir mal was sagen …«
- »Ich sehe das so, …«

Der Rote zeigt an Gefühlen nur seinen Ärger, den aber deutlich. Er kann dann auch laut werden, sein Gesichtsausdruck signalisiert leicht erkennbar seine Stimmung. Sollte er sich kontrollieren, macht er sich Luft durch ätzende, sarkastische oder verletzende Bemerkungen. Lob ist seine Sache nicht, auch in der Partnerschaft oder im Freundeskreis fällt es ihm schwer, Gefühle zu äußern.

Ziele setzen und erreichen Im Berufsleben ist er ein »Macher«. Er will bestimmen, wo's lang geht, ehrgeizige Ziele setzen – meist anspruchsvoller als seine Kollegen – und setzt dann alles daran, seine Ziele zu erreichen. Dabei nimmt er wenig Rücksicht auf andere, ist deshalb nicht beliebt, was ihm aber egal ist.

Er ist ein guter Organisator, delegiert gerne, vor allem Detailarbeit, Datenbeschaffung, Recherche, Routineaufgaben. Wichtige Aufgaben behält er für sich, erledigt sie effektiv, verliert keine Zeit. Er will zu Entscheidungen und Ergebnissen kommen, dabei vertraut er oft seinem Bauchgefühl. Er bildet sich eine Meinung, von der er nur abzubringen ist, wenn er dadurch Nutzen für seine Sache dazu gewinnt. Die Argumente müssen sehr gute sein und überzeugend vorgetragen werden.

Aus der Perspektive seines Chefs ist der Rote oft unbequem. Er fordert die gleiche Entscheidungs- und Risikofreudigkeit ein, die ihm eigen ist. Er möchte am liebsten alles selbst entscheiden, mindestens aber mitreden. Idealerweise hat er einen Chef, der auch rot ist, andernfalls übernimmt er auch gerne die inoffizielle Führungsrolle.

Unter Stress wird der Rote rechthaberisch, unpersönlich, schroff und unkooperativ. Im schlimmsten, ungezügelten Fall macht er seinen Gesprächspartner fertig. Seine Ungeduld potenziert sich, er verschließt sich vollends vor anderen Meinungen. Jetzt heißt es, in Deckung zu gehen.

In der Zusammenarbeit liegt ihm seinesgleichen. Zum einen hat er Respekt vor ihm, zum anderen hat er einen Kontrahenten, an dem er sich messen und gegen den er gewinnen kann. Ist der andere jedoch besser, findet er schnell Schuldzuweisungen dafür, um keine Niederlage zugeben zu müssen. Neben dem Roten liegt ihm der Blaue als Zuarbeiter. Wenn der genauso schnell ist wie sein roter Chef, hat Letzterer die notwendigen Informationen zur Hand, um seine Entscheidungen treffen zu können. Den gelben Typen schätzt er als Ideenlieferanten, da ihm die Kreativität fehlt.

Der Rote im Buying Center

Folgende Empfehlungen möchte ich Ihnen für die Begegnung mit einem Roten im Beschaffungsprozess geben:

- Trimmen Sie Ihre Verkaufspräsentation auf Effizienz, unwesentliche Details lassen Sie weg!
- Schmeicheln Sie seinem Ego.
- Kommen Sie gleich zur Sache, konzentrieren Sie sich auf den Verkauf.
- Nutzen Sie Fragen, damit er von seiner Situation, seinen Herausforderungen berichten kann.
- Stellen Sie Chancen für Prestigegewinn und das Meistern von Herausforderungen heraus.
- Klare, direkte Antworten, Zögern wird als Schwäche gesehen.
- Betonen Sie Resultate und die »Bottom Line« (unter'm Strich).
- Fassen Sie kurz zusammen, dann abschließen. »Weniger ist mehr!«
- Bitten Sie ihn um Rat.

Einige Dinge, die Sie vermeiden sollten:

- Zeit verschwenden, ins Plaudern kommen.
- Unorganisiert, tollpatschig, ungeordnet wirken, Technik vorher checken.
- Nutzlose oder rhetorische Fragen stellen.
- Den Eindruck erwecken, ihn auf der persönlichen Schiene überzeugen zu wollen.
- Entscheidung vorwegnehmen, Spielraum einengen, dirigieren, befehlen.

Einige Redewendungen, die bei einem Roten typischerweise gut ankommen:

- Das werden Sie bestimmt ausprobieren wollen. Sie sind genau der Richtige, um das zum Funktionieren zu bringen.
- Das ist etwas ganz Neues, mit dieser Idee lässt sich wirklich nichts vergleichen.
- Sie sind der Erste, dem wir diese Innovation anbieten.
- Diese Technologie zu beherrschen, verlangt höchste Kompetenz.
- Dies gibt Ihnen die Möglichkeit, Anerkennung für Ihre Arbeit zu bekommen. Das können Sie sich allein selbst zugutehalten.

Die Eigenschaften des Roten noch einmal zusammengefasst: direkt, wagemutig, kraftvoll, innovativ, zielorientiert, Problemlöser, risikofreudig, kühn, ergebnisorientiert, herrschsüchtig, aggressiv, autoritativ, abenteuerlustig, kämpferisch, liebt Herausforderungen, beharrlich, neugierig, fordernd, ungeduldig, schroff, entschieden, schnell, machtbewusst, Selbststarter.

Der Gelbe – Redner und Visionär

Die erste Begegnung mit dem gelben Farbtyp ist freundlich, entgegenkommend, er wird Sie herzlich begrüßen, Interesse zeigen und viel lächeln. Der Gelbe ist jetzt aber nicht spezifisch zu Ihnen so freundlich, er mag per se erst einmal alle Menschen, wird wissen wollen, wer Sie sind und was Sie machen. Er wäre der Typ, der Ihnen bald eine Kontaktanfrage über Netzwerke wie Xing oder LinkedIn sendet.

Das heißt nicht, dass Sie nun einen Freund fürs Leben gewonnen haben, aber es kann passieren, dass er einige Wochen später überraschend bei Ihnen auftaucht und sich herzlich nach Ihrem Wohlergehen erkundigt. Nach einer Weile des Zuhörens drängt es ihn aber, von sich zu erzählen. Dabei schweift der Blick auf der Suche nach spannenden Anregungen umher. Bald wird er sich verabschieden.

Körpersprachlich verströmt der Gelbe Entgegenkommen und Herzlichkeit. Mit offenem Gesichtsausdruck, lebhafter Gestik und Mimik, Händedruck, Umarmung, Schulterklopfen zeigt er sein Interesse, Sympathie. Seine Lebhaftigkeit erlaubt es ihm nicht lange still zu sitzen. Zuhören ist eine Herausforderung, dabei bewegt sich die Hand, das Bein. Er mag exklusives, topmodernes oder sonstwie Ausgefallenes.

Typische Redewendungen:

- »Wie schön, Sie hier zu sehen!«
- »Kennen Sie den schon: …«
- Wussten Sie, dass der XY jetzt bei der Firma AB arbeitet?«
- »Ich habe da eine geniale Idee.«
- »Wir müssen uns unbedingt bald wiedersehen!«
- »Es war so nett, sich mit Ihnen zu unterhalten, aber ich muss jetzt leider weiter.«
- »Tut mir leid, dass ich zu spät komme, ich wurde aufgehalten.«
- »Ach, wo habe ich das nur hingelegt?«

Eine gelbe Person ist himmelhochjauchzend und zu Tode betrübt. Die gute Laune kommt häufiger vor, auch weil er schlechte Stimmung schnell überwindet, indem er nach vorne schaut und wieder etwas Inspirierendes entdeckt. Diese Art ist mitreißend und motivierend für seine Mitmenschen.

Ideen, Visionen Im Beruf ist der Gelbe der Ideengeber, der Kreative. Viele seiner Ideen sind auch wirklich gut. Die Umsetzung ist dann aber nicht unbedingt seine Sache, er eilt inzwischen weiter zur nächsten tollen Idee. Er genießt den Kontakt zu Menschen, weniger das konzentrierte Arbeiten am Schreibtisch. Er redet gern und ist wegen seines Interesses an Neuigkeiten meistens gut informiert.

Kämpfe mag er nicht, mit Widerständen, Skepsis oder Kritik umzugehen fällt ihm schwer, er zieht sich dann eher zurück. Ausdauer, lange Besprechungen und Diskussionen von Details sind seine Sache nicht. Er wird unruhig, unaufmerksam, malt auf seinen Unterlagen oder erzählt unvermittelt einen Witz. Das kann bei langen Sitzungen auflockernd wirken.

Als Kontakter, Türöffner, Verkäufer, Teamplayer, Conférencier ist er gut geeignet. Sein gewinnendes Auftreten baut Widerstände ab. Bei fundiert für ihn vorbereiteten Unterlagen kann er gut, weil spontan, flexibel, eloquent und charmant, verhandeln. Ist allerdings sein Gegenüber detailliert vorbereitet, kann das Ergebnis zu seinen Ungunsten ausfallen, weil ihm die Argumente ausgehen.

Stress, solange Zeitdruck damit gemeint ist, kann er gut haben, denn er ist gewohnt, ständig mit mehreren Dingen gleichzeitig zu jonglieren. Konflikte bedeuten Stress für ihn, er sucht die schnelle Beendigung, lässt sich schnell eine versöhnende Geste einfallen. Funktioniert das nicht, zieht er sich zurück und sucht etwas Neues.

Der Gelbe im Buying Center

Empfehlungen:

- Erkennen Sie seine Leistungen an.
- Lassen Sie ihn eine Weile reden.
- Benutzen Sie seine eigenen Worte, um das Gespräch wieder zur Sache zu bringen.
- Nutzen Sie Referenzen und streuen Sie (bekannte) Namen ein.
- Bieten Sie eine angenehme Atmosphäre.
- Wenig Details.
- Bestärken Sie ihn in seinem Träumen, entwickeln Sie ihm eine Vision: »Stellen Sie sich vor, wie Sie und Ihre Liebste mit dieser Yacht durch türkisfarbiges Karibikwasser gleiten!«
- Wichtige Verkaufsargumente zusammenfassen.
- Enthusiasmus.

Zu vermeiden:

- Zu lange reden lassen, sonst kommen Sie nicht zum Verkaufen!
- Abschweifen lassen, sonst verliert er sich in neuen Ideen.
- Vorschriften machen, von oben herab behandeln, dogmatisch sein.
- Barsch, kühl oder wortkarg sein.
- Nur von Fakten und Zahlen reden.
- Mit ihm »träumen«, das kostet zu viel Zeit.

Gut geeignete Redewendungen:

- Viele Leute erkennen gar nicht den Wert dieses Vorschlages. Ihnen brauche ich das nicht zu erklären, Sie werden für Ihre Firma die richtige Entscheidung treffen.

- Indem Sie diese Idee mit dem verbinden, was Sie bisher schon tun, bekommen Sie eine Kombination für zukünftige Gewinne und können auf Ihrem gegenwärtigen Erfolg aufbauen.
- Lassen Sie mich Ihnen eine grobe Zusammenfassung geben, die Ihnen helfen wird, den Nutzen des Programms zu erkennen.
- Es ist ein Programm, mit dem Sie Ihre Fähigkeiten nutzen können, um an einer innovativen Idee zu arbeiten.

Zusammenfassung der Eigenschaften des Gelben: enthusiastisch, vertrauensvoll, charmant, beliebt, umgänglich, gesellig, überschwenglich, überzeugend, leutselig, schlagfertig, inspirierend, selbstsicher, guter Gesellschafter, redselig, großzügig, sympathisch, optimistisch, drängt in den Vordergrund, einflussreich, selbstbewusst, emotional.

Der Grüne – Vertrauensmann und Familienmensch

Auf den ersten Eindruck erscheint der Grüne völlig emotionslos. Er ist zurückhaltend und reserviert, aber auch höflich, umgänglich und entspannt. Er wartet ab, wie der Mensch gegenüber sich verhält und wen er da vor sich hat. Er beobachtet intensiv, hört genau zu, stellt Fragen, um den anderen kennen zu lernen. Erweist sich der andere als vertrauenswürdig, öffnet er sich ohne viel von sich preis zu geben. Das braucht seine Zeit. Er wirkt bescheiden, obwohl er durchaus weiß, was er zu bieten hat. Er ist hilfsbereit.

Die Körpersprache ist bedeckt: geringe Gestik und Mimik, Ausdruck von Distanz/Abwehr wie verschränkte Arme oder gekreuzte Beine, kein Körperkontakt. Eine ruhige Sitzhaltung, aufmerksames Zuhören und intensives Anschauen signalisieren Interesse und innere Ruhe. Erst bei Vertrauen wird Herzlichkeit durch Zugewandtheit und Körperkontakt demonstriert, Gestik und Äußerungen nehmen zu. In der Ausstattung von Haus und Büro finden Sie Details, die zum Wohlfühlen beitragen, z. B. Familienfotos, Blumen, Postkarten von Freunden, Zierrat.

Typische Redewendungen des Grünen:

- »Ich kaufe immer bei einer anderen Firma und bekomme guten Service, warum sollte ich bei Ihnen kaufen?«
- »Was kaufen denn die meisten anderen Leute?«
- »Erzählen Sie mir doch erst mal in aller Ruhe, worum es sich handelt.«
- »Ich muss mir das erst noch überlegen.«
- »Wir haben doch keine Eile.«
- »Kann ich Ihnen helfen?«
- »Wir sollten auch berücksichtigen, was XY eben gesagt hat.«
- »Wieso haben Sie das Produkt verändert? Ich hatte mich gerade an das alte gewöhnt.«

Im Berufsleben ist der Grüne ein sehr beständiger, sehr verlässlicher Arbeiter. Er braucht seine Zeit und Routine, Stetigkeit behagt ihm, Wandel hingegen gar nicht. Er ist ein ideales Teammitglied, da er seine Interessen dem Wohl der Gruppe unterordnet und einfühlsam Spannungen aufnimmt und versucht auszugleichen. Er eignet sich deshalb für Berufe wie Verkäufer, Berater, Trainer oder soziale Tätigkeiten. Sein Respekt vor anderen hält ihn davon ab, an Klatschrunden teilzunehmen.

Beständiger, verlässlicher Teamplayer

Er ist in der Erledigung seiner Aufgaben wohl überlegt, bleibt bei seinem Plan, führt ihn in Gelassenheit aus, lässt sich nicht aus der Ruhe bringen. Permanente Höchstleistungen sind seine Sache nicht. Ebenso wenig kann und will er sich auf schnelle Veränderungen und unvorhergesehene Herausforderungen einstellen. Eine schnelle Entscheidung zu treffen fällt ihm schwer, denn er braucht Vertrauen, ein gutes Gefühl. Wenn er das bei einem Verkäufer nicht hat, kann das Produkt noch so gut sein, er wird es nicht kaufen.

Ebenso braucht er auch das Wissen, dass Chef und Kollegen ihm vertrauen. Andernfalls verkümmert er. Auch sollte die Aufgabe klar definiert sein. Seine Hauptsorge ist, übervorteilt zu werden. Hat er einmal dieses Gefühl, oder Vertrauensverlust in einem beruflichen oder privaten Partnerschaftsverhältnis, dauert es sehr lange, bis er wieder Mut fasst. Die Angst wird immer bleiben.

Im Stress verfällt er genau in sein Gegenteil. Er wird hektisch, unruhig, weiß nicht, was er als Nächstes tun soll, hofft auf Hilfe von anderen. Bei Streit zieht er sich zurück, »macht dicht«, versteht den anderen nicht mehr und blockiert weitere Diskussionen. Wenn ihn etwas stört, sagt er (zu) lange nichts, bis er schließlich explodiert.

Der Grüne im Buying Center

Empfehlungen:

- Beginnen Sie mit einer persönlichen Bemerkung um das Eis zu brechen.
- Zeigen Sie aufrichtiges Interesse an ihm als Person.
- Zeigen Sie Aufrichtigkeit durch eine leise Art, einfache Erklärungen und detaillierte Erläuterungen.
- Gewähren Sie Bedenkzeit, besonders wenn es sich um Veränderungen, neue Produkte oder Dienstleistungen handelt.
- Sichern Sie ihm zu, dass seine Entscheidung die richtige sein wird.
- Betonen Sie die Sicherheit.
- Geben Sie vollständige Erklärungen, detaillierte Informationen und Beispiele.

Vermeiden Sie:

- Zu schnelles Vorgehen, Entscheidungsdruck aufbauen.
- Beherrschend, fordernd oder manipulativ auftreten.
- Garantien abgeben, die Sie nicht einhalten können.

- Ihn von oben herab behandeln
- Vage sein, mit Vermutungen/Wahrscheinlichkeiten argumentieren.

Aussagen, die bei einem Grünen gut ankommen:

- Rufen Sie doch ein paar andere Leute an, die eine ähnliche Veränderung vorhaben. Ich habe hier eine umfassende Liste, die Ihnen dabei helfen wird.
- Sicher wollen Sie keine Veränderung um der Veränderung willen, aber Sie können leicht sehen, wie Ihr ohnehin schon effektives System weiter verbessert wird.
- Ich komme vorbei und führe Ihnen vor, wie ich mit diesem Produkt arbeite. Dadurch haben Sie die Gelegenheit, zusätzliche Fragen zu klären.
- Indem Sie dieses System übernehmen, kaufen Sie eine Versicherung für sich und Ihre Abteilung. Sicherheit wird dabei ganz groß geschrieben.
- Die Fakten und die daraus abzuleitenden Schlussfolgerungen werden Sie sicher sehr interessieren. Schauen Sie es sich an, um zu sehen, wie es funktioniert.

Die Eigenschaften in der Zusammenfassung: mild, inaktiv, freundlich, systematisch, steht über den Dingen, besonnen, guter Zuhörer, unaufdringlich, Teamspieler, geduldig, selbstzufrieden, stabil, aufrichtig, possessiv, liebenswert, stetig, berechenbar, entspannt, verständnisvoll.

Der Blaue – Detaillist und Denker

Von allen Typen ist der Blaue der zurückhaltendste. Er wird ihnen gerade so höflich begegnen, wie es »sich gehört« und Sie dabei kritisch mustern. Ohne lange Umschweife kommt er zur Sache, denn darum geht es ihm, nicht um das Schaffen einer persönlichen Beziehung. Er bevorzugt allein zu sein, ist in einer Gruppe eher passiv. Kommt es zu einem Fachgespräch, tritt er durch Sachverstand und Wissen hervor. Er ist Perfektionist, da er Angst vor Fehlern hat.

Die Körpersprache des Blauen ist sehr reduziert, Gestik und Mimik sind stark kontrolliert, da er nicht gern im Mittelpunkt steht. Lautes Lachen und Jubelrufe, überhaupt Gefühlsäußerungen werden Sie nicht finden, hingegen Posen des Nachdenkens wie Stirnrunzeln, Blick in die Ferne, Hand am Kinn. Seine Umgebung ist ordentlich, das Büro pedantisch aufgeräumt, nur der gerade in Arbeit befindliche Vorgang auf dem Tisch. Persönliche Gegenstände sind Mangelware.

Typische Redewendungen:

- »Das will ich mir erst einmal in Ruhe überlegen.«
- »Kommen wir doch gleich zur Sache.«
- »Welche Garantien geben Sie?«
- »Beachten Sie auch bitte dieses Detail: …«
- »Dann haben wir also folgende Abmachung: …«
- »Was können Sie mir sonst noch über das Produkt sagen?«
- »Ich denke, da täuschen Sie sich. Betrachten Sie das einmal so …«

- »Ich habe lange darüber nachgedacht und bin zu der festen Überzeugung gekommen, dass …«

Im Berufsleben wird der Blaue als disziplinierter und strukturiert vorgehender Arbeiter geschätzt. Er braucht dabei Ruhe und Ordnung. Aufgaben, die Gründlichkeit und gewissenhafte Analyse verlangen, sind für ihn gut geeignet. In Projekten beginnt er zunächst mit einem Plan und dringt dann immer stärker in die Details vor, daraus leitet er Optionen und Szenarien ab. Im Kundenkontakt fühlt er sich erst dann wohl, wenn er weiß, dass sein Sachverstand geschätzt wird. Veränderungen mag er wenig, er baut lieber auf Bewährtem auf. *Disziplin, Gründlichkeit, Gewissenhaftigkeit*

Er ist eher schweigsam, aber wenn er sich äußert, findet er Gehör. Wegen seiner Zuverlässigkeit und Termintreue ist er eine gute Teambesetzung. Er kann dort gut die Rolle des Kontrolleurs einnehmen, da er als Vorbild dient. Das bringt ihm keine Sympathie, aber Anerkennung. Die ist ihm wichtig. Er ist kein Einzelkämpfer, möchte im Team dabei sein, beobachtet Leute gründlich und erwirbt so eine gute Menschenkenntnis. Er hat hohe Werte und Überzeugungen, von denen er sich nicht abbringen lässt, Zwang ist zwecklos, da er dann auf stur schaltet.

Sein Perfektionismus und seine Datensammelleidenschaft behindern seine Entscheidungsfreudigkeit. Es kann ihm passieren, dass er sich in Details verliert, besonders unter Stress kann dann quasi Lähmung auftreten, amerikanisch »analysis paralysis.« Stress entsteht für ihn bei unklarer Aufgabendefinition, chaotischen Strukturen und Zeitdruck. *Perfektionist*

Der Blaue im Buying Center

Empfehlungen:

- Bereiten Sie sich gründlich auf das Gespräch vor.
- Gehen Sie gradlinig und direkt auf ihn zu, bleiben Sie beim Geschäft.
- Schaffen Sie Vertrauen, indem Sie die Vor- und Nachteile Ihrer Vorschläge nennen.
- Fragen Sie ihn nach seiner Meinung, respektieren Sie seine Überzeugungen.
- Lassen Sie sich Zeit, aber seien Sie beharrlich.
- Entwerfen Sie gemeinsam einen detaillierten Aktionsplan, sichern Sie dessen Einhaltung zu. Erfüllen Sie Ihre Zusagen!!
- Bieten Sie solide, greifbare und praktische Nachweise.
- Geben Sie ihm Zeit, gründlich zu sein.

Zu vermeiden:

- Unorganisiert, unordentlich und unpünktlich, zu locker und informell sein.
- Schulter klopfen, laute Stimme, überschäumende Begeisterung.
- Entscheidungsdruck erzeugen.
- Manipulativ vorgehen, besondere persönliche Anreize anbieten.
- Empfehlungen, unseriöse Quellen, Drittmeinungen unrecherchiert anführen.

Geeignete Formulierungen:

- Ein Produkt wie dieses sollte Standards haben, die eine sorgfältige Beurteilung der Qualität erlauben. Unseres ist nach DIN ISO 9001: 2008.
- Bei einer so wichtigen Entscheidung sollten wir mehrere Termine vereinbaren, um alle möglichen Alternativen abklären zu können.
- Um Ihnen die Sicherheit über die Ergebnisse zu demonstrieren, werden wir Ihnen Gelegenheit geben, eine gewisse Zeit mit dem Produkt/System zu arbeiten, damit Sie sehen wie es funktioniert.
- Es dürfte Sie interessieren, wie gründlich wir die ganze Wirkungsweise erforscht haben. Details darüber finden Sie in den Informationsmaterialien, die wir gerne gemeinsam durchgehen können.

Zusammenfassung des Blauen: perfektionistisch, höflich, reif, akkurat, gewissenhaft, systematisch, zurückhaltend, präzise, diplomatisch, hohe Standards, geduldig, Fakten-Finder, methodisch, konventionell, empfindlich, anspruchsvoll, ausweichend, analytisch.

> **Praxistipp**
>
> Beginnen Sie, Ihre Beobachtungen nach jedem Gespräch zu notieren und nach Folgebegegnungen zu aktualisieren. Sie werden mit der Zeit Ihre Wahrnehmung wesentlich verfeinern und können sich dann immer besser auf Ihren Gesprächspartner einstellen. Nutzen Sie die »Lesehilfe« in Abbildung 44.

Motive

Motive sind der richtungsgebende, leitende, antreibende persönliche Hinter- und Bestimmungsgrund menschlichen Handelns.

Wie wirken sich Motive in einer Kaufentscheidung aus? Wer kauft warum, wann, wo, wie, was ein? Welche psychologischen Hintergründe kommen zum Tragen?

Mangel als Auslöser Die inneren, einer Kaufentscheidung vorausgehenden Prozesse laufen nach einem Muster ab. Es beginnt stets mit der Wahrnehmung eines Mangels. Diese als unangenehm oder nicht optimal empfundene Situation löst den Wunsch aus, Abhilfe zu schaffen. Dabei kommt es zur Entwicklung der Vorstellung eines Sollzustandes, die sogenannte Nutzenvorstellung.

Bis zu diesem Punkt haben nur »Gedankenspiele« stattgefunden. Welche Konsequenzen nun folgen und was jetzt passiert, das hängt von den Motiven des Menschen ab. Das für diese Situation wichtigste Motiv übernimmt die Initiative und lenkt die Antriebskräfte in die entsprechende Richtung (Dippe 2006). Den Ablauf illustriert die Abbildung 45, Ausgangssituation ein grauer Novembertag, es ist nasskalt, leicht nebelig.

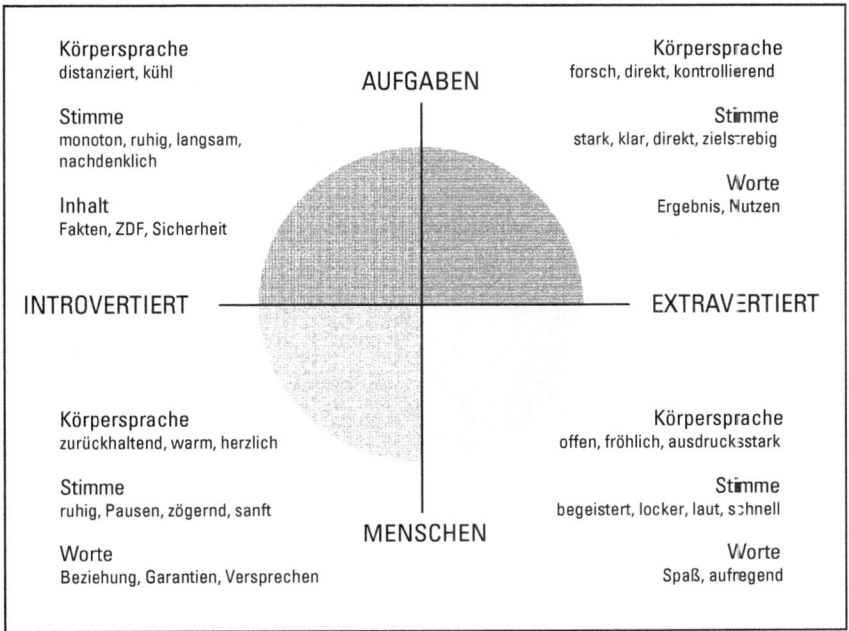

Abbildung 44: »Lesehilfe zur Einschätzung des Gesprächspartners
Quelle: INSIGHTS MDI International® Deutschland GmbH

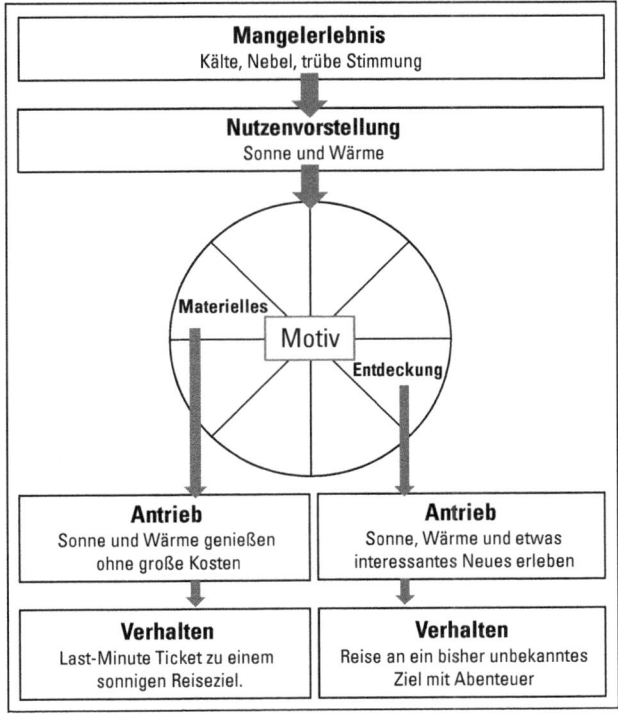

Abbildung 45: Handlungssteuerung durch das Motiv (Dippe 2006)

Was bedeuten also die Motive für den Verkaufsprozess, wie können Sie das Wissen um die psychologischen Vorgänge nutzen? In dem Beispiel wollen zwei Personen in die Sonne. Sie als Verkäufer im Reisebüro wären/würden schlecht beraten, wenn Sie einem sonnenhungrigen und abenteuerlustigen Single ein Familienhotel empfehlen würden. Ebenso wäre der kostenbewusste Kunde nicht begeistert, wenn Sie ihm eine exklusive Fernreise mit verschiedenen Extras wie Besichtigungen, Konzerten, Ballonfahrt etc. vorschlagen.

Motive im Verkaufsprozess

Das klingt banal und die meisten Reisebüros sind kundenorientiert genug, vor einem Angebot die Motive ihrer Kunden zu ergründen. Wenn Sie jedoch aufmerksam beobachten, finden Sie weiterhin Verkäufer, die ihren Gesprächspartner weder verstehen, noch angemessen, d.h. personenangepasst argumentieren in der Darstellung des eigenen Angebotes.

Die entscheidenden Kaufmotive sollten Sie kennen und erkennen. Es gibt eine große Anzahl von Motivzusammenstellungen. Die folgenden Motive finden Sie in der Praxis ständig wieder.

Motiv »Materielles«

Kosten und Gewinn

Wer nach diesem Motiv handelt, ist ein kühler Rechner. Er denkt in Zahlen und misst seinen Vorteil in Euro und Cent. Eine Bemerkung wie »Nur Bares ist Wahres!« beschreibt ihn vortrefflich, der finanzielle Aspekt ist ihm besonders wichtig, Begriffe aus der Betriebswirtschaft sind ihm vertraut. Dazu zählen alle Formulierungen im Zusammenhang mit Kalkulation, Kosten, Finanzen und Finanzierung, DB, Gewinn, Ertrag, ROI und EBIT.

> **Praxistipp**
>
> Es liegt nahe, dem Einkäufer oder Budgetverantwortlichen Materielles als Motiv zu akkreditieren. Das mag zutreffen, ist darüber hinaus in der Verantwortung verankert. Versuchen Sie also einen Blick hinter die Kulisse zu werfen. Möglicherweise finden Sie andere Motive, die Ihnen genau dabei helfen, das Materielle zu überwinden.

Motiv »Sicherheit«

Risikovermeidung

Das Entscheidungsmotiv »Sicherheit« entspringt der Angst vor Unvorhersehbarem, dem Nicht-Beherrschbaren, dem Kontrollverlust. Positiv formuliert ist es das Bedürfnis nach kalkulierbarem Risiko. Der Mensch, der nach diesem Motiv handelt, möchte keine unliebsamen Überraschungen erleben und die damit verbundenen Nachteile und finanziellen Einbußen vermeiden.

Hinter diesem Motiv kann sowohl ein hohes Verantwortungsbewusstsein als auch allgemeine Entscheidungsschwäche stecken. Sie werden von einem Kunden, der von diesem Motiv geleitet ist, Fragen zu den Themen Produktsicherheit und Zu-.

verlässigkeit gestellt bekommen. Er wird Sie auch nach Referenzen fragen und die auch gelegentlich abfragen.

Wenn Ihr Gesprächspartner im Buying Center diesem Motiv folgt, helfen Sie ihm, Vertrauen zu fassen. Zeigen Sie ihm Ihren Notfallplan, Ihren 24/7 Help Desk, laden Sie ihn zur Werksbesichtigung ein, stellen Sie proaktiv Kontakt zu einem zufriedenen Referenzkunden her. Geben Sie ihm eine Risikoeinschätzung.

Definition Risiko:
Risiko = Eintrittswahrscheinlichkeit × zu erwartender Schaden

Um Risiken zu vermeiden, setzen viele Unternehmen, nicht nur Finanzinstitutionen, ein Risikomanagement ein. Kernelemente sind:

- Risikoerkennung: Wo kann welches Risiko entstehen?
- Risikobewertung: Welcher Schaden kann entstehen?
- Risikominimierung: Maßnahmen zur Reduzierung von Eintrittswahrscheinlichkeit und Schadenshöhe, Vorbeugung.

Sollte diese Information in Ihrem Unternehmen vorliegen, eignet sie sich besonders gut für die Argumentationen mit dem sicherheitsmotivierten Gesprächspartner.

Motiv »Gesundheit«

Das Motiv Gesundheit umfasst körperliche, geistige und seelische Gesundheit und wird bei Kaufentscheidungen immer wichtiger. Die Persönlichkeit, die sich von diesem Motiv leiten lässt, besitzt ein hoch entwickeltes Empfinden für Lebensqualität. Dazu gehört auch der Wunsch nach Balance zwischen Berufs- und Privatleben. *Lebensqualität und -freude*

Ein Kunde, der diesem Motiv folgt, ist erkennbar an seiner Auseinandersetzung mit den möglicherweise gesundheitsbeeinträchtigenden Folgen einer Kaufentscheidung. Er gebraucht häufig Vokabular aus den Bereichen Freizeit, Fitness, Sport und Ökologie. Bei diesem Kunden können Sie punkten, wenn Sie für Ihre Leistung eine Umweltbilanz vorlegen oder ein Zertifikat wie »Geprüfte Sicherheit« besitzen.

Motiv »Soziale Verantwortung«

Ein Mensch mit diesem Motiv übernimmt Verantwortung für sich und andere innerhalb des Gemeinwesens. Er ist eher altruistisch veranlagt, denkt nicht nur an sich. Er ist wohlüberlegt bei seinem Handeln und macht sich Gedanken um dessen gesamtgesellschaftliche Auswirkungen. Das »Nach-mir-die-Sintflut«-Denken ist seine Sache nicht. *Gesamtgesellschaftliche Auswirkungen*

Im Buying Center begegnen Sie ihm am bestem, in dem Sie auch Verantwortungsbewusstsein demonstrieren. Beleuchten Sie soziales Engagement Ihrerseits oder Ihres Unternehmens, idealerweise mit Auswirkungen auf die Zusammenarbeit. Zeigen Sie ihm, dass Sie systemisch denken, d. h. den Gesamtzusammenhang sehen, »über den Tellerrand hinausschauen«.

Motiv »Bequemlichkeit«

Hinter dem Entscheidungsmotiv »Bequemlichkeit« steckt der berechtigte Wunsch nach einer Lösung, die Komfort und Erleichterung verspricht. Es geht dabei nicht um Faulheit, sondern um Effizienz, das folgende Sprichwort illustriert dies: »Ein gutes Pferd springt nicht höher, als es muss.« Der Hintergrund hinter diesem Motiv ist die Freisetzung bisher gebundener Energie, um mehr Lebensqualität im beruflichen und privaten Umfeld zu erreichen. Die Suche nach Entlastung ist in der immer schneller werdenden Arbeitswelt mit permanenter Erreichbarkeit, erwartete Antwortzeit auf Mails, die gegen Null tendiert, ein nur zu verständliches Anliegen.

Effizienz Ein Mitglied des Buying Centers mit diesem Motiv erkennen Sie an Formulierungen wie »leichter«, »einfacher«, »schneller«, Wunsch nach mehr Lebensqualität. Die Herausforderung besteht darin, die anfänglichen Umstände der Umstellung auf Ihr Angebot mit einer deutlichen Erleichterung danach schmackhaft zu machen.

Motiv »Prestige«

Ansehen Ein Mensch, der von diesem Motiv geleitet ist, möchte der gesellschaftlichen Umgebung, in der er sich bewegt, signalisieren, dass er eine vorteilhafte Position hat. Die Meinung anderer – real oder erwartet – wird zum wichtigen Gradmesser des eigenen Erfolges.

Einen prestigegeleiteten Kunden erkennen Sie an entsprechenden Accessoires und daran, dass er sich stark mit dem Produktnutzen identifiziert. Sie gewinnen ihn mit der Aussicht auf Erfolg und Ansehen durch die Nutzung Ihres Angebotes.

Motiv »Entdeckung«

Neugier Ein Mensch, der auf Entdeckung aus ist, sucht seine Neugier – beachte »NEU« – zu befriedigen, Routinen und Monotonie zu durchbrechen, Herausforderungen und Abwechslungen sind Trumpf. Er ist der im Marketing als »Neuerer« bekannte Kunde, erfreut sich an allen Innovationen, unüblichen Methoden und Verhaltensweisen und ist bereit, sie als Erster auszuprobieren.

Begegnet er Ihnen im Buying Center, versorgen Sie ihn mit Neuigkeiten, schüren Sie seine Lust an innovativen Dingen und machen Sie ihn neugierig auf das, was Sie zu bieten haben oder was sich am Produkt oder in Ihrem Unternehmen verändert hat.

Erkennung der dominierenden Motive

Jeder Mensch folgt mehreren Motiven. Welche am Ende die Einkaufsentscheidung dominieren, hängt von der Situation ab. Folgende Fragen helfen Ihnen:

- Welches ist das steuernde Motiv bei diesem Gesprächspartner?
- Welche Fragen stelle ich, um es herauszufinden?
- Wie sollte ich meinen Umgang an das steuernde Motiv anpassen?
- Welche Eigenschaften meines Angebotes/des Unternehmens kann ich motivgerecht einsetzen?
- Bei welchen Motiven bin ich nicht gut aufgestellt?

Die Buying Center Analyse nimmt hier sehr breiten Raum ein, da es Menschen sind, die uns als Gesprächspartner begegnen und die Einkaufsentscheidung treffen oder beeinflussen. Sie alle bringen ihre individuellen Einstellungen, Interessen, Persönlichkeiten und Motive mit, welche wie bei einem Eisberg unter der Oberfläche wirken und die Entscheidung beeinflussen. Die gesammelten Informationen lassen sich gut durch eine an ein Organigramm angelehnte Darstellung visualisieren (siehe Abbildung 46).

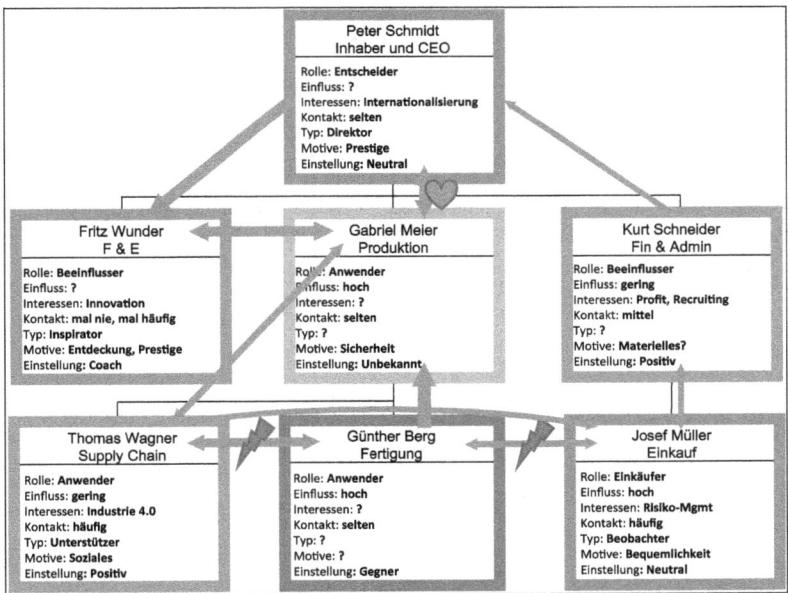

Abbildung 46: Buying Center Darstellung

Was ist nun die Relevanz der dargestellten Information? Haupterkenntnisse:

- Seltener Kontakt korreliert mit vielem Unbekannten.
- Der Fertigungsleiter steht im Konflikt mit dem Ihnen gewogenen Supply-Chain-Verantwortlichen und mit dem Einkäufer. Er beeinflusst beide und wird von beiden beeinflusst. Hier liegt ein potentieller Gefahrenherd vor.

- Ihr einziger Gegner, der Fertigungsleiter, hat über die Achse Produktionsleiter indirekten und ausgeprägten Einfluss auf zwei Personen mit hohem Einfluss, wovon einer der Entscheider ist. Hier liegt ein noch ernster Gefahrenherd vor.

> **Praxistipp**
>
> Tragen Sie die abgeleiteten Aktivitäten in Ihren Aktions- oder Zeitplan ein, wie beispielsweise:
>
> - Besuch Fertigungsleiter mit dem Ziel seine Fertigungssituation und eventuelle Herausforderungen kennenzulernen. Ziehen Sie eventuell Experten hinzu.
> - Beziehen Sie Ihren Coach von F&E zur Informationsgewinnung und zum Türenöffnen ein.
> - Entwickeln Sie proaktiv passende Nutzenangebote für Produktions- und Fertigungsleiter.
> - Pflegen Sie Kontakt zum Supply-Chain-Verantwortlichen. Er scheint gut vernetzt, ist Unterstützer und Ihnen gegenüber positiv eingestellt.
> - Ziehen Sie den Fin&Admin-Leiter, wenn möglich, zu kritischen Meetings hinzu, z. B. mit Fertigung und Einkauf.
> - Organisieren Sie ein Top-2-Top-Treffen zwischen dem Inhaber, Ihrem CEO und Ihnen, z. B. auf einer Messe, beim Jahresgespräch oder bei Ihrem nächsten Besuch.

4.1.5 Das eigene Geschäft mit dem Key Account

Dieses Kapitel zeigt Ihnen, wie Sie eine Rundumsicht auf Ihren Key Account bekommen. Darin enthalten ist Betrachtung der quantitativen Daten wie Absatz, Umsatz, DB sowie der bisherigen Strategie. Des Weiteren werden Sortiment, Lieferanteile und die Supply Chain betrachtet sowie Aspekte der Kundenbeziehung.

4.1.5.1 Geschäftsentwicklung in Zahlen

Hier geht's ums Geld, d. h. den Umsatz, Absatz, Deckungsbeitrag und das Kundenergebnis. Ein gutes MIS (= Managementinformationssystem) stellt Ihnen die Daten auf verschiedenen Aggregations- und Detailebenen, für eine Periode oder mit mehrjähriger Historie zur Verfügung, so dass Sie für jeden Analysezweck die passenden Daten erhalten.

Das Zahlenwerk dient der Beantwortung folgender Fragestellungen:

1. Ist der Key Account für uns profitabel?
2. Welche Umsatz-, DB- und Ergebnisentwicklung gab es in den letzten Monaten, Quartalen, Jahren?
3. Wie verteilen sich Umsatz und DB auf die Produkte?

Aus diesen Fragen lassen sich mögliche Ansatzpunkte für weitere Analysen oder Maßnahmen ableiten:

1. Welche Abweichungen zwischen Soll (Plan) und Ist (realisiert) sind **Soll vs. Ist** aus welchem Grund aufgetreten? Welche Prognosen ergeben sich für Umsatz, DB und Ergebnis bei gleichen Bedingungen (Markt, eigene Strategie, Konkurrenz)? Welche Aktivitäten kann ich unternehmen, um die Prognosen zu verbessern?
2. Welche Produkte/Dienste leisten den größten/kleinsten Ergebnisbei- **Ergebnisbringer** trag? Wie können diese ausgebaut/verbessert werden? Mehr dazu in der Sortimentsanalyse.
3. Welche Kostensituation besteht bei der Bearbeitung des Key Accounts? Wo befinden sich die größten Kostentreiber? Wie können diese Kosten reduziert werden?
Welche Kostenarten und Ergebnisbringer haben sich über/unter Durchschnitt entwickelt? Welche Verbesserungsmaßnahmen lassen sich ergreifen?

In Ihrem MIS sollte außerdem Information über Auftragsbestand und **Kosten** -Eingang zu finden sein. Der Auftragseingang ist ein früher Indikator für das Geschäft. Das Wissen hierum hilft Ihnen bei folgenden Fragestellungen:

1. Reicht die Auftragslage aus, die Jahres-/Monatsplanung zu realisieren? **Aufträge**
2. Steigt/sinkt die Nachfrage des Key Accounts nach unseren Leistungen?

Die Ansatzpunkte sind:

1. Welche Gründe bestehen für Abweichungen, d.h. bei Kunden nachfragen. Muss die Schätzung für die laufende Periode (Jahr, Quartal, Monat) – verbreitet auch als Forecast oder FCST zu finden – angepasst werden?
Sind Anpassungen nötig, z.B. Produktion erhöhen/drosseln. Ist der Betreuungsgrad angemessen, z.B. die Besuchsfrequenz?
2. Ist der Markt des Key Accounts gewachsen/geschrumpft? **Anpassungs-**
Veränderung unseres Marktanteiles, warum? **bedarf**
Sind Substitute aufgetaucht?

Neben den genannten Kennzahlen gibt es weitere, die in bestimmten Branchen sinnvoll sind, wie z.B. Anfragen und deren Erfolgsquote bei Dienstleistern. Allen ist gemein, dass sie einen ersten Ansatzpunkt für weitere Analysen liefern. Vor allem im Falle von Veränderungen und Planabweichungen steigen Sie tiefer ein.

4.1.5.2 Strategie

Strategie ist »die Kunst und Wissenschaft, alle Kräfte des Unternehmens so zu entwickeln und einzusetzen, dass ein möglichst profitables, langfristiges Wachstum gesichert wird. Strategie ist also letztlich der Aufbau und die Sicherung von Erfolgspotentialen. [...] Der Kern des Erfolgspotentials ist ein Wettbewerbsvorteil« (Paul 2002, S. 14).

Die Strategie dient der Erreichung der Ziele. Die Handlungsanweisungen, die sich aus der Gegenüberstellung von Zielerreichung und Strategierealisierung ergeben, zeigt Abbildung 47.

		Strategie realisiert?	
		Nein	Ja
Ziel erreicht?	Nein	Reset und Neustart!	Falscher Ansatz!
	Ja	Glücklicher Zufall!	Gut geplant und gut gemacht!

Abbildung 47: Strategieumsetzung – Zielerreichungs-Matrix

Reset und Neustart

In diesem Fall hat gar nichts funktioniert. Weder wurden die Ziele erreicht, noch die Strategie umgesetzt. Es stellen sich folgende Fragen:

1. Woran ist die Strategie-Umsetzung gescheitert?
2. War die mangelnde Strategie-Umsetzung der alleinige Grund für die Zielverfehlung?

Weitergehender Klärungsbedarf besteht:

1. Lagen hausgemachte Gründe vor, wie z. B. fehlende Ressourcen, unklare Zuständigkeiten, mangelhafte Kompetenzen, nicht wahrgenommene Verantwortung etc.?
   Hat es Veränderungen im Key Account- und/oder Konkurrenzumfeld gegeben, die der Strategie-Umsetzung im Wege gestanden haben?
2. Wären die Ziele erreicht worden bei kompletter Strategie-Implementierung?

Wie steht es um die Fehlertoleranz in Ihrem Unternehmen? Wenn es sie gibt, kann aus nicht erreichten Zielen gelernt werden.

Falscher Ansatz

Es wurde offenbar ausgeführt, was geplant war, hat aber nicht die erwartete Wirkung gezeigt. Zu klären ist:

1. Welche Entscheidungsbasis lag vor?
2. Welche Strategie-Elemente haben zur Zielerreichung beigetragen, welche nicht?

Daraus ergeben sich weitergehende Anhaltspunkte:

1. Welche Annahmen sind eingetreten, welche nicht? Im Jahr 2009 mussten viele Unternehmen erleben, dass ihre Marktgrößenvorhersage weit über dem tatsächlichen, konjunkturbedingten Wert lag. War möglicherweise zu viel »wish-

ful thinking« im Spiel? Auch das Konkurrenzumfeld (abgebildet z. B. durch die Five Forces Analyse) hatte sich zum Teil drastisch verändert oder wurde zu optimistisch eingeschätzt.
Welche Verfahren haben zu den Annahmen geführt? Welche zusätzlichen Informationen oder anderen Quellen stehen zur Verfügung?
2. Bei korrekten Annahmen und dennoch mangelnder Zielerreichung kann dies an fehlender Wirkung einzelner oder aller Strategiebausteine liegen. Auch Wirkungsverzögerungen sind möglich. Wenn Sie in der letzten Periode Veränderungen in der Key Account Strategie vorgenommen haben, braucht es oftmals Zeit bis zur Wahrnehmung Ihrer neuen Strategie und zur entsprechenden Reaktion darauf.

Glücklicher Zufall

In diesem Fall scheint rechtzeitig erkannt worden zu sein, dass die geplante Strategie nicht zum Ziel führen würde. Nach deren Anpassung hat es dann zum Ziel geführt. Es kann sich aber auch schlicht um Glück gehandelt haben. Frage:
1. Wie hätte gleich die richtige Strategie gefunden werden können?
2. Welche Maßnahmen haben entscheidend zur Zielerreichung beigetragen?

Gut geplant und gut gemacht

Dies ist der Idealfall. Hier hat der Prozess von Analyse, Auswertung und Strategiedefinition gut funktioniert. Es bietet sich daher an, in Folgeperioden die gleiche Vorgehensweise zu wählen. Hierbei ist jedoch zu bedenken, dass das Eintreten allfälliger Veränderungen in die Betrachtung mit einbezogen werden muss.

> **Praxistipp**
>
> Die qualitative Nachbetrachtung von Strategieumsetzung und Zielerreichung ist unverzichtbar. Mindestens einmal pro Jahr sollte eine umfassende Review der Account Strategie gemacht werden, ergänzt durch unterjährige Standortbestimmungen.

4.1.5.3 Sortimentsanalyse

Diese Analyse soll herausarbeiten, wie die Leistungen insgesamt zusammengesetzt sind, wie sich die einzelnen Elemente des Sortiments entwickelt haben und welche Gründe es dafür gibt. Für diese Untersuchung bieten sich verschiedene Betrachtungsweisen und Methoden an. Des Weiteren sollen Cross- und Up-Selling-Potentiale identifiziert werden. — Leistungsträger und Potential

Sortimentsportfolio

Die Zusammensetzung des Sortimentes lässt sich mit Hilfe eines Portfolios gut darstellen und nach den für die Key Account Beziehung relevanten Kriterien abbilden. Im Beispiel wurden die Kriterien Umsatzwachstum und Deckungsbeitrag gewählt. Mindestens eine ergebnisbezogene Kennzahl zu verwenden, ist in jedem Fall empfehlenswert, da die Ertragskraft eines Produktes aussagefähiger ist als z. B. der Umsatz. Das Sortimentsportfolio lässt sich sowohl Unternehmens- als auch Key Account bezogen ermitteln (siehe Abbildung 48).

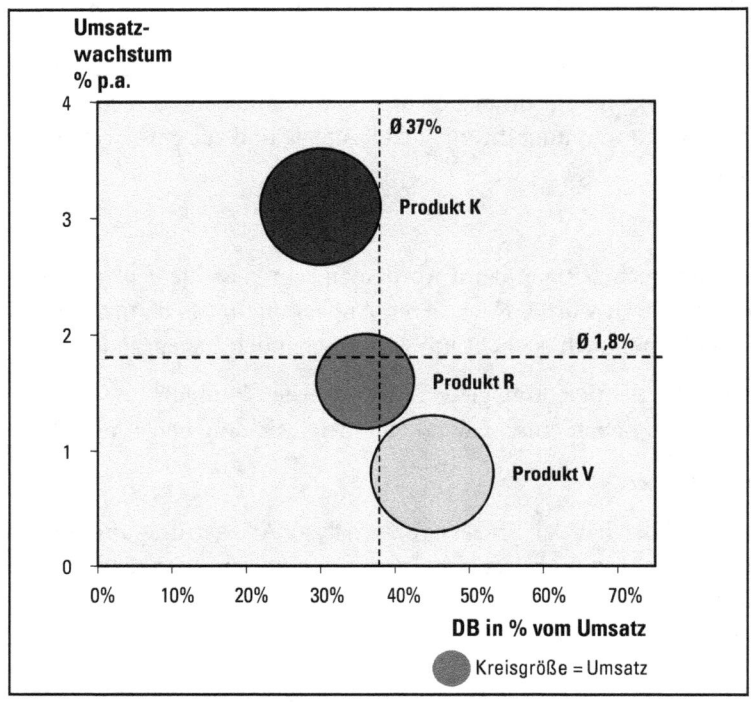

Abbildung 48: Sortimentsportfolio (Quelle: Beratungsprojekt)

Am Beispiel von Produkt V ergeben sich folgende Fragestellungen:

1. Welchen Reifegrad hat das Produkt im Produktlebenszyklus?
2. Wie vergleicht sich das Wachstum von unter 1 % p. a. mit dem Wachstum der Nachfrage des Key Accounts nach diesem Produkt?
3. Wie vergleicht sich der DB mit den Wettbewerbern?
4. Welche Chancen und Risiken bestehen?

Mögliche Ansatzpunkte:

1. Handelt es sich um ein »reifes« Produkt, welche Leistungen, z. B. Anwender-Unterstützung, 24h-Hotline etc., sind nicht mehr nötig?
2. Bei Wachstum ungleich Key Account Nachfrage: Leistungsvergleich mit der Konkurrenz.
3. Welche Gründe bestehen für den DB von ca. 45 % Kundennutzen? Kostenstruktur?
4. SWOT oder Fünf-Kräfte-Analyse durchführen.

Lieferanteile (Supply Shares)

Der Lieferanteil bei einem Kunden gibt an, welche Teilmenge des Gesamtbedarfes an einem Produkt oder einer Produktgruppe der Lieferant bedient (Abbildung 49).

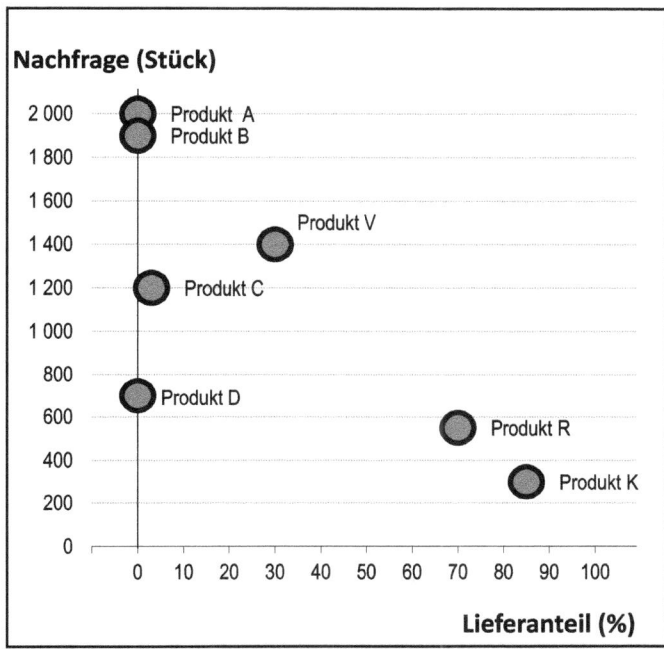

Abbildung 49: Analyse der eigenen Lieferanteile beim Key Account (Projektbeispiel)

Im Sortimentsportfolio sind die Produkte A bis D nicht enthalten, da sie derzeit nicht von uns nachgefragt werden bzw. nur Mustermengen geliefert wurden (Produkt C). In der Supply-Share-Betrachtung sind sie deshalb aufgeführt, da sie theoretisch auch von uns bedient werden können und damit zusätzliches Potential darstellen. Die Betrachtung beider Analysetools ergibt einige Fragestellungen und Ansatzpunkte:

- Welche Gründe bestehen für den geringen Marktanteil? Wie steht es mit der Erfüllung der Kundenerwartungen (Produkt V)?
- Limitiert der Preis – angesichts des hohen DB möglich – die Absatzchancen (Produkt V)?
- Wie viel Absatz und Umsatz lässt sich bei einer Preisreduktion gewinnen (Produkt V)?
- Was machen wir gut und besser als der Wettbewerb, um führende Lieferanteile zu haben (Produkte R und K)?
- Wie haben sich die Lieferanteile im Zeitverlauf geändert und warum?
- Wer sind meine Wettbewerber? Wie erklären sich deren Lieferanteile (alle Produkte)?

Bei guter Marktforschung liegen diese Informationen vor (siehe Abbildung 50).

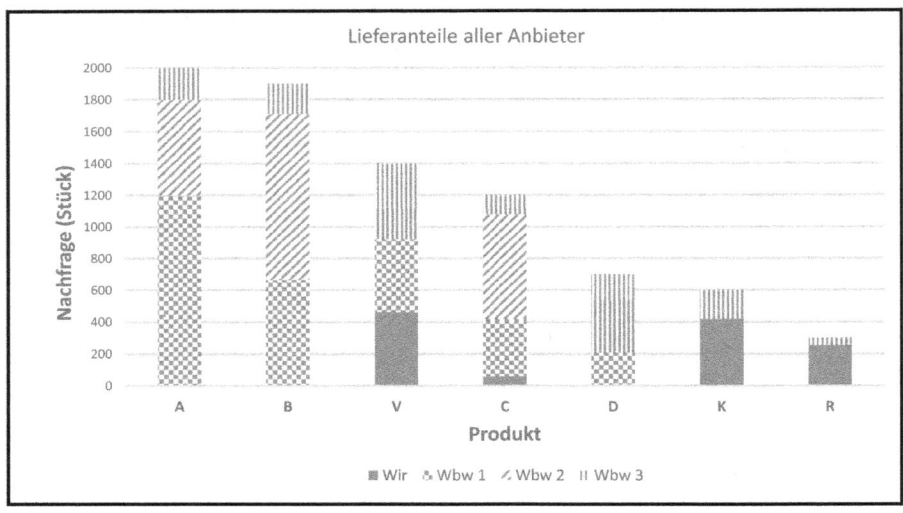

Abbildung 50: Lieferanteile aller Anbieter

Es fällt auf, dass Wettbewerber 1 und 2 intensiv bei den größten Produkten und bei C konkurrieren, während Wettbewerber 3 uns ähnlich ist. In dem Projektbeispiel waren die großen Produkte im Lebenszyklus fortgeschritten und wurden von preisgünstigeren Anbietern geliefert. Die Produkte K und R waren innovativ, erst kurz vorher eingeführt worden und konnten nur vom eigenen Unternehmen und Wettbewerber 3 in ausreichender Qualität hergestellt werden. Diese Situation findet sich häufig in Märkten mit Marktführern, die entwicklungsorientiert arbeiten und Marktfolgern, die mit Nachahmerprodukten auf große Mengen und günstige Preise zielen. Das Beispiel entstammt der chemischen Industrie.

> **Praxistipp**
>
> Die Diskussion Ihrer Lieferanteile mit den Ansprechpartnern bei Key Account bietet die Chance, in aussichtsreiche Projekte zur Verbesserung der Geschäftsbeziehung sowohl in qualitativer als auch in quantitativer Hinsicht einzusteigen.

Neue Produkte und Entwicklungsprojekte

In einem Kundenprojekt manifestierte sich die Bedeutung, die das Topmanagement neuen Produkten beimaß, in der Festlegung angestrebter Umsatzanteile. **Innovationskraft** Dahinter verbarg sich die Absicht, zum einen die Vertriebsmannschaft zu motivieren, den Wettbewerbsvorteil aufgrund des technischen Fortschritts auszunutzen, zum anderen der neuen Technologie möglichst schnell zur Akzeptanz im Markt zu verhelfen.

Neue und Entwicklungsprodukte eines Anbieters spiegeln dessen Innovationskraft wider. Diese wiederum ist ein starker Erfolgsfaktor und ein Indiz für die Zukunftsfähigkeit eines Unternehmens. Unter der Annahme, dass Produkte einem Lebenszyklus unterliegen, ergibt sich ein Portfolio aus Produkten in unterschiedlichen Zyklusphasen (Abbildung 51).

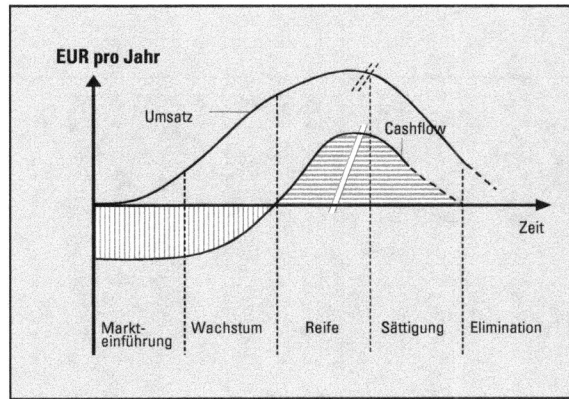 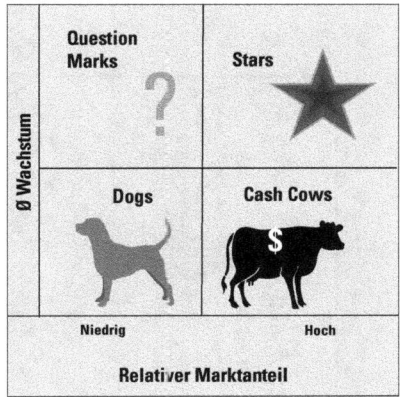

Abbildung 51: Produktlebenszyklus und BCG[14]-Portfolio

Die Modelle verdeutlichen, dass die ökonomische Lebensdauer von Produkten oder Produktgruppen endlich ist. Außerdem tragen Produkte in der Reife- und Sättigungsphase positiven Cashflow bei, während solche in den anderen Phasen Geld brauchen. Erst eine gesunde Portfoliozusammensetzung ermöglicht die Zukunftssicherung. Der Ersatz der zu eliminierenden Produkte entstammt den vorgelagerten Phasen, die wiederum entweder durch Akquisitionen oder durch Forschung und Entwicklung bzw. Innovation befüllt werden.

In der Pharmaindustrie haben solche Überlegungen sogar zu Firmenkäufen geführt. Als Erklärung für Akquisitionen wird regelmäßig angeführt, dass »Blockbuster« (= Pharmazeutika, die über eine Milliarde Dollar Umsatz p. a. erzielen) von Nachahmerprodukten nach Patentauslauf bedroht werden und nicht genug aussichtsreiche Nachfolgeprodukte in der »Pipeline« waren.

Eine der größten Akquisitionen war die von Wyeth durch Pfizer für 68 Milliarden US-Dollar. Das *Manager Magazin* informierte am 26.01.2009, »*Pfizer steht, wie auch andere Pharmariesen, schwer unter Druck durch konkurrierende, billigere Nachahmer-Medikamente. Mit dem Kauf von Wyeth bekommt Pfizer Zugang zu neuen Mitteln und Geschäftsfeldern.*« Pfizer hat neben Viagra einen weit größeren Blockbuster in dem Cholesterinsenker Lipitor. Beide genannten Produkte waren von Generika und Alternativen bedroht.

[14] BCG = Boston Consulting Group

Ressourcen priorisieren Entwicklungsprojekte sind gleichzeitig Hoffnungsträger und »Cash burn« aufgrund der Ausgaben für Forschung und Entwicklung, externe Dienstleistung, Aufbau von Produktionskapazitäten, Pre-Marketing, Markteinführung, Werbung etc. Deshalb sind Sie gut beraten, Ihre Projekte konsequent zu priorisieren und Ihre Budgets entsprechend zuzuordnen. Geeignete Kriterien sind einerseits der potentielle Umsatz, andererseits die Wahrscheinlichkeit des Markterfolgs.

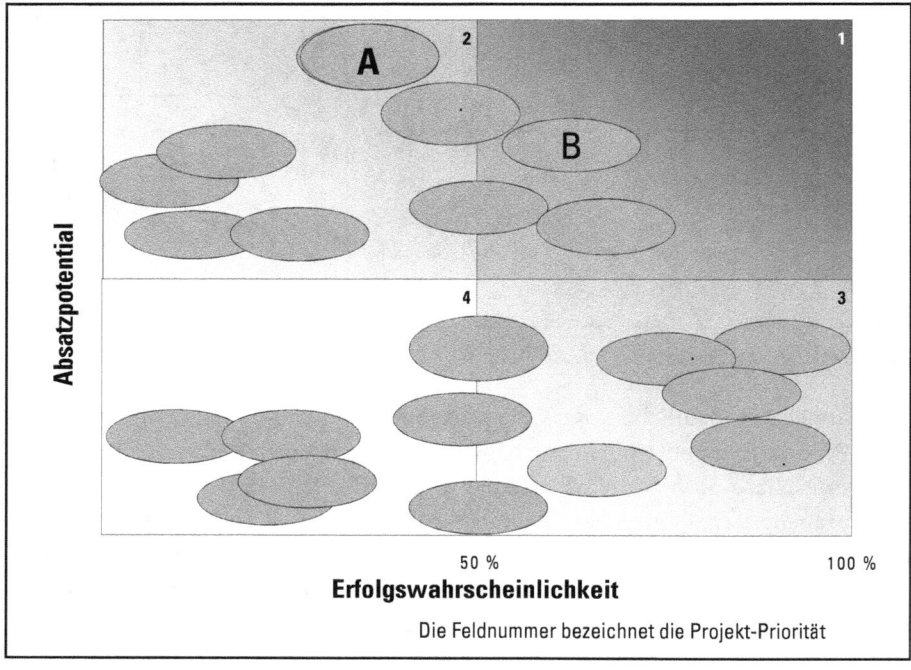

Abbildung 52: Projektportfolio

Die Priorität entscheidet sich nach dem Quadranten, in dem ein Projekt angesiedelt ist. Bei einer Projektvielfalt wie in der Abbildung reichen die beiden gezeigten Kriterien gelegentlich nicht aus. So hat Projekt A das deutlich höhere Absatzpotential, während Projekt B die höhere Erfolgswahrscheinlichkeit besitzt. In diesem Fall bietet sich an, weitere Kriterien hinzuzuziehen, z. B. Time-to-Market, Imagewirkung, Aufwand bis zur Markteinführung.

> **Praxistipp**
>
> Stimmen Sie die Einschätzung von Absatzpotential und Erfolgswahrscheinlichkeit mit Ihrem Key Account ab und führen Sie regelmäßige gemeinsame Überprüfungen und eine Endbetrachtung durch.

Exkurs: Innovation

Das World Economic Forum bewertet die Zukunftsfähigkeit von Volkswirtschaften anhand der Innovationskraft. (*Die Welt* – »Ideenlos verspielt Deutschland seine Zukunft«, 2016). Die Bedeutung dieses Themas für das KAM ist im vorherigen Absatz dargestellt worden. Dazu sekundiert die *Sales Management Review* 6/2016 mit dem Schwerpunkt »Trends im Einkauf«, dass:

- der Einkauf zum »Innovation Scout« wird (Henke et. al., Meschnig),
- durch Supplier Engagement Zugriff auf neueste Innovationen erreicht wird (Nink),
- Lieferanten-Scouting betrieben werden muss, um die Innovationsprozesse im Unternehmen voranzubringen (Dinnessen u. Hellmann).

Was genau ist gemeint? Es geht um drei Aspekte:

1. die Neuerung von Produkten, Technologien, Prozessen, Dienstleistungen, Instrumenten und Strukturen,
2. zwecks Erhöhung des Nutzens, der Beantwortung von Trends, Verbesserung der Effizienz, Stärkung der Wettbewerbsfähigkeit,
3. die sich am Markt durchsetzen.

Innovation kann überall stattfinden: in jeder Abteilung, in Unternehmen jeder Größe, in jeder Branche, mit jeder Art von Beteiligten, mit und ohne besondere Kreativität. Voraussetzung und Erfolgsfaktor ist allerdings ein gut aufgesetzter Innovationsprozess.

Der Innovationsprozess als »Hauptobjekt der Innovationsforschung«, bezeichnet die Umsetzung existierender und/oder neuer Erkenntnisse in marktfähige (neue) Problemlösungen. Der wirtschaftliche Bezug der Innovation ergibt sich daraus, dass Erfolg bzw. Misserfolg von Innovationen ausschließlich von deren Akzeptanz am Markt bestimmt wird. So darf der Innovationsprozess nicht nur unter rein technischen Aspekten organisiert werden, sondern muss besonders bei der technischen Innovation als interdisziplinärer Prozess gestaltet werden und Mitarbeiter aus allen wichtigen Unternehmensbereichen einbeziehen. […]« (Möhrle, Martin/Specht, Dieter: Gablers Wirtschaftslexikon)

Diese hohe Bedeutung beruht auf der hohen Ressourcenintensität. Viele Beispiele gelungener und gescheiterter Innovationsvorhaben sind untersucht worden, um Vorgehensweisen mit höherer Erfolgswahrscheinlichkeit zu erkennen. Daraus wurde eine Vielzahl von Prozessmodellen abgeleitet (siehe Abbildung 53). *Ziel: Erfolgsaussichten verbessern*

Dieses Modell ist sehr allgemein gehalten und kann damit jeden Innovationsprozess beschreiben. Wichtig ist die Einbindung in die Unternehmensstrategie und die Orientierung am Markt. Um die Handhabbarkeit *Strategie- und Marktorientierung*

Abbildung 53: Innovationsprozess (Beispiel)

des Vorgehens zu verbessern, hat Robert Cooper[15] es weiter detailliert und den Stage-Gate-Prozess geschaffen. Ziel ist dabei, den ressourcenintensiven Innovationsprozess nicht ausufern zu lassen und mehrere Prüfpunkte zu setzen. Diese so genannten Gates (= Tore, Schranken) sind zwischen die einzelnen Phasen (= stages) geschaltet, um zu entscheiden, ob die Projekte in die nächste Phase übernommen werden oder nicht, die Go-/No-Go-Entscheidung.

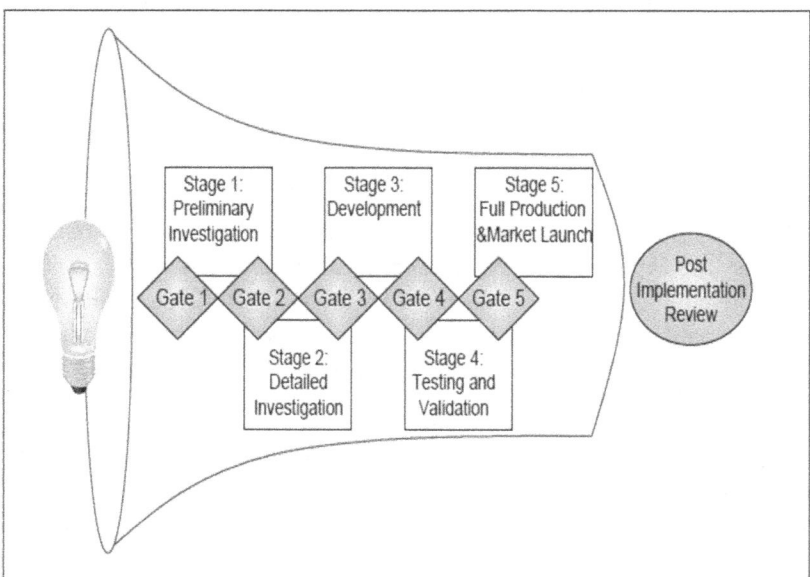

Abbildung 54: Stage Gate Prozess (Cooper, 2010)

---

15 Dr. Robert G. Cooper, Professor emeritus der McMaster University in Kanada, Präsident des Produkt Entwicklung Institutes, ernannt zum »World's Top Innovation Management Scholar« vom angesehenen *U.S. Journal of Product Innovation Management*

Die typischen Kriterien in den einzelnen »Gates« sind:
Gate 1: Passt die Idee zu Strategie und Markt?
Gate 2: Allgemeine Akzeptanz des Marktes, technische Machbarkeit.
Gate 3: Finanzielle Machbarkeit, Qualitätsanforderungen machbar? Nächste Schritte plausibel?
Gate 4: Kosten-Analyse, Qualität, Plan zur Fortsetzung.
Gate 5: Detaillierter Finanz- und Business Plan, Feinplanung, Einführung.
Review: (nach Stage 5) Ist versus Plan, kritische Prozess-Nachbetrachtung.

Dieser Prozess bietet viele Vorteile. Die Entscheidungen werden interdisziplinär getroffen und integrieren damit alle beteiligten Funktionen wie z. B. Marketing, Vertrieb, F&E, Controlling und Produktion. Die Entscheidungen werden anhand definierter Go-/No-Go-Kriterien funktionsübergreifend gefällt. Angesichts des aufkommenden Bedarfs an Agilität haben Unternehmen und Wissenschaftler das Verfahren erweitert und modernisiert. Durch Überlappungen von Aufgaben innerhalb und zwischen Phasen bei gleichzeitiger Flexibilisierung der Gates wird eine signifikante Beschleunigung erreicht, der Zeitbedarf gegenüber dem traditionellen Modell kann um über 25 % sinken (Cooper, 2014)! *Interdisziplinär Integrativ*

Aufgrund seiner Stärken kommt das Verfahren bei vielen Unternehmen zum Einsatz. Transparenz und gemeinsames Verständnis erleichtern sowohl die Kommunikation im Team als auch mit dem Topmanagement. Stage-Gate-Prozesse sind weit verbreitet. *Weit verbreitet*

Bei deutschsprachigen Experten findet sich häufig die Paarung Lasten- und Pflichtenheft. Das Lastenheft enthält die Erkenntnisse über die Anforderungen an das Produkt aus Kundensicht. Das Pflichtenheft »übersetzt« die Kunden-Anforderungen aus dem Lastenheft in technische Spezifikationen, d. h. in die Terminologie des Unternehmens. Typische Elemente eines Pflichtenheftes sind außerdem Hintergrundinformation zum Markt-, Kunden- und regulatorischem Umfeld, Marktziele (Absatz, Umsatz, Marktanteil, Wachstum), Zeitvorgaben und Projektplan. *Lasten- und Pflichtenheft*

> **Praxistipp**
>
> Unabhängig davon, ob in Ihrem Unternehmen der Innovationsprozess nach dem Stage-Gate-Modell oder einem anderen Verfahren abläuft, für Sie als Key Account Manager ist es wichtig, auf die hinreichende und ökonomisch vertretbare Erfüllung der Kundenanforderungen durch das Projekt zu achten.

Schlüsselfaktoren des Innovationsprozesses

Die Wichtigkeit von Innovationen steht außer Zweifel, ebenso die hohe Ausfallquote. »Acht von zehn Innovationen misslingen – mit horrenden Kosten« (Malik, 2005). Es gibt jedoch eine Reihe von Faktoren, die besondere Bedeutung für das Gelingen von Innovationen haben. *Erschreckend hohe Fehlschlagquote*

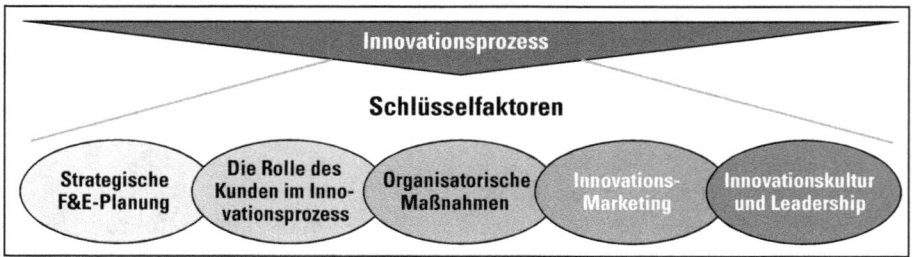

Abbildung 55: Schlüsselfaktoren im Innovationsprozess

Strategische F&E-Planung

Die strategische Planung hat die Aufgabe, langfristig den Bestand und das Wachstum des Unternehmens zu sichern. Als ein Aktionsfeld unterliegt auch F&E den Zielsetzungen der strategischen Planung. Zur Erinnerung der »Strategie-Tempel« in Abbildung 56. Die drei in den Säulen gezeigten Schwerpunkte markieren im Innovationsprozess die Leitplanken. Sie zu verlassen, erhöht dramatisch das Risiko, einen der acht von zehn misslingenden Innovationsversuche zu landen.

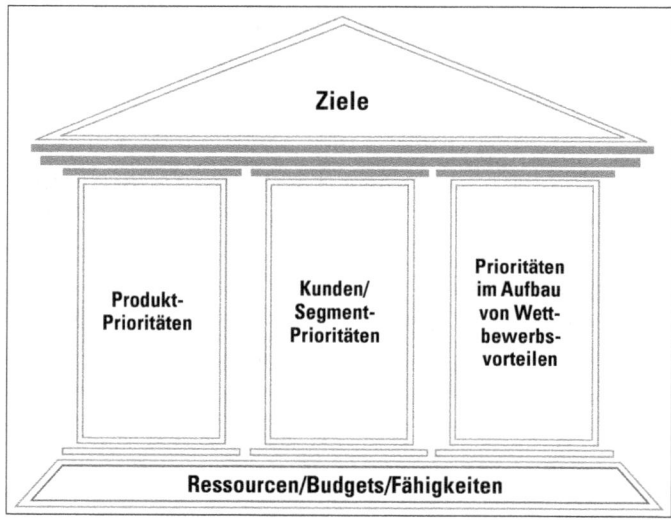

Abbildung 56: Strategie im Innovationsprozess

Die Rolle des Kunden im Innovationsprozess

Nutzenoptimierung beim Kunden
: Die gezielte Erfassung von Nutzendefiziten und Innovationspotentialen durch Zusammenarbeit mit Marketing- und Entwicklungseinheiten des Kunden (z. B. gemeinsame Workshops) ist einer der wichtigsten Erfolgsfaktoren für Innovationen. Das Ziel muss dabei die Nutzenoptimierung beim Kunden sein, nicht die Produktoptimierung bei Ihrem Unternehmen. Wie diese Zusammenarbeit im Key Account Management aussehen kann, zeigt die Abbildung 57.

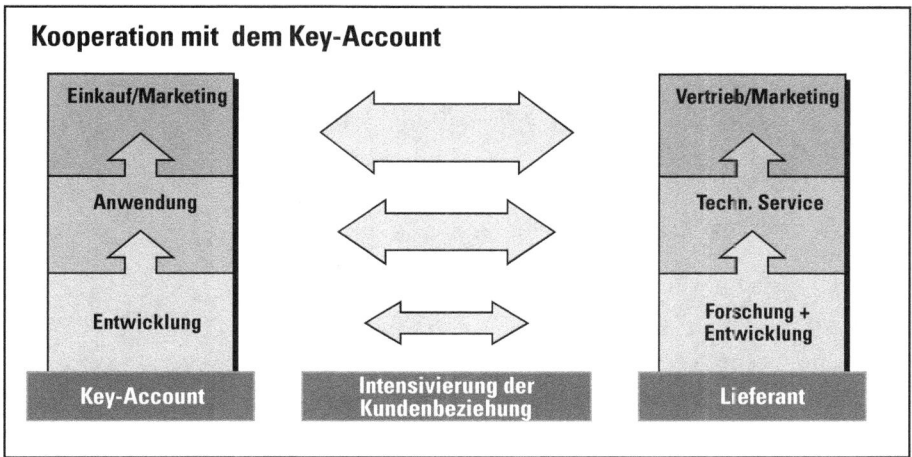

Abbildung 57: Innovationspartnerschaft mit dem Key Account

Der Nutzen liegt sehr deutlich in der Intensivierung der Kundenbeziehung. Die Pfeile zeigen, dass auf verschiedenen Ebenen und zwischen mehreren Disziplinen Kontakte bestehen und zusammengearbeitet wird. Der Preis dafür ist organisatorischer Aufwand und Kosten, auch können Verzögerungen auftreten.

Mindestens ebenso wertvoll ist jedoch der Input vom Key Account über Verbesserungspotential und unerfüllte Bedürfnisse als Ausgangspunkt für den Prozess. Anschließend ist der Kunde der Prüfstein, ob Ihre Idee, der Prototyp und das Gesamtkonzept den Erwartungen genügen. Damit erreichen Sie eine bessere technische Beurteilung, zusätzlich detailliertere Vorhersagen des Marktpotentials und die Verkürzung der Time-to-Market (= Zeit bis zur Marktreife).   **Entwicklungs-Partnerschaft**

Außerdem gewährt Ihnen die Analyse des Wertschöpfungsprozesses des Kunden vertiefte Einblicke über den reinen technischen Leistungserstellungsprozess hinaus. Das wiederum eröffnet Ihnen einen Informationsvorsprung vor Ihrem Wettbewerb und damit einen Wettbewerbsvorteil.

Organisatorische Maßnahmen

Je größer ein Unternehmen, desto mehr Schnittstellen gibt es und das ist gleichbedeutend mit Kommunikations-, Zuständigkeits-, Budget- und Zeitproblemen. Daher empfiehlt sich die Trennung größerer Innovationsvorhaben vom operativen Tagesgeschäft. Einige organisatorische Modelle stellt Ihnen die Abbildung 58.   **Trennung vom Tagesgeschäft**

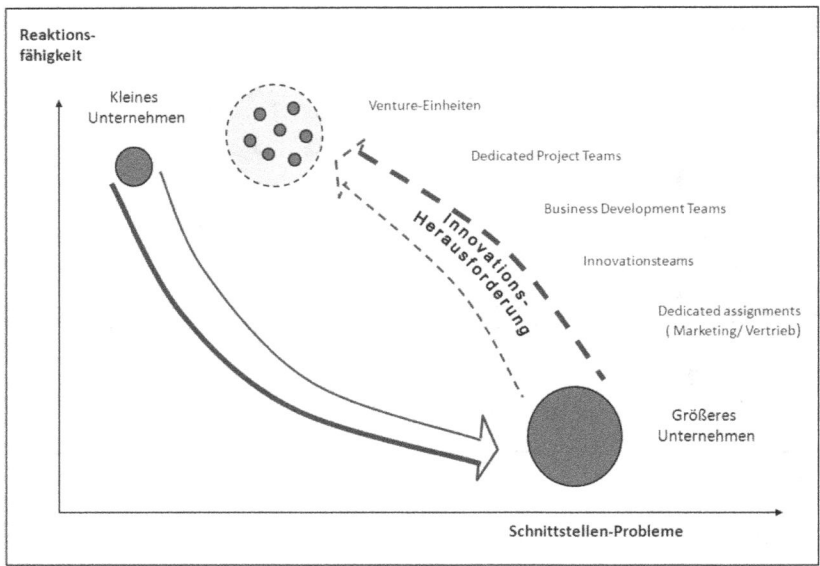

Abbildung 58: Organisationsmöglichkeiten für Innovationen (Quelle: Beratungsprojekt)

Innovations-Marketing

Das Innovation-Marketing zielt auf die schnelle Markteinführung bei Lead Usern (= Trendsetter) und Neuerern (= frühe Käufer). Deren Akzeptanz wird so früh wie möglich getestet, entweder durch Innovationskooperation oder durch Pre-Marketing. Beta-Versionen von Software sind ein typisches Beispiel.

Der Pilot- und Einführungsphase folgt dann schnell das Breiten-Marketing, damit ein deutlicher Positionsvorsprung vor Me-Too-Herstellern gesichert wird. Außerdem wird eine schnellere Amortisation der angefallenen Investition erreicht.

Innovations-Kultur

Untersuchungen zeigen, dass nahezu 3/4 des Erfolges von Innovationsprojekten durch »weiche«, kulturelle Faktoren bestimmt werden. Das heißt, die Innovationskultur bestimmt maßgeblich die Innovationsfähigkeit der gesamten Organisation.

Obwohl es gerade für die Schaffung einer solchen innovativen Unternehmenskultur keine Patentrezepte gibt, so lassen sich doch einige erfolgskritische Faktoren benennen (Abbildung 59).

- Commitment des Topmanagements
  Innovation ist eine große Chance, verlangt aber auch einen großen Ressourcen-Einsatz. Das Topmanagement, als verantwortliches Gremium für die Mittelzuordnung, wird nur dann Innovationen fördern, wenn es diese als Chance begreift.

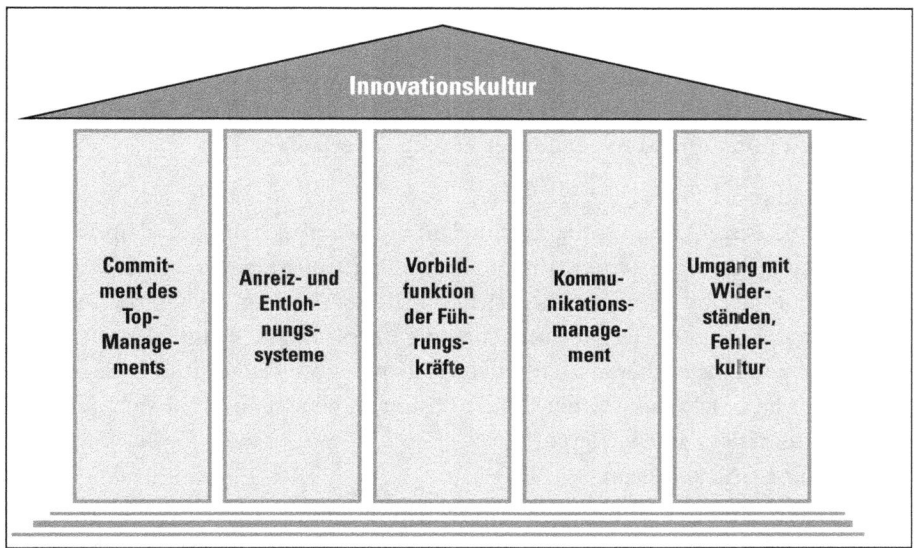

Abbildung 59: Innovationskultur

- Anreiz- und Entlohnungs-Systeme
  Innovation braucht kompetente Experten und Zeit. Erfolge werden oft erst nach vielen Jahren intensiver Arbeit sichtbar. Experten sind knapp und daher gesucht. Diese Rahmenbedingungen lassen sich in speziell zugeschnittenen Vergütungssystemen abbilden. Dazu bedarf es der Bereitschaft, strikte Systeme zu verlassen.
- Vorbildfunktion der Führungskräfte
  Kunden-, nicht Innenorientierung, Strategieorientierung, Geduld und positive Einstellung zu den Investitionen sollte von allen in den Innovationsprozess involvierten Führungskräften demonstriert werden. Außerdem braucht ein fruchtvolles Innovationsklima Akzeptanz von Unsicherheit, Mut zum Risiko, offene Teamarbeit u. v. m.
- Kommunikationsmanagement
  Innovation findet im Team statt. Das verlangt nach offener Kommunikation. Die Kenntnis über Fortschritt und Rückschläge motiviert zum Durchhalten. Nach außen jedoch ist absolutes Stillschweigen einzuhalten. Selbst größter Stolz über elegante Lösungen hat bis zur Markteinführung oder Patenterteilung zu warten!
- Umgang mit Widerständen, Fehlerkultur
  Innovationen sind Expeditionen in unbekanntes Terrain. Da kann einiges schiefgehen. Die Besserwisser lassen dann nicht lange auf sich warten. Dann brauchen die Verantwortlichen die nötige Überzeugung vom Erfolg des Projektes, um denen begegnen zu können. Fehler gehören zum Lernen dazu, Fehlertoleranz daher zum Innovationsprozess.

Key Account bezogene Innovationen

Auch im Key Account-Management ist der Innovationserfolg am größten, wenn nach einem Prozess vorgegangen wird. Die Besonderheiten in den einzelnen Phasen werden nun anhand des Modelles in Abb. 50 erläutert.

- Ideenfindung

Innovation braucht neben Kreativität auch Systematik

Die besten Voraussetzungen haben Sie, wenn es zwischen dem Key Account Buying Center und Ihrem Selling Center einen intensiven Austausch gibt. Dann ergeben sich vielfältige Chancen und Verbesserungsmöglichkeiten. Es gilt Probleme oder unbefriedigte Bedürfnisse zu entdecken oder gemeinsam herauszuarbeiten. Haben Sie als Lieferant erst einmal beweisen können, dass aus solchen Ideen Lösungen entstehen, wird sich der Austausch automatisch intensivieren.

- Bewertung und Selektion

In der Bewertung ist zunächst die Übereinstimmung mit der Strategie und den eigenen Fähigkeiten und Ressourcen zu prüfen. Weitere Bewertungs-Kriterien sind das Umsatz- und Ergebnispotential, die Erfolgswahrscheinlichkeit, Ressourcenbedarf und Time-to-Market. Beim Vorliegen vieler Ideen ist eine Rangfolge auf Basis dieser Kriterien zu bilden. Je nach Budget werden dann die Projekte priorisiert oder verworfen.

Key-account-individuelle Innovation sollte sich aufgrund der dem Projekt zuzuordnenden Attraktivität begründen lassen. Der Roll-out zu anderen Kunden findet später statt und wird voraussichtlich weniger signifikant ausfallen.

- Projektdurchführung

In dieser Phase ist die Zusammenarbeit mit dem Key Account von unschätzbarem Wert. Lasten- und Pflichtenheft gemeinsam zu erstellen bringt nicht nur größere sachliche Klarheit, sondern auch beiderseitige Begeisterung für den Prozess. Die »Gates« aus dem Stage-Gate-Prozess können Sie in Form von gemeinsamen Projekt-Besprechungen mit dem Key Account organisieren. Das erlaubt Ihnen frühzeitig im Prozess zu erkennen, ob Sie auf dem richtigen Wege sind oder Veränderungen notwendig sind. Im schlimmsten Fall beschließen Sie gemeinsam den Abbruch des Vorhabens. Je enger die Abstimmung, desto höher ist die Agilität des Innovationsprozesses.

Wichtig ist auch, die Bandbreite des Buying Centers auszuschöpfen, damit alle relevanten – und nur diese! – Anforderungen abgedeckt sind. So können Sie zum einen eine auf den Key Account zugeschnittene Lösung kreieren, zum anderen vermeiden Sie ausufernde Kosten, die bei »over-engineering« entstehen.

- Markteinführung

Die Einführung der neuen Leistung bei dem Key Account schließt sich nahtlos an den oben beschriebenen Prozess an. Bei der Preis- und Konditionengestaltung stellt sich die Frage, wie die Kooperation während des Innovationsprozesses honoriert wird. Mögliche Vorgehensweisen sind eine zeitlich begrenzte Exklusivität oder eine Preis- oder Produktdifferenzierung zum restlichen Markt.

Für Ihr Unternehmen ist die Ausstrahlung auf den Gesamtmarkt wichtig. Solange die Interessen des Key Account gewahrt bleiben oder sogar unterstützt werden, kann er als Referenz dienen oder aktiv die Innovation vorstellen und mit ihrem Unternehmen gemeinsam Werbung, PR und Promotion betreiben.

Zusammenfassung

»Die überwältigende Mehrheit der erfolgreichen Innovationen verwertet Veränderung« (Peter F. Drucker – Innovation and Entrepreneurship). Innovationen ihrerseits bewirken Veränderungen. *Echte* Innnovationen sind wirklich neu und am Markt erfolgreich. Aus Unternehmenssicht müssen sie zur Strategie passen und marktorientiert sein.

Viele Innovationen sind *nicht* erfolgreich. Deshalb haben viele Forscher nach den Faktoren gesucht, die die Erfolgswahrscheinlichkeit erhöhen. Dabei hat sich herausgestellt, dass die Anwendung eines Innovationsprozesses ein wichtiger Faktor ist.

Die typischen Phasen sind Ideenfindung, Bewertung und Selektion, Projektdurchführung und Markteinführung. Die Besonderheit liegt in den Prüfungen, den »Gates«, in denen jeweils über den Fortgang des Projektes entschieden wird.

Im deutschsprachigen Raum hat sich der Einsatz von Lasten- und Pflichtenheften verbreitet. Die Anforderungen des Kunden oder Marktes finden sich im Lastenheft. Das Pflichtenheft übersetzt sie in technische und kommerzielle Spezifikationen, nennt Umweltbedingungen, Zeit- und Kostenziele.

Neben dem Prozess gibt es weitere Schlüsselfaktoren für den Innovationserfolg. Diese sind F&E-Strategie, Rolle des Kunden im Prozess, organisatorische Maßnahmen, Innovationsmarketing und Innovationskultur.

> **Praxistipp**
>
> Auf den Kunden zugeschnittene Innovation ist eines der wirkungsvollsten und aufwendigsten Tools im KAM. Nutzen Sie es, um Ihren KA erfolgreicher zu machen und damit an sich zu binden. Beobachten Sie dabei, ob Ihre Bereitschaft zu investieren eine angemessene Erwiderung erfährt.

4.1.5.4 Analyse der Supply Chain zum Key Account

Die Lieferkette zwischen Ihrem Unternehmen und dem Key Account bietet viele Möglichkeiten, die Zusammenarbeit zu vertiefen. Die Verzahnung der Supply Chains und die Übernahme von Aufgaben durch Sie als Lieferanten, bietet gutes Potential für die Intensivierung der Geschäftsbeziehung.

Die Analyse dieser Supply Chain dient folgenden Fragestellungen:

1. Werden die Erwartungen des Key Accounts an die Lieferqualität erfüllt?
2. Welche Kosten entstehen derzeit?
3. Welche Möglichkeiten zur Integration mit dem Key Account bestehen?

Daraus ergeben sich weitergehende Betrachtungen und Ansatzpunkte:

1. Die vordringlichen Erwartungen an den Lieferservice richten sich auf Schnelligkeit und Zuverlässigkeit. Schnelligkeit bezieht sich auf die Zeit zwischen Auftragserteilung und Anlieferung einerseits, sowie andererseits auf die Reaktionsgeschwindigkeit bei unvorhergesehenem Bedarf. Zuverlässigkeit heißt, dass die richtige Leistung (inklusive Zubehör) zum verabredeten Zeitpunkt mit den korrekten und kompletten Dokumenten in intakter Verpackung am gewünschten Ort angeliefert und zum verabredeten Preis fakturiert wird.
2. Naheliegende Ansatzpunkte bei ungenügender Schnelligkeit sind verbesserte Planung, Lagerbestand, Lageranzahl und -Standorte. Die Zuverlässigkeit lässt sich erhöhen durch Prozessanalyse und -Verbesserung.

Lieferqualität und -kosten

3. Die Kosten setzen sich zusammen aus
   - Transportkosten: Frachten, Versicherungen, Zölle, Gebühren;
   - Lagerkosten: Gebäude und Einrichtung, Personal, Schwund, Überalterung;
   - Kapitalkosten: Das in Beständen – als Teil des Umlaufvermögens – gebundene Kapital wird typischerweise über kurzfristige Verbindlichkeiten finanziert. Die dafür fälligen Zinsen stellen die Kapitalkosten dar.

   Starker Treiber bei den Kosten ist die Auftragsstruktur, d. h. die Auftragsgröße, -häufigkeit und -eiligkeit. Je kleiner, häufiger und eiliger Aufträge sind, desto höhere Kosten verursachen sie bei den Lieferanten. Der offensichtliche Ansatzpunkt ist bessere Planung des Key Accounts oder höhere Lagerbestände bei ihm.

4. Am besten gemeinsam mit den unternehmenseigenen Experten und denen des Key Accounts lassen sich Optimierungsmöglichkeiten finden. Ein erster Ansatzpunkt ist Planungsgenauigkeit. Je genauer die Planung, desto geringer sind die vorzuhaltenden Sicherheitsbestände, was die Kosten reduziert.

   Ein mögliches Konzept sind Konsignationsläger. Ein Lager mit Fertigwaren wird direkt bei dem Kunden unterhalten. Die Ware bleibt Eigentum des Lieferanten bis zur Entnahme durch den Kunden. Nach einer Entnahmemeldung oder -Signal erfolgt die Rechnungstellung. Dieser Lieferweg kann die Kette verkürzen, spart Transport- und Lagerkosten, verbessert die Verfügbarkeit und intensiviert die Verzahnung Lieferant – Kunde.

   Ähnlich funktioniert auch das Vendor Managed Inventory (=VMI). Die Entscheidung, wann ein Lagerbestand beim Kunden wieder aufgefüllt wird, trifft der Lieferant anhand von eigenen Überprüfungen oder Signalen von Mess- und Zähleinrichtungen im Lager. In diesem Konzept ist meist der Kunde Eigentümer, es kann aber auch mit Konsignation kombiniert werden.

Beschwerdeanalyse

Beschwerden bzw. Reklamationen liefern wichtige Informationen über die Kunden(un)zufriedenheit, Verbesserungspotential und Kundenverlustrisiko. Außerdem sind gut behobene Beschwerden eine große Chance für Kundenbegeisterung. — **Beschwerden sind Chancen!**

Bei der Analyse der vorliegenden Beschwerden ergeben sich diese Fragestellungen:

1. Aus welchem Grund beschwert sich der Kunde?
2. Wie ist eine gute Beschwerdebearbeitung sicherzustellen?
3. Wie kann der Beschwerdezugang erleichtert werden?

Daraus ergeben sich folgende Ansatzpunkte:

1. Handelt es sich um eine einmalige Beschwerde oder gibt es zu einem Thema eine Anhäufung? In letzterem Fall sind die Maßnahmen zur Beschwerdevermeidung zu überprüfen. Welche Verbesserungsmöglichkeiten lassen sich aus den Beschwerden ableiten? Stand der Umsetzung prüfen. Besteht akute Kundenabwanderungsgefahr?
2. Sind die eingegangenen Beschwerden zur Zufriedenheit des Beschwerdeführenden bearbeitet worden? Der Bearbeitungsprozess muss korrekt funktionieren und sollte einen Verantwortlichen für die Kommunikation zum Kunden festlegen, sowie einen, der intern die Bearbeitung sicherstellt. Dies ist bei Unternehmen mit einem Qualitätsmanagement (= QM) -System oft der QM-Beauftragte. Es ist unverzichtbar, eine der genannten Personen für den Abschluss der Reklamation verantwortlich zu machen.
3. Beschwerden zu bearbeiten bringt wertvolle Erkenntnisse. Außerdem ist es weniger aufwendig und kostenintensiv, mit guter Beschwerdebearbeitung Kunden zu halten, als neue zu gewinnen. Deshalb brauchen Sie einen gut erreichbaren, unbürokratischen und anwenderfreundlichen Zugang zu Ihrem Unternehmen bei Beschwerden.

Es gelten folgende Empfehlungen für den Umgang mit Beschwerden:

- Mit positiver Attitüde aufnehmen, zuhören, Beschwerdeführer ausreden lassen, Chance geben, dem Unmut Luft zu machen.
- Die Souveränität des ersten Ansprechpartners ist entscheidend für die wirkungsvolle Bearbeitung der Beschwerde und die spätere Zufriedenheit des Kunden.
- Mit der Eingangsbestätigung der Beschwerde sollten die Schritte der Bearbeitung dargestellt werden. Ebenso ist ein voraussichtlicher Zeitplan sowie der verantwortliche Ansprechpartner mit allen Kontaktangaben zu nennen. Die Bestätigung ist schnellstens nach Eingang zu versenden. — **Prinzipien**
- Bei unverzichtbaren Gütern sollte der Kunde in den Stand versetzt werden, keine Einschränkungen erleiden zu müssen.

- Nach vollständiger Lösung der Beschwerde klären Sie mit dem Beschwerdeführer, wie der Prozess empfunden wurde und ob Zufriedenheit wiederhergestellt ist. Erklären Sie ausdrücklich das Ende der Bearbeitung und danken Sie dem Beschwerdeführer für seine Mühen.

Für die Vertriebsarbeit gilt:

- Derjenige, der die Beschwerde erhält, ist für sie verantwortlich. Er bleibt der Ansprechpartner für den Kunden, löst nötige Ersatzlieferung, Kundendienst etc. aus.
- Beschwerdebearbeitung gehört unausweichlich zu den Aufgaben von Vertriebsmitarbeitern. Beschwerdebearbeitung ist im Sinne der Priorisierung wichtig und dringlich und damit Priorität A. Das bedeutet, dass sie sofort und selbst zu erledigen ist.
- Die interne Beschwerdeauswertung sowie entsprechende Korrektur- und Verbesserungsmaßnahmen müssen im Informationsfluss zwischen den beteiligten Einheiten und zum Management verankert sein.

Analyse des Zahlungsverhaltens

Liquidität Die Außenstände verdienen gelegentliche Aufmerksamkeit. Als Teil des Umlaufvermögens verursachen sie Finanzierungskosten. Sie belasten aber auch die Liquidität. Gerade bei kleinen und mittleren Unternehmen können die Forderungen gegenüber einem großen Key Account eine erhebliche Belastung darstellen.

Indikator Des Weiteren kann das Zahlungsverhalten ein Indikator für die finanzielle Situation Ihres Key Accounts sein. Im Konjunktureinbruch von 2009 war eine Verschlechterung der Zahlungsmoral deutscher Unternehmen festzustellen.

Das Zahlungsverhalten kann aber auch auf die Einstellung des Kunden zum Lieferanten schließen lassen. Verschleppte und/oder unvollständige Zahlungen deuten auf unzufriedene Kunden hin.

Die Fragestellung nach der Zahlungsmoral liefert folgende Ansatzpunkte:

- Besteht Unzufriedenheit beim Key Account mit den erhaltenen Leistungen?
- Bestimmung der Kreditwürdigkeit des Key Accounts aus Lieferantensicht.
- Verkürzung des Zahlungszieles.
- Rückführung aktueller Außenstände.

Die Messung des Zahlungsverhaltens geschieht mittels der Altersstruktur der Forderung. Messwert sind Tage nach Rechnungsstellung. Bis zum Zahlungstermin ist eine Forderung entweder »noch nicht fällig«, am Zahlungstermin »fällig«, danach »überfällig«. Je nach Häufigkeit pünktlicher oder überfälliger Zahlung wird das Zahlungsverhalten eines Kunden qualitativ eingestuft.

Status der Beziehung zwischen Key Account und Lieferant

Die Beziehung zwischen Ihrem Unternehmen als Lieferant und dem Key Account kann aus zwei Perspektiven betrachtet werden.

Lieferantensicht

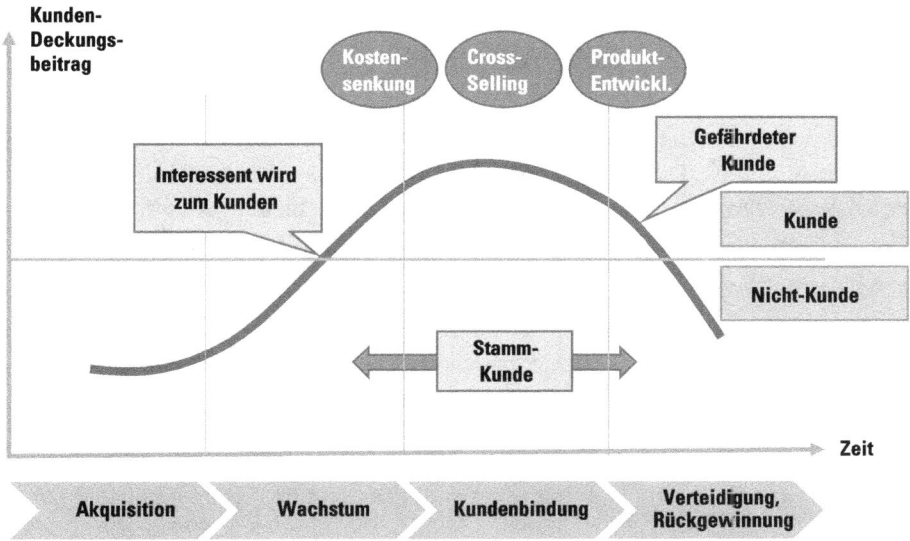

Abbildung 60: Kundenlebenszyklus

Ein einfaches Modell ist der Kundenlebenszyklus. Im Zusammenhang mit dem Customer Lifetime Value wurde bereits darauf eingegangen. Die Kernaussage für Ihr Geschäft ist, ob der KeyAccount sich in der Akquisitions-, Intensivierungs-, Bindungs- und Rückgewinnungsphase befindet. Je nach Phase bilden sich unterschiedliche Schwerpunkte in Ihrer Kundenbearbeitung:

- Akquisitionsphase: Kundensuche, -identifizierung, Priorisierung, Basiswissen, Erstkontakt;
- Intensivierungsphase: Bedarfsermittlung, Nachweis der Leistungsfähigkeit als Lieferant, Angebotserstellung, erster (Probe-)Auftrag, Aufbau von Kontaktnetzwerk;
- Kundenbindungsphase: Vertiefung der Kenntnisse über Anforderungen, Vision, Kultur, Werte, Strategie, Kontaktpersonen, Cross- und Up-Selling, kundenspezifische Angebote, Verzahnung von Prozessen, gemeinsame Aktivitäten, z. B. im Bereich von F&E, Marketing etc., Ausbau Kontaktnetz;
- Rückgewinnungsphase: Ursachenanalyse, strategische Neuorientierung, Überprüfung/Anpassung Ressourcen und Kompetenzen, Vermeidung von Verlusten.

Key Account Sicht

Vom gewöhnlichen Lieferanten zum »Key-Supplier«

Aus Sicht des Key Accounts sind Sie als Lieferant nicht automatisch Key Supplier. Diesen Status gilt es zu »verdienen«. Auf dem Weg dahin wird das Buying Center Sie zunächst mit den Stärken des Wettbewerbs und dessen niedrigen Preisen konfrontieren und vielfach auch mit dem Bestreben, die Anzahl von Lieferanten möglichst klein zu halten. Commoditisierung, Preistransparenz, Angebotsvielfalt und Wechselbereitschaft stärken in vielen Branchen die Position der Einkäufer.

Andererseits wirkt deren Ziel, Nutzen zu generieren, zu Ihren Gunsten, wenn Sie das leisten können. Dabei geht es nicht um die »Basics«, d. h. die Grundvoraussetzungen, sondern um Zusatznutzen, Mehrwert. Den bieten Sie, wenn Sie Ihren Key Account in seinem Markt erfolgreicher machen, als Ideenlieferant und als Berater.

In der Abbildung 61 sehen Sie, wie durch die Entwicklung vom Lieferanten zur strategischen Allianz – das bezeichne ich als Key Supplier – der Fokus vom Produkt und seinem Preis zu Vernetzung und Support wandert.

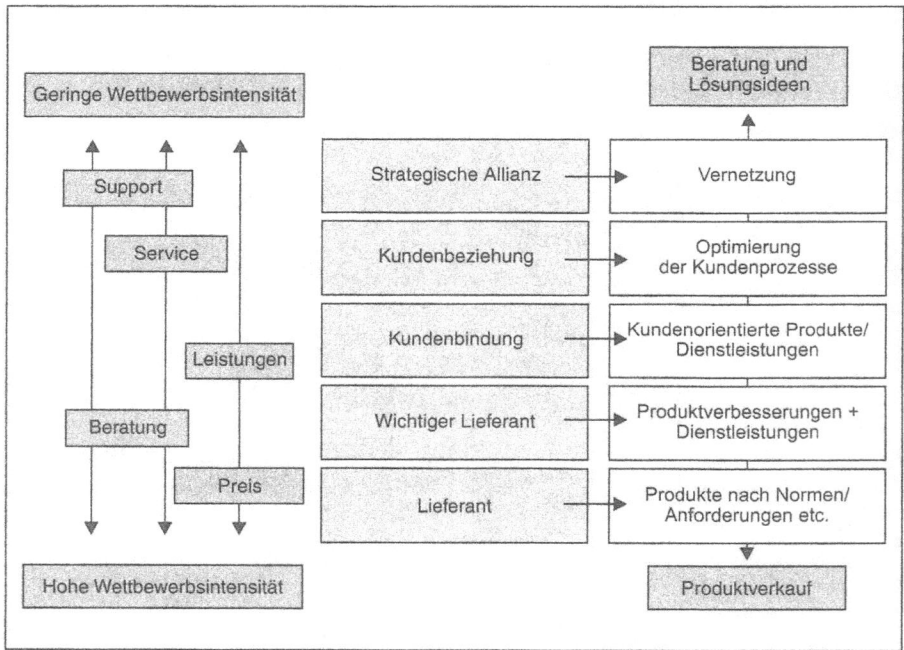

Abbildung 61: Stufen der Beziehungsintensität (Biesel)

- Lieferant: In diesem Status geht es um die Erfüllung der Liefervoraussetzungen bezüglich Qualität und Lieferservice. Lieferanten sind typischerweise austauschbar, der Kunde hat einige zur Auswahl. Differenzierung ist nicht gegeben. Entsprechend hoch ist die Wettbewerbsintensität, vor allem bemerkbar im Druck auf den Preis.
- Wichtiger Lieferant: Diese Rolle wird Ihnen zugestanden, wenn Sie sich vom Wettbewerb abheben können. Das kann über bessere Produkte und Dienstleistungen und z. B. durch Anwenderberatung geschehen. Sollte es Ihnen gelingen, den Vorsprung zu halten, besteht Aussicht auf eine Vertiefung der Beziehung. Es besteht allerdings auch die Gefahr, dass die Wettbewerber Ihren Vorsprung aufholen und Sie wieder zum »normalen« Lieferanten werden.
- Kundenbindung: Ihr Angebot ist nicht mehr nur etwas besser als das der Konkurrenz, es ist in dieser Stufe auf den Key Account zugeschnitten. Jetzt ist die Leistung des Angebotes der ausschlaggebende Erfolgsfaktor. Sie haben Ihre Kundenkenntnis in Produkte und Dienste übersetzt und schaffen sich damit einen deutlichen Vorteil vor anderen Anbietern. Sie stiften Mehrwert für Ihren Kunden.
- Kundenbeziehung: In diesem Status sind Sie ein feste Größe in der Betrachtung Ihrer Kontakte beim Key Account. Ihre Leistungen werden wegen des Mehrwerts geschätzt, Sie werden in Planungen z. B. zur Prozessoptimierung einbezogen. Sie stärken damit die Kostenposition Ihres Kunden, was wiederum dessen Erfolgsaussichten in seinem Markt erhöht.
In dieser Situation genießen Sie im Buying Center so viel Unterstützung, dass selbst für den auf Einsparungen gedrillten Einkauf das Element Preis in den Hintergrund tritt. Der geschaffene Mehrwert übersteigt meistens das Einsparpotenzial deutlich.
- Strategische Allianz: In Ihrem eigenen Unternehmen ist das Denken und Handeln in weiten Teilen auf die Zusammenarbeit mit dem Key Account ausgerichtet. Sie und das Key Account-Team können auf ausreichende Ressourcen zugreifen und sind sich auch der moralischen Unterstützung des Topmanagements sicher. Der Key Account Manager ist Insider bei seinem Kunden, die Grenzen bleiben klar, beeinflussen aber kaum noch Handeln und Informationsfluss.

Key Accounts im Mittelpunkt

Es entstehen Synergien zwischen den Beteiligten, da die Schnittmenge der Interessen und Informationen wächst. Kompetenzen werden gepoolt, beide Parteien machen eigene Stärken dem Partner verfügbar, um ihn zu stärken, im Vertrauen darauf, dass ein starker Partner die gemeinsamen Interessen besser fördert.

Synergien

In diesem Zustand ist Ihre Anbieter-Position nahezu unangreifbar. Die größte Gefahr besteht darin, in Selbstgefälligkeit zu verfallen und damit die eigene Weiterentwicklung zu vernachlässigen. Das würde in sich ständig wandelnden Märkten Rückschritt bedeuten und der Konkurrenz ein Einfallstor bieten.

Aus diesen Betrachtungen ergeben sich folgende Fragestellungen:

1. In welcher Stufe der Beziehung befinden wir uns als Lieferant?
2. Was ist zu tun, um diesen Status zu erhalten?
3. Was ist zu tun, um die nächsthöhere Stufe zu erreichen?

Das bedeutet im Einzelnen:

1. Die Einordnung kann schwierig sein. Nachfragen beim Key Account hilft, viele Unternehmen führen eine Lieferantenbewertung durch. Symptome wie Lieferanteile, Preisdruck, Verfügbarkeit der Kontakte etc. sind weitere Anhaltspunkte.
2. Sofern keine Veränderungen beim Key Account oder Ihren Wettbewerbern eintreten, bleibt Ihr Status gleich. Dieser Zustand ist jedoch nicht stabil. Entsprechend werden Sie nach Zeichen des Wandels Ausschau halten und Ihr Angebot anpassen.
3. Wollen Sie hingegen proaktiv vorgehen, antizipieren Sie neue Trends und Anforderungen des Kunden. Alternativ können Sie investieren, um Ihre Leistungsfähigkeit zu steigern und damit dem Key Account Mehrwert liefern. Investitionen sind jedoch immer im Licht des Potenziales dieses Key Accounts zu sehen. Konzentrieren Sie Ihre Ressourcen auf die Investitionen, die zu einer Erhöhung des Kundenwertes, z. B. durch den Customer Lifetime Value ausgedrückt, führen.

Vertragssituation

»Der beste Vertrag ist der, den man abschließt und nie wieder hervorholt.« Soweit der Volksmund. In komplexen Geschäftssituationen, bei anspruchsvollen Leistungen, bei Abhängigkeiten, bei wechselnden Bedingungen und Personen bietet ein Vertrag zwischen Lieferant und Key Account Sicherheit.

Absicherung und Planbarkeit — Aus Kundensicht kann beispielsweise Liefersicherheit, Einhaltung von Spezifikationen und Leistungsparametern, Termintreue – denken Sie nur an Just-in-time-Anlieferungen in der Automobilbranche – Vertraulichkeit und Kalkulierbarkeit abgesichert werden. Dieses Bedürfnis gewinnt an Bedeutung, je intensiver die Zusammenarbeit zwischen den Parteien ist.

Auch für den Lieferanten sind Verlässlichkeit und Planbarkeit wichtig. Allein in der Natur des Key Accounts begründet sich dessen Wichtigkeit für den Lieferanten. Diese bezieht sich auf Absatz und Umsatz, aber auch auf die Ressourcenbindung für die Bearbeitung des Schlüsselkunden. Entsprechend werden Abnahmemengen, deren zeitliche und räumliche Verteilung, Abweichungen davon, Preise und Konditionen und Zusatzleistungen geregelt.

Ein Vertrag dient der Formalisierung des Verhältnisses und soll den »Geist der Zusammenarbeit« festhalten und das nachhaltig und zum beiderseitigen und gemeinsamen Nutzen der Partner. Welche Themen bei der Vertragsgestaltung zu berücksichtigen sind, zeigt die Tabelle 23.

Umfang	Globale, regionale oder nationale Reichweite; Gesamtunternehmen, Bereiche, Abteilungen, Produktgruppen
Tiefe	Rahmenvertrag (plus Anhang) oder detaillierte Leistungsvereinbarung z.B. mit SLAs (Service Level Agreements), Mengengerüst und Logistikdetails.
Risiko-Management	Adressierung von Nichtleistungssituationen, Vertragsstrafen (indemnities), Abnahmeverpflichtungen (z.B. take-or-pay), Gerichtsort, Schlichtungsmechanismen, Kündigungsfristen
Laufzeit	Definierte oder „evergreen" Laufzeit, Ausstiegsklauseln. Kombination von evergreen für Rahmenvertrag und jährlicher Aktualisierung des Anhangs

Tabelle 23: Themen der Vertragsgestaltung

Die Entscheidung über die Vertragsgestaltung hängt von Ihrer Branche und Produkten, dem Reifegrad der Beziehung und weiteren spezifischen Faktoren Ihres Unternehmens und des Key Accounts ab. Es hat sich als praktisch erwiesen, die grundsätzlichen, langfristig gültigen und rechtlich notwendigen Festlegungen in den Vertrag aufzunehmen. Die veränderlichen Elemente, z.B. Jahresmengen und -Umsatz, besondere Förderungen und Aktivitäten etc. in Anhängen festzuhalten. Letztere können schneller und mit geringerem Aufwand, etwa ohne Einbezug der Rechtsabteilung und mit einfacherer Unterschriftsberechtigung, aktualisiert werden.

Zusammenfassung

Zur Analyse und Potentialermittlung bieten sich für die verschiedenen Themen die Fragestellungen und Ansatzpunkte aus Tabelle 24 an.

Gegenstand	Fragestellung	Ansatzpunkte
Umsatz, DB und Gewinn	1. Profitabilität des Key Accounts 2. Entwicklung im Zeitverlauf 3. Verteilung auf einzelne Leistungen	1. Kosten (-Treiber) in der Bearbeitung, Nutzwert einzelner Leistungen/Services 2. Soll-Ist-Vergleich, Vgl. mit Marktentwicklung, Ausgang für Zieldefinition und Prognosen 3. Ergebnistreiber, siehe Sortimentsanalyse
Sortiment – Portfolio	1. Reifegrad 2. Eigenes Wachstum vs. Key Account Wachstum 3. DB i. Vgl. zum Wbw. 4. Chancen und Risiken	1. Neuproduktentwicklung, Reduktion der Zusatzleistungen 2. Leistung besser/schlechter als des Wettbewerbs 3. Kundennutzen, Kostenstruktur 4. SWOT- oder 5-Kräfte-Analyse
– Liefer-Anteile	1. Wie groß sind die Lieferanteile	1. Erfüllung der Kunden-Erwartungen, Preis
– Entwicklungs-Projekte	1. Innovationskraft 2. Ressourcen	1. Intensivierung der Innovations-Anstrengungen 2. Priorisierung von Projekten mit hohem Potential und großer Erfolgswahrscheinlichkeit

Gegenstand	Fragestellung	Ansatzpunkte
Lieferkette	1. Erwartungen des Key Accounts 2. Kosten 3. Integrationsmöglichkeit	1. Schnelligkeit und Zuverlässigkeit, Planungsgenauigkeit, Lageranzahl und Standorte 2. Auftragsstruktur 3. Konsignation und Vendor Managed Inventory
Beschwerden	1. Beschwerdegrund 2. Gute Bearbeitung 3. Einfacher Zugang	1. Einmalig, wiederholt, dann Ursachenanalyse 2. Chance der Kundenbindung 3. Dto., Informationsgewinnung
Zahlungsverhalten	1. Zahlungsmoral	1. Unzufriedenheit? 2. Kreditwürdigkeit 3. Zahlungsziel verkürzen 4. Rückführung der Außenstände
Status der Beziehung	1. Aktuelle Qualität der Beziehung 2. Wie erhalten? 3. Wie verbessern?	1. Kundenzufriedenheitsbefragung 2. Markt-, Wbw.-Beobachtung 3. Trends-Scouting, aktuelle Kundenbedürfnisse, Zukunfts-Workshops
Vertragssituation	1. Deckt der Vertrag die kommende Geschäftsentwicklung ab?	1. Landes-, Produkt- und Leistungsspektrum anpassen

Tabelle 24: Übersicht: Analyse des eigenen Geschäftes mit dem KA

4.1.6 Informationsquellen

Es gibt eine Vielzahl von Informationsquellen, die über vielfältige Kanäle verbreitet und herangezogen werden können:

- Eigenes CRM,
- KA-Team,
- Geschäftsberichte des KA,
- Pressemitteilungen des Kunden,
- Mitarbeiter-, Kundenzeitschrift des KA,
- Messen,
- Kunden des Kunden,
- Wettbewerber des Kunden,
- Marktforschungsinstitute,
- Wirtschaftsauskunfteien wie Creditreform, Schimmelpfeng,
- Datenbankanbieter wie Hoppenstedt,
- Industrieverbände,
- Medienberichte,
- Fachzeitschriften,
- Aufsichtsbehörden, Ministerien,
- Social Media wie LinkedIn, Xing (z. B. für die Buying Center Analyse), Google Alerts, Blogs, Podcasts.

4.2 Key Account Entwicklung strategisch und operativ

In diesem Abschnitt erfahren Sie, wie Sie das Geschäft mit dem KA entwickeln können, welche Möglichkeiten Ihnen zur Verfügung stehen, um die ermittelten Potentiale auszuschöpfen. Beginnend mit der höchsten Abstraktionsebene, der Vision, arbeiten Sie sich durch strategische Betrachtungen und überführen alle vorangegangenen Elemente in Maßnahmen und Aktionspläne.

4.2.1 Vision und Werte

»Jedes starke Bild wird Wirklichkeit!« hat Antoine de Saint-Exupéry gesagt. Die Vision als Zukunftsbild soll genau das leisten. Zu sehen sein soll ein Bild, über die zukünftige Art und Qualität der Zusammenarbeit zwischen Ihnen und Ihrem Key Account. Die Vision soll Sinn stiften für die Identität des Key Account Teams, seine Werte, Motivation und langfristigen Perspektiven und soll für alle Mitglieder eine gemeinsame Basis darstellen. In der Praxis ist es noch eher selten anzutreffen, dass für die Bearbeitung eines Schlüsselkunden eine Vision aufgestellt wird, ist aber zu empfehlen.

Sinn stiften für Werte, Motivation und langfristige Perspektiven

Ein Key Account Team ist typischerweise *nicht* als eine organisatorische, disziplinarisch dem Key Account Manager unterstellte Einheit gruppiert. Im globalen Kontext ist es auch noch über die ganze Welt verteilt. So aufgestellt braucht das Team die Vision als Inspirationsquelle, als Motivator und Antreiber.

Entsprechend verbreitet sich die Angewohnheit, eine schlüsselkunden-individuelle Vision zu erstellen. So war meine Vision für einen Key Account, der erste und bevorzugte Ansprech- und Entwicklungspartner für Anwendungen mit unserem Produkt zu sein und aufgrund von Leistungseigenschaften, Qualität und Service der wichtigste Lieferant zu werden und dabei Premiumpreise zu erzielen.

Beispiele guter Visionen finden sich viele, die von BMW Next 100 möchte ich empfehlen. Eine vielzitierte und wirkungsvolle Vision gab der amerikanische Präsident Kennedy 1961 aus: Vor Ende dieser Dekade landen wir einen Mann auf dem Mond und bringen ihn sicher zur Erde zurück. Am 20. 07.1969 war es soweit.

Kraft von Vision

4.2.1.1 Anforderungen an eine Vision

Abbildung 62 zeigt, wie die Vision in die anderen Themen eingebettet ist.

Die zentrale Bedeutung hat Paul damit sichtbar gemacht. Die weiteren Ausführungen lehnen sich inhaltlich weitgehend an ihn an. Als Ausgangspunkt strahlt die Vision bis in die operative Umsetzung aus, weshalb sie folgende Anforderungen erfüllen sollte:

1. *Kongruenz:* die Vision muss so gestaltet sein, dass die sie umgebenden Elemente Grundwerte, Ziele, Strategien und operative Umsetzung mit ihr zusammenpassen. Wenn es in der Vision z.B. heißt, »Innovation

Eine Vision muss passen, mitreißen, anspornen ...

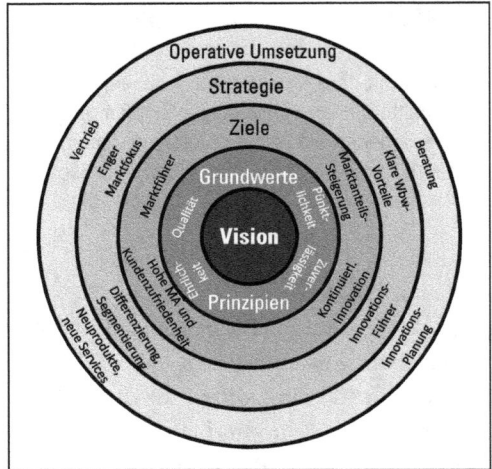

Abbildung 62: Vision als Kern der KA-Entwicklung (Paul)

zum Nutzen des Kunden«, in der Praxis jedoch die Entwickler Perfektion und Kosten treiben, dann ist die Kette von Vision zur Umsetzung nicht stimmig.

2. *Identifikation*: die Teammitglieder müssen sich in der Vision wiederfinden. Damit sind nicht nur sachliche Aspekte gemeint, sondern auch und besonders emotionale. So sind die allgegenwärtigen Aussagen zu Rendite aus meiner Sicht weniger motivierend als solche, die Wertschätzung und Nutzen für Kunden erkennen lassen.
3. *Ambition*: das Zukunftsbild soll eine Herausforderung darstellen. Die Erreichung der Vision soll möglich sein, aber nur unter Aufbietung großer und dauerhafter Anstrengungen. Eine unerreichbare Vision ist eine Utopie und demotiviert.
4. *Langfristig*: in der Vergangenheit begründet, die Gegenwart korrekt bewertend, soll die Vision eine langfristige Perspektive zeichnen. Nur das nächste Geschäftsjahr zu beschreiben, greift für Grundsatzentscheidungen zu kurz.
5. *Unverwechselbar*: der spezifische Charakter der Beziehung zum KA soll zum Ausdruck kommen. Auf Unternehmensebene gibt es gute Vorbilder, z. B. »We create chemistry« von BASF oder Bosch Thermotechnik: »Mit unseren faszinierenden Produkten verbessern wir die Lebensqualität überall auf der Welt. Wir sind die Zukunft der Thermotechnik.«

4.2.1.2 Die Entwicklung einer Vision

... weit blicken und einzigartig sein

Den Prozess, eine Vision zu entwickeln, zeigt die Abbildung 63.

Die Schritte im Einzelnen:

1. **Bestandsaufnahme:** Bevor einer Ihrer Kunden in die »Champions League« der Key Accounts aufgenommen wird, gibt es schon eine Geschäftsbeziehung. Die haben Sie bereits nach allen Regeln der Kunst und mit verschiedenen Methoden zu analysieren gelernt. Sie haben auch die Anforderungen herausgefunden, die aus der Strategie Ihres Kunden heraus besonders wichtig sind. Auch hier sind sachliche und emotionale Aspekte von Bedeutung.

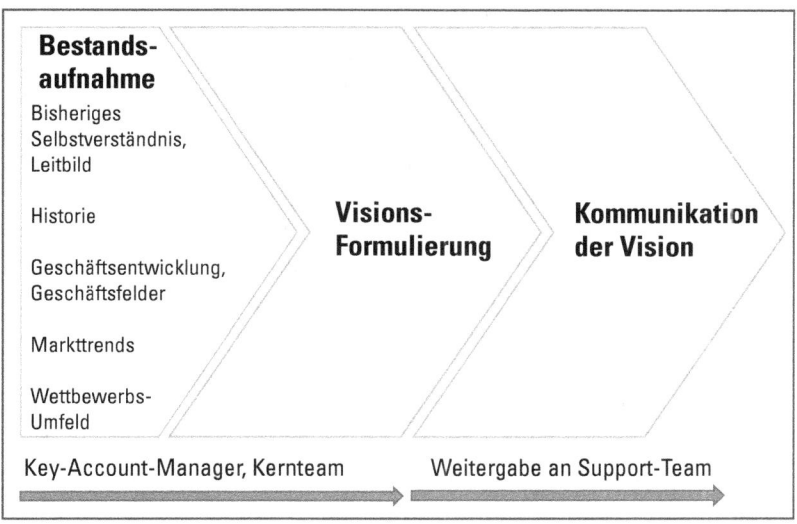

Abbildung 63: Prozess zur Entwicklung einer Vision (in Anlehnung an Paul)

Das wird kombiniert mit Information über den Markt, Trends und Wettbewerb und zu einem Zukunftsbild für den Key Account verdichtet. Darüber sollten Sie in einem Ihrer Gespräche mit dem Kunden auch zum gleichen Verständnis kommen. **Markt und Wettbewerb**

Nachdem Sie nun eine Vorstellung haben, wohin Ihr Key Account strebt, können Sie Ihre Vision entwickeln, wie Sie ihn auf diesem Wege begleiten wollen. **Ziele des Kunden**

2. **Visionsformulierung:** für diesen Schritt empfehle ich, dass Key Account-Manager und Kern-Team, idealerweise mit Hilfe eines Moderators, sich in einem oder mehreren Workshops dieser Aufgabe widmen.

Eine Vision sollte folgende Elemente in jedem Fall enthalten:
- *Identität*: Wer sind wir heute, wer wollen wir in Zukunft sein?
- *Geschäft*: In welchem Geschäft sind wir tätig? Welche Produkte, von welchen Produkt- und Unternehmensbereichen oder Gruppengesellschaften sollen einbezogen werden?
- *Übergeordnete Ziele*: Was soll erreicht werden?
- *Grundlegende Strategie*: Wie wollen wir dahin kommen?
- *Zusammenarbeit und Kultur*: Welchen Stil und Umgang wollen wir dabei im Team und mit dem Key Account pflegen?

Dabei gibt es verschiedene Schwerpunkte, die gebildet werden können:
Technologieorientierung: Hierbei geht es um den Einsatz von Forschung, Produktentwicklung und Innovation im Geschäft mit dem Schlüsselkunden. Solch eine Vision könnte lauten: »Wir bieten unseren Kunden Mehrwert durch unsere Innovationen auf dem Gebiet der Gebäudeautomation …«

Service, Qualität oder Kosten: Die Vision sollte Klarheit geben, welchen dieser Punkte Sie im Fokus haben. Dabei passen besonderer Service und/oder hohe Qualität und niedriger Preis nicht zusammen. In der Vision werden die Weichen gestellt, wo Ihr Schwerpunkt liegen wird.

Marktführerschaft oder Konkurrenzbezogen: auf Unternehmensebene gibt es für konkurrenzbezogene Visionen ein berühmtes Beispiel. Für Toyotas Luxusmarke Lexus wurde der Slogan »Beat Benz« ([Mercedes] Benz schlagen). Anderes Beispiel: »Wir wollen im Segment ... Marktführer in Europa sein.«

Auf Unternehmensebene gibt es noch mögliche Schwerpunkte bei Mitarbeiterorientierung, Zielmärkte und sogenannte Eroberungsvisionen wie »größter Technologiekonzern der Welt« (Daimler-Benz zu Zeiten von Edzard Reuter).

Einfluss der Phase des Kundenlebenszyklus

Für Ihren Key Account reichen die ersten drei Schwerpunkte aus, Kombinationen sind durchaus üblich. Welchen Schwerpunkt Sie wählen, hängt auch von der Phase der Beziehungsentwicklung ab. In einer frühen Phase mit einem geringen »Share of wallet« streben Sie wahrscheinlich nach Wachstum. Wenn Sie hingegen bei Ihren Produkten Key-Supplier-Status haben, werden Sie möglicherweise eher auf »Halten« zielen und das durch Technologie und/oder Service und/oder Qualität erreichen wollen.

3. **Kommunikation der Vision:** Während der Bestandsaufnahme und Formulierung der Vision waren vor allem Key Account Manager und Kernteam involviert. Die Kommunikation der Vision soll auch das Support-Team und die übergeordnete Führung einschließen. Es soll erreicht werden, dass alle diejenigen, die mit dem Schlüsselkunden zu tun haben, die Vision nicht nur kennen, sondern auch leben.

Beziehung zwischen Vision und eigener Tätigkeit herstellen

Das kann nur gelingen, wenn jedes Teammitglied genau weiß, für welchen Beitrag er/sie verantwortlich ist. Es gibt verschiedene Wege, das zu realisieren. Nach der Bekanntmachung der Vision, z.B. in Form einer Präsentation, können Diskussionsforen zu jedem Element mit jeweils einem Mitglied des Kernteams angeboten werden. Einzelgespräche zwischen Key Account Manager, eventuell unterstützt durch das Kernteam, und Support-Team klären den individuellen Beitrag.

Wichtig ist auch die Unterstützung durch Vertriebsleitung und Geschäftsführung/Vorstand. In der Vorbildrolle müssen sie sich so verhalten, wie es die Vision verkündet. Steht dort z.B. »Wir stehen im intensiven Dialog mit

»Walk the Talk«

allen relevanten Personen unseres Key Accounts«, Ihre Topmanager fahren aber nie hin, dann fühlt sich Ihr Team alleingelassen und ist möglicherweise nicht bereit, die »extra Meile zu gehen«.

> **Praxistipp**
>
> Nehmen Sie sich Zeit und dazu einige geeignete Kollegen für die Entwicklung der Vision. Ohne die Realität außer Acht zu lassen, nutzen Sie reichlich Wagemut, damit alle Beteiligten »hinterm Ofen hervorgelockt« werden. Das kann durch die angestrebte Führungsposition z. B. beim Share-of-wallet, Innovation, Key Supplier oder Wettbewerbsübertreffung – Toyota hatte lange »Beat Benz« als Vision – erreicht werden.

4.2.1.2 Werte

Werte sind zu verstehen als Vorstellungen oder **Leitlinien** für das Wünschbare, das Richtige und das Gute. Sie erfüllen eine **verhaltensbeeinflussende** und **-legitimierende Funktion** bei der Wahl von Zielen und Mitteln für das Handeln, sei es individuell oder in der Führungs- oder Kollegenbeziehung (Quelle: Wunderer: *Führung und Zusammenarbeit*).

Werte entstehen im Zeitverlauf und beschreiben Verhaltens-Leitplanken, die das Zusammenleben und -arbeiten in einem sozialen Gebilde wie einer Familie, einem Unternehmen oder einer Gesellschaft für alle Beteiligten so angenehm wie möglich gestalten. Werte sind Kern von Kultur, auch der Unternehmenskultur (vgl. Kulturzwiebel, Abbildung 29).

Werte wirken als Referenzpunkt, wenn Entscheidungen anstehen. Wenn z. B. ein Wert für Ihr Team »Offenheit« heißt, dann bedeutet das im Fall, dass Ihr eigenes Qualitätsmanagement eine Abweichung von der Soll-Spezifikation feststellt, dass Sie von sich aus die gelieferte Ware zurückholen und austauschen oder nachbessern. *Referenzpunkte*

Sofern Ihr Unternehmen Vision und Grundwerte definiert hat, besteht bereits ein Bezugsrahmen. Innerhalb dessen werden Sie sich bewegen müssen. Für Sie als Individuum, ebenso wie für die anderen Account-Team-Mitglieder, sollte ebenfalls Übereinstimmung zwischen den jeweiligen Wertvorstellungen bestehen.

Wenn Sie sich selber Klarheit über die Ihnen eigenen Werte verschaffen wollen, kann Ihnen folgende Übung helfen. Stellen Sie sich vor, in 10-15 Jahren feiern Sie einen runden Geburtstag. Alle Ihnen wichtigen Menschen kommen. Mehrere Ihnen besonders nahestehende Personen halten Reden auf Sie. Diese Reden stimmen Sie froh und stolz. Schreiben Sie nun auf, was die Redner sagen. Und dann schreiben Sie bei der Betrachtung Ihrer Notizen bestimmte Merkmale auf. Daraus können Sie Ihre Werte ableiten. *Individuelle und Unternehmenswerte müssen übereinstimmen*

Beispiele von Werten, die im Unternehmenskontext gebräuchlich sind, finden Sie auf den Websites. Eine Kurzauswahl von BASF, Henkel und Siemens folgt:

- Kreativität, Offenheit, Verantwortung, unternehmerisches Handeln;
- Kundenorientierung, Mitarbeiterwertschätzung, fordern & fördern;

- Wirtschaftlicher Erfolg, Nachhaltigkeit, Familienunternehmen;
- Verantwortung, Exzellenz, Innovation.

Werte- und Entwicklungsquadrat Ein wichtiges Konzept, welches auf Helwig und Schulz von Thun zurückgeht, ist das Werte- und Entwicklungsquadrat. Es geht von der Prämisse aus, dass »jeder Wert, jede Tugend [...] nur dann zu einer konstruktiven Wirkung gelangen kann, wenn er sich in ausgehaltener Spannung zu einem positiven Gegenwert, einer ›Schwestertugend‹ befindet. Statt von ausgehaltener Spannung lässt sich auch von Balance sprechen. Ohne diese Balance verkommt ein Wert zu seiner entwerteten Übertreibung« (http://www.schulz-von-thun.de).

Am weit verbreiteten Wert Kundenorientierung möchte ich das erläutern. Kundenorientierung war definiert worden, als die Erfassung und Analyse von Kundenwünschen und deren Umsetzung in Leistungen. Kundenorientierung ist der Anfang der Erfolgskette über Kunden-Zufriedenheit, Bindung zu Kundenwert. Angesichts der Bedeutung von Kundenorientierung entsteht schnell die Gefahr, dass sie zum Diktat des Kunden mutiert.

Balance Es braucht also einen Gegenwert. Als solchen betrachte ich die Gewinnorientierung. In einem Beratungsprojekt zum Thema Kundenorientierung war der Slogan: »Kundenorientierung JA, aber @ a **profit**!« Gewinnorientierung ihrerseits schlägt in Profitgier um, wenn sie nicht mit Kundenorientierung in Balance steht.

Entwicklungsrichtung Wenn nun ein Wert überbetont wird und in die nicht mehr nur positive Übertreibung abrutscht, dann brauchen sie zur Korrektur den Gegenwert. In der Grafik ist das als Entwicklungsrichtung dargestellt.

Die richtigen Paarungen zu finden verlangt etwas Übung. Ein Beispiel liefert Ihnen das Werte- und Entwicklungsquadrat in Abbildung 64.

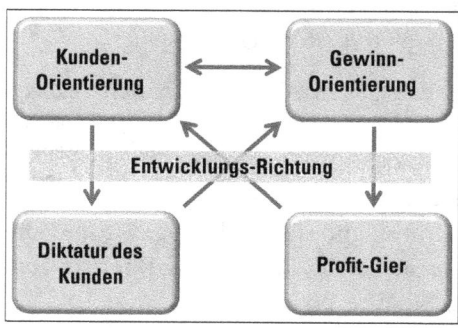

Abbildung 64: Werte- und Entwicklungsquadrat (nach Schulz von Thun) für den Wert Kundenorientierung

> **Praxistipp**
>
> Verschaffen Sie sich einen Einblick in die gelebten Werte bei Ihrem Key Account. Je mehr die den Ihren gleichen, desto einfacher und wirkungsvoller wird die Zusammenarbeit sein. Bei fundamentalen Differenzen empfiehlt sich die Anpassung der Leistungs- und Konditionengestaltung und kritisches Hinterfragen des KA-Status eines solchen Kunden.

4.2.2 Ziele

Zunächst sind Ziele für einen Key Account nicht isoliert, sondern im Zusammenhang mit den Zielen des Unternehmens, des gesamten Vertriebs und der Produktbereiche zu sehen (siehe Abbildung 65).

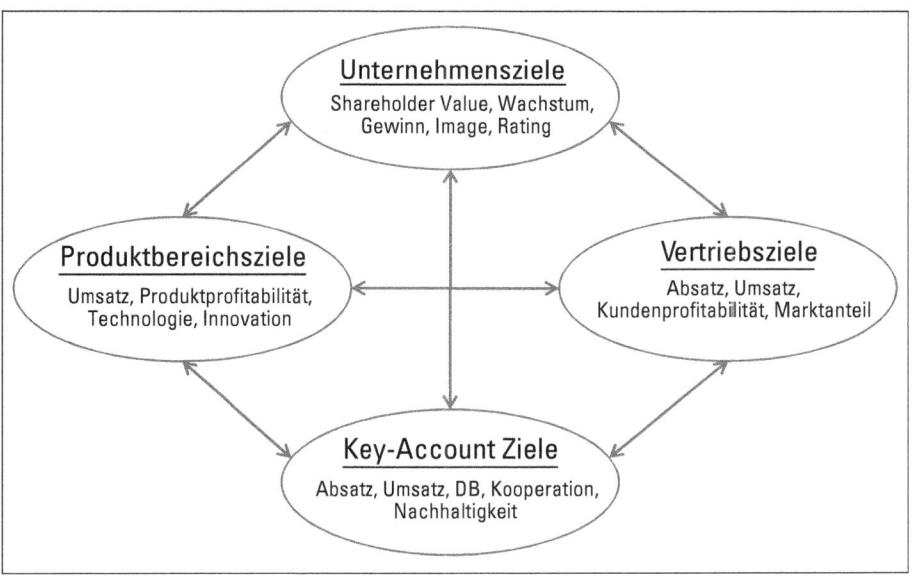

Abbildung 65: Zielsystem

Es bestehen jeweils unterschiedliche Schwerpunkte. Die Unternehmensziele haben eine höhere Abstraktionsebene und fokussieren auf Kapitalgeber und Öffentlichkeit. Produktbereiche stellen den Gewinn der Produkte voran, der Vertrieb den Gewinn pro Kunden. Beim Key Account bezieht sich Nachhaltigkeit auf das Win-win für Lieferant und Kunden. Die Pfeile zeigen, dass die Zielbereiche interdependent sind, d.h. dass Unternehmensziele auf die für den Key Account wirken und vice versa, Gleiches gilt für alle Zielbereiche.

Ziele dienen einerseits dazu, die angestrebten Geschäftsergebnisse beim Key Account – von Capon (Praxishandbuch KAM) als Leistungsziele bezeichnet – zu definieren, andererseits als Motivationsinstrument für das Team.

Leistungsziele

Capon nennt drei wichtige Aspekte von Leistungszielen:

1. **Mehrere Dimensionen:**
   In den seltensten Fällen enthalten die Ziele für einen Key Account nur Absatz- oder Umsatzziele. Daneben stehen meistens noch Wachstums- oder Lieferanteilsziele, oder auch Deckungsbeitrags oder Rentabilitätsziele. Diese Vielschichtigkeit nimmt zu, je mehr Produkte, Produktgruppen oder Unternehmensbereiche bei dem Schlüsselkunden abgesetzt werden.
2. **Konflikt zwischen Zielen:**
   Ein oft vorkommender Widerspruch besteht bei den Zielen Wachstum und Rentabilität. Wachstum wird nur auf zwei Wegen realisiert: zum einen, wenn der Kunde wächst und seine Lieferanten mit ihm, »der steigende Wasserstand hebt alle Schiffe«. Die Lieferanteile bleiben unverändert, in diesem Fall entsteht kein Zielkonflikt.
   Zum anderen verlangt Wachstum aus Verdrängung von Wettbewerbern nach einem Leistungsvorteil zu Ihren Gunsten, z. B. durch höhere Qualität, stärkeres Leistungsprofil, mehr Service, schnellere Lieferzeit oder niedrigen Preis. Das alles geht zu Lasten des Gewinns.

Prioritäten Damit ergibt sich für den Zielsetzungsprozess die Notwendigkeit, Prioritäten für im Widerspruch stehende Ziele zu setzen. Das kann bedeuten, dass niedriger priorisierte Ziele nicht, später oder mit weniger Aufwand verfolgt werden. Eine Chance den genannten Konflikt zu lösen besteht dann, wenn im angebotenen Leistungsportfolio sowohl Wachstums- als auch Gewinntreiber sich ergänzen. Sollte Letzteres nicht der Fall sein, empfehle ich, die nicht priorisierten Ziele für den zu planenden Zeitraum fallen zu lassen.

3. **Strategische und operative Dimension:**
   Diese Abgrenzung ist notwendig und sinnvoll, da sonst die Gefahr unklarer oder unangemessener Zielsetzungen besteht. *Strategische Ziele* geben die Richtung vor, in die Sie mit dem Key Account gehen wollen. Sie sind qualitativ und beziehen sich üblicherweise auf Dimensionen wie Lieferanteil, Wachstum und Gewinn.
   Operative Ziele sind quantitativ, folgen auf die strategischen und konkretisieren sie. Es sei hier erneut darauf hingewiesen, dass die Ziele realistisch, erreichbar und mit der Situationsanalyse vereinbar sein sollen. An dieser Stelle sei an die SMART-Regel erinnert.

Spannung im Zielvereinbarungsprozess Trotz dieser eingängigen Formel entstehen im Zielvereinbarungsprozess regelmäßig Meinungsverschiedenheiten über die Zielhöhe, gerade beim Umsatz. Hierüber werden zum Teil heftige Diskussionen geführt, da der Umsatz vielfach als eine Bezugsgröße in die Ermittlung des Mitarbeiter-Bonus eingeht. Je höher das Ziel gesteckt wird, desto schwieriger wird die Erreichung eines großen Bonus und desto geringer sind aus Unternehmenssicht die Personalkosten.

Im Interesse der Fairness und Mitarbeiterzufriedenheit ist also eine Zielhöhe zu suchen, die beide Interessen in Einklang bringt. Es hat sich bewährt, einen Zielkorridor zu definieren mit pessimistischem sowie optimistischem Szenario, außerdem die Einflussfaktoren und Wahrscheinlichkeiten für den Projekterfolg. So lässt sich eine Annäherung an ein »faires« Ziel erreichen. Dieses Vorgehen verlangt noch mehr Detailarbeit, insbesondere bei der Beschreibung der Annahmen. Diesen entsprechend lassen sich dann Zielkorridore und ein Ziel bilden wie im Beispiel, das in Tabelle 25 dargestellt ist.

Projekt	Pessimistisc	Optimistisch	Realistisch	Annahmen
Application Growth	50	80	65	Unklarheiten über Nutzerverhalten, mittlere Unsicherheit
Project AP	0	20	10	Junges Projekt, eventuell erst im Folgejahr
Project Europe	10	14	12	Weit fortgeschritten, 20% Volumenvarianz je nach Marktakzeptanz
Project US	55	70	65	Solide MaFo-Daten, Unsicherheit unter 10%
New Applications	10	50	10	Verschiedene Anwendungen noch nicht im Anwendungstest bestätigt, hohe Unsicherheit

Tabelle 25: Zielkorridore und Ziele

Die Handhabung des Zielvereinbarungsprozesses hat bedeutenden Einfluss auf die Motivation der KA-Team-Mitglieder. Motivation entsteht laut Motivationstheorie »durch die Formulierung herausfordernder Ziele für die einzelnen Organisationsmitglieder und die Möglichkeit, diese Ziele weitgehend selbständig realisieren zu können« (Schreyögg/Koch 2007, S. 341).

Ziele als Motivator

Dort heißt es weiter, dass anspruchsvolle Ziel innerhalb einer fordernden Aufgabe »erstrebenswerte Zustände« (ebda.) sind, die das Verhalten steuern und zwar durch drei Dimensionen:

1. **Intensität:** bezeichnet die Wichtigkeit, die eine Person dem Ziel beimisst. Es hat sich herausgestellt, dass Ziele umso intensiver das Verhalten bestimmen, je wichtiger sie von der handelnden Person wahrgenommen werden.
2. **Zielinhalt:** Hierunter wird die Schwierigkeit verstanden, die es zur Zielerreichung braucht. Dabei gilt, dass ein herausforderndes, gleichzeitig nicht unrealistisches Ziel am ehesten zur Motivation geeignet ist.

3. **Anstrengungszeitraum:** Ein Ziel, welches noch nicht erreicht ist, jedoch als wichtig und herausfordernd erachtet wird, hält das Aktivitätslevel so lange hoch, bis es realisiert ist.

Schritte der Selbstregulierung

Die KA-Teamzusammensetzung und -Standorte machen die Führung des Teams besonders anspruchsvoll. Ziele sind die Klammer, die das Team zusammenhält und in die gleiche Richtung bewegt. Dabei hilft der in der Motivationstheorie bekannte Selbstregulierungsprozess, der drei Komponenten hat:

1. **Selbstbeobachtung:** das Bestreben zu wissen, wie weit meine ergriffenen Aktivitäten mich auf dem Weg zum Ziel gebracht haben. Untersuchungen haben ergeben, dass die Möglichkeit, sich selbst regelmäßiges Feedback über den Fortschritt einzuholen, die Motivation deutlich erhöht. In einem meiner Jobs veranstaltete mein Chef alle sechs Wochen ein »Progress Review Meeting« (= Fortschritts-Revisions- Besprechung) aus diesem Grunde.
2. **Selbstbeurteilung:** Soll-/Ist-Vergleich, d.h. was sollte/wollte ich erreichen und was habe ich tatsächlich erreicht.
3. **Korrekturmaßnahmen:** Wenn a) und b) eine negative Abweichung vom Soll ergeben haben, sind Maßnahmen zum Schließen der Lücke einzuleiten. Die Herausforderung ist nun, dass für die Realisierung des schon vorher ambitionierten Zieles weniger Zeit bleibt – sofern das Ziel SMART definiert war – und damit noch anspruchsvoller wird. Hier ist der Key Account Manager besonders gefordert, eine Lösung herbeizuführen. Zielabweichungen sind in jedem Fall eine Chance zum Dazulernen.

Ziele als Motivatoren sind besonders dann ein hilfreiches Führungsinstrument, wenn die Teammitglieder sie nach den drei Dimensionen für sich übernehmen und dann die nötige Eigenverantwortung für den Selbstregulierungsprozess mitbringen.

> **Praxistipp**
>
> Die Potentialermittlung hat Ihnen geliefert, was Sie nun als »PS auf die Straße bringen« können. Nutzen Sie dafür zugkräftige und präzise formulierte Ziele. Vereinbaren Sie diese in einem wirkungsvollen Zielvereinbarungsprozess sowohl mit Ihrem Management als auch dem KA-Team!

4.2.3 Strategie

Die Strategie dient der Umsetzung der Ziele für die Bearbeitung des Key Accounts. So wie viele Wege nach Rom führen, so gibt es auch viele Wege, die zum Ziel führen. Diese werden im vorliegenden Kapitel erläutert.

4.2.3.1 Strategieoptionen

Mit der Ausnahme von gemeinnützigen Organisationen verfolgen Unternehmen Gewinnerzielungsabsichten. Um den Gewinn, der mit Key Accounts erzielt wird, zu optimieren, gibt es zwei Stoßrichtungen:

Gewinnerzielungs-Absicht

- Umsatz steigern oder halten,
- Rentabilität des Geschäftes mit dem KA verbessern.

Umsatz steigern oder halten

Eine sehr eingängige Systematik dafür hat Ansoff entwickelt. Harry Igor Ansoff (1918–2002) war ein amerikanischer Ingenieur, Mathematiker und Naturwissenschaftler mit russischen Wurzeln, der als Begründer des strategischen Managements gilt. Die nach ihm benannte Ansoff-Matrix dient noch immer zur Veranschaulichung strategischer Optionen.

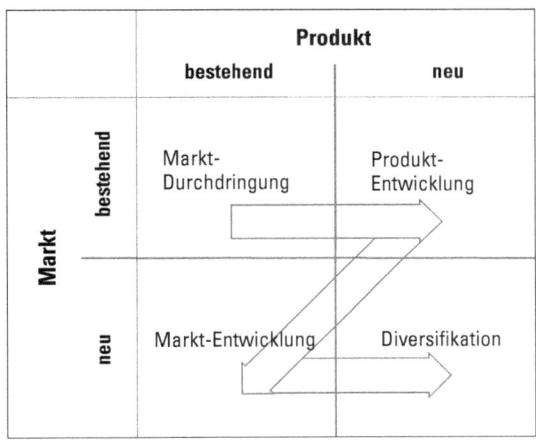

Abbildung 66: Produkt-/Markt-Matrix nach Ansoff

Diese Matrix ist auch als Z-Matrix bekannt, wobei das »Z« die empfohlene Reihenfolge der Anwendung der Möglichkeiten abbildet. Das Vorgehen im Einzelnen:

1. **Marktdurchdringungs-Strategie:** Diese Strategie gibt es in einer Ausprägung als »Marktverteidigung«, wenn der erreichte Marktanteil bzw. Lieferanteil beim Schlüsselkunden sehr hoch ist und eine weitere Steigerung unverhältnismäßig großen Aufwand verlangen würde. Auch knappe Ressourcen und eine als unangefochten wahrgenommene Marktposition sprechen für die Verfolgung dieser Handlungsoption.
Eine aktivere Form dieser Strategie ist der Erhöhung des Lieferanteiles. Das richtet sich direkt gegen den/die Wettbewerber. Um diese/n zurück zu drängen, müssen Sie Ihrem Kunden in irgendeiner Form mehr Nutzen bieten:

Existierende Produkte in existierenden Märkten

- günstigerer Preis,
- mehr Rabatte und Boni,
- bessere Liefer- und Zahlungsbedingungen,
- besseres Beziehungs-Management.

Es ist offensichtlich, dass diese Vorgehensweise zu Lasten des Ergebnisses geht. Eine noch weitergehende Variante steht Ihnen zur Verfügung, wenn Sie gemeinsam mit dem Key Account für eine Erhöhung seines Marktanteils oder sogar für Wachstum seines Marktes sorgen. Dafür bieten sich gemeinsame Marketingaktivitäten z. B. durch Werbung und Promotion oder auf Messen und Kongressen, an. Auch hierfür benötigen Sie entsprechende Ressourcen.

2. **Produktentwicklungs-Strategie:** Diese auch als Markterweiterungs-Strategie bezeichnete Spielart stellt auf Zusatz- oder Mehrwert durch neue Dienstleistungen, Produkte, Produkteigenschaften oder ergänzende Services für den Key Account ab. Dabei ist nicht ausgeschlossen, dass andere Kunden später auch in den Genuss der neuen Produkte kommen. Wird eine bestehende Leistung für spezifische Anforderungen eines Schlüsselkunden, eines Segmentes oder einer Region angepasst, spricht man von Differenzierung.

Neue Produkte in existierenden Märkten

Ein Beispiel aus eigener Erfahrung: Im amerikanischen Markt für Nahrungsergänzungsmittel entstand eine neue Produktkategorie, die außerhalb der ärztlichen Verschreibungspflicht einen Gesundheitsnutzen versprach. In USA wird dieser Markt anders geregelt und soll den Konsumenten ermöglichen, selbst Vorsorge zu betreiben. Es war uns gelungen, in einer Tochtergesellschaft der BASF eine geeignete Substanz zu finden. Nach entsprechender Vorbereitung für die Marktreife wurden drei Key Accounts ausgesucht, die für jeweils drei Jahre einen Vertriebskanal exklusiv bedienen sollten. So war sichergestellt, dass die Partner die Investitionen der Markteinführung, vor allem Kommunikationsaufwendungen, zurückgewinnen und anschließend attraktive Gewinne machen würden. Das Konzept ist aufgegangen. Bereits im ersten Jahr bescherte das neue Produktes der Business Unit eine Umsatzsteigerung von ca. 30 %! Der Industrieverband kürte dies als die beste Produktneueinführung des Jahres. Das Produkt heißt SAMe.

3. **Marktentwicklungs-Strategie** (auch Markterschließungs-Strategie): In dieser Strategie-Variante suchen Sie für bestehende Produkte neue Märkte und Anwendungen. Sowohl auf Unternehmensebene als auch im Key Account Management ist die Internationalisierung eine weit verbreitete Möglichkeit. Wenn Ihr Key Account ein großes Unternehmen ist, gibt es möglicherweise Abteilungen, die Ihr Produkt auch einsetzen können, zu denen aber bisher kein Kontakt besteht. Eine weitere Chance – und auch ein Risiko – besteht, wenn Ihr Key Account durch Mergers oder Akquisitionen neue Aktivitäten mit zusätzlichem Bedarf für Ihr Produkt erwirbt.

Existierende Produkte in neuen Märkten

Wenn Sie nicht schon früher diesen Bedarf bedient haben, kommt es jetzt darauf an, ob das Buying Center Ihres Key Accounts der stärkere Part in der neuen Konstellation ist und/oder wie die Lieferantenbewertung beider Seiten vorher war. M&A-Aktivitäten bei Ihren Kunden verdienen immer besondere Aufmerksamkeit, damit Sie zum einen die Chance nicht verpassen, zum anderen die Risiken im Auge behalten.

Folgendes Beispiel illustriert die Marktentwicklungs-Strategie, die zu einer echten Innovation führte: Rockwool stellt Steinwolle zur brandsicheren Isolierung her. Die Isolierung entsteht durch Matten aus geschmolzenem Stein, welcher erst zu Fasern versponnen und dann zu Matten verbunden wird. Zwischen den Fasern der Matten befinden sich Lufträume, welche die Isolierung bewirken.

Ein Mitarbeiter entdeckte zufällig, dass diese Matten sich auch als Boden für Pflanzen eigneten. Durch die Zwischenräume konnte die Versorgung mit Wasser und Nährstoffen vorgenommen werden. Damit war der Grundstein für die heutige Gemüseproduktion in Gewächshäusern gelegt. Es werden um ein Vielfaches höhere Erträge erzielt als im Anbau unter freiem Himmel.

Die Marktentwicklung braucht typischerweise höhere Ressourcen als die Produktentwicklung, die auf existierenden Produkten und vorhandenem Knowhow aufbaut. Der Eintritt in einen neuen Markt verlangt nach Marktkenntnissen, Kontakten, Absatzkanälen, Logistik, Finanzierung und ist damit deutlich anspruchsvoller und riskanter. Wal-Mart hat das in Deutschland erleben müssen. Was in USA exzellent funktioniert, war Käufern und Lieferanten hier nicht zu vermitteln. Nach enormen Verlusten – die Rede ist von über 100 Millionen Euro – zog man sich zurück.

4. **Diversifikation:** Hier wird völliges Neuland betreten: neue Produkte und neue Märkte. Leicht nachvollziehbar geht man hier das höchste Risiko im Vergleich zu den anderen Strategien ein. Dementsprechend ist diese Strategie seltener anzutreffen. Als Beispiele dienen der Investitionsgüterhersteller Preussag, der in die Kosmetikindustrie investierte. Mannesmann war erfolgreich mit Mobilfunk, heute Vodafone.   *Neue Produkte in neuen Märkten*

Ein solches Vorgehen erfordert sehr viele Ressourcen, ein vielbeschrittener Weg führt über Unternehmenskäufe. Das ist zwar noch aufwendiger, spart aber Zeit. Im Key Account Management kann Ihnen diese Variante begegnen, wenn entweder Ihr Unternehmen oder der Kunde diversifizieren. Im ersten Fall haben Sie die Chance, die neuen Produkte beim Account zu positionieren. Im anderen Fall stellt sich die Frage, ob Sie in die sich neu ergebenden Chancen investieren wollen.

Diese vier Optionen stecken den Rahmen ab, wenn Sie Ihren Umsatz halten oder ausbauen wollen.

> **Praxistipp**
>
> Nutzen Sie Methoden des Risikomanagements und CLV-Analyse, um die verschiedenen Ansätze zu bewerten.

Rentabilität des Geschäftes mit dem Key Accounts erhöhen

Die Ansatzpunkte für diese Stossrichtung der Gewinnoptimierung sind:

- Preiserhöhungen
- Sortimentsverbesserung
- Kostensenkung

1. Preiserhöhung

    Als Tankstellenkunde erlebe ich regelmäßig, wie schnell und einfach Preiserhöhungen zu realisieren sind. Bei Ihrem Key Account dürfte Ihnen das schwerer fallen, es sei denn, Sie haben Preisgleitklauseln in Abhängigkeit von Rohstoffen oder Währungen vereinbart. Dann fangen diese Preisanpassungen aber nur die Ihnen entstandenen Mehrkosten auf, die Rentabilität bleibt konstant.

    Gewinnzuwachs

    Ansonsten sind Preiserhöhungen akzeptabel, wenn Sie Zusatznutzen bieten. Der entsteht entweder durch Produkt- oder Serviceverbesserung, wofür natürlich auch zusätzliche Kosten anfallen. Erst wenn die Preiserhöhung den Kostenzuwachs übersteigt, verbessert sich Ihre Rentabilität.

2. Sortimentsverbesserung

    Vorausgesetzt Sie verstehen die Bedürfnisse Ihres Schlüsselkunden gut genug, gelingt es Ihnen möglicherweise, aus Ihrem Sortiment höherwertige bzw. rentablere Leistungen anzubieten. Dann erhöht sich selbst bei gleichem Liefervolumen Ihr Ergebnis. Diese Variante ist auch als Up-Selling bekannt – wobei »up« sich auf den Preis bezieht, was nicht unbedingt auch höhere Rentabilität bedeutet – und verlangt außer der Kenntnis und Verhandlungsgeschick keine Ressourcen.

    Up-Selling

3. Kostensenkung

    In der direkten Zuständigkeit für den Key Account entstehen variable Kosten wie variable Produktkosten und Frachtkosten, daneben fixe Kosten wie Personalkosten, z. B. für den Key Account Manager, Betreuungskosten, Service, Verwaltungskostenumlage. Diese Kosten zu kontrollieren liegt im direkten Zuständigkeitsbereich des Key Account Teams.

    Kosten, direkt zurechenbar und auf Unternehmensebene

    Daneben hat die Geschäftstätigkeit mit dem Kunden auch Auswirkungen auf die Kostenposition des gesamten Unternehmens. Schlüsselkunden sind ex definitione wichtig und groß und nehmen einen erheblichen Teil der erzeugten Waren auf. Sinkt oder steigt die abgenommene Menge, steigen oder sinken die Kosten pro Stück. Dies sind die **Economies of Scale** (= Skaleneffekte). Je größer die auf existierenden Anlagen produzierte

Menge, desto breiter verteilen sich die Fixkosten wie Abschreibung, Wartung etc. und umso weniger belasten sie das einzelne Stück.

Weitere Kostensenkungspotentiale entstehen durch:
- **Economies of Learning** (= Lerneffekte). Durch das wiederholte Ausführen einer Aufgabe lernt man, sie leichter und schneller zu erledigen.
- Verbundeffekte = **Economies of Score**, lassen sich erzielen, wenn unterschiedliche Leistungen auf die gleiche Infrastruktur wie Anlagen, Logistik, Vertriebswege etc. zugreifen können. Paradebeispiel dafür ist die BASF, die mit ihren Verbundstandorten in aller Welt einen signifikanten Kostenvorteil realisiert.
- **Economies of Speed** wirken, indem schnellere Prozesse geringere Kosten verursachen. So erspart die Just-in-time-Belieferung die Lagerhaltung beim Kunden.
- **Economies of Quality** sind zu nennen. Wenn die Leistungserstellung gleich im ersten Durchgang fehlerfrei funktioniert, entfallen kostenintensive Nacharbeiten und Reklamationen.
- **Economies of Planning** ermöglichen größere Losgrößen, geringere Lagerbestände an Vor- und Endprodukte sowie deren Folgekosten, optimierte Lieferlogistik.

Direkt zurechenbare Investitionskosten – F&E-Investitionen sind nicht hier sondern bei der Produktentwicklung unterstellt – beziehen sich auf Lagerhaltung und Außenstände. Erstere lassen sich durch Prozessverbesserungen reduzieren, Letztere durch die Verfolgung der Lieferbedingungen, d.h. der Zahlungstermine.

Direkt zurechenbare Investitionen

Mit diesen Optionen stehen Ihnen mehrere Vorgehensweisen für die Erhöhung des Gewinns aus dem Key Account Geschäft zur Verfügung. Die detaillierte Unterlegung erfolgt in den Maßnahmen.

Wettbewerberreaktionen

Im Wettbewerb um den Erfolg beim Schlüsselkunden stehen wir natürlich nicht allein. Jede unserer Maßnahmen hat potentielle Auswirkungen auf die Position der Konkurrenten bei dem Kunden. Je nach Intensität der Folgen und des zu erwartenden Reaktionsmusters können wir mit Rückwirkungen auf uns rechnen.

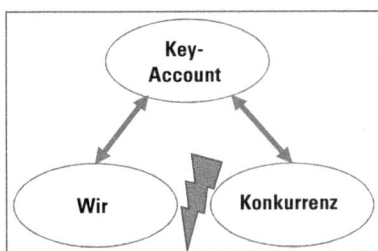

Abbildung 67: Marktakteure und ihr Zusammenwirken

Auch die Art der Aktion bestimmt die Reaktion. So sind Preissenkungen besonders leicht feststellbar und bewirken eine unmittelbare Kostenreduktion beim Kunden. Da sie von der Konkurrenz schnell begleitet werden können, bieten sie nur kurzfristige Vorteile und sind zudem schwer durch Preiserhöhungen auszugleichen. Dieses Instrument ist daher mit äußerster Vorsicht einzusetzen.

Rolle des Key Accounts Der Key Account selbst übt seinerseits Einfluss auf die Geschehnisse aus. Es liegt in seinem Interesse, Mehrwert zum gleichen Preis oder den gleichen Wert zum niedrigeren Preis zu kaufen. Deshalb werden die Wettbewerber seitens des Key Accounts zu entsprechenden Maßnahmen ermuntert.

Es kann aber auch die Situation vorliegen, dass zwischen Key Account und Key Supplier die Beziehung, der Service, die Zusammenarbeit bei F&E oder in Gremien oder Verbänden, die Integration von Prozessen oder Funktionen soweit entwickelt sind, dass eine einzelne Maßnahme eines der Konkurrenten das nicht aufwiegt. Dann läuft die Aktion ins Leere, der bevorzugte Lieferant wird womöglich direkt über den Vorstoß unterrichtet.

Für Ihre Strategiefestlegung brauchen Sie also eine Einschätzung der Dynamik zwischen dem Kunden, den Wettbewerbern und Ihnen. Die Reaktionsmuster lassen sich in vier Intensitäten darstellen:

- *Entspannter Wettbewerber*: Er fühlt sich in seinem Verhältnis zum Kunden sicher, lässt Sie gewähren und schlägt nicht zurück.
- *Selektiver Wettbewerber*: Er reagiert nicht auf alles, sondern nur auf bestimmte Maßnahmen Ihrerseits. Greifen Sie ihn auf einem Gebiet an, welches den handelnden Personen besonders am Herzen liegt, oder wo eine Kernkompetenz liegt oder wo überdurchschnittliche Gewinne erzielt werden, dann kommt es zur Gegenwehr.
- *Zufälliger Wettbewerber*: Dieser Konkurrent ist nicht vorhersehbar. Reaktionen auf Maßnahmen seiner Wettbewerber sind unvorhersehbar, er entscheidet je nach Situation.
- *Tiger-Wettbewerber*: Er reagiert schnell und heftig. Damit dokumentiert er unmissverständlich, dass er keinen Angriff auf seine Position zulassen wird. Wenn Sie mit ihm »in den Ring steigen« wollen, sollten Sie ausreichend Feuerkraft und ein gutes Verständnis über die Ressourcenausstattung des Tigers haben.

Jede Strategie muss die Wirkungen auf den Wettbewerb einbeziehen So wie Sie sich Gedanken über die Konkurrenten-Reaktionen auf *Ihre* Strategie machen, so gehören auch Überlegungen über Ihre Reaktion auf *deren* Strategie in Ihr Konzept. Da Sie Ihre Wettbewerber analysiert und die Erfüllungsgrade bezüglich der Kundenerwartungen ermittelt haben, können Sie Hypothesen bilden, welche Schritte er unternehmen wird. Das erlaubt Ihnen, Ihre Gegenmaßnahme vorwegzunehmen. Außerdem sollten Sie Vorstellungen entwickeln, welche Aktionen der Konkurrenz für Sie nicht akzeptabel sind und wie Sie darauf antworten wollen. Die Abbildung 68 fasst alle Aspekte zusammen.

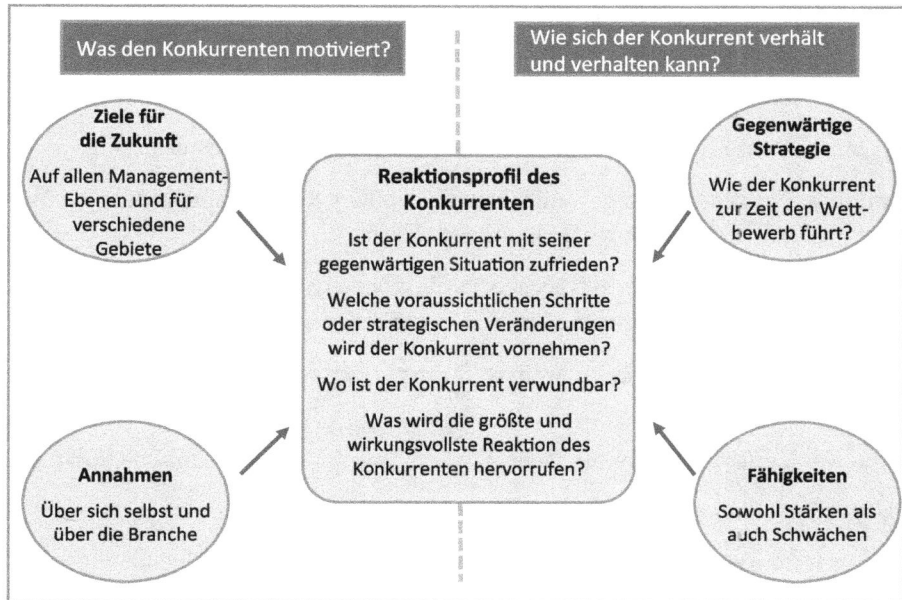

Abbildung 68: Konkurrenzanalyse (Paul)

Praxistipp

Zielgenauigkeit und Wirkung Ihrer Strategien hängen entscheidend von Ihrem umfassenden Kundenverständnis ab. Jede Aktivität, die Sie diesem Zweck widmen, stärkt Ihre Position absolut und im Vergleich zum Wettbewerb und bringt einen hohen ROI!

Praxistipp

Die Kenntnis des Key Account Managers des Wettbewerbs kann Ihnen Aufschluss über zu erwartende Reaktionen auf Ihre Maßnahmen geben. Nutzen Sie also Messen, Konferenzen, Industriegremien, soziale Medien, um sich ein Bild zu machen und Hypothesen über mögliche Verhaltensmuster zu bilden.

4.2.4 Maßnahmen

Auf Ziel- und Strategiefestlegung folgt die Umsetzung in Form konkreter Aufgaben. Dafür stehen Ihnen jeweils verschiedene Optionen zur Verfügung. Diese sind zu bewerten, um bestmögliche Effektivität und Effizienz zu erreichen.

4.2.4.1 Handlungsoptionen

Bei einem bestehenden Produkt in einem bestehenden Markt liegt die Strategie Marktdurchdringung nahe. Dafür haben Sie verschiedene Optionen:

Option 1: Preise und Konditionen für den Key Account verbessern.

Option 2: Nutzenvorteile gegenüber ausgewähltem Konkurrenzprodukt herausarbeiten und intensiv kommunizieren.

Option 3: Präferenzen für das eigene Produkt erzeugen, indem die persönlichen Beziehungen intensiviert und verbessert werden.

Wird Produktentwicklung als weitere Strategie betrachtet, ergeben sich weitere Optionen:

Option 4: zusätzliche Serviceangebote, wie z. B. anwendungstechnische Beratung.

Option 5: Produktverbesserung, zusätzliche Leistungsmerkmale.

Eine Marktentwicklungsstrategie lässt sich beispielhaft durch folgende Optionen realisieren:

Option 6: Akquisitionskampagne bei Tochtergesellschaften, Kontaktaufbau, Bedarfsermittlung, Produktpräsentation.

Option 7: Suche nach einem Distributionspartner, der bereits bei dem Unternehmen präsent ist.

Option 8: Marketingkooperation mit den internationalen Tochtergesellschaften des Key Accounts.

Der Diversifikation kann folgende Option dienen:

Option 9: Akquisition eines Wettbewerbers, der mit zusätzlichen Leistungen und in weiteren Märkten eine starke Position beim Kunden hat.

Welche der Optionen am Ende zum Tragen kommt, hängt von den Bewertungskriterien ab.

Bewertungskriterien

Die Anzahl der Szenarien lässt sich mit etwas Kreativität sehr vielfältig gestalten. Während dieses Prozesses ist es *nicht* angeraten, Ideen vorzuselektieren oder gleich abzulehnen, damit scheiden möglicherweise erfolgversprechende Konzepte aus. Am Ende dieser Phase gilt es jedoch, die Szenarien auszuwählen, die am besten der Zielerreichung dienen.

Die folgenden fünf Kriterien dienen der Bewertung der Optionen:

- **Machbarkeit**: Ist die Umsetzung der Option mit der gegebenen Ausstattung an Technologie und Mitarbeiterkompetenz möglich? Wenn nicht, wie leicht fällt die Beschaffung oder der Aufbau der fehlenden Elemente?
- **Wirksamkeit**: Wie groß ist die Wahrscheinlichkeit, dass die Option tatsächlich zum Ziel führt?
- **Kosten**: Wie hoch sind die Kosten, welche durch die Option verursacht werden?
- **Schnelligkeit**: Wie schnell lassen sich die Maßnahmen umsetzen, wie schnell entfalten sie danach ihre Wirkung?
- **Vereinbarkeit**: Passt die Option zu der Vision und den Grundwerten des Unternehmens?

Die Bewertung erfolgt durch Punktevergabe, 5 Punkte für voll erfüllt, 1 für sehr wenig erfüllt. Nach der Punktevergabe bilden Sie die Summe, die Option mit dem höchsten Punktwert erhält die höchste Präferenz.

Option	Machbarkeit	Wirksamkeit	Kosten	Schnelligkeit	Vereinbarkeit	Summe	Präferenz
1: Preise und Konditionen für den Key Account verbessern	Leicht machbar, DB ausreichend, bis zu 3 % genehmigt → 5 Pkte	Wbw. wird in kurzer Zeit nachziehen → 1 Pkt	Wird komplett ergebniswirksam, aufgrund Wbw. nur geringes Wachstum → 2 Pkte	Kann sofort mitgeteilt werden → 5 Pkte	Hilft nicht Gewinnziel des Untem. zu err. → 2 Pkte	15	2
2: Nutzenvorteile gegenüber ausgewähltem Konkurrenzprodukt herausarbeiten und intensiv kommunizieren	Unser Angebot hat starke USPs, die lt. MaFo vom Kunden geschätzt werden → 5 Pkte	Bei guter Präsentation vor Anwendern und F&E großer Hebel, Zugang schwierig → 3Pkte	Daten sammeln, verdichten Präsentation und Versuch erstellen → 4 Pkte	Vorbereitung 2 Monate, dann Termine Insg. 3 Mon. → 3 Pkte	Unterstützt unseren Grundwert Kunden-Orientierung → 5 Pkte	20	1

Tabelle 26: Bewertungsbeispiel für die Optionen 1 und 2

Nach diesem Verfahren entscheiden Sie über die Präferenzfolge aller Ihrer Szenarien. Nicht alle werden umgesetzt werden können. Deshalb werden Sie vom Ende der Liste beginnend einige Szenarien eliminieren. Wenn bei der Bewertung 1 Punkt vergeben wird, z. B. bei astronomischen Kosten oder völliger Unvereinbarkeit mit den Unternehmenswerten, sollten Sie die Option eventuell gleich verwerfen.

Präferenzfolge und Ausschlusskriterien

> **Praxistipp**
>
> Eine Option kann aus einer einzelnen oder aus einer Reihe von Handlungen oder Schritten bestehen. Die Beschreibung muss so eindeutig sein, dass der Key Account-Manager das ganze Paket sinnvoll zuordnen und der Ausführende die Verantwortung für die Ausführung übernehmen kann.

4.2.4.2 Leistungsgestaltung

Die Gestaltung von Leistungen und Leistungspaketen ist ein »Spielfeld«, welches im Key Account Management besondere Bedeutung hat. Diese Bedeutung beruht auf der Qualität des Schlüsselkunden einerseits und dem angestrebten Ergebnisbeitrag andererseits.

Begrifflichkeiten

Angesichts der Tatsache, dass die genannten Begriffe häufig unreflektiert verwendet werden, erscheint Klarheit darüber angeraten.

Nutzen

Nutzen wird allgemein als die Fähigkeit eines Produktes oder einer Dienstleistung verstanden, physische oder psychische Bedürfnisse einer Person zu befriedigen.

In der Nutzentheorie wird vom ökonomisch handelnden Menschen – dem homo oeconomicus – ausgegangen, der rational und unter Sicherheit entscheidet, d. h. bei Vorliegen vollständiger Information wird bewusst, unbeeinflusst und mit dem Ziel der Nutzenmaximierung entschieden.

Mangelbedarf
Nutzen

Bevor es überhaupt zur Nutzenentfaltung kommen kann, muss die Person bzw. der Kunde einen Mangel erleben, Bedarf entsteht. Er trifft dann eine Entscheidung, ob gehandelt und der Mangel abgestellt werden soll oder nicht. In die Entscheidung fließt auch die Betrachtung der zu erbringenden Gegenleistung ein. Nach Berücksichtigung des Preises entsteht ein Gesamt- oder Nettonutzen. Dieser bestimmt die Kaufentscheidung.

Beispiel: Sie stellen fest, dass Ihre Englisch-Kenntnisse für die Bearbeitung internationaler Key Accounts nicht ausreichen. Ein Mangel liegt vor. Es entsteht Ihnen das Bedürfnis, Ihre Sprachkenntnisse zu verbessern. Sie definieren Ihren Bedarf, nämlich nach einem Sprachkurs. Sie suchen nach Möglichkeiten und finden verschiedene Angebote.

Aus angebotenen Leistungen, Reputation des Sprachinstituts, Referenzen, Preis etc. bilden Sie eine Präferenzordnung und verfolgen zunächst die Ihnen am attraktivsten erscheinende Option. Je nach der Wichtigkeit, die Sie den einzelnen Kriterien beimessen, kann möglicherweise ein teures Angebot für Sie geeigneter sein als das billigste. Es besteht aber auch die Möglichkeit, keinen Kurs zu belegen und das Geld zu sparen oder für die Befriedigung anderer Bedürfnisse auszugeben.

In der englischen Literatur findet sich das Thema Nutzen unter dem Begriff »Value-to-Customer«. Zu dessen Bestimmung wird jede Eigenschaft eines Produktes herangezogen, die für den Käufer Nutzen stiftet. Die Marktforschung stellt vielfältige Untersuchungsmethoden zur Verfügung, um den Kundennutzen wertmäßig zu erfassen. *Value to Customer*

Nutzenkategorien sind z. B. Kosteneinsparungen. Simon/von der Gathen (*Handbuch der Strategieinstrumente*) illustrieren das am Beispiel einer Energiesparlampe. »Eine Energiesparlampe von 13 W elektrischer Leistung erzeugt die gleiche Helligkeit wie eine gewöhnliche Glühbirne von 60 W Leistung. Ihre Lebensdauer ist mit 8000 h achtmal so lang wie die Lebensdauer einer Glühbirne. Im Laufe ihrer Lebensdauer erspart die Energiesparlampe also zum einen den Kauf von acht Glühbirnen à 75 Cent, d. h. 6 Euro. Der geringere Energieverbrauch führt darüber hinaus zu Einsparungen von (60 W – 13 W) × 8000h = 376 kWh à 15 Cent, d. h. 56 Euro. Insgesamt erbringt die Energiesparlampe im Laufe ihrer Lebensdauer im Vergleich zur Verwendung normaler Glühbirnen also eine […] Einsparung von 62 Euro, was ihrem Wert für den Käufer entspricht.« (Simon/von der Gathen 2002, S. 262) *Nutzenkategorien*

Eine andere Nutzenkategorie sind Ertragssteigerungen. Im Pflanzenschutzgeschäft ließ sich folgende Berechnung anstellen: Für jeden Hektar wurde eine bestimmte Aufwandmenge z. B. eines Unkrautbekämpfungsmittels benötigt. Aus vorher durchgeführten Anwendungsversuchen war bekannt, welche Ertragssteigerung (in kg/Hektar) damit zu erzielen war. Der zusätzliche Ertrag lässt sich ermitteln aufgrund der üblichen Kilo-Preise für Gerste, Mais, Raps etc. So ergibt sich auch hier ein wertmäßiger Nutzen, der für die Preisfindung herangezogen wird.

Der Nutzen wird gegliedert in Grund- und Zusatznutzen. Der Grundnutzen wird durch die Kernleistung erreicht, Zusatznutzen entsteht durch zusätzliche Eigenschaften wie Service, Marke etc. *Grund- und Zusatznutzen*

Je mehr Leistungen sich in ihrem Grundnutzen gleichen, desto stärker treten Eigenschaften in den Vordergrund, die Zusatznutzen bzw. Mehrwert (s. u.) bieten. Sie erlauben den Anbietern, Ihre Leistung zu differenzieren, um Alleinstellungsmerkmale zu erzielen.

Mehrwert

Mehrwert bezeichnet – »extra« – Eigenschaften eines Produkt- oder eines Dienstleistungspaketes, die über die üblichen Erwartungen hinausgehen und somit »mehr« leisten. Mehrwert für den Kunden entsteht, wenn zusätzlicher Nutzen von ihm als wertvoll erachtet wird.

Der Mehrwert wird entweder durch zusätzliche Eigenschaften des Produktes selbst geboten oder durch begleitende Leistungen bzw. Services. So werden z. B. Käufer von erklärungsbedürftigen Produkten mit anwendungstechnischer Beratung unterstützt, damit die sichere und beabsichtige Nutzung erreicht werden kann.

Mehrwert zu erzeugen, wird in sogenannten Mehrwertstrategien umgesetzt. Sie verfolgt drei Zielsetzungen:

- Kundenbindung,
- Differenzierung vom Wettbewerb, d. h. Schaffung von USPs,
- Vermeidung von reinem Preiswettbewerb.

Mehrwert zu schaffen ist Ausdruck des Bestrebens, den Kunden erfolgreicher zu machen.

Diese drei Elemente sind sehr eng miteinander verwoben. Ausgangspunkt sind auch hier die detaillierten Kenntnisse der Kundenerwartungen. Nur wenn bekannt ist, welche Leistungscharakteristika Ihr Key Account als Mehrwert betrachtet, werden Sie die genannten Ziele erreichen.

Idealerweise bieten Sie allen maßgeblichen Personen des Buying Centers Mehrwert, welcher jeweils als solcher wahrgenommenen wird. Mehrwert kann in folgenden Kategorien entstehen:

- Mehrwerte durch Zugang zu neuen Märkten, Anwendungen, Kunden,
- Mehrwerte durch Zusatzpotentiale in bestehenden Geschäftsfelder,
- Mehrwerte durch schnellere und/oder kostengünstigere Prozesse,
- Mehrwerte durch die Kompetenz der beteiligten Personen beim Anbieter.

Leistung

Leistung bedeutet die Realisierung der von einem Unternehmen angebotenen Produkte, Dienste und begleitenden Services. In der Literatur finden sich außerdem folgende Begriffe:

- Leistungspakete: vornehmlich im B2B-Geschäft anzutreffende kundenindividuelle Kombination aus verschiedenen Einzelleistungen.
- Leistungsgestaltung: die präzise Bestimmung dessen, was der Kunde will und die konzeptionelle Umsetzung in eine einzelne Leistung oder ein Leistungspaket.
- Leistungsrealisierung: die Herstellung und Lieferung.
- Leistungserbringung: die tatsächliche Lieferung und Anwendung eines Produktes oder die Ausführung einer Dienstleistung.
- Leistungsindividualisierung: spezifische Leistungsgestaltung für einen individuellen Key Account.
- Leistungssystem s. u.
- Gegenleistung: s. u.

Es ergibt sich folgender Zusammenhang: Ausgehend von der Kenntnis der Kundenbedürfnisse wird die Leistung gestaltet, realisiert und erbracht. Dadurch entsteht dem Kunden Nutzen. Geht dieser über den Grundnutzen hinaus und bietet werthaltigen Zusatznutzen, entsteht Mehrwert. Dieser Mehrwert schafft für den Anbieter ein Alleinstellungsmerkmal, wenn kein Konkurrent gleichen oder besseren Zusatznutzen bietet.

Kundenbedürfnis – Leistung – Nutzen – Mehrwert – USP

Bei Erfüllung oder Übertreffen der Kundenerwartungen entsteht Kundenzufriedenheit oder Begeisterung, deren Wiederholung zu Kundenbindung und Kundenwert führt.

Leistungsgestaltung im Key Account Management

Die Idee des Key Account Managements ist, die Erwartungen des Schlüsselkunden durch maßgeschneiderte Leistungen zu erfüllen oder zu übertreffen, um ihn in seinem Markt erfolgreich zu machen und selbst von diesem Erfolg zu profitieren. Das geschieht durch Leistungspakete oder Leistungssysteme.

Die Zusammenstellung der Pakete schöpft aus den Elementen eines Schalensystems, wie in Abbildung 69 gezeigt. Dabei werden Key-Account-individuelle Kombinationen zusammengestellt, die sowohl dem Lieferanten Vorteile bieten, z. B. Alleinstellung, als auch kundenspezifischen Nutzen.

Durch die Kundenwahrnehmung der für ihn spezifischen Leistung und den ihm wichtigen Nutzen wird außerdem erreicht, dass in der Kaufverhandlung die Bedeutung des Preises in den Hintergrund tritt und höhere Preise erzielt werden können.

Um das *Produkt* als den Nukleus der Zwiebel gruppieren sich sieben Schalen. An einem Beispiel sei dies näher erläutert: Das Kernprodukt ist ein künstlicher Süßstoff. Das *Produktsystem* bezeichnet das Zusammenwirken des Kernproduktes und notwendiger Elemente, ohne die das Produkt seinen Nutzen nicht entfalten kann. Im Beispiel waren das der Süßstoff und die Lieferverpackung, die für bestimmte Kunden so gestaltet war, dass der Einsatz im Produktionsprozess erleichtert und Entsorgungsaufwand minimiert wurde.

Unter *Sortiment* sind entweder andere Erscheinungsformen des Kernproduktes oder ergänzende Produkte zu verstehen. Im Beispiel gab es das Produkt in flüssiger und fester Form, Letztere in verschiedenen Körnungen für unterschiedliche Anwendungsgebiete.

Unter *Dienstleistungen* sind Serviceleistungen zu verstehen, welche die bisherigen Elemente begleiten. Das kann sich auf Bedarfsanalysen, Machbarkeitsstudien, Produktdokumentation etc. beziehen. So gehörten zu dem Süßstoff die lebensmittelrechtliche Dokumentation, Qualitätszertifikate und Dosierungshinweise.

Mit *Integration der Leistung* sind gemeinsame Projekte gemeint, die am Ende zum Einsatz der Kernleistung führen. Diese Art der Zusammenarbeit ist besonders sinnvoll, das »Lead User Concept« wurde bereits erwähnt. Im Beispiel sind Marktstudien zu nennen, die Aufschluss über die Präferenzen der Konsumenten eines der Kundenprodukte gegeben haben und Ausgangspunkt für gemeinsame Produktentwicklung waren sowie Konzept- und Geschmacksmuster.

Wenn über diese Stufe hinaus auch noch bei der Vermarktung des Kundenproduktes zusammengearbeitet wird, dann ist das Niveau des *Integrierten Projektmanagements* erreicht. Bis hierher bestand immer der Bezug zum Kernprodukt. Bei *innovativer Zusammenarbeit* geht es darüber hinaus. Hierbei handelt es sich um Serviceleistungen, die Anbieter und Key Account einander zugänglich machen, um eigene Vorteile weiterzugeben. So kann beispielsweise ein Partner seine Einkaufsmacht für bestimmte Güter und Dienstleistungen wie Energien, Rohstoffe, Zeitarbeitskräfte, Logistik, Beratung etc. für den anderen einsetzen. Der entstandene Mehrwert bzw. die Kostenersparnis kann dann zwischen den Partnern geteilt werden.

Das *emotionale Profil und Kundenerlebnis* bezeichnet das Zusammenwirken der handelnden Personen. Salopp ausgedrückt ist dies der Wohlfühlfaktor. Ist der Ansprechpartner vertrauenswürdig und verlässlich, werden Reklamationen und Notfälle schnell und großzügig behandelt, stimmt die Qualität der Leistung, besteht Termintreue? Herrscht Offenheit über die Ziele und Strategien zwischen den Partnern, steht der Gedanke des »Win-win« im Vordergrund? Wenn diese Fragen (fast) alle positiv beantwortet werden, dann stimmt der Wohlfühlfaktor.

Einzelne Elemente der Leistungszwiebel finden sich auch in der Bearbeitung anderer Kunden wieder. Im Key Account Management gilt die Herausforderung, die Gestaltung der Leistungspakete soweit wie möglich an die Prozesse und Bedürfnisse des Kunden anzupassen. Diese Tiefe findet sich bei »normalen« Kunden nicht.

Belz und Kollegen vertiefen die Betrachtung weiter in die Kategorien Vertrauens- Koordinations- und Rationalisierungsleistungen (Belz/Müllner/Zupancic, 2015, S. 94ff).

Bei den *Vertrauensleistungen* handelt es sich um solche, die das Risiko und die Unsicherheit des Schlüsselkunden beim Erwerb Ihrer Leistung reduzieren sollen. Besonders in frühen Phasen des Kundenlebenszyklus sind diese Leistungen wichtig, um die angestrebte Intensität und Nachhaltigkeit der Beziehung aufzubauen. Danach sind vertrauensbildende Maßnahmen weiterhin unverzichtbar, da Vertrauen höchst volatil und verletzlich ist und dessen Verlust die Beziehung ernsthaft gefährdet.

Beispiel für Vertrauensleistungen sind Beratung, Garantien, Finanzierungshilfen, Notfallassistenzkapazitäten, jederzeitige Erreichbarkeit eines Ansprechpartners

24/7, Einblick in Referenzen etc. Auch Marke, Image, Fachvorträge und Veröffentlichungen können die Leistungsfähigkeit belegen und Vertrauen bilden.

Koordinationsleistungen helfen, die Abläufe beim Key Account zu verbessern und die Zusammenarbeit der Beteiligten zu optimieren. Beispiele sind die Erstellung von Pflichtenheften, Steuerung des Auswahlprozesses, Integration neuer Produkte in das bestehende Umfeld etc.

Rationalisierungsleistungen dienen dazu, die Effizienz des Schlüsselkunden zu steigern. Das kann durch Outsourcing, Datenaustauschsysteme, Bevorratungs- und Belieferungsmodelle, Prozessberatung geschehen.

Tabelle 27: Beispiele für die Leistungskategorien (BelzMüllner/Zupancic.2015, S. 95)

Die Zusammenführung aus Leistungszwiebel und -kategorien zeigt Abbildung 69. Darin wird deutlich, dass Kernleistung und obligatorische Dienstleistung (hell unterlegt) nicht auf Schlüsselkunden beschränkt bleibt, sondern auch den anderen Kunden angeboten wird.

Hingegen enthalten die äußeren vier Schalen Leistungselemente, die vorwiegend oder je nach Zusammenstellung ausschließlich den Key Accounts vorenthalten bleiben. Auf diesem dunkel unterlegten »Spielfeld des Key Account Managements« (Belz/Müllner/Zupancic 2015, S.97) bewegt sich der Key Account Manager und stellt das schlüsselkunden-spezifische Leistungspaket zusammen, das sich in Mehrwert und Preis von denen, die anderen Kunden angeboten werden, unterscheidet.

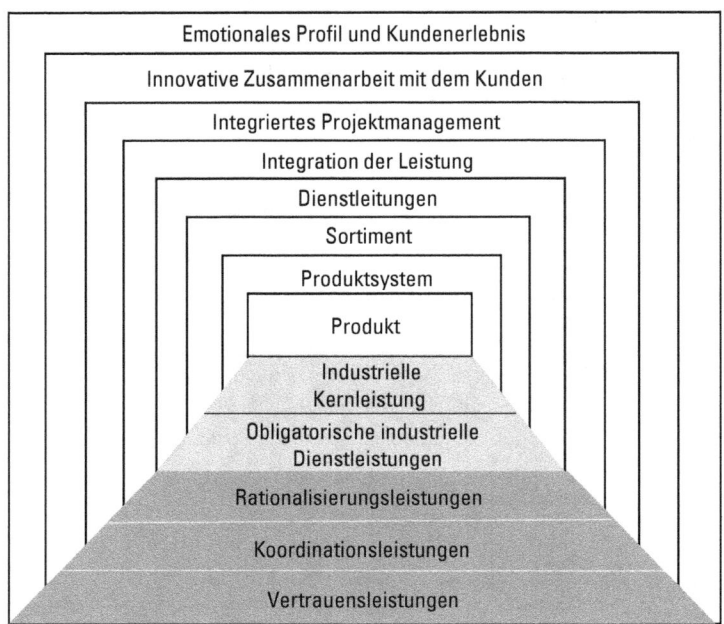

Abbildung 69: Abbildung: Leistungselemente und -Kategorien (Belz/Müllner/Zupancic 2015)

Gegenleistungen

Kundenzufriedenheit ja, aber nicht um jeden Preis ...

Kundenzufriedenheit ist eine konstante und unverzichtbare Zielsetzung im Key Account Management. Die Möglichkeiten, sie zu realisieren, bestehen durch die aufgezeigten Leistungspakete und -Kategorien. Allerdings sind damit auch Kosten verbunden. Da Unternehmen immer mit Gewinnerzielungsabsicht am Markt agieren, muss Kundenzufriedenheit wirtschaftlich sinnvoll realisiert werden, »at a profit« lautet die Maxime.

Es gibt zahlreiche Beispiele, in denen dieses Prinzip verletzt ist. Bekannte Schlagworte wie »Over Engineering« (= zu viele/zu gute [technische] Eigenschaften) oder »Service Overkill« (Übermaß an Dienstleistungen) belegen das. Dabei wird durchaus in guter Absicht versucht, den Kunden zufriedenzustellen. Nimmt er die zusätzliche Leistung jedoch nur mit, ohne eine Gegenleistung zu erbringen, so ist auch kein echter Mehrwert entstanden. Da Serviceleistungen jedoch Kostentreiber für Ihre Kundenbearbeitung darstellen, sollten Sie deren Abgabe konsequent begrenzen.

Gründe für das Auftreten von Zusatzleistungen sind vielfältig:

- Verhandlungsgeschick des Buying Centers,
- mangelnde Alleinstellungsmerkmale Ihrer Kernleistung,
- Perfektionismus im Produktmanagement, z. B. in Design, technischer Entwicklung, Variantenanzahl, Individualisierung,
- unzureichendes Kostenbewusstsein in unterstützenden Funktionen.

Der Key Account Manager steht hier in der Pflicht, diese durchaus gut gemeinten Phänomene im Sinne der Zielerreichung zu steuern.

Eine einfache Empfehlung für die Handhabung von Vertrauens-, Koordination- und Rationalisierungsleistung besteht darin, diese wie eine Investition zu betrachten. Eine Investition ist definiert als:

Anlage von Kapital in Vermögen bzw. Geldkapital, um damit neue Geldgewinne, oder höhere Geldgewinne aus bestehenden Unternehmungen zu bekommen (Quelle: Bundeswirtschaftsministerium).

Diese Geldgewinne ergeben sich direkt oder mittelbar aus den Gegenleistungen des Key Accounts. Diese müssen vom Key Account Manager systematisch gemanagt werden und stellen für den Schlüsselkunden Verpflichtungen dar. Das Eingehen solcher Verpflichtungen beinhaltet zum einen den Vorteil der Wertschätzung der Anbieterleistungen, zum anderen dokumentiert sich das gemeinsame Streben nach Win-win.

... sondern mit Gegenleistung

Zu den Gegenleistungen gehören zunächst die Entrichtung des Kaufpreises unter Einhaltung der Liefer- und Leistungskonditionen. Des Weiteren sind immaterielle Gegenleistungen von Bedeutung wie die Versorgung mit Informationen zu Markt, Trends, Anforderungen, Feedback; die Möglichkeit, den Key Account als Referenz nennen zu dürfen; jederzeit einen Ansprechpartner finden zu können.

Weitere Gegenleistungen betreffen die praktische Zusammenarbeit z. B. in Projekten oder in Gremien wie Interessenvertretungen, Qualitätszirkeln, Task Forces. Auch Exklusivität als Lieferant, auch unter Einbeziehung von in- und ausländischen Niederlassungen, ist eine wertvolle Gegenleistung. Sie wird oft bei key-account-spezifischen Entwicklungsleistungen des Lieferanten angewandt, z. B. in der Automobilindustrie.

Beispiel: Einer meiner Kunden hat für den Bugatti Veyron das Getriebe entwickelt. Die Übertragung von 1001 PS und 1250 Nm Drehmoment verlangte höchste Ingenieurskunst. Neben der Handfertigung für die auf 300 Fahrzeuge limitierte Kleinserie genießt der Anbieter auch die Anerkennung in Fachkreisen durch dieses herausragende Referenzprojekt.

Eine zusammenfassende Übersicht der Gegenleistungen zeigt die Abbildung 70.

Abbildung 70: Gegenleistungen

Praxistipp

Bei der Leistungsgestaltung können Ihnen einige Fragen helfen, die richtigen Entscheidungen zu treffen:

- Welche Leistungscharakteristika lassen in der Wahrnehmung des Key Accounts Mehrwert entstehen?
- Ist der von uns lieferbare Mehrwert dem der Konkurrenz überlegen?
- Ist der Kunde bereit, für diesen Mehrwert einen angemessenen Preis zu bezahlen?
- Verfügen wir über die notwendigen Ressourcen und Fähigkeiten, um dauerhaft Mehrwert anbieten zu können?
- Sind wir der – oder einer der – preferred suppliers?
- Welche Gegenleistungen sind für uns wichtig?
- Wie groß ist die Bereitschaft des Key Accounts, diese Gegenleistungen zu gewähren?
- Besteht eine Balance zwischen der Bereitschaft beider Seiten, in die Geschäftsbeziehung zu investieren?

4.2.4.3 Preisgestaltung

Grundlagen des Preismanagements

Preiswirkung auf das Ergebnis

»Der Preis ist der effektivste Gewinntreiber« (Simon/Fassnacht: *Preismanagement*, S. 1). Dennoch wird die Preispolitik in der Praxis vielfach nicht mit der angemessenen Professionalität betrieben. Dafür gibt es verschiedene Gründe:

- *Marktanteilsdenken:* Es existieren Studien, die hohen Gewinn mit hohen Marktanteilen korrelieren. Bei näherer Betrachtung stimmt dies nur indirekt, vor einer Verallgemeinerung sei gewarnt. Jedoch bei großen Kapazitäten und hohen Fixkosten ist eine hohe Auslastung ein Gewinntreiber. Die so produzierte Menge braucht einen entsprechenden Marktanteil, der wiederum einen entsprechenden Preis verlangt.
  Die Erreichung hoher Marktanteile kann zu hohen Gewinnen führen, sofern sie über einen längeren Zweitraum bestehen bleiben, die Märkte also stetig oder wachsend sind. Die Anzahl der Märkte, die diese Bedingung erfüllen, ist jedoch begrenzt.

  > Bedeutung und Anwendung des Preismanagements liegen oft noch zu weit auseinander

- *Kostenüberlegungen*: Auslastung, Fixkostendegression über eine höhere Output-Menge, ebenso Lernkurveneffekte werden als Begründung für eine Fokussierung auf die Absatzmenge ins Feld geführt.
- *Nutzenvorsprung*: Dauerhaft innovative Anbieter behalten ihren Nutzenvorsprung vor Wettbewerbern und genießen bis zum Eintritt von Nachahmern ein Quasi-Monopol, in dem sie die Preise diktieren können.
- *Einstellung*: Der Preis wird als lästig angesehen, da Kunden »immer nur über den Preis kaufen« (häufig gehörtes Verkäufer-Feedback). Folglich werden vereinfachte Preissetzungsmethoden angewandt und vorhandene Vorgaben wie Ziel- und Minimumpreis nicht eingehalten.
- *Fehlen eines Sponsors*: Nur die Themen, denen das Topmanagement Aufmerksamkeit schenkt, werden vorangetrieben. Bei Pricing glänzt die Leitung noch oft mit Abwesenheit.
- *Wissenslücke*: Auch in Ausbildung und Studium wurde der Preis eher am Rande oder aus der volkswirtschaftlichen Perspektive betrachtet. In jüngster Zeit scheint ein Umdenken stattzufinden.

Gewinn ist die Residualgröße aus Umsatz minus Kosten, wobei der Umsatz sich errechnet als Menge multipliziert mit dem Preis.

Gewinn = (Preis × Menge) − Kosten

Die Kosten wiederum teilen sich in variable (K_v) und fixe Kosten (K_f). Es folgt:

Gewinn = (Preis × Menge) − K_v − K_f

In der Abbildung 71 sind die Auswirkungen von Veränderungen der Gewinntreiber Preis, Menge, variable und Fixkosten auf den Gewinn dargestellt.

Eine fünfprozentige Verschlechterung ...					... senkt den Gewinn um ...
Gewinntreiber	Alt	Neu	Gewinn (Mio. €) Alt	Neu	
Preis	100 €	95 €	10	5	-50%
Variable Kosten	60 Mio. €	63 Mio. €	10	7	-30%
Absatz-Menge	1 Mio.	0,95 Mio.	10	8	-20%
Fixkosten	30 Mio. €	31,5 Mio. €	10	8,5	-15%

Abbildung 71: Gewinnwirkung bei Verschlechterung der Gewinntreiber[16] (Simon/Fassnacht)

Es wird deutlich, dass der Preis als Gewinntreiber die stärkste Wirkung hat. Als einfache Faustregel können Sie rechnen, dass der Gewinn um den Preisnachlass, im Beispiel € 5, multipliziert mit der davon betroffenen Absatzmenge – hier 1 Million Einheiten – also € 5 Millionen schrumpft. Der Preisnachlass schlägt also voll auf den Gewinn durch.

Betrachten Sie eine – hypothetische – Entscheidungssituation in einem Gespräch mit Ihrem Key Account. Sie werden vor folgende Alternativen gestellt:

a) Preissenkung in Höhe von 5 % bei konstanter Menge und damit gleicher Kapazitätsauslastung und Beschäftigung.
b) Mengenrückgang um 5 % bei konstantem Preis.

Wie würde die Entscheidung in Ihrem Unternehmen ausfallen? Wie würde die Verhandlung verlaufen? Nach der Abbildung 71 ist die Entscheidung leicht gefällt, nämlich Alternative b). In der Realität hingegen wird oft nach Alternative a) gehandelt.

Der Mechanismus wirkt auch in positiver Richtung. Die Abbildung 72 illustriert das.

Wieder ist der Preis unter der Annahme der Konstanz der anderen der stärkste Gewinntreiber. Ein bemerkenswertes Beispiel begegnete mir in einem Kundenprojekt. Es handelte sich um einen Fleischproduzenten, der eine Menge von ca. 150 000t p. a. verkaufte. Der durchschnittliche Preis lag etwas über einem Euro pro Kilo. Die Herausforderung lautete »1 Cent mehr pro Kilo!« Damit sollte eine

---

[16] Beachte: eine Mengenänderung wirkt sich auch auf die variablen Kosten aus.

Eine zehnprozentige Verbesserung ...			... erhöht den Gewinn um ...		
	Gewinntreiber Alt	Gewinntreiber Neu	Gewinn (Mio. €) Alt	Gewinn (Mio. €) Neu	
Preis	100 €	110 €	10	20	100 %
Variable Kosten	60 Mio. €	54 Mio. €	10	16	60 %
Absatz-Menge	1 Mio.	1,1 Mio.	10	14	40 %
Fixkosten	30 Mio. €	27 Mio. €	10	13	30 %

Abbildung 72: Gewinnwirkung bei Verbesserung der Gewinntreiber (ebda.)

Ergebnisverbesserung von €1 500 000 pro Jahr erreicht werden. Aufwand: Konzeption, Training, Zeit der Mitarbeiter, Spesen, insgesamt ca. 30 000 €. Bei der Nachbetrachtung nach einem halben Jahr, waren 0,5 Cent/kg bzw. 750 000 € realisiert worden. Ein ROI von 2 500 %!

Angesichts des im Vergleich zur Menge großen Hebels, den der Preis auf den Gewinn hat, lohnt die Betrachtung der notwendigen Mengenveränderung, die eine Preisanpassung ausgleichen kann (Tabelle 28).

	Alt	Neu	Δ
Preis	€ 100	€ 95	−5 %
Absatz-Menge	1 Million	1,143 Millionen	+14,3 %
Umsatz	€ 100 Millionen.	€ 109 Millionen	+8,6 %
DB/Einheit	€ 40	€ 35	−5 %
DB	€ 40 Millionen	€ 40 Millionen	Konstant

Tabelle 28: Mengenveränderung zur Kompensation einer Preisänderung

Es zeigt sich, dass bei einer Preissenkung um 5 % für eine Leistung, die 40 % Deckungsbeitrag vom Umsatz erzielt, ein Mengenzuwachs um 14 % benötigt wird, um den Deckungsbeitrag zu halten.

Das bedeutet für eine Verhandlungssituation wie in der oben genannten Alternative a) beschrieben, dass Sie eine Mengenerhöhung um 14 % fordern müssen, um die Preissenkung ergebnisneutral für Ihr Unternehmen zugestehen zu können.

Die vorausgegangenen Abbildungen und Tabellen zeigen ein Produkt oder eine Dienstleistung mit 40 % Marge. Je nach Branche, Nutzen, Lebenszyklusphase und anderen Faktoren variiert dieser Wert. Für ein Produkt mit 10 % Marge brauchen

Sie bei nur 2 % Preissenkung einen Mengenzuwachs von 25 %, bei 70 % Marge können Sie 10 % Preissenkung mit 17 % Mengenzuwachs ausgleichen. Eine Übersicht über diese Relationen und auch die Auswirkungen von Preissteigerungen erhalten Sie vom Autor[17].

> **Praxistipp:**
>
> Verschaffen Sie sich – und allen, die Preisverhandlungen führen – Klarheit über die Ergebnismechanismen Ihrer Produkte (s. Tabelle 28, Abb. 71-73). Damit schaffen Sie sich einen äußerst wirksamen Profitabilitätshebel.

Einsatz des Preises als Marketinginstrument

Diller nennt die Preispolitik »eine der schärfsten Waffen(gattungen) im Marketing-Mix« (Diller 2009, S. 21). Diese Einschätzung basiert einerseits auf den Reaktionen, die Preismaßnahmen im Markt auslösen können, andererseits auf der unmittelbaren Einsatzmöglichkeit:

- *Schnelligkeit*: Eine Preismaßnahme lässt sich nach vorausgegangener Analyse und Zieldefinition sehr schnell umsetzen, während Produkt- oder Promotions- und Vertriebswegemaßnahmen erheblich aufwändiger und damit zeitintensiver sind. Auch die Kommunikation der Preismaßnahme lässt sich schnell und kostengünstig gestalten.
- Eine Preismaßnahme bedarf im kurzfristigen Betrachtungszeitraum keiner Investitionen, bevor sie umgesetzt werden kann. Nur der Einstieg in eine dauerhaft angelegte Niedrigpreisstrategie lässt sich nur bewerkstelligen, wenn die gesamte Lieferkette, Organisation und alle anderen Marketinginstrumente darauf ausgelegt werden. Dann sind mitunter erhebliche Vorleistungen erforderlich.
- *Reaktionsgeschwindigkeit*: Sobald die Preismaßnahme verkündet ist, beginnt die Reaktionszeit. Im B2B-Kontext geschieht die Mitteilung meist direkt und nicht-öffentlich, bei Key Accounts typischerweise im persönlichen Gespräch und damit eingebettet in eine Verhandlung. Die Reaktionen der Abnehmer erfolgen schnell, somit wird für Sie ebenso schnell überprüfbar, ob Sie Ihr Ziel erreichen.

Konkurrenzreaktion Je nach Branche, Marktform, Mengenwirkung von Preismaßnahmen und individuellen Reaktionsmustern wird die Konkurrenzreaktion ausfallen. Grundsätzlich gilt, je weniger Anbieter und Nachfrager, je stärker die Mengenwirkung und je höher die strategische Bedeutung des Geschäftes oder Produktes für die Wettbewerber, desto schneller und heftiger wird die Reaktion ausfallen. Dies gilt es für Sie, vor einer Entscheidung vorweg zu nehmen. Im schlimmsten Fall schlägt Ihr Wettbewerb hart zurück, Sie »setzen noch eins drauf« und schon haben Sie eine kostspielige und schwer reversible Spirale in Gang gesetzt.

---

[17] sr@prosalesacademy.com

Der Preis als Marketinginstrument hat in den letzten Jahren deutlich an Bedeutung gewonnen. Breite Öffentlichkeitswirkung haben Werbekampagnen wie »Geiz ist geil« und »20 % auf alles, außer Tiernahrung« erzielt. Auch Auto- und Möbelhäuser fluten Radiosender mit rein preisgetriebener Werbung. Damit wird nichts weniger erreicht als ein Preiskrieg, dessen »Folgen für die Unternehmen schwanken zwischen problematisch und fatal« (Roll, Pastuch, Buchwald). Durch die ständige Wiederholung preisorientierter Konsumentenwerbung steht die Jagd nach »Schnäppchen« hoch im Kurs. Die Ansprechpartner im B2B-Kontext sind gleichzeitig Konsumenten und bleiben nicht verschont von der Berührung mit Preisfokus.

Preisbewusst sein

> **Praxistipp:**
>
> Finger weg von Preiskriegen und Rabattschlachten!

Im B2B-Bereich werden stets professionellere Methoden eingesetzt, um günstig zu beschaffen:

- Einkaufskooperationen,
- elektronische Marktplätze,
- Internet-basierte Auktionen,
- bessere Messverfahren wie Conjoint-Measurement bzw. -Analyse (s. u.),
- höhere und weltweite Preistransparenz,
- weltweiter Einkauf (= global sourcing).

Das verlangt von Ihnen als Anbieter ebenfalls Professionalisierung und Kundenorientierung.

> **Praxistipp**
>
> Mehrwert schlägt Preis bei der Einkaufsentscheidung!

Die Preis-Absatz-Funktion

In den meisten Märkten gilt: Je höher der Preis, desto geringer der Absatz und umgekehrt. Diese Relation wird als Preis-Absatz-Funktion bezeichnet. Eine einfache Darstellung finden Sie in der Abbildung 73.

Im Zusammenhang mit der Preis-Absatz-Funktion steht die Preiselastizität.

Die Preiselastizität ist das Verhältnis der prozentualen Änderung des Absatzes zu einer prozentualen Änderung des Preises.

Die mathematische Formel lautet:

$$\varepsilon = \frac{\text{Prozentuale Absatzänderung}}{\text{Prozentuale Preisänderung}}$$

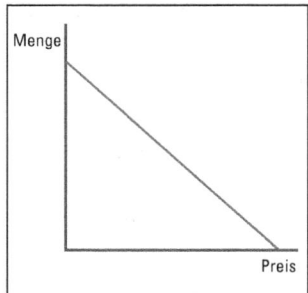

Abbildung 73: Preis-Absatz-Funktion

Die Elastizität ε hat keine Dimension. Wenn sich bei einer Preiserhöhung um 2 % die Absatzmenge um 10 % verringert, ergibt sich eine Elastizität von –5, rechnerisch $\varepsilon = -0{,}1/0{,}02$. Die grafische Darstellung zeigt die Abbildung 74.

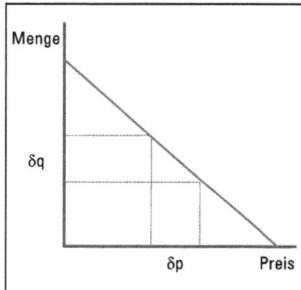

Abbildung 74: Preiselastizität

Das Wissen um die Preiselastizität des Absatzes Ihrer Produkte ist für die Preisbildung von Bedeutung, da der Preis die Menge entsprechend beeinflusst. Die Menge wiederum beeinflusst die Stückkosten, welche in kostenbasierten Preisbildungsverfahren von Bedeutung sind (s. u.).

Instrumente zur Ermittlung der Preis-Absatz-Funktion

Die Ermittlung der Elastizitäten ist wichtig für Preisentscheidungen und beschäftigt Wissenschaftler und Praktiker gleichermaßen. Eine Vorgehensweise für besonders wichtige Preisentscheidungen besteht aus den folgenden Schritten:

1. Befragen Sie drei bis fünf Kollegen, die sich mit Produkt, Kunden und Markt auskennen. Zuerst definieren Sie den relevanten Markt, das Absatzvolumen Ihres Unternehmens und der Wettbewerber, die jeweiligen Preise und den zu betrachtenden Preisspielraum.
2. Sammeln Sie die Ergebnisse und verdichten Sie diese zu einer gemeinsamen Schätzung. Ein Beispiel zeigt die Tabelle 29.
3. Die Ergebnisse können stark streuen und sollten mit allen Beteiligten diskutiert und plausibilisiert werden. Danach erfolgt die Aggregation aller Ergebnisse.
4. Ermitteln Sie nun die deckungsbeitragsoptimale Preis-Mengenkombination.

Schätzung der Preiswirkung für Produkt x im Markt y							
Preisvariation	-8%	-5%	-2%	Aktueller Preis € xy	+2%	+5%	+8%
Geschätzte Mengenänderung	3500	3300	3100	3000 Aktuelle Menge	2500	2000	1500

Tabelle 29: Ergebnis der Schätzung zur Preisentwicklung

Bis hierher haben Sie die Preiswirkung ohne Wettbewerber betrachtet. Im diesem Schritt können Sie schätzen, wie deren Reaktionen auf Ihre Preisänderung ausfallen werden.

Nun schätzen Sie die Auswirkungen auf die bisherigen Marktanteile ab und erhalten damit die neuen Mengenverteilungen, auch für Ihr Unternehmen. Damit lässt sich wiederum das DB-Optimum ermitteln.

> **Praxistipp**
>
> Stellen Sie Ihr Pricing mit folgenden Fragen auf den Prüfstand:
>
> - Welcher Blickwinkel (Kosten, Konkurrenz, Nutzen) liegt bei den wichtigen Leistungen zugrunde?
> - Aufgrund welcher Datenbasis werden Preisvorgaben gemacht?
> - Wie hoch ist die Erfolgsquote bei Angeboten?
> - Wie überzeugt sind Sie selber, mit angemessenen Preisen zum KA zu gehen?
> - Sofern Ihre Antworten eine pessimistische Bewertung ergeben, sollten Sie an einer Professionalisierung Ihres Pricing arbeiten:
>   - Money for Value: den generierten Mehrwert im Preis realisieren.
>   - Wbw-Preise und Leistung kennen für souveräne Argumentation.
>   - @ a profit: unprofitable bzw. nicht vergütete Leistungen konsequent zurückziehen.

Preispositionierung

»Ein Unternehmen, das keine klare [Preis]-Positionierung verfolgt, ist weitgehend orientierungslos und wird aufgrund seiner Beliebigkeit im Meer des Wettbewerbs untergehen« (Roll et.al.). Sie ist damit eine der grundlegenden Fragen, die die Preisstrategie – und idealerweise Vision und Mission – beantworten muss. Hierbei handelt es sich um die angestrebte Wahrnehmung des Preis-Leistungsverhältnisses eines Unternehmens, einer Produktgruppe, eines Produkts oder einer Marke. **Grundsatz-Entscheidung**

Wie die Abbildung 75 zeigt gibt es innerhalb des Korridors von niedrig-niedrig nach hoch-hoch konsistente Positionierungen, in denen der relative Preis und die relative vom Abnehmer wahrgenommene Leistung (wobei »relativ« sich auf den Vergleich zur Konkurrenz bezieht) sich gegenseitig entsprechen. In der Praxis sind am häufigsten anzutreffen: **Konsistenz**

4 Potentiale ermitteln und entwickeln

- die Premium-Positionierung: Bsp.: Mercedes, BMW,
- die Mittelpreis-Positionierung: Bsp.: VW, Ford, Opel,
- die Niedrigpreis-Positionierung: Bsp.: Skoda, Dacia, Hyundai.

Zusätzlich lässt sich im Konsumentengeschäft noch die Niedrigstpreis- und die Luxuspreisposition antreffen. Als Beispiele sind Tatas Nano bzw. Rolls Royce und Bentley zu nennen.

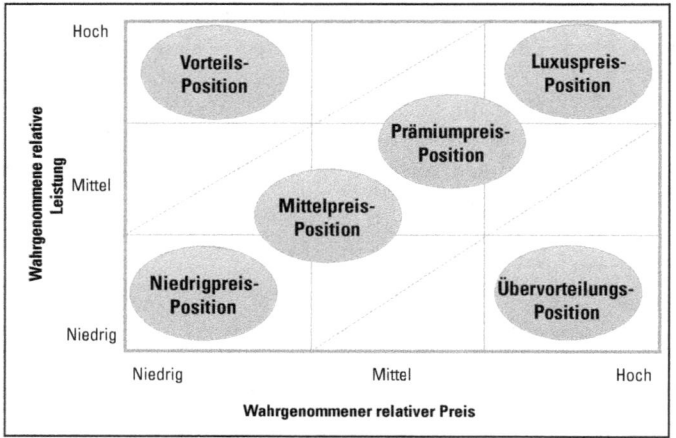

Abbildung 75: Preispositionierungen (in Anlehnung an Simon/Fassnacht 2016)

Neben den Konsistenzpositionen gibt es solche, die kein ausgewogenes Preis-Leistungsverhältnis haben. In dem einen Fall fühlt sich der Käufer im Vorteil, im anderen übervorteilt. So äußerte sich ein Smartphone-Käufer, dass er zwar die Marke, das Design und die Vielzahl an Apps des iPhone besser findet als die eines Samsung Galaxy, dass jedoch der höhere Preis den gefühlten Vorteil für ihn nicht rechtfertige. Auch im B2B-Geschäft lassen sich diese Überlegungen anstellen, idealerweise objektiviert.

Die Vorgehensweise bei der Festlegung der Preispositionierung erfolgt nach Simon/Fassnacht in drei Schritten:

Festlegung der Preispositionierung

1. Grobsegmentierung im Sinne einer Preis-Leistungssegmentierung: Dazu wird zuerst der relevante Markt abgegrenzt. Das Beispiel Automobil illustriert das sehr gut. Es beginnt mit der Einteilung in Ober-, Mittel- und Kompaktklasse.
2. Innerhalb der Oberklasse gibt es einerseits die Modelle Mercedes S-Klasse, BMW 7-er, Audi A8 und Lexus LS460. Sie werden in dieser Klasse feinsegmentiert, mit der S-Klasse am höchsten und dem Lexus am niedrigsten.
3. Schließlich wird der relevante und feinsegmentierte Markt genauer nach qualitativen Merkmalen aufgeteilt. Es entsteht ein sogenannter Positionierungsraum, z. B. unter Anwendung der Kriterien Komfort und Sportlichkeit. In diesem Segment lassen sich dann die Kundenerwartungen einordnen und entsprechende Preis-Leistungs-Pakete entwickeln und anbieten.

Ist die Entscheidung für eine Preispositionierung gefallen, müssen auch die übrigen Marketinginstrumente, Infrastruktur und Denke darauf abgestimmt werden. Ein Premiumprodukt mit durchschnittlicher Leistung wird sich nicht lange erfolgreich am Markt halten können, da die Käufer sich übervorteilt fühlen.

Hingegen wird ein Vorteilsprodukt aus Käufersicht dem Anbieter langfristig keine Freude bereiten, da dem Aufwand, hohen Nutzen zu stiften, kein angemessener Ertrag gegenübersteht. Für die vier Hauptpositionen werden die jeweiligen Instrumente nun tabellarisch zusammengefasst und die Chancen und Risiken bewertet.

Niedrigpreisposition

Die Schlagworte heißen Kostenführerschaft, Leistungsvereinfachung, kein/minimaler Service, kurzer oder direkter Vertriebsweg und wenn, dann preisbezogene Kommunikation.

Produkt	Preis	Vertrieb	Kommunikation
– Fokus auf rudimentäre, funktionale Leistung (Kernleistung) – Geringe emotionale, symbolische und/oder ethische Leistung – Begrenztes Sortiment	– Dauerhaft niedrige Preise – Wenig Sonderangebote – Keine komplexen Preissysteme – Keine Rabatte	– Kaum produktbegleitende Dienstleistungen – Wenige Vertriebskanäle – Kostengünstige Standorte oder Vertriebsmethoden	– Betonung des Preises (Preiswerbung) – Wenige, kostengünstige Medien – Einfache Slogans, die lange laufen

Tabelle 30: Marketinginstrumente bei Niedrigpreispositionierung (Simon/Fassnacht 2016)

Chancen und Risiken:

- Das Segment muss ausreichend Absatzpotential bieten. Das wiederum hängt ab von der Akzeptanz von Niedrigpreis-Niedrigleistung-Produkten und der Verfügbarkeit entsprechender Kaufkraft. Beispiele im Lebensmitteleinzelhandel sind die Discounter.
- Die Anbieter müssen Ihr Geschäftsmodell und Ihre Prozesse konsequent so gestalten, dass Sie dauerhafte und ausreichende Kostenvorteile erwirtschaften können. Southwest Airlines und Ryanair zeigen dies.
- Die Qualität darf nicht dem Kostendruck geopfert werden. Der Kunde akzeptiert, kein Spitzenprodukt zu bekommen, erwartet aber eine verlässliche und hinreichend gute Ware. Swatch und Dell können hier als Beispiel dienen.
- Zu wissen, welche Basismerkmale unbedingt zu erfüllen sind, ist Voraussetzung für die richtige Gestaltung des Angebots und damit für dessen Akzeptanz.

Die Niedrigpreis-position verlangt konsequente Kostenoptimierung

- Die Kostenführerschaft soll potentiellen Konkurrenten deutlich gemacht werden und muss ständig verbessert werden. Damit entstehen Markteintrittsbarrieren, die wiederum die Mengenposition und damit den Kostenvorsprung sichern. Bei Eintritt in den Niedrigpreismarkt muss der Angreifer sicher sein, dass die etablierten Anbieter nicht zurückschlagen können aufgrund von z. B. hohen Fixkosten, Tarifvereinbarungen, Investitionen. Der Energieversorgungsmarkt ist ein Beispiel.
- Die Einbettung in die Unternehmenskultur ist besonders wichtig. Alle Mitarbeiter vom Pförtner bis zum Vorstandschef müssen das Kostenbewusstsein durchhalten. Das gilt selbst bei gutem wirtschaftlichen Erfolg.

Mittelpreisposition

Gute Ware für gutes Geld, mehr als nur Minimalausstattung, verbunden mit einigen Zusatzleistungen, leichte Identifikation über Marken, Marke auch als Qualitätsversprechen und -Merkmal, Erhältlichkeit überall (Ubiquität): So lässt sich die Mittelpreislage beschreiben.

Produkt	Preis	Vertrieb	Kommunikation
— Gute funktionale Leistung — Kontinuierliche Leistungsverbesserung — Emotionale, ansatzweise auch symbolische und gesellschaftliche Aufladung — Viele Varianten — Hohe Bedeutung der Marke	— Preiskontinuität und -konsistenz — Preisüberwachung/-pflege — Einsatz von Sonderangeboten — Preisdifferenzierung in Verbindung mit moderater Leistungsdifferenzierung — Ansätze zu komplexen Preisstrukturen (Bündelung, Entbündelung)	— Ubiquität — Viele Vertriebskanäle — Qualitätskontrolle der Kanäle — Fachhandel (bei erklärungsbedürftigen Produkten)	— Vergleichsweise hohe Investitionen — Hoher Anteil klassischer Werbung (Massenmedien wie TV und Print) — Betonung von Leistung und Qualität, nicht Preis — Soziale Neutralität

Tabelle 31: Marketinginstrumente bei Mittelpreispositionierung (Simon/Fassnacht)

Chancen und Risiken:

- Mittelpreisprodukte werden nicht über den Preis verkauft, sondern über das als fair wahrgenommene Preis-Leistungsverhältnis.
- Vielfach sind diese Angebote mit einer Marke ausgestattet, die dauerhaft gute und gleichbleibende Qualität signalisiert.

»Value 4 Money«

- Die Marke vereinfacht die Einkaufsentscheidung durch Standardisierung, weshalb sie auch überall verfügbar ist bzw. sein muss.
- Gefahr für die Mittellage geht davon aus, dass zum einen der Preis von den Niedrigpositionen unterboten wird, zum anderen aber Leistungsvielfalt, Image und Emotionen des Premiumsegmentes fehlen. Dem schafft der sogenannte hybride Käufer Abhilfe, indem die einfachen und unkritischen Gegenstände von Niedrigpreisanbietern bezogen werden, während die strategischen Leistungen dem Premiumsegment entstammen.

- Die Kehrseite des vorigen Aspektes ist, dass die Angebote der Mittellage weder als billig, noch als extravagant eingestuft werden können.
- Dieses Segment ist immer von oben und unten bedroht. Anbieter aus Niedrig- und Premiumsegment arrondieren nach oben bzw. unten, um weitere Kostendegressionen zu erzielen oder ihre Leistungskompetenz auf einer breiteren Basis gewinnbringend anzuwenden.
- Dadurch entsteht die Gefahr, in der Mittellage mengen- und in Folge dessen auch kostenmäßig unter Druck zu geraten. Dieser Kostendruck führt im schlimmsten Fall zur Leistungsverknappung, was die Reputation, die Glaubwürdigkeit und die Marke aushöhlt.
- Besonders bei Konsumentenmarken kann die Langlebigkeit der angebotenen Leistung zu einer unerwünschten Käuferdemographie führen. Die Konsumenten altern mit, die Marke ist nicht mehr »sexy« für junge Leute. Diet Coke in den USA ist ein Beispiel.

Premiumposition

Edel und teuer, Spitzenqualität, Innovation, Alleinstellungsmerkmale, selektiver Vertrieb sind passende Attribute für dieses Segment. Der hohe Preis ist konstituierendes Element, repräsentiert die hohe Leistung und Qualität, kreiert Exklusivität und festigt somit die Premiumpositionierung.

Produkt	Preis	Vertrieb	Kommunikation
– Herausragende funktionale Leistung und Qualität – Umfassender Servicekranz – Starke Bedeutung der emotionalen, symbolischen und ethischen Leistung	– Dauerhafter Erhalt eines hohen relativen Preises – Keine konditionenpolitische Kompromissbereitschaft – Preisdisziplin und Preispflege besonders wichtig – Ausverkauf nur für Modeartikel	– Hohe Exklusivität – Hohe Selektivität – Sicherstellung der Kontrolle über die Darbietung des Produktes, hohe Anforderungen an Händler	– Betonung nicht-preislicher Aspekte – Kontinuität in der Kommunikation – Durchführung von Below-the-Line-Aktivitäten

Tabelle 32: Marketinginstrumente Premiumpreispositionierung (Simon/Fassnacht)

Chancen und Risiken:

- Über den Preis wird nicht verhandelt, er wird als Exklusivitätsmerkmal akzeptiert.
- Die Preiselastizität ist gering, weswegen Preismaßnahmen wenig Wirkung zeigen.
- Imitatoren versuchen, mit billigen Raubkopien Käufergruppen zu erschließen, die sich sonst eher kein Premiumprodukt kaufen würden. Der Imageschaden und Vertrauensverlust ist möglicherweise beträchtlich. »Extras« haben ihren Preis
- Die Segmentgröße ist gering. Jedoch bestehen über die Leistungsbetonung im Premiummarkt vielfältige Möglichkeiten der Differenzierung und damit für

den Aufbau von Quasimonopolen mit den entsprechenden Preisbildungschancen.
- Vielfältige Differenzierungsmöglichkeiten und geringe Preiselastizität limitieren die Wettbewerbsintensität beim Preis.
- Die kaufkräftige Schicht älterer Konsumenten in westlichen Ländern sowie steigender Wohlstand und Selbstbewusstsein in Schwellenländern führen zu Wachstum bei Premium-Konsumgütern.
- Eine Premiumposition zu halten ist aufwändig und verlangt Disziplin. Die hohe Qualität muss aufrechterhalten, also auch weiterentwickelt werden. Und dies muss auch hier mit Kostenbewusstsein einhergehen. Leistungen, die der Käufer nicht schätzt und nicht bezahlt, sind zu vermeiden. Auch der Versuchung, die Menge auszuweiten, ist zu widerstehen.

Luxusgüter

Diese Leistungsklasse ist fast ausschließlich im Geschäft mit Privaten anzutreffen. Sie sei der Vollständigkeit halber hier auch beschrieben. Es geht um absolute Spitzenleistung zu einem ebensolchen Preis, minimale Anzahl oder Unikate, Einzelanfertigungen, mit handverlesenen Käufern. Dieser Markt verzeichnet exquisite Wachstumsraten.

Produkt	Preis	Vertrieb	Kommunikation
– Extrem in Qualität und Leistung, vor allem auch emotional, symbolisch – Personalisierter, umfassender Service – Höchste Exklusivität – Handarbeit/hohe Fertigungstiefe	– Niveau sehr hoch – Preiskontinuität, Werterhaltung – Keinerlei Sonderaktionen – Limitierte Ausgaben, kombinierte Festlegung von Preis und Menge	– Extrem selektiv – Scharfe Kontrolle der Vertriebskanäle – Tendenz zu Eigenvertrieb oder Agentursystem	– Anspruchsvolle Werbemittel – Selektiver Medieneinsatz – Starker Einsatz von Printmedien (> 60 Prozent der Werbegelder) – Starke Rolle von PR, redaktionellen Berichten, Sponsoring, Inszenierungen – Betonung der Tradition – Keine aktive Preiskommunikation

Tabelle 33: Marketinginstrumente bei Luxuspreispositionierung (Simon/Fassnacht)

Chancen und Risiken:

- Der Markt wächst aufgrund steigenden Wohlstands weltweit.
- Die Präsenz auf diesem Markt signalisiert Leistungskompetenz.
- Luxusmarken sind aufgrund der sehr kleinen Stückzahl am besten in einem größeren Verbund aufgehoben, Beispiel Maybach (Daimler), Bugatti (VW).
- Investitionen in Produktentwicklung, Manufaktur und Vermarktung sind extrem hoch und verzeihen keinen Fehlgriff.

4.2 Key Account Entwicklung strategisch und operativ

Praxisstipp

Preispositionierung und Leistungskonfiguration müssen zusammenpassen. Das Spielfeld des KAM ist von umfassender und individualisierter Leistung gekennzeichnet. Dementsprechend muss der Preis positioniert werden.

Preisbildungsverfahren

Als junger Produktmanager erhielt ich die Aufgabe, drei neue Prozesschemikalien preislich zu positionieren. Die drei Produkte unterschieden sich durch einen jeweils ca. 5 °C höheren Flammpunkt. Für die Kunden bedeutete das eine jeweils höhere Prozesstemperatur und damit höheren Durchsatz. Bei der Vorstellung meiner Preispositionierungen für die drei Varianten erklärte ich den jeweils höheren Preis mit dem Nutzen des größeren Outputs des Kunden. Woraufhin mein Chef ergänzte: »Und außerdem brauchen wir für den höheren Flammpunkt jeweils mehr Vorprodukt XY und das ist teuer.«

Sie erkennen an dem Beispiel zwei unterschiedliche Betrachtungswinkel. Insgesamt können drei Perspektiven für die Preisbildung herangezogen werden:

- Kosten,
- Wettbewerb,
- Nutzen.

Welches Verfahren Sie einsetzen hängt wieder von vielen Faktoren ab, idealerweise betrachten Sie alle Seiten, da sie das Spannungsverhältnis zwischen den Marktakteuren repräsentieren.

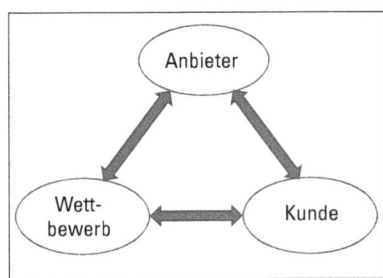

Abbildung 76: Spannungsverhältnis der Marktakteure

Der Anbieter: Kostenbasiert Preisbildung

Cost-Plus

Bei der Mehrzahl meiner Kunden treffe ich primär kostenorientierte Verfahren der Preisbildung an. Ein Geschäftsführer beantwortete die Frage, wie denn in seinem Haus die Preise bestimmt werden, mit einem vielsagenden Blick, schwenkte den ausgestreckten Daumen und präzisierte: »Je nach Anwendung schlagen wir zwischen 25 % und 50 % drauf.«

Für diese Methode, die auch als Cost-Plus bekannt ist, werden typischerweise die Stückkosten herangezogen. Die Formel lautet:

p = Stückkosten × (1 + Aufschlagsatz)

Nun ergeben sich sofort die Fragen nach der Definition und Ermittlung der Stückkosten sowie der Festlegung des Aufschlagsatzes. Letzterer wird je nach Branche, Lebenszyklus, Erfahrung der Entscheider und vielfach Bauchgefühl festgelegt. Der Aufschlagsatz wird so gewählt, dass er Fixkosten, Risiko und Gewinnerwartung abdeckt.

Anhaltspunkte für den Aufschlagsatz

Die Stückkosten können die variablen Stückkosten oder die Gesamtkosten, also variable und fixe, verteilt auf die Menge sein. Bei den Stückkosten auf Basis der Gesamtkosten liegt die Herausforderung in der korrekten Schätzung der Menge, da diese als Quotient in die Berechnung eingeht:

$$\text{Stückkosten} = \frac{\text{Gesamtkosten}}{\text{Menge}}$$

Die Mengenschätzung findet immer unter Unsicherheit statt und hängt außerdem vom Preis ab wie die Preis-Absatz-Funktion zeigt. Somit finden der Wettbewerb und der Kunde keine Berücksichtigung in der Preisentscheidung.

Positiv am Cost-Plus-Verfahren sind:

- die einfache Handhabung,
- Datenverfügbarkeit aus dem Rechnungswesen meistens umfassend,
- leichte Erklärbarkeit innerhalb der eigenen Organisation,
- Akzeptanz beim Kunden,
- Effizienz bei vielen Produkten/Artikeln.

Negativ zu vermerken sind:

- fehlender Vergleich mit dem Wettbewerb,
- wahrgenommene relative Leistung wird nicht berücksichtigt und nicht wertmäßig erfasst und abgeschöpft,
- keine Käufersegment-spezifische Preisdifferenzierung,
- kann zu intensivem Preiswettbewerb führen, wenn ein Anbieter eine besonders günstige Kostenposition hat und sich mit dem gleichen Aufschlag zufriedengibt,
- bei Vollkosten-basierter Kalkulation der Stückkosten ist ein Fixkostensatz in den Aufschlag einzubeziehen. Die Fixkostenverteilung ist jedoch mengenabhängig und kann in einem schrumpfenden Markt eine sich beschleunigende negative Spirale in Gang setzen:

Geringere Menge → höhere Stückkosten → höherer Preis → geringere Menge

Deckungsbeitragsrechnung und Break-Even-Analyse

Eine weitergehende Berechnungsart liegt vor, wenn Preis, Menge und variable Kosten gemeinsam und verschiedene Kombinationen daraus betrachtet werden. Die fixen Kosten werden zunächst für die Preisbildung nicht berücksichtigt, da sie naturgemäß in der Betrachtungsperiode nicht verändert werden können und damit auch die Preisentscheidung nicht beeinflussen sollen. Am Ende soll jedoch der Deckungsbeitrag die fixen Kosten decken, damit entweder maximaler Gewinn – Gewinnoptimierung – oder zumindest kein Verlust entsteht – Break-Even.

Bei der Break-even-Analyse gehen Sie in folgenden Schritten vor:

1. Vorgabe möglicher Preise (p)
2. Errechnung der aus den Preisen resultierenden Stückdeckungsbeiträge (d) durch Abzug der variable Stückkosten (k_v):
   $d = p - k_v$
3. Ermittlung der Break-Even-Menge (q_{BE}) durch Division der Fixkosten (K_f) durch den Stück-DB
   $q_{BE} = K_f / d$
4. Bewertung, ob die Break-Even-Menge und der dazugehörige Preis realistischerweise zu erreichen, d.h. kein Verlust, oder übertroffen werden können, d.h. Gewinn.

Die Tabelle 34 zeigt ein Beispiel, in dem die variablen Stückkosten € 5/St., die Fixkosten € 100 000 betragen.

Preis p (Euro)	Stückdeckungsbeitrag d (Euro)	Break-even-Menge q_{BE} (Stück)
6	1	100.000
7	2	50.000
8	3	33.333
9	4	25.000
10	5	20.000

Tabelle 34: Break-Even-Menge für alternative Preise (Simon/Fassnacht)

In der Abbildung 77 werden diese Zusammenhänge grafisch dargestellt. In der oberen Grafik finden sich die Preisgeraden, deren Schnitt mit der Fixkostengeraden die Break-Even-Mengen ergibt, unten werden die Break-Even-Mengen in Abhängigkeit vom Preis gezeigt.

Die Kurve gibt auf einfache und schnelle Art Auskunft, ob eine angestrebte Preis-Mengen-Kombination profitabel ist oder nicht. Dazu sollte sie rechts bzw. oberhalb der Break-Even-Kurve liegen. Bei Vorliegen der Preis-Absatzfunktion kann die DB-optimale Absatzmenge bestimmt werden.

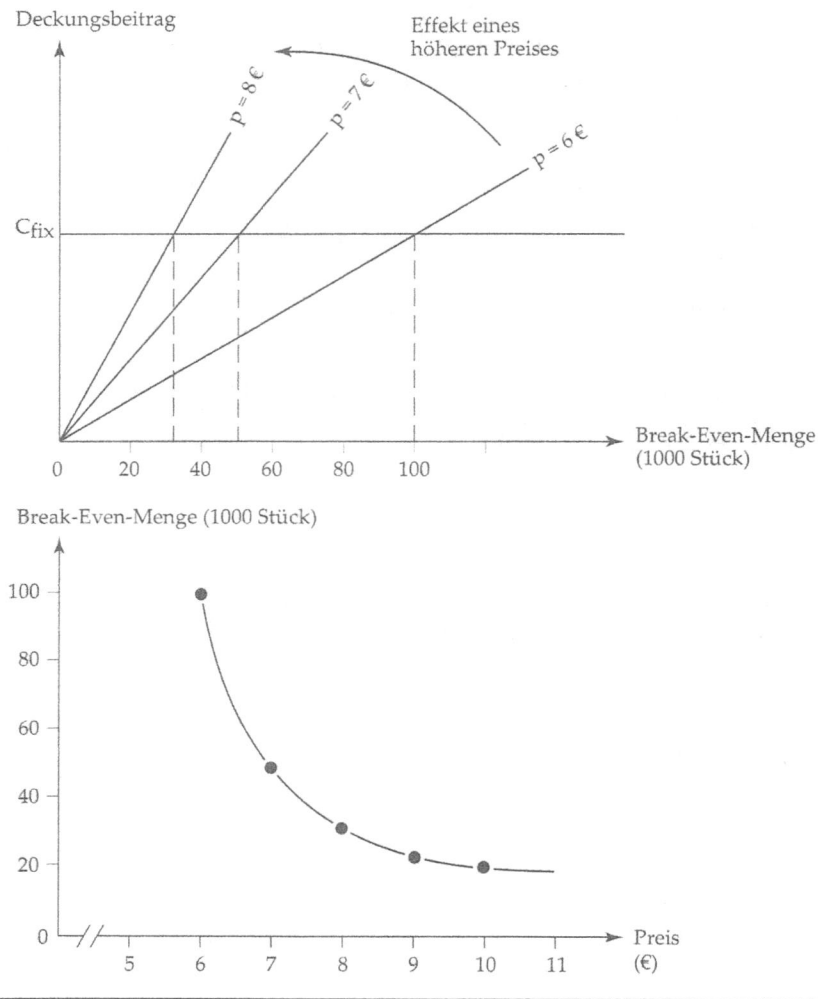

Abbildung 77: Break-Even in Abhängigkeit vom Preis (Simon/Fassnacht)

Der Wettbewerb: Wettbewerbsorientierte Preisbildung

Das im Markt vorherrschende, durch einen Wettbewerber gesetzte Preisniveau wird zur Basis der eigenen Preispositionierung. Diese Art der Preisbildung ist in der Praxis besonders dort anzutreffen, wo es sich um vergleichbare Produkte handelt. Das sind z. B. Strom, Heizöl, Sprit im Konsumentenmarkt, im B2B sind das die so genannten Commodities wie Salzsäure, Methylen, Monostyrol, Getreide, Standardstahl und Energien.

Vergleichbare Produkte, Commodities In solchen Situationen gibt typischerweise der Markt- und Preisführer das Preisniveau vor. Die kleineren Anbieter folgen, weshalb dieses Vorgehen als Preisfolgerschaft bezeichnet wird.

Diese Wettbewerbskonstellation kann durchaus stabil und profitabel sein, wenn der Preisführer seine Rolle mit dem Ziel der Gewinnoptimierung ausübt und die Preisfolger der Versuchung kurzfristiger Vorteile widerstehen. Es entsteht ein inoffizielles Quasi-Kartell. Dessen Fortbestand wird nur gefährdet durch neue Anbieter, zusätzliche Kapazitäten oder Substitutionsprodukte.

Aus einem Projekt ist mir eine Situation bekannt, in der die Preisfolger den Preisführer in die Pflicht genommen haben, seiner Rolle gerecht zu werden und die Preise zum Wohle aller Anbieter in jenem Oligopol anzuheben. Es hat funktioniert.

Rolle des Preisführers

Eine Sonderform besteht darin, eine Preisnische zu besetzen. Innerhalb des relevanten Segmentes oder am oberen oder unteren Rand kann eine Preisposition besetzt werden, die noch kein anderer Anbieter innehat.

Am besten arbeitet diese Methode, wenn durch die neu besetzte Preisposition zusätzliche Abnehmer gewonnen werden können. Wenn z. B. ein Preis über den bisherigen Anbieter gewählt wird und Käufer aufgrund der unterstellt besseren Leistung nachfragen, wird keine Wettbewerbsreaktion erfolgen. Das Gleiche gilt für unterdurchschnittliche Preise, die einen bisher nicht gedeckten Bedarf abdecken.

Handelt es sich um Güter, die nicht homogen sind, wird die wettbewerbsorientierte Preisbildung aufgrund der Kreuzpreiselastizität getroffen. Sie beschreibt die relative Veränderung der Nachfrage nach dem einen Produkt als Reaktion auf die relative Veränderung des anderen Produktes. Bsp.: bei steigenden Spritpreisen erhöht sich die Nachfrage nach Bahnreisen.

Der Kunde: Nutzenorientierte Preisbildung

Diese Form der Preisbildung strebt an, den vom Käufer wahrgenommenen Nutzen einer Leistung zu erfassen und die daraus resultierende Zahlungsbereitschaft zu ermitteln. Den Vorteil im Vergleich zu einem kostenbasierten Verfahren demonstriert folgendes Beispiel:

Ein IT-Dienstleister wurde um ein Angebot für einen Anwender Help Desk und vor Ort Betreuung bei Hard- und Softwareproblemen gebeten. Die monatlichen Kosten wurden auf €15 000 geschätzt. Üblicherweise kalkulierte der Anbieter mit einem Aufschlag von 20 %, ergäbe €18 000 als Preis. Da man sich schon lange kannte und der IT-Leiter offen war, kamen Kosten beim Kunden von ca. €22 000 zutage. Man einigte sich schließlich bei €20 000, immerhin gut 11 % über Cost-Plus, die direkt dem Gewinn zugutekamen.

Im Beispiel ist die Ermittlung der Zahlungsbereitschaft ganz einfach. Bei neuen Produkten, individuellen Lösungen und vielfältigen Leistungsmerkmalen wird dies jedoch sehr schwierig und ergibt eine wenig valide Entscheidungsgrundlage. Ein Verfahren, welches nun hilfreich sein kann, ist die Conjoint-Analyse oder Conjoint Measurement.

Conjoint-Analyse

Dabei werden Personen nicht direkt nach dem akzeptablen Preis befragt, sondern nach verschiedenen Produkt-Merkmal-Preis-Profilen. Diese entstehen dadurch, dass verschiedene Merkmalsausprägungen kombiniert werden. In einem Projekt, welches ich mit einer Beratung durchgeführt habe, wurden die in der Tabelle 35 aufgeführten Merkmale und Ausprägungen definiert.

Merkmal	Ausprägung 1	Ausprägung 2	Ausprägung 3
Qualität	Minimum: Gesetzliche Auflagen erfüllt	Minimum »Plus«: Einige zusätzliche Zertifikate	Best-in-Class: Alle, inkl. aller internationalen Zertifikate, In-Process-Control und Statistik
Preis	€ 18/kg	€ 23/kg	€ 28/kg
Service	Low	Medium	High
Lieferant	Imitator	Anderer westlicher Lieferant	Marktführer

Tabelle 35: Beispiel von Produkt-Merkmal-Preis-Profilen

Für Qualität waren die verschiedenen Level anhand der einzelnen Zertifikate genau definiert, Service wurde aufgegliedert in Innovationszusammenarbeit, technischen Service (Beratung der Anwender, bei Zulassungsfragen, Analytik), Kundenservice (Ansprechbarkeit, After-Sales-Service, Auftragsbearbeitung) und Logistik.

Befragten fällt es meistens leicht, ein Ranking zu erstellen.

Aus den vielen Kombinationsmöglichkeiten wurde eine Auswahl von neun Profilen getroffen. Diese wurden von den Befragten, ca. 10 Personen von jedem Key Account, in eine Reihenfolge einsortiert, wobei auch anzugeben war, welcher Rang nicht mehr akzeptabel war.

Es ergaben sich die Abbildung 78 gezeigten Nutzenfunktionen [utiltiy = Nutzen, max. 100, min 0].

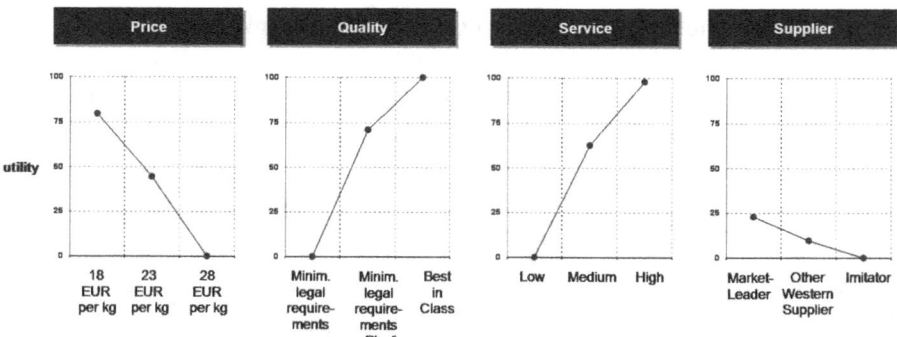

Abbildung 78: Nutzenfunktionen

Sie erkennen aus den vier Einzelgrafiken, dass Qualität und Service jeweils mehr Nutzen bieten als der Preis, während der Lieferant fast unerheblich ist. Der Auftraggeber war der Marktführer und hat diese Studie im Zusammenhang einer Patentauslaufstrategie in Auftrag gegeben. So wurden besonders die Chancen der Preisdifferenzierung gegenüber Imitatoren berechnet. Die Profile ergaben verschiedene Szenarien. Darin wird der Marktführer, der Best-in-class-Qualität und hohe Service-Performance bietet, mit vier möglichen Konkurrenzszenarien verglichen (Abbildung 79).

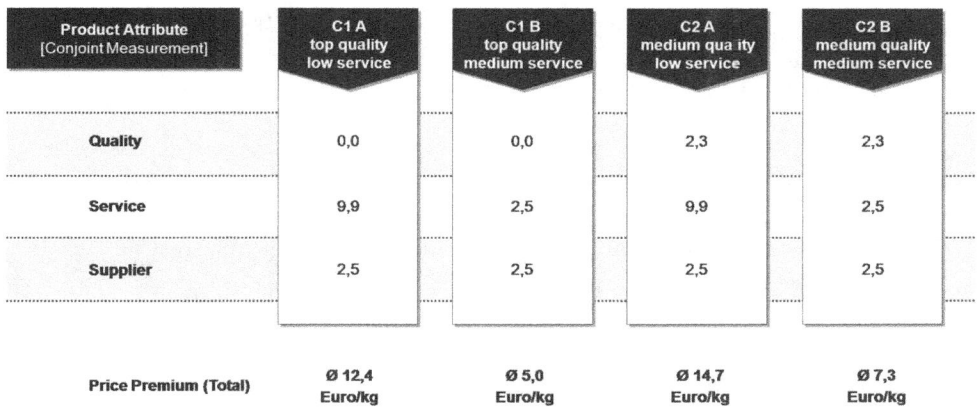

Abbildung 79: Preispremium des Marktführers gegenüber dem Imitator

Zum Betrachtungszeitraum waren weder Qualität noch Service der Imitatoren als »top« zu bezeichnen, mit Wohlwollen »medium«. Jedoch waren Verbesserungen möglich, also waren kurzfristig € 12,4 bis € 14,7 realistisch, langfristig musste der Marktführer sich auf € 5 bis € 7,3 einstellen oder zusätzliche Leistungsmerkmale schaffen.

Aufwendig, dafür sehr aussagekräftig

Die Conjoint-Analyse bringt wertvolle Erkenntnisse und kann in der Befragung verknüpft werden mit einer Kundenzufriedenheitsmessung oder Anforderungserhebung. Die dahinter liegenden statistischen Verfahren sind anspruchsvoll, können aber bei Experten beauftragt werden.

Unabhängig von der Methodenwahl, die Ihrer Preisbildung am besten dient, ist die Anwendung mindestens einer weiteren zu empfehlen, denn Ihr Markt besteht immer aus Kunde, Wettbewerb und Ihnen als Lieferant.

Praxistipp

Die Durchführung einer Conjoint-Analyse empfiehlt sich für neue Leistungen und lohnt sich für Ihre wichtigsten Ergebnisträger. Das Offenlegen der Ergebnisse bei Ihrem KA ist für die Geschäftsbeziehung von unschätzbarem Wert:

- Die Ansprechpartner erleben, dass ihr Zeitaufwand wertgeschätzt wird.

- Die Erkenntnisse und Maßnahmen, die Sie ableiten, dokumentieren Ihr Commitment mit Ihrem Schlüsselkunden.
- Anlässlich der Präsentation lernen Sie die Nutzenerwartungen Ihrer Kontakte noch besser kennen.
- Vertrauen wird auf- oder ausgebaut.

Preisdifferenzierung

Alle gleich behandeln oder jedem das Seine? Im ersten Fall verlagert sich keine Nachfrage von der höheren Preislage in die niedrigere (sogenannte Arbitrage), Kunden, die nach dem Kauf die Ware auf anderem Wege billiger finden und verärgert sind, gibt es nicht und schließlich ist das Preismanagement einfach zu handhaben.

Zahlungsbereitschaft abzuschöpfen Differenzierte Preise hingegen erlauben Ihnen, unterschiedliche Zahlungsbereitschaften abzuschöpfen und damit Ihren Gewinn zu steigern. Es ist mittlerweile erwiesen, dass so höhere Gewinne realisierbar sind, und es wird daher vielfach praktiziert.

»Die Preisdifferenzierung ist der Absatz des Produktes eines Anbieters zu unterschiedlichen Preisen durch Marktsegmentierung. Die Preisdifferenzierung kann räumlich, zeitlich, personell, materiell, quantitativ oder qualitativ erfolgen« (Quelle: Wirtschaftslexikon24.de).

Die Ziele der Preisdifferenzierung in Bezug auf die Marktteilnehmer zeigt die Abbildung 80.

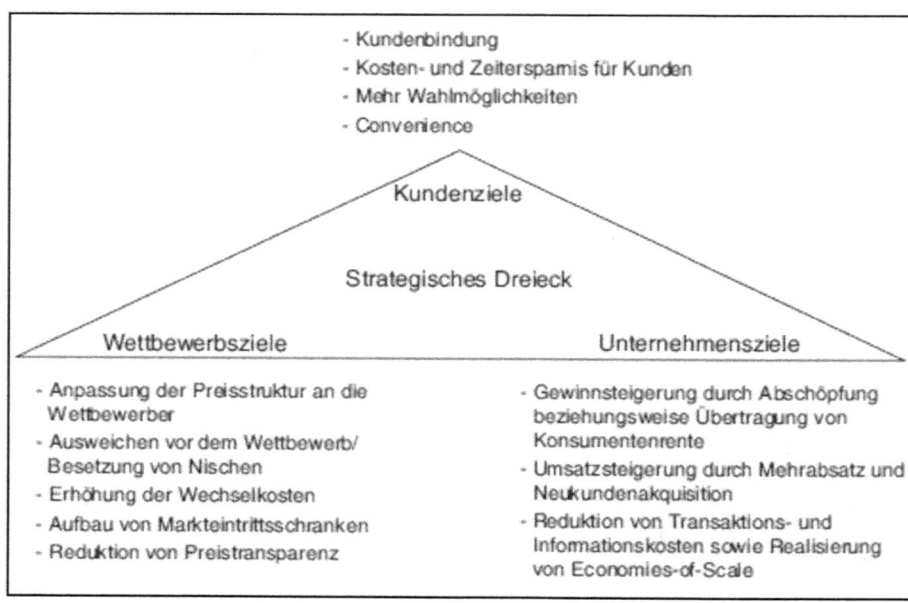

Abbildung 80: Ziele der Preisdifferenzierung (Simon/Fassnacht)

Verschiedene Vorgehensweisen stehen für die Preisdifferenzierung zur Verfügung. Deren Wirksamkeit hängt einerseits davon ab, ob sie die Segmente unterschiedlicher Zahlungsbereitschaft gut voneinander abschirmen, andererseits soll Ihr Einsatz nicht mehr Aufwand als Nutzen verursachen. Schließlich müssen die Instrumente auch rechtlich zulässig sein. Das Gesetz gegen den unlauteren Wettbewerb (UWG) begrenzt die Bandbreite von Preisunterschieden, um Diskriminierung von Käufern auszuschließen.

Folgende Vorgehensweisen bieten sich an:

- Preisindividualisierung: Der Preis wird individuell verhandelt.
- Gegenleistungsbasiert: Rabatte und Boni mit Bezug zur Menge, Mengenwachstum, Lieferanteilen, Auftragsgrößen, Wiederkaufrate etc.
- Leistungsdifferenzierung.
- Produkt: Das Produkt wird leicht modifiziert, ohne dass ein gänzlich anderes Produkt entsteht.
- Verpackung: z.B. verschiedene Größen.
- Marke: z.B. Chrysler – Dodge, Markenartikel – Handelsmarke.
- Service: Internetbanking vs. persönliche Beratung.
- Lieferung: 24h oder mehrere Tage.
- Preisbündelung: Zusammenfassung verschiedener Leistungen in einem Bündel mit einem Preis, z.B. Laptop + Dock-In + Software + Servicevertrag.
- Zahlungskonditionen und Finanzierungsmodelle.
- Preisbündelung, Pauschalangebote.

Implementierung: Den Preis realisieren!

Nachdem Sie die Zahlungsbereitschaft Ihrer Kundensegmente ermittelt haben, Ihre Preisidee auf wirtschaftliche Machbarkeit überprüft und mit der Konkurrenz verglichen haben, steht Ihr Preis nun fest. Er sei hier als der Zielpreis bezeichnet.

Der Zielpreis ist Ausgangspunkt für verschiedene Anpassungen. Es ergibt sich folgende Systematik (siehe Abbildung 81):

- A: Zielpreis: enthält alle Betrachtungswinkel Kunde, Unternehmen und Wettbewerb.
- B: Preisdifferenzierung je nach Zahlungsbereitschaft des Käufersegmentes.
- C: Preislimit gestaffelt nach der Abnahmemenge.
- D: strategische Kunden, denen ein Preis unterhalb des Limits eingeräumt wird.
- E: Preisuntergrenze (PUG), die nur in Ausnahmefällen und mit Genehmigung von Geschäfts- oder Vertriebs- bzw. Marketingleitung gewährt werden darf.

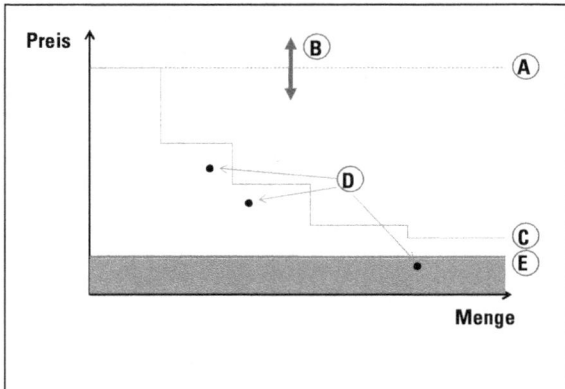

Abbildung 81: Preisspielraum

Preisuntergrenze (PUG)
Die Preisuntergrenze (PUG) ergibt sich aus den Kosten und dient dazu, die Profitabilität des Unternehmens zu sichern. Die Preisuntergrenze ist also der niedrigste Preis, zu dem eine Leistung noch angeboten werden kann, ohne in die Verlustzone zu geraten.

Die Grafik zeigt jedoch einen Kunden mit großer Menge, dessen Preis unterhalb der PUG liegt. Das erklärt sich aus dem Betrachtungszeitraum:

- Kurzfristige PUG: basiert auf den variablen Stückkosten.
- Langfristige PUG: gesamte Stückkosten.

Preislisten
Es empfiehlt sich, den Preisspielraum in Form von Preislisten klar zu definieren. Oftmals trägt die Marketingabteilung die Verantwortung für die Definition der Preise und die Erstellung der Preislisten, der Vertrieb arbeitet damit beim Kunden. Die Klärung der Rollen und Verantwortlichkeiten von Marketing und Vertrieb und deren Zusammenarbeit ist Voraussetzung für einen wirkungsvollen Umgang mit dem Preisspielraum.

Die Preise für die Key Accounts werden im Rahmen der einzelnen Account-Strategien definiert und abgestimmt. Daneben ist es sinnvoll, die Preise aller Key Accounts zu vergleichen, Leistungs- und Mengenaspekte einzubeziehen und auf Konsistenz zu achten.

Preisfeinsteuerung und -Individualisierung kann durch verschiedene Preis-Incentives erreicht werden:

- **Freimengen, »Muster«:** entfalten positive Wirkung, wenn sie zusätzlichen Bedarf generieren und nicht gekaufte Mengen ersetzen. Letzteres wirkt wirtschaftlich wie ein Preisnachlass, lässt allerdings optisch den normalen Preis unverändert.
- **Konsignation, VMI:** hilft bei der Kundenbindung, erhöht Ihr Umlaufvermögen und verursacht Finanzierungskosten. Der Kunde profitiert von einfacherer Handhabung des Beschaffungsvorgangs und einer Zahlungszielverlängerung.

- **Zahlungskonditionen:** Ein längeres Zahlungsziel kann Ihrem Kunden in zweifacher Weise nützen. Je nach dessen Finanzierungskosten, z. B. 6 % p. a. Fremdfinanzierungszinssatz, bedeuten 30 Tage mehr 0,5 % Ersparnis. Des Weiteren schont es in den zusätzlichen Tagen die Liquidität des Kunden. Es ist jedoch zu bedenken, dass eine Verlängerung mühsam rückgängig gemacht werden kann und typischerweise das ganze Sortiment bei diesem Kunden umfasst, also möglicherweise auch Produkte, die schon an der PUG gepreist sind.

Die Preisdurchsetzung ist Gegenstand der Verhandlungen mit dem Kunden, das Preis-Controlling wird in Kapitel 7 behandelt.

Nutzen professionellen Preismanagements

Neben dem alles überragenden Nutzen der höheren Profitabilität bringt ein professionelles Preismanagement bessere Differenzierung, Systematik und Transparenz. Dies äußert sich in:

1. Wissensmanagement:
   - Gegenwärtige Preise werden systematisch erfasst und strukturiert.
   - Kunden-, Wettbewerbs- und Kostenaspekte werden ausreichend berücksichtigt.
   - Segmentspezifische Differenzierung erlaubt die gezielte Bearbeitung und Schaffung von Kundenzufriedenheit.

2. Verhaltenseffekte:
   - Bei klarer Aufgabenverteilung zwischen Marketing und Vertrieb entsteht mehr Effizienz auf der Absatzseite des Unternehmens.
   - Gemeinsame Verantwortung für das Instrument Preis verbessert die Kooperation und Motivation.
   - Klare Vorgaben (Preisliste) und Spielregeln geben größere Sicherheit im Umgang mit dem Kunden, was der wohl zu schätzen weiß. Auch für die Vertriebsmannschaft und das Key Account Team wirkt dies motivierend.

> Wissen, Verhalten und Ökonomie profitieren von gutem Preismanagement

3. Ökonomische Effekte
   - Höhere Profitabilität erlaubt Ressourcen zum Erhalt und Ausbau von Wettbewerbsvorteilen. Erfolg wird nachhaltig. Davon profitieren das Unternehmen, die Kunden und die Mitarbeiter.

Praxistipp

Als ergebnisverantwortlicher Key Account Manager brauchen Sie Pricing-Kompetenz. Verschaffen Sie sich also Handlungsspielräume und -Verantwortung innerhalb Ihres Unternehmens. Zum Kunden hin brauchen Sie Überzeugungskraft aufgrund überlegener Leistungen und ebensolcher Verhandlungsfähigkeit. Fundiertes Training dazu bringt exquisiten Return-on-Investment!

4.2.5 Operative Ressourcen, Planzahlen

Die im Kapitel 2.2. behandelten Ressourcen wurden aus dem strategischen Kontext betrachtet und als Voraussetzung für Kernkompetenzen. Bei den operativen Ressourcen geht es um die Fragen »Wer macht's?« und »Was kostet's?«

Im Abschnitt 4.2.4.1 sind Beispiele von Handlungsoptionen gezeigt worden. Die Optionen 1 bis 3 sind dem Marketing und Vertrieb zuzuordnen und mit bestehender Personalausstattung darstellbar. Für die Option 4 »zusätzliche Serviceangebote« zeichnet der technische Service verantwortlich und braucht dafür eventuell zusätzliche Manpower.

Da hinter jeder Aktivität ein Verantwortlicher steckt, ist die Zuordnung zu einer Person möglich. Unbedingt zu empfehlen ist, die Zuständigkeiten eindeutig zu definieren, umso mehr als der Key Account Manager das Team ohne disziplinarische Macht führt.

Im Zusammenwirken mit der jeweiligen Person kann der Key Account Manager die Einzelaktivitäten planen, Meilensteine festlegen und das Budget zuweisen. Dieser Maßnahmenplan mit einer detaillierten Liste ist Bestandteil des Kundenentwicklungsplans.

Ressourcen-Allokation Ressourcen haben die Eigenschaft, knapp zu sein. Es ist nicht ungewöhnlich, dass die Einzelbudgets das Gesamtbudget für den Schlüsselkunden übersteigen. Dann hilft dem Key Account Manager die Präferenzordnung der Szenarien, um bei niedriger bewerteten Optionen Mittel zu reduzieren, die dann den höherrangigen zugewiesen werden.

Für die Darstellung eignet sich eine einfache Tabelle mit den Spalten »Wer«, »Was«, »Bis wann« und »Budget« oder ein detaillierter Plan mit z. B. Prioritäten, Anfangs- und Enddatum jeder Aufgabe, Meilensteinen, möglicherweise in grafischer Darstellung wie einem Ganttchart. Wofür Sie sich entscheiden, hängt von der Komplexität ihres Planes und dem Reifegrad des Account-Teams ab.

Key Account Ergebnis Ziele, Maßnahmen und Budgets werden am Ende in einem Zahlenwerk ausgedrückt. Je nach verfügbaren Informationen und Systemen erreichen Sie mehr oder weniger detaillierte DB- oder Ergebniszahlen für den Key Account. Das Ziel ist, alle kundenspezifischen Kosten zu erfassen. So lässt sich langfristig sicherstellen, dass die KA-Bearbeitung profitabel ist.

In jeder Planung stellt sich die Frage nach dem Zeithorizont. Obwohl für das Account-Team die Aktivitäten des nächsten Jahres im Vordergrund stehen, reicht eine einjährige Planung nicht aus. Die Absatzplanung verlangt möglicherweise Kapazitätserweiterungen, diese wiederum Personal- und Finanzierungsbedarf. Solche Aufgaben haben einen mehrjährigen Zeithorizont und sind nur mit soliden langfristigen Zahlen umsetzbar. Daraus folgt, dass Sie mindestens für drei Jahre planen sollten.

Ein solcher Betrachtungszeitraum ermöglicht Ihnen dann eine wirkungsvollere Steuerung des Key Accounts. Messgrößen wie Kundenzufriedenheit, Customer Lifetime Value, Lieferantenbewertung sind erst wirklich aussagekräftig im Vergleich mehrerer Jahre (Tabelle 36).

	Lfd. Jahr (t_0)	t_1	$\Delta t_1/t_0$ in %	t_2	$\Delta t_2/t_1$ in %	t_3	$\Delta t_3/t_2$ in %
Menge							
Preis/St.							
Umsatz							
Versand + Verpackung							
Produkt-Kosten							
DB							
Direkt zurechenbare Vertriebskosten							
Direkt zurechenbare Marketingkosten							
Direkt zurechenbare F&E-Kosten							
Direkt zurechenbare Servicekosten							
Sonstige direkt zurechenbare Kosten							
Key Account Ergebnis							

Tabelle 36: KA-Planzahlen

Mit der Ausnahme der variablen Kosten sind nur solche Größen aufgeführt, die Key Account Manager und -Team selbst beeinflussen können. An erster Stelle Menge und Preis, z. B. über Szenario 1 Preisanpassung. Die direkt zurechenbaren Vertriebskosten werden durch die Szenarien verändert, die im letzten Schritt dem Vertrieb zugeordnet wurden, Szenario 4 mit zusätzlicher Anwendungsberatung findet sich bei den Servicekosten.

Direkte Zurechenbarkeit

Die Ermittlung dieser Daten stellt das Controlling oft vor große Herausforderungen. Dennoch sollte nicht darauf verzichtet werden. Dabei kommt es weniger auf äußerste Präzision an als auf eine realistische Größenordnung. Damit wird erreicht, dass z. B. kostenintensive Entwicklungskosten berücksichtigt werden. Wenn der Schlüsselkunde viel davon verlangt – was durchaus eine Chance darstellt –, brauchen Sie als Lieferant eine Gegenleistung. Das kann ein höherer Preis, größere Menge oder z. B. ein Forschungs- oder Beratungshonorar sein. Dann liefert die Zusammenarbeit beiden Parteien ein echtes Win-win.

Praxistipp

Potentiale ermitteln und dann entwickeln ist umso erfolgsrelevanter je bedeutsamer ein Kunde ist. Die größten Potentiale finden sich bei den Key Accounts. Darum verdient deren Analyse eine besondere Aufmerksamkeit und Tiefe. Neben den aktuell zugänglichen Potentialen sollen weitere, zukunftsweisende, innovative Ansatzpunkte gefunden werden, die für das eigene Unternehmen aufgrund der eigenen Kernkompetenzen erschlossen werden können. So lässt sich eine Position als »key supplier« erreichen/halten und damit ein Beitrag zur Zukunftssicherung des Unternehmens leisten. Die Elemente in diesem Kapitel sind dafür fundamentale Zutaten.

Praxistipp

Einige Erfolgsfaktoren helfen Ihnen bei Potentialermittlung und -Entwicklung:

- Scheuen Sie sich nicht, fehlende Information deutlich als solche zu markieren. Sie vermeiden Spekulationen, Falschaussagen und irreführende Schlussfolgerungen. Vermerken Sie Informationslücken in Ihrer To-do-Liste!
- Betrachten Sie dies als eine andauernde Aktivität. So werden Sie eine kontinuierliche Verbesserung erzielen.
- Beziehen Sie Ihre Kollegen ein. Die Informationsbasis wird breiter, Lösungen vielfältiger. Die Motivation zur Umsetzung steigt.
- Gleichen Sie die KA-Strategie mit der des Unternehmens ab. Damit sichern Sie Ihren Ressourcenzugang.
- Involvieren Sie Ihre Ansprechpartner beim KA. Commitment für die Umsetzung und Vertrauen steigen.
- Qualifizieren Sie sämtliche Information anhand der Relevanz für Ihr Geschäft. So behalten Sie den Fokus.

5 Menschen im Key Account Management

Die Menschen im Key Account Management sind in die Organisationsstruktur des Unternehmens eingebunden. Die Einordnung, die Zusammenarbeit, die Unterstützung und die Fähigkeiten sollen so gestaltet sein, dass sie der Realität auf Key Account Seite bestmöglich Rechnung tragen.

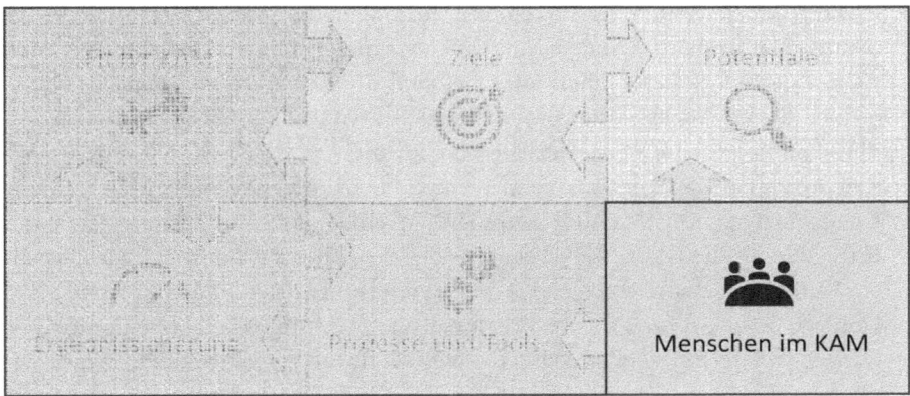

5.1 Key Account Management organisieren

5.1.1 Einflussfaktoren

Eine effektive Organisationsgestaltung bringt die Key Account Situation mit den internen Rollen und Verantwortlichkeiten in Einklang. Sie schafft die Voraussetzungen, dass die in der Unternehmens-, Vertriebs- und KAM-Strategie definierten Ziele erreichbar sind. Wie in jeder Organisationsentwicklung ist die gewählte Gestaltung ein »Enabler«[18], keine Garantie. Entscheidend für das Funktionieren des KAM ist, wie die Struktur mit Leben gefüllt wird, welche Zusammenarbeitskultur im Unternehmen herrscht und mit welcher Einstellung die handelnden Personen zu Werke gehen.

Die Einflussfaktoren auf Kundenseite:

- **Größe und Struktur:** Je größer ein Key Account ist, desto detaillierter und spezialisierter ist seine Organisation strukturiert. Sie haben es möglicherweise mit unterschiedlichen produkt- oder anwendungsorientierten Bereichen zu tun sowie mit verschiedenen Entscheider-Gremien und -Funktionen im Einkaufsprozess. Wenn beispielsweise ein großer, an mehreren Standorten operierender Key Account zentrale Rahmenverträge schließt, die tatsächliche Beschaffung hinsichtlich Spezifikation, Menge, Lieferdetails den lokalen Standorten überlässt, braucht der Key Account Manager neben seiner zentralen Aufgabe die Unterstützung vor Ort.

Organisation als Enabler

---

[18] Möglichmacher, Treiber, Befähiger, Hilfsmittel für Zusammenarbeit und Produktivität

- **Anzahl und regionale Vielfalt an Standorten:** Je größer die Anzahl der Standorte des Key Accounts, desto mehr ist der Vertrieb in den Regionen, bei internationalen Key Accounts in den Ländern in die Betreuung involviert.

Die Einflussfaktoren auf Unternehmensseite:

- **Anzahl der betreuten Key Accounts:** Je größer die Anzahl der als Key Accounts qualifizierten Kunden ist, desto eher bietet sich eine auf diese Kunden spezialisierte Vertriebseinheit an. Dort sind die Key Account Manager eingeordnet. Deren Anzahl steigt proportional zur Anzahl der Schlüsselkunden.
Eine häufig gestellte Frage bezieht sich auf die Anzahl der Key Accounts pro Key Account Manager. Ich kenne einige Global Key Account Manager, die einen einzigen Key Account betreuen. In einer globalen Business Unit der BASF, die für die Global Key Accounts des Bereiches zuständig ist, wird jeweils ein Kunde von einem globalen KA Manager verantwortet. In den Regionen und Ländern wird er vor Ort von Regional Key Account Managern unterstützt. Diese Kunden sind so bedeutend, dass der Aufwand gerechtfertigt und notwendig ist.
Am anderen Ende der Skala begegnen mir Key Account Manager, die zehn und mehr »Key Accounts« bearbeiten. Das lässt keine adäquate Intensität der Betreuung zu. Es stellt sich die Frage, ob die Auswahl engmaschig genug ist. Nach meiner Erfahrung sind zwei bis vier Schlüsselkunden eine Anzahl, die ein Vollzeit-Key-Account-Manager gut handhaben kann.
- **Leistungsbreite und -Tiefe Ihres Unternehmens für den Key Account:** Einem schlanken Leistungsangebot können Sie Rechnung tragen, indem das Key Account Management in oder nahe am Vertrieb der Produkteinheit angesiedelt ist. Je breiter das Angebot, möglicherweise aus mehreren Bereichen mit Cross-Selling-Potential, desto größer wird die Betreuungskomplexität, der Koordinationsaufwand etc. Dem entsprechend sollte der Key Account Manager so eingeordnet und ausgestattet sein, dass er die besonderen Herausforderungen meistern kann.
- **Größe, Struktur und Standorte:** Es besteht eine gewisse Korrelation zwischen Unternehmensgröße und Personalausstattung. In kleineren Firmen treffe ich daher häufiger Vertriebsmitarbeiter, die sowohl Schlüssel- als auch andere Kunden bearbeiten. Auch die regionale Reichweite ist geringer. Der Key Account Manager ist dann oft auf sich gestellt, erfährt keine gesonderte Unterstützung von Fachexperten für seine Schlüsselkunden. Die organisatorische Einbettung liegt dementsprechend bei den anderen Vertriebskollegen.
In größeren Strukturen lassen sich Key-Account-spezifische Einheiten schaffen, die entweder unterhalb oder neben der jeweiligen Vertriebsleitung angesiedelt sind. Mischformen sind möglich, insbesondere bei länderübergreifenden Kunden.

Aus den Einflussfaktoren ergeben sich folgende Grundfragen:

1. Institutionell oder funktionell?

Die Frage zielt auf die Entscheidung, ob Ihr Key Account Management in einer eigens dafür geschaffenen Einheit organisiert wird – institutionell – oder Teil bestehender Organisationsformate wird – funktionell. Die Erläuterung dieser Begriffe zeigt die Abbildung 82.

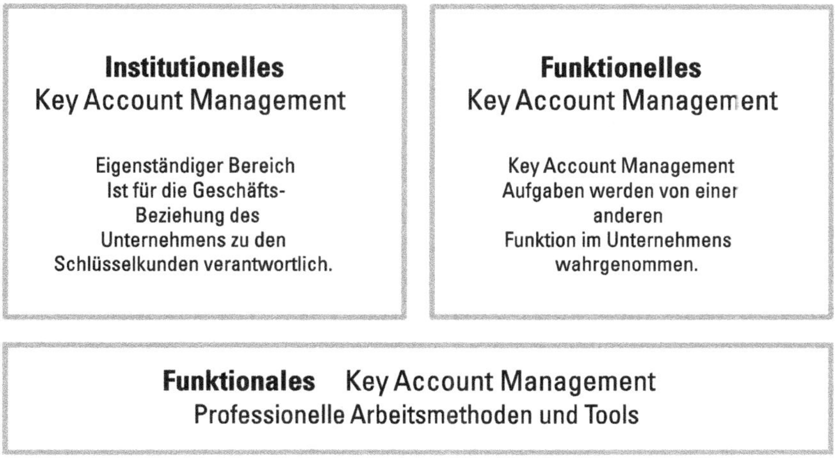

Institutionelles Key Account Management	**Funktionelles Key Account Management**
Eigenständiger Bereich Ist für die Geschäfts-Beziehung des Unternehmens zu den Schlüsselkunden verantwortlich.	Key Account Management Aufgaben werden von einer anderen Funktion im Unternehmens wahrgenommen.

Funktionales Key Account Management Professionelle Arbeitsmethoden und Tools

Abbildung 82: Institutionelles und funktionelles KAM (Sieck 2016, S. 128)

In Abhängigkeit von der Unternehmensgröße und Internationalität gewinnt diese Abwägung an Bedeutung. In einer zentralen Gestaltung gibt es eine dedizierte KAM-Einheit. Deren Leiter führt mehrere KA-Manager oder internationale/globale KA-Manager. Die wiederum sind allumfassend für ihre Schlüsselkunden verantwortlich. Mit der Regionalorganisation, in deren Zuständigkeit der KA seinen Sitz hat, sind sie weder fachlich noch disziplinarisch verbunden, nehmen aber oft lokale Unterstützung in Anspruch, z. B. IT, Personaladministration, Räumlichkeiten.

Eine zentrale KAM-Einheit verfügt oft über bestimmte eigene Ressourcen. Am häufigsten ist hier der Innendienst anzutreffen, gefolgt von technischem Service und anderen. Seltener sind strategische und KAM-spezifische Qualitätssicherungsfunktionen zu finden. In dieser Organisationsform kann das KAM einen starken und konsistenten Ansatz realisieren. Die Akzeptanz bei den regionalen Kollegen ist eher gering. **Institutionelles KAM**

Besonders kritisch ist die Phase der Einführung dieser Organisations-Variante. Die Key Accounts werden aus den vorherigen Vertriebsteams herausgelöst und dem KAM-Team übergeben. Das bedeutet Umsatzrückgang und den Verlust attraktiver und imageträchtiger Kunden. Der Flächenvertrieb fühlt sich dadurch degradiert, Folgen sind Motivationsverlust und Animositäten. Es braucht in dieser Phase besonderes Fingerspitzengefühl und Kompensation.

Die Vor- und Nachteile des institutionellen KAM zeigt die Tabelle 37.

	Vorteile	Nachteile
Institutionelles Key Account Management	+ Einheitliche und konsequente Anwendung der KAM-Strategie + Effektive Steuerung aller Key Account Manager + Kongruenter Betreuungsansatz für alle Key Accounts + Passgenaue Besetzung der Positionen	- Fehlende Abstimmung mit Flächenvertrieb - Wenig bis kein Support vor Ort - Animositäten zwischen Flächenvertrieb und KAM - Friktionen in der Einführungsphase

Tabelle 37: Vor- und Nachteile des institutionellen KAM

Funktionelles KAM Dezentral angeordnete KAM-Organisationen kommen in Betracht für kleinere Unternehmen oder Business Units. Sie werden auch genutzt in der Einführungsphase von KAM, um den Ressourcenaufwand und das Risiko gering zu halten. Die handelnden Personen sind näher dran am lokalen Geschehen, eine einheitliche Marktbearbeitung vor Ort, Austausch und Lernen sowie gegenseitige Unterstützung lassen sich leicht bewerkstelligen.

	Vorteile	Nachteile
Funktionelles Key Account Management	+ Geeignet für kleinere Unternehmen und für die Einführung von KAM + Gute Einbindung vor Ort + Ressourcenschonend + Wissensaufbau in der Region	- KAM kommt als Zusatzaufgabe dazu - Kompetenzprofil im Flächenvertrieb reicht für KAM üblicherweise nicht aus. - Weiterentwicklung des KAM findet aufgrund der Dezentralisierung nicht statt.

Tabelle 38: Vor- und Nachteile des funktionellen KAM

Auch der Standort der KAM-Leitung und des KA-Managers lässt sich zentral oder dezentral organisieren. Je mehr Abstimmungsbedarf mit Abteilungen und Kollegen in der Firmenzentrale besteht, desto eher ist der KA-Manager dort anzusiedeln. Auch wenn er einige geografisch verteilte Key Kunden verantwortet, kann der zentrale Firmensitz die ökonomischere Variante sein. Im internationalen Kontext findet sich oft der internationale oder globale KA-Manager (IKA-Manager/ GKA-Manager) entweder in der Zentrale oder in der Nähe des Entscheidungszentrums des Kunden, eventuell stellt dieser sogar Räume zur Verfügung. Zwischen KAM-Leitung und den verschiedenen Levels der KA-Manager sind Kombinationen aus zentral und dezentral verbreitet.

> **Praxistipp**
>
> Key Account Management und Flächenvertrieb sind grundsätzlich unterschiedliche Arbeitsweisen. Auch die Werthaltigkeit der Kunden ist deutlich verschieden. Es empfiehlt sich, dem durch die Einrichtung eines institutionellen KAM Rechnung zu tragen.

2. Hierarchisches Level

Die Einordnung auf einer bestimmten organisatorischen Ebene bildet einerseits die Wichtigkeit der Key Accounts und deren Erfolgsbeitrag ab, andererseits wird Vergleichbarkeit zwischen Verantwortungsbereichen hergestellt und schließlich gehen mit höheren Ebenen umfangreichere Zugriffsmöglichkeiten einher. Verlangt der KA vom Lieferanten eine Betreuung über Regionen und/oder Business Units hinweg, so hilft dem KA-Manager ein höheres hierarchisches Level beim Alignment der internen Mitstreiter.

Regionale Key Accounts werden tendenziell innerhalb der Vertriebsorganisation vor Ort bearbeitet, der KA-Manager ist dann gut an vergleichbarer Stelle zu seinen Vertriebskollegen aufgehoben.

Die Einordnung der Mitarbeiter sollte in erster Linie die Verantwortung reflektieren und nicht Personalpolitik.

Die hierarchische Aufhängung des KAM entfaltet des Weiteren ihre Wirkung bei der Rekrutierung der Mitarbeiter. Je höher die organisatorische Ebene, desto deutlicher wird die Wichtigkeit des KAM und die Erwartungen daran signalisiert. Dem entsprechen die beruflichen und gehaltlichen Perspektiven, womit die besten Talente gewonnen werden können, um die werthaltigsten Kunden zu verantworten.

> **Praxistipp**
>
> Es gilt die folgende Faustregel für die hierarchische Einordnung: Je mehr Länder/Regionen und je mehr Business Units jeweils beim KA und in Ihrer Firma betroffen sind und je mehr interner Koordinationsaufwand besteht, desto höher in der Hierarchie sollte eine institutionelle KAM-Einheit aufgehängt sein. Damit wird auch ein starkes Signal über die Bedeutung des KAM in die gesamte Organisation gesendet.

> **Praxistipp**
>
> Bei der Entscheidung über die organisatorische Gestaltung und Eingliederung kann der Blick auf Ihre Key Accounts helfen. Wenn deren Entscheidungswege einerseits und Anforderungen an die Zusammenarbeit mit Ihrem Unternehmen andererseits durch Ihre Organisation angemessen abgebildet werden, dann ist sie zweckdienlich.

5.1.2 Gestaltungsmöglichkeiten

Die Einflussfaktoren und Grundfragen lassen sich in den in der Abbildung 83 dargestellten Grundtypen von Organisations-Modellen adressieren.

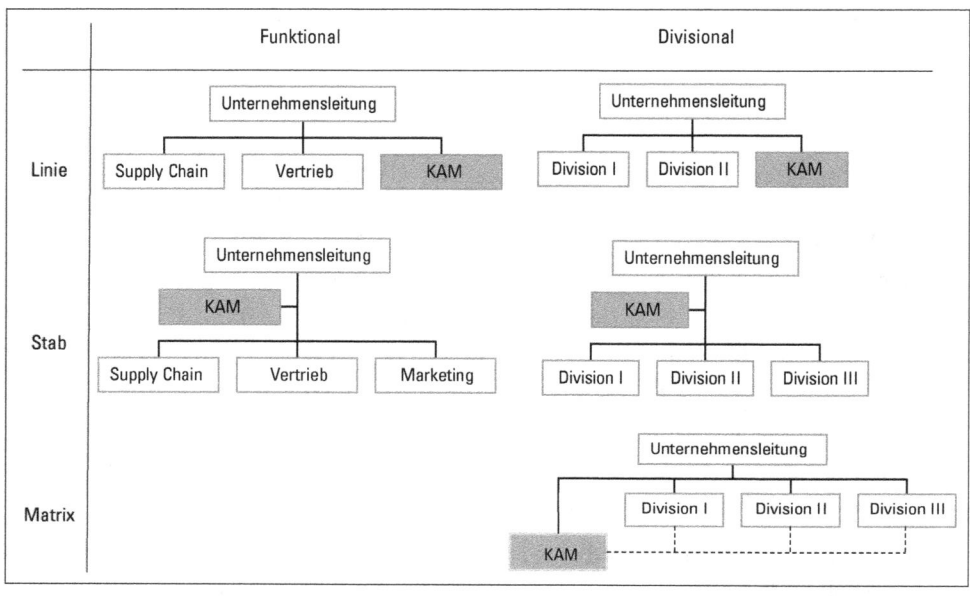

Abbildung 83: Organisationsmodelle für KAM

Diese Modelle zeigen institutionelle KAMs auf der zweiten Ebene, oder als Stab bei der Unternehmensleitung. In der Praxis finden sich darüber hinaus vielfältige weitere Varianten wie Mischformen, weitergehende hierarchische Detaillierungen sowie funktionelles KAM. Im Folgenden erläutere ich einige Kundenbeispiele mit deren Hintergründen und Vor- und Nachteilen.

Institutionelles KAM in einer funktionalen Organisation

Markt Deutschland Bei diesem Unternehmen handelt es sich um die Deutschland-Niederlassung eines internationalen Finanzkonzerns. Es vermarktet seine Finanzprodukte an Finanzberater, zu denen namhafte Unternehmen zählen. Um deren Umsatzpotential und Distributionskraft angemessen zu nutzen und sich gleichzeitig der eigenen Konkurrenz besser erwehren zu können, wurde das Key Account Management eingeführt.

Die Key Accounts sind unterschiedlich:

- **Zentrale Key Accounts**: Sie steuern aus ihrer Zentrale die gesamte Unternehmens- und Vertriebsstrategie. Sie wollen in der Zentrale mit den Lieferanten sprechen, ein direkter Kontakt vor Ort ist nur in Ausnahmefällen und mit Genehmigung der Zentrale möglich. Der jeweilige KA-Manager hat folgerichtig sein Büro im gleichen Ort oder zumindest im gleichen Bundesland wie der KA.

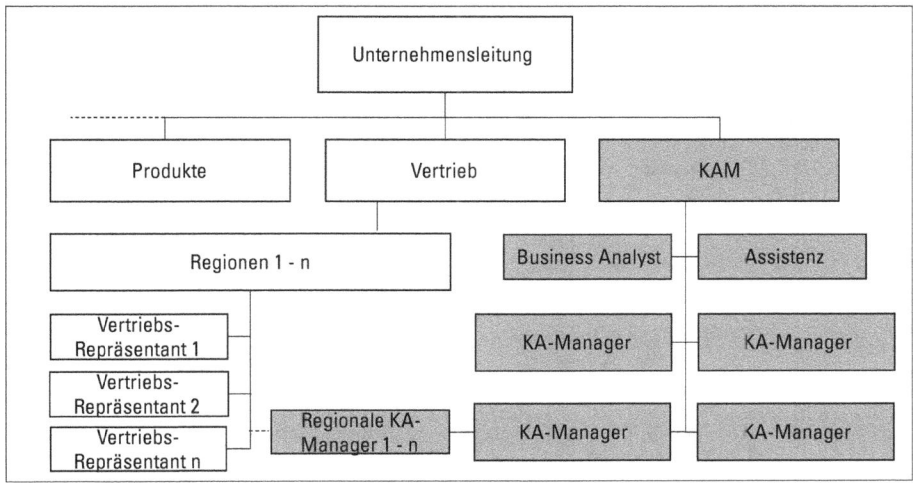

Abbildung 84: Kundenbeispiel Dienstleister B2B

Zentrale Key Accounts sind aus der geografisch zuständigen Regionalleitung herausgelöst. Der KA-Manager ist für alle Aspekte des Geschäftes verantwortlich. Falls zur Lösung von Kundenanliegen interne Einheiten Leistungen erbringen müssen, fungiert der Business Analyst als die Kommunikations-Drehscheibe.

- **Regionale Key Accounts**: Im Gegensatz zu den zentralen Key Accounts spielt bei den regionalen deren Zentrale eine untergeordnete Rolle in der Auswahl der Lieferanten. Die regionalen Geschäftsstellen dieser KAs verfügen über umfangreiche Autonomie. Das verlangt nach deren individueller Betreuung, um das eigene Angebot forcieren zu können. Ein persönlicher Ansprechpartner wurde als zwingend notwendig erachtet. Diese Rolle übernimmt einer der zentralen KA-Manager für die regionalen KAs. Er hat Zugriff auf ein Team von regionalen Mitarbeitern vor Ort, die regionalen KA-Manager. Diese arbeiten mit allen Geschäftsstellen der KAs, die sich in dem von ihnen betreuten Gebiet befinden. Sie stimmen sich bei Bedarf untereinander sowie mit den Kollegen vom Flächenvertrieb ab.
- **Bankenvertrieb**: Aus einer Marktstudie war hervorgegangen, dass Banken bis zum Jahr 2016 auf einen Marktanteil von 30 % wachsen würden, ein stetiger und verlässlicher Zuwachs von insgesamt 50 % gegenüber dem Jahr 2000. Darüber hinaus waren Banken der dominante Absatzkanal bei einer wichtigen und attraktiven Produktkategorie. Um diesen Markt erfolgversprechend bedienen zu können, übernahm ein KA-Manager die Verantwortung für die KAs im Bankensektor. Damit wurde von einem reaktiven, eher opportunistischen Vorgehen auf eine proaktive und individualisierte Bearbeitung umgestellt.

Das Key Account Management hat bereits wenige Jahre nach Einführung 25 % Umsatzbeitrag geleistet. Relativ zur Personal- und Budgetausstattung war das erwartungsgemäß vorteilhafter als beim Flächenvertrieb, der Unterschied fiel allerdings deutlicher aus als geplant.

Dieses Organisationsmodell bietet folgende **Vorteile** und **Nachteile**:

	Vorteile	**Nachteile**
Institutionelles KAM in einer funktionalen Organisation	+ Die Wichtigkeit der Key Accounts wird durch die eigenständige KAM-Einheit honoriert. + Einheitliche Vorgehensweise, Prozesse, Werkzeuge. + Klare Führungsstruktur und Durchgriff. + Durch den intensiven Austausch innerhalb der Einheit wurde das Best-Practise-Wissen ständig erweitert. + Die KAM-Einheit ermöglicht, Konzepte zu vervielfältigen und damit Economies of scale zu erzielen. Daneben besteht auch die Option, Kunden-individuelle Lösungen zu gestalten und für eine Zeit exklusiv mit einem KA zu vermarkten. + Die KAM-Leitung hat für ein konsistentes Fortbildungs-Programm mit vollständiger Präsenz des gesamten Teams gesorgt.	- KAM und Flächenvertrieb pflegen ein unabhängiges Nebeneinander. Einzelne Personen sind deutlich kritisch und praktizieren aktive Abschottung. - Austausch und Lernen zwischen KAM und Fläche findet nur sehr wenig statt, allenfalls dann, wenn direkte persönliche Kontakte dazu genutzt werden.
Fazit:	Im Ergebnis wird die gewählte Organisationsgestaltung dem Markt, den Key Accounts und dem Unternehmen gerecht. Die Erfolgsmessung wird ergeben, ob alle drei KA-Typen entsprechend ihrem Beitrag ausgestattet sind.	

Tabelle 39: Vor-/Nachteile Kundenbeispiel Dienstleister

Praxistipp

Vor der Einrichtung eines institutionellen KAM prüfen Sie, ob mit einiger Sicherheit ein Zuwachs bei Umsatz und Ergebnis zu erreichen sein wird, der den Mehraufwand dedizierter Mitarbeiter und Budgets rechtfertigt.

Funktionelles, kundenangepasstes KAM

Das Unternehmen produziert und vertreibt Ingredienzen für die Lebensmittelindustrie. Es stützt sich dabei auf zwei Produktlinien, von denen die größere für KAM geeignet ist, während die andere als Commodity zwar einige Großkunden hat, jedoch keine KAs.

Unter den Herstellern von Nahrungsmitteln und Getränken finden sich viele große globale potentielle Kunden, von denen zehn als Key Accounts ausgewählt worden waren. Auswahlkriterien waren Umsatzpotential, eine führende Position bei Neuproduktentwicklung und der »strategic fit«, insbesondere in Bezug auf Produktqualität und Bereitschaft zur Zusammenarbeit.

Die Key Accounts vereinigen knapp 40 % des Umsatzes auf sich, wovon der größte allein ca. 15 % beiträgt, gefolgt von einem Mittelfeld aus fünf Kunden mit jeweils etwa 5 % und einigen kleineren. Die Organisation bildet das ab, indem ein KA-Manager sich fast ausschließlich um den größten Account kümmert, etwa 10 % seiner Zeit ist einem kleinen KA gewidmet. Die Regionen- und der Marketingverantwortliche verantworten neben ihrer Funktion jeweils zwei KAs, Produktlinien-Marketing verantwortet einen KA. Eine hervorragende Unterstützung ist das Sponsoring durch Unternehmensleitung, Finanz- sowie Vertriebsleitung. Damit steht den KA-Verantwortlichen ein Sparringspartner und Coach zur Verfügung, eine Person aus dem Management-Team zur Unterstützung beim Kunden und ein »Ressourcen-Lieferant« für die Ausstattung der Zielerreichungsmaßnahmen.

Bei Einführung des KAM war der Kontakt zu den KAs komplett auf den KA-Manager konzentriert. Das hat sich aufgrund des Zeitaufwandes für die Betreuung der regionalen Niederlassungen nicht bewährt. Seit der Umstellung sind die Vertriebsressourcen vor Ort eingebunden. Ihre Zielvereinbarung wurde entsprechend erweitert, ihre Bonusregelung auch. Gleiches gilt für die Entwicklungsabteilung, da sie ein zentrales Element in der Differenzierungs- und Bearbeitungsstrategie darstellt.

Die Abbildung 85 zeigt die Organisation.

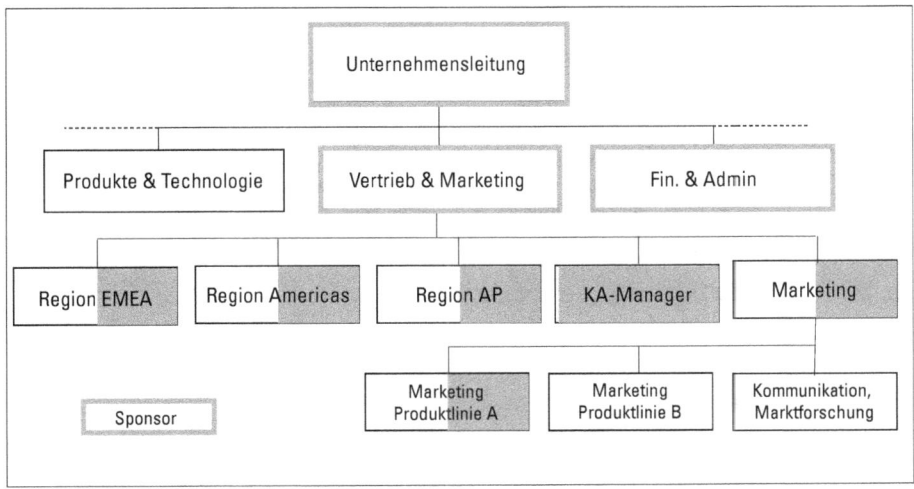

Abbildung 85: Kundenbeispiel Lebensmittel-Ingredienzen

Die Vor- und Nachteile:

	Vorteile	Nachteile
Funktionelles, kundenangepasstes KAM	+ Die unterschiedliche Bedeutung der KAs ist durch die Organisationsgestaltung angemessen reflektiert. + Gute Kundenabdeckung ist gewährleistet + Die maßgeblichen Leistungsträger sind in das KAM einbezogen. + Der Erkenntnisgewinn aus KAM kommt über die Doppelfunktion der Regionalleiter allen Kunden zugute. + Die Entwicklungsgruppe im Marketing sorgt für Kundennähe, Geschwindigkeit und Nutzenfokus bei der Erarbeitung von neuen Konzepten. + Top-Management Sponsoring hilft der Fokussierung auf KAs, der Planung und der Umsetzung. + Der Einbezug der lokalen Vertriebsmitarbeiter sichert ausreichende Abdeckung der Niederlassungen. + Der Informationsfluss aus den Regionen zu den Zentralen ist ein Mehrwert für das Buying Center. + Motivationsgewinn in den Regionen durch Einbezug bei den KAs.	- Die Doppelfunktionen bergen das Risiko der Bevorzugung eines Teiles der Kunden. - Erhöhter Koordinations- und Trainingsaufwand für die regionalen Vertriebsbeauftragten. - Die Komplexität der Führungsaufgabe der Ebene Region, Marketing nimmt zu.
Fazit:	Diese Organisation ist vielschichtig, das gesamt Management steht mit der ganzen Bandbreite von Kunden in Kontakt. Das verlangt Flexibilität, Ambiguitätstoleranz und besondere Führungskompetenz. Bei gelebten Werten Kundenorientierung, Vertrauen und Kooperativität ohne Silos lässt sich Kreativität, Geschwindigkeit und Lösungsqualität erreichen.	

Tabelle 40: Vor-/Nachteile Kundenbeispiel Lebensmittel-Ingredienzen

KAM in der Matrixorganisation

Die Matrixorganisation ist weitverbreitet. Jedoch gibt es auch vehemente Kritiker wie z. B. Fredmund Malik, der einen Verlust an Fokus bemängelt.

In diesem Beispiel wird ein Maschinenbauunternehmen betrachtet. Es ist global aufgestellt, eine Seite der Matrix sind die Regionen Amerika, Asien, Europa, dazu der Heimatmarkt Deutschland. Die andere Seite sind die Divisionen, die auf Anwendungsmärkte ausgerichtet sind, hier Automotive, General Industry, Consumer Goods etc. Historisch gewachsen war eine Division deutlich größer, dort war auch bereits ein Key Account Management etabliert.

Im Rahmen einer Aktualisierung der Unternehmensstrategie wurde entschieden, die anderen Bereiche stärker zu entwickeln sowie dort auch ein KAM einzuführen. Dabei wurden einige Erfahrungen aus der anderen Division genutzt, jedoch auch dort war noch viel Verbesserungspotential. Die KA-Auswahl wurde in Ermangelung eines festgelegten Auswahlverfahrens von einer Gruppe Manager topdown entschieden. Die Besetzung der KA-Manager-Positionen erfolgte in den Regionen.

KAM-Einführungsphase mit der Ausnahme einer Division

Über alle Divisionen wurden 30 KA ausgewählt. Sie sind alle nur einer Division zuzurechnen. Als durchgängiges Prinzip wurde der jeweilige Global KA-Manager am/nahe beim Headquarter des KA angesiedelt. Die regionalen und die globalen KA-Manager sind disziplinarisch jeweils in den Regionen angegliedert. Der GKA-Manager führt seine regionalen Kollegen fachlich. KA-Teams sind pro KA definiert, jedoch wird die Kundenbearbeitung noch zu wenig abgestimmt, eine Zielvereinbarung findet nicht statt. Ebenso fehlt noch ein einheitlicher KA-Entwicklungsplan. Dank individuellem Engagement gibt es schon einige solcher Pläne, eine Vorlage und ein Prozess sind in Arbeit.

In den Regionen sind die KA-Manager entweder für mehrere KAs zuständig oder für einen Mix aus KAs und Flächenkunden. Vorübergehend war auch der Regionalleiter USA in einer GKA-Manager Rolle.

Als Sponsoren agieren einige der Divisions- und die Regional-Manager. Das ist keine formelle Funktion, sondern der individuellen Affinität zum Kundenkontakt geschuldet. Wo gegeben, wird sie von den KA-Managern sehr geschätzt.

In der Organisation findet sich eine Stabsstelle Business Development. Dort hatte man großen Anteil an der Definition der neuen Unternehmensstrategie und dem Votum für KAM. Derzeit werden dort Ansätze zur Industrie 4.0 generiert. Auch das Thema KAM wird dort vorangetrieben. Im Verständnis der kontinuierlichen Verbesserung werden neue Methoden, Prozesse und Tools zur Verfügung gestellt.

Die Organisation im Detail zeigt Abbildung 86.

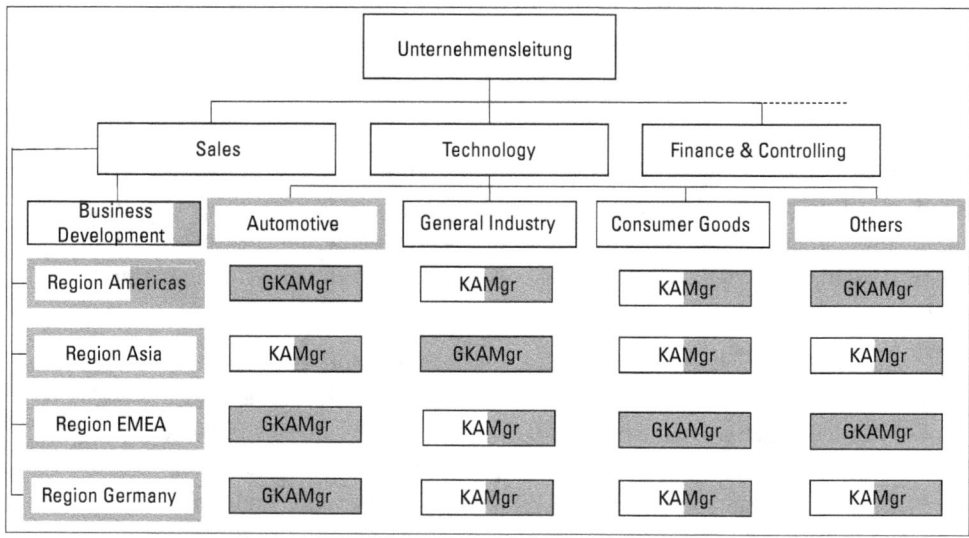

Abbildung 86: Kundenbeispiel Maschinenbau

Divisionsübergreifende Key Accounts
Anders als in diesem Beispiel finden sich auch divisionsübergreifende Key Accounts. Jetzt stellt sich zuerst die Frage, ob das Buying Center für die unterschiedlichen Produkte das gleiche oder separat ist. Bei separaten Buying Centers kann jede Ihrer Einheiten den eigenen Weg gehen. Bei gleichen Ansprechpartnern muss die Qualität der Produkte und der sie umgebenden Leistungen jeweils gleich hoch sein, sonst erleiden alle Einbußen. Dann übernimmt sinnvollerweise die Division mit dem bedeutendsten Geschäft bei diesem KA eine koordinierende Rolle. Diese Aufgaben kann entweder der GKA-Manager übernehmen oder der KAM-Leiter dieser Division. Begriffe wie Lead GKA-Manager sind für dieses Konstrukt gebräuchlich.

Sind mehrere/alle beteiligten Divisionen stark beim KA vertreten, ist eine Führungsrolle nicht leicht zuzuordnen. Wichtiger noch, dieser KA hat aus Sicht der gesamten Firma eine so herausragende Rolle, dass er als Corporate Account einen zentralen Account Manager erhält. Ein solches Corporate KAM wird häufig als Stab an die Unternehmensleitung oder an den Chief Sales Officer (CSO) angehängt.

Die Vor- und Nachteile:

	Vorteile	Nachteile
KAM in einer Matrix-Organisation	+ Globale Kundenabdeckung ist gewährleistet. + Der Sitz des GKA-Managers an der Zentrale oder beim Entscheidungscenter oder Lead Buyer erhöht die Chancen auf Geschäftsintensivierung. + Die Zuordnung der KAs zu jeweils einer Division fördert den Fokus und das Verständnis für die Kundenbedürfnisse + Die Einbettung der G-/KAMgr in ihre Regionen fördert den Austausch mit dem Flächenvertrieb, gegenseitiges Lernen und einen kohärenten Approach im KAM. + Die Matrix bietet die Chance, flexibel auf sich ändernde Umfeldbedingungen zu reagieren. + Die Verschiedenartigkeit der Kunden kann in dieser Struktur abgebildet werden. Sie passt für echt globale KAs sowie für solche, die in einer oder zwei Regionen ihren Schwerpunkt haben. + Der Stab Business Development ist ein wichtiger Treiber in der Verankerung und Verbesserung des KAM.	- Erhöhter Koordinations- und Kommunikationsaufwand, ohne disziplinarischen Durchgriff des GKAMgr. - Lokale KAMgr sind Diener zweier Herren, Fehlallokation von Ressourcen möglich. - Für eine umfassende und effektive Steuerung des Geschäftes mit den KAs bedarf es einer weltweit durchgängigen Kommunikations- und Informationsstruktur (z.B. CRM-System) mit entsprechend hohen Investments.
Fazit:	Die gewählte Einbettung des KAM in die Matrixstruktur ist geeignet, die KAs durchgängig und an allen ihren Standorten zu bedienen. Sie verlangt höheren Aufwand an Koordination und Systemen, bietet dafür Flexibilität für die Marktbearbeitung und Durchschlagskraft beim Kunden. Die Einführung beim Kunden war geglückt, weitere Change-Management Maßnahmen im Gang, ebenso Schaffung von Tools (HR-Konzepte, CRM, KAM-Werkzeuge) und Training.	

Tabelle 41: Vor- und Nachteile Kundenbeispiel Maschinenbau

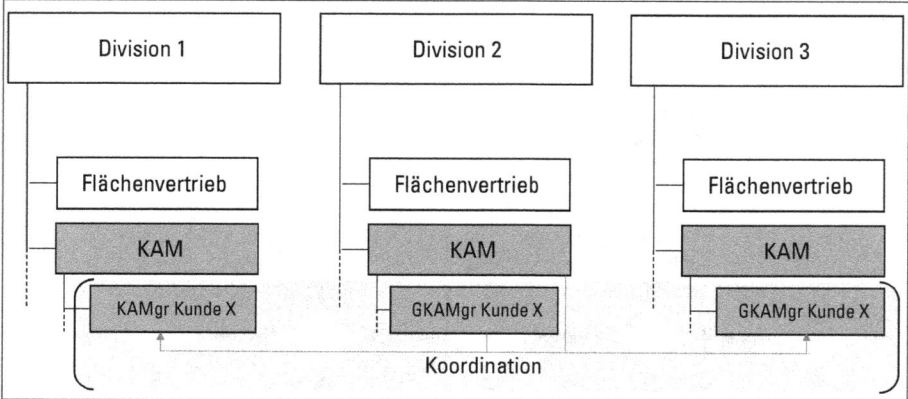

Abbildung 87: Management divisionsübergreifender KAs durch Lead GKAMgr

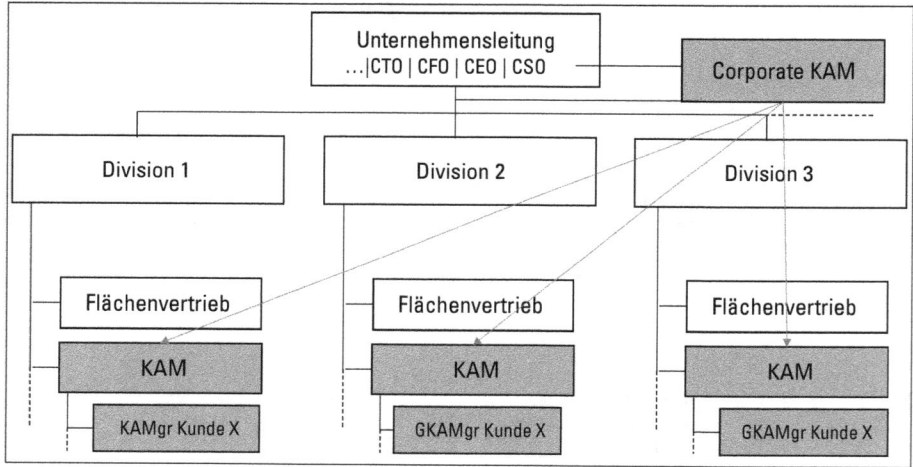

Abbildung 88: Management divisionsübergreifender KAs durch Corporate KAM

Praxistipp

Mit diesen drei Beispielen ist die Vielfalt möglicher Organisationsmodelle nicht annähernd ausgeschöpft. Es empfiehlt sich daher, zwei bis drei Optionen zu entwickeln. Diejenige, für die Sie sich am Ende entscheiden, können Sie einer Bewertung auf ihre Effektivität unterziehen, wie in Tabelle 42 dargestellt.

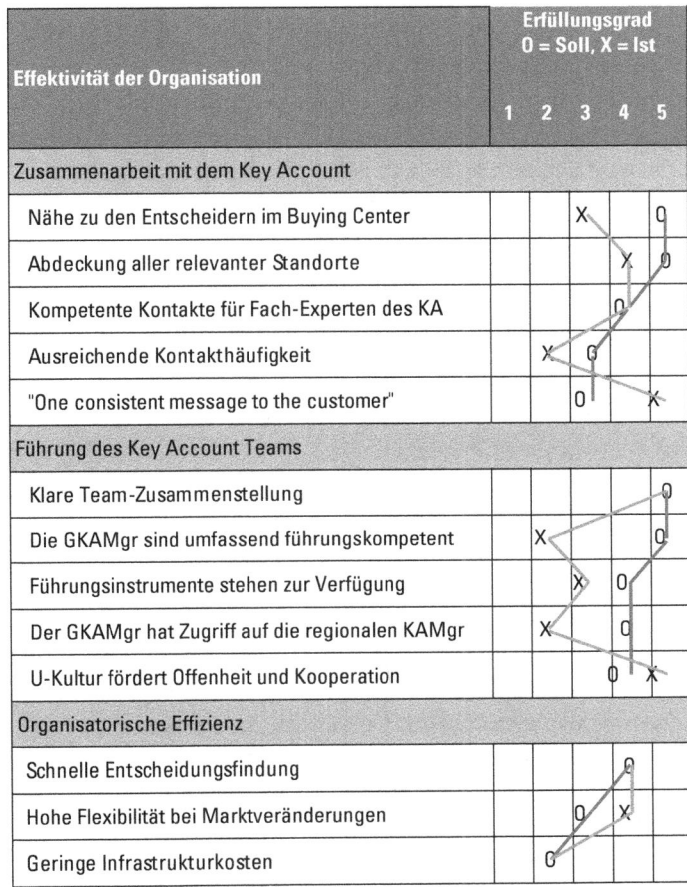

Tabelle 42: Effektivitäts-Check der Organisation

Praxistipp

Die Organisationsstruktur ist ein wichtiger »Enabler«. Sie bedarf dazu zwingend einer Kultur/eines Wertegerüsts, welches Vertrauen und Zusammenarbeit fördert. Hier sind alle Menschen in der Organisation gefordert, besonders jedoch die Führungskräfte, darunter auch die G-/KA-Manager.

5.1.3 Rollen und Verantwortung im KAM

Damit das Key Account Management seine Wirkung voll entfalten kann, braucht es die Unterstützung von zwei imminent wichtigen Rollen. Das sind

- das Topmanagement,
- die Leitung des Key Account Managements.

Im Folgenden wird für beide Rollen im Stil der zehn Gebote die jeweilige Verantwortung in Bezug auf KAM festgehalten.

Topmanagement

Die zehn Gebote für das Topmanagement

1. Definition eines Key Account Management Programms: Wie wir im ersten Kapitel gesehen haben, muss Key Account Management in die Unternehmens- und Vertriebs-Strategie eingebettet sein. Das Topmanagement hat die nicht delegierbare Führungsaufgabe, die strategische Ausrichtung des Unternehmens zu bestimmen, zu überprüfen und zu aktualisieren. Signifikante Veränderungen – wie die Einführung eines KAM – sind ein Einschnitt, der dann am besten gelingt, wenn von der obersten Führungsebene angefangen, die Überzeugung dafür vorhanden ist. Das Topmanagement muss also dafür sorgen, dass die Entscheidungsgrundlage fundiert und belastbar ist.
2. Unterstützung der Einführung: Mit der Definition dieser Strategien ist der Boden bereitet für die Einführung. Nun sind Mitarbeiter und Berater mit dem Projekt zu beauftragen und eine Projektinfrastruktur zu schaffen. Das Topmanagement muss während der gesamten Projektdauer mit viel Engagement und intensiver Kommunikation die Einführung, das Change Management, begleiten und unterstützen.
3. Sponsorenrolle übernehmen: Nach Einführung und Change-Management ist das Topmanagement weiterhin in der Verpflichtung, für die Akzeptanz, nachhaltige Verankerung und Umsetzung des Key Account Managements zu werben. Es muss »walk the talk« betreiben, d.h. die Bedeutung des KAM vorleben. Das kann es bewerkstelligen, indem es Key Accounts sichtbar macht, über Erfolge berichtet, gemeinsame Aktionen veranstaltet, den notwendigen Raum in der Unternehmens-Kommunikation einräumt und damit hilft, die Akzeptanz im Unternehmen weiter zu stärken.
4. Ressourcen liefern: Im Amerikanischen heißt es »put your money where your mouth is«. Das ist die nächste Verantwortung des Topmanagements. Nämlich das Key Account Management mit den notwendigen Ressourcen auszustatten. Das bedeutet neben der Zurverfügungstellung von Geldmitteln auch das Zugeständnis von Zeit, damit sich das KAM-Programm entwickeln kann.
5. KAM-Kultur schaffen und etablieren: Zentraler Wert einer KAM-Kultur ist Kundenorientierung. Des Weiteren braucht es Werte wie Kooperativität, Kreativität, Innovations- und Qualitäts-Orientierung. Solche Werte können nur über das Topmanagement Eingang in die Firmenphilosophie finden. Außerdem ist das Topmanagement an aller erster Stelle gefordert, diese Werte vorzuleben.
6. Als Coach für KAM-Leitung fungieren: Das Topmanagement ist Führungs-Instanz für die KAM-Leiter. Das umfasst alle typischen Führungsaufgaben wie Besetzung, Beurteilung/Feedback, Gehaltsfestsetzung, Mitarbeiter-Entwicklung. Ebenso spezifiziert das Topmanagement die Erwartungen hinsichtlich Qualität und Quantität der Ergebnisse, welche die Key Accounts zum Unternehmenserfolg beitragen sollen.

7. Kontinuierliche Verbesserung einfordern: Nach dem Motto Stillstand ist Rückschritt braucht ein Key Account Management nicht nur neue Impulse, sondern auch kontinuierliche Verbesserung. Das umfasst auf der Topmanagementebene die Weiterentwicklung der Strategie, der Definitionen, der Ressourcen und der Kultur. Es kann sich dafür externer KAM-Audits bedienen.
8. KAM für Mitarbeiter attraktiv machen: Das Topmanagement kann dafür sorgen, dass Mitarbeiter von innen oder Kandidaten von außen eine Beschäftigung im Key Account Management für attraktiv halten. Neben einer hohen Visibilität gehört dazu die präzise Auswahl der attraktivsten Kunden, eine entsprechende Personalpolitik mit Entgelt und Entwicklungsmöglichkeiten und eine kontinuierliche Unterstützung des KAM innerhalb der eigenen Organisation.
9. Zusammenarbeit organisieren: Das Topmanagement hat das letzte Wort bei der Organisationsgestaltung. Damit ist es auch als Eskalationsinstanz gefordert, wenn zwischen Key Account Management und anderen internen Einheiten, die dem KAM zuliefern, Konflikte entstehen. Hier sind entweder Regeln gefragt oder im Falle vorliegender Konflikte deren Schlichtung.
10. Eine aktive Rolle bei Key Account spielen! Auch wenn nur eines von den zehn Geboten sich auf den Key Account bezieht, ist damit keinerlei Abwertung einhergehend. Das Topmanagement ist als Unterstützung der Key Account Manager und der KAM-Leitung beim Key Account unverzichtbar! In den meisten Fällen ist der Zugang zum Topmanagement des KA nur möglich durch Top-to-top-Gespräche. Somit wird das Topmanagement zum Türöffner und zum Sponsor eines vertieften Beziehungsaufbaus zwischen Firma und Kunde.

Praxistipp

In vielen Unternehmen wie BASF, Bosch, Cisco, Siemens, Würth ist das Topmanagement gerne und intensiv mit Key Accounts in Kontakt. Sollten Sie intern Schwierigkeiten haben, Ihre Chefs dafür zu gewinnen, können diese und Beispiele aus Ihrer Branche dabei helfen, sie zu mobilisieren.

Verschaffen Sie sich vor einem gemeinsamen Kundenbesuch mit Ihrem Topmanagement unbedingt die Zeit für ein umfassendes Briefing, und nicht erst auf der Anreise zum Termin! Stellen Sie sicher, dass die Preishoheit bei Ihnen bleibt!

Leitung des Key Account Managements

Die KAM-Leitung ist quasi der Transmissionsriemen zwischen Topmanagement und Key Account Manager. Somit kaskadieren einige der Topmanagement-Aufgaben über die KAM-Leitung zur operativen Ebene:

- Führung und Coaching der KA-Manager,
- aktive Rolle beim Kunden,
- KAM attraktiv machen.

Darüber hinaus gibt es einige spezifische Rollen und Verantwortungen für die KAM-Leitung:

Spezifischer Beitrag der KAM-Leitung

1. **Sparring Partner im Prozess der Erstellung und Weiterverfolgung des KA- Entwicklungsplans**
   Der KA-Entwicklungsplan beziehungsweise die Kunden-Strategie ist ein wichtiges Element im Management des KA. Diese Funktion kann es jedoch nur ausüben, wenn es zunächst sorgfältig und gründlich erstellt und danach regelmäßig aktualisiert wird. Key Account Manager sind dieser Aufgabe gegenüber unterschiedlich enthusiastisch eingestellt. Daher ist die Begleitung durch die KAM-Leitung hilfreich und notwendig. Wie in Kapitel 6 zu sehen sein wird, ist der Key Account Plan idealerweise ein lebendes Dokument. Dann wird am besten erreicht, was an Zielen vom Topmanagement vorgegeben und auf den jeweiligen KA runtergebrochen wird. Der Key Account Plan enthält auch die Zielvereinbarung für den KA. Regelmäßige Zielverfolgungsgespräche halten den Fokus hoch und unterstützen die Zielerreichung.
   Die KAM-Leitung kann diese Aufgabe fördern, indem sie einen Prozess bzw. bestimmte Routinen definiert. Auch das Hinzuziehen weiterer Beteiligter ist mit Hilfe der KAM-Leitung einfacher zu bewerkstelligen.
   Diese Aufgabe bietet in der Kamm Leitung auch eine hervorragende Gelegenheit die Fähigkeiten und Kompetenzen der Key Account-Manager einzuschätzen und weiterzuentwickeln.

2. **Enablers schaffen**
   KAM braucht Daten, Systeme, Prozesse. Die KAM-Leitung kanalisiert diesen Bedarf zu den internen Abteilungen. Es bedarf auch regelmäßiger persönlicher Treffen. Im globalen KAM wird das sehr kostenintensiv, wenn es persönliche Meetings sein sollen. Hier obliegt es der KAM-Leitung, geeignete Wege zu finden. Dabei ist eine Balance zu finden, zwischen aufwendigen Präsenzveranstaltungen und weniger effektiven virtuellen Formaten wie Webinar, Video-, Telefonkonferenz.

3. **Key Account Teams zusammenstellen**
   Die Leitung des Key Account Managements kann erkennen, welche Fähigkeiten und Fachkenntnisse in der Betreuung der jeweiligen KA benötigt werden. Um die Teams damit besetzen zu können, sind Abreden mit den entsprechenden Experten-Einheiten zu treffen. Die KAM-Leitung kann gemeinsam mit

dem jeweiligen KA-Manager Kandidaten vorschlagen und mit den Vorgesetzten der gewünschten Personen deren Mitgliedschaft im KA-Team klären.

4. **KAM ständig verbessern**
Die KAM-Leitung kann durch Benchmarking zwischen der Betreuung einzelner Key Accounts Rückschlüsse auf Best Practices ziehen. Durch deren Anwendung auf alle Schlüsselkunden wird die Qualität der Kundenbearbeitung kontinuierlich erhöht. Im Rahmen dieses Benchmarking lässt sich auch die Effizienz der Ressourcenverwendung erheben, um zukünftige Allokationen zu optimieren.

5. **Konflikte managen**
Die Zusammenarbeit der KA-Manager einerseits mit der Vertriebsmannschaft, andererseits mit internen leistungserbringenden Einheiten sind vielfältig. Unterschiedliche Interessen liegen in der Natur einer arbeitsteiligen Organisation. Daher besteht immer die Gefahr von Konflikten. Sofern diese nicht direkt zwischen Key Account Manager und den anderen Beteiligten gelöst werden können, ist die KAM-Leitung die nächste Eskalationsstufe.

> **Praxistipp**
>
> Eine KAM-Leitung existiert nur im institutionellen KAM. Sie leistet dort einen essentiellen Beitrag zum Erfolg des KAM-Programms. Dieser Aspekt sollte bei der Gestaltung der KAM-Organisation berücksichtigt werden.

5.2 Das Key Account Team

Eine Einkaufsmanagerin erklärte mir neulich, dass ihre Einkaufsentscheidungen immer komplexer werden. Die Anforderungen der Anwender, Beeinflusser und Entscheider – also des Buying Centers – steigen ständig und werden stets schwieriger zu erfüllen. Um gute und richtige Entscheidungen treffen zu können, nutzt sie die Expertise einer Anzahl von Kollegen. Diese Anzahl ist über die Jahre gewachsen.

Um diesen Experten nun auf Lieferantenseite die passende Fachkompetenz entgegensetzen zu können, braucht der Key Account Manager Verstärkung. Im B2B-Umfeld mit den erwähnten steigenden Ansprüchen, mit hochgradiger Spezialisierung und hochkarätiger Technologie, mit globalen und vielschichtigen Kundenaktivitäten steht ein KA-Manager allein auf verlorenem Posten. Er wird keiner der drei Säulen des KAM – sorgfältig aussuchen, umfassend verstehen, erfolgreicher machen – gerecht werden können, außer im Team oder Selling Center.

Als Selling Center wird der Personenkreis bezeichnet, der beim Lieferanten in die Verkaufsaktivitäten einbezogen ist.

Der Team-Ansatz als logische und notwendige Konsequenz aus Kundenanforderungen, Komplexität bei Key Account und Lieferant und eigenem Anspruch auf Erfolg im Key Account Management wirft unmittelbar einige Fragen auf:

- Wie soll das Team zusammengesetzt und strukturiert sein?
- Wie lassen sich die angestrebten Ergebnisse erreichen mit dem Team?
- Welche Methoden und Instrumente stehen dafür zur Verfügung?
- Wer hat »den Hut auf«, die Teamleitung?

Die letzte Frage ist schnell beantwortet: der gesamtverantwortliche KA-Manager. Das ist bei einem globalen Key Account der Global Key Account Manager beim nationalen der KA-Manager. Die KAM-Leitung ist es nicht, sie sollte sich auf die Rolle des Coaches für die KA-Manager beschränken und als Eskalationsstufe zur Verfügung stehen.

> **Praxistipp:**
>
> So einleuchtend der Teamansatz für wirksames KAM auch ist, so anspruchsvoll ist seine Realisierung. Ich empfehle daher dringend, Teambildung auf die Agenda zu setzen, sobald KA-Teams gebildet werden.

5.2.1 Teamzusammensetzung und Struktur

Für die Teamzusammensetzung und Struktur gibt es zwei Orientierungspunkte:

- die Organisation und Struktur des Key Accounts, insbesondere des Buying Centers,
- die Intensität und Qualität der für die Bearbeitung des Kunden notwendigen Aktivitäten.

Orientierung am Key Account

Das Buying Center des Key Accounts bildet das Umfeld der Einkaufsentscheidungen ab und ist daher ein wertvoller Wegweiser für die Besetzung des KA-Teams. Es gilt die Empfehlung, den Mitgliedern des Buying Centers den jeweils passenden Ansprechpartner auf der eigenen Seite gegenüber zu stellen (Abbildung 89).

Der KA-Manager fungiert dabei als der Garant von »One uniform message to the customer«, ohne in jede Kommunikation involviert sein zu müssen. Direkte Kontakte zwischen Akteuren auf beiden Seiten sind notwendig und gewollt, umso mehr als die Maßgabe der Agilität den direkten Weg verlangt. Der KA-Manager sollte der Versuchung widerstehen, alle Kommunikation zum Kunden kennen zu wollen. Hingegen sollte er – als eine der Teamregeln – festlegen, welche Themen und Inhalte er für sich als relevant definiert, um darüber informiert zu sein.

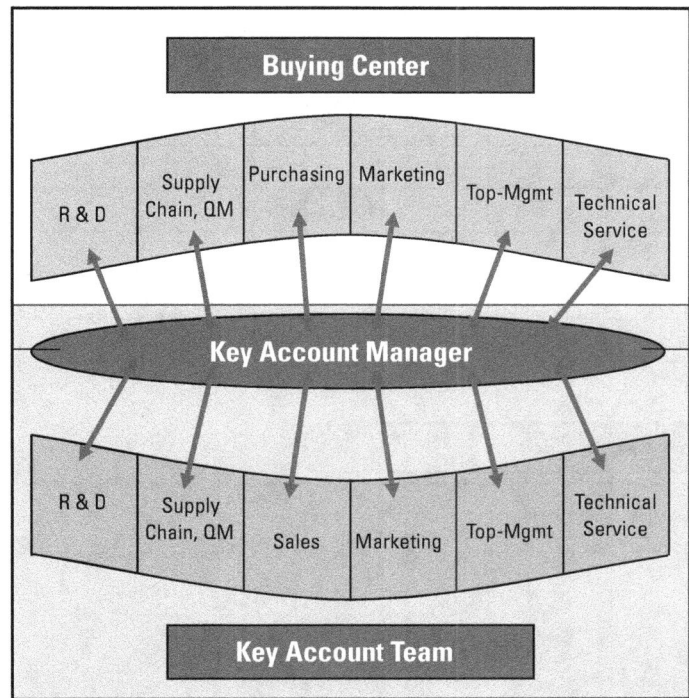

Abbildung 89: Buying Center trifft Key Account Team

Die Interaktion zwischen Buying- und Selling Center verdient ebenfalls Aufmerksamkeit. Ein Aspekt ist die Zuordnung der Kontakte, das sogenannte man-to-man-mapping. So ist es naheliegend, dass z. B. der Produktentwickler des Kunden mit dem des Lieferanten zusammenarbeitet.

Der zweite Aspekt ist die »Chemie« zwischen den handelnden Personen. Sollte der KA-Manager bei der Erstellung des Kontaktnetzwerkes feststellen, dass zwischen Personen Konfliktpotential und keine Aussicht auf Beilegung besteht, dann ist es im Sinne einer langfristig wirksamen Zusammenarbeit zu überlegen, den Kollegen aus dem Feuer zu nehmen. Die Abbildung 90 zeigt ein Analysetool für die Interaktion.

Wer arbeitet mit wem, wie und woran

In der Bearbeitung globaler Key Accounts entstehen größere und typischerweise virtuelle Teams[19]. Sie stellen besondere Anforderungen an die Führung durch den KA-Manager, an die Kommunikation unter den Teammitgliedern, deren interkulturelles Verständnis, an Kommunikationsmedien und an die Ressourcenausstattung. (mehr dazu im Folgeabschnitt).

---

19 Virtuelle Teams bestehen aus mindestens zwei Personen, die ein gemeinsames Ziel verfolgen, dabei unabhängig, an unterschiedlichen Orten, möglicherweise in verschiedenen Ländern, Kontinenten, Zeitzonen zusammenarbeiten unter Einsatz von Kommunikationstechnologie.

Buying Center Selling Center Matrix

		Buying Center					
	Mitglied	Einkäufer	Produktion	Marketin	F&E	Top-Mgmt	...
Selling Center	KA-Manager						
	Inside Sales						
	F&E						
	Marketing						
	Top-Mgmt						
	...						

Legende: Hauptkontakt | Kontakt | Konfliktpotential

Abbildung 90: Buying Center Selling Center Matrix

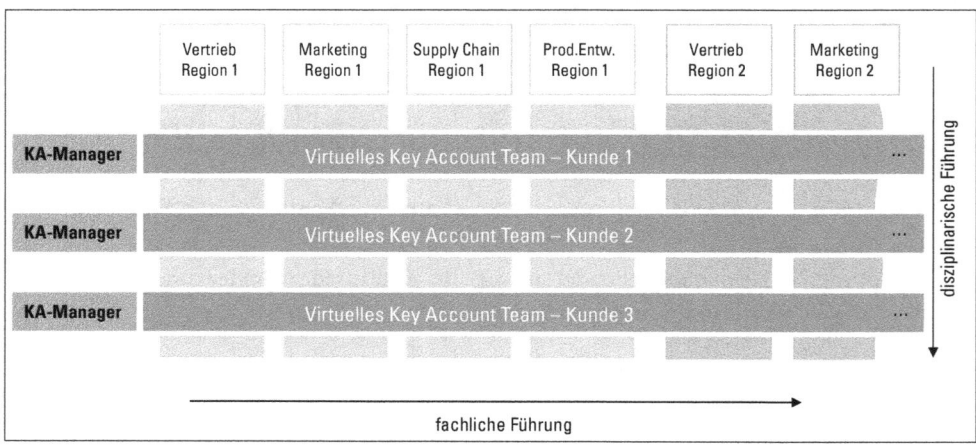

Abbildung 91: Virtuelle Key Account Teams (angelehnt an Sieck 2016_1, S. 155)

Orientierung an der Bearbeitungsintensität und -Qualität

Die Einbindung der KA-Teammitglied ist unterschiedlich intensiv. Einige verwenden einen hohen Anteil oder alles ihrer Zeit auf den Kunden, sie bilden das Kern-Team. Dieses Team treibt die Entwicklung des Kunden maßgeblich voran, trifft sich dazu oft und regelmäßig. Daneben vereinigt es auf sich einen Großteil der Aktivitäten, Kontakte und Besuche beim Kunden. Es besteht an erster Stelle aus dem KA-Manager, bei kleineren Firmen und/oder Kunden auch nur daraus. Am häufigsten finden sich darüber hinaus der Verkaufsinnendienst und technischer Service. Je größer und globaler die beteiligten Unternehmen sind, desto mehr Personen formen das Kern-Team. Dann sind die regionalen KA-Manager an Bord, eventuell der regionale Innendienst. Damit ist der Übergang zum virtuellen Team vollzogen.

Kern- und erweitertes Team

Im erweiterten Team finden sich vielfach Funktionsbereiche wie Marketing, Entwicklung, Supply Chain Management, Qualitätsmanagement und Topmanagement sowie der Flächenvertrieb. Die Teamstärke reflektiert die benötigten Disziplinen und regionale Abdeckung. Dieser Teil des Teams kann »atmen«, d.h. bei bestimmten Projekten für den KA um zusätzliche Mitglieder für eine definierte Dauer erweitert werden. Die Einbeziehung von Externen inklusive Mitarbeiter des KA ist denkbar. Das erweiterte Team ist in interne und Kunden-Meetings, Kommunikation, Informationsgestaltung und KA-Strategieentwicklung auf einer »as-needed-basis« eingebunden. Die Abbildung 92 zeigt die Struktur des KA-Teams.

Die Qualität der KA-Bearbeitung bezieht sich auf die definierten Ziele für die KA-Entwicklung, die daraus folgenden Strategien und Maßnahmen. Die Mitglieder des KA-Teams sind also so auszuwählen, dass sie anhand ihrer Kompetenzen und Erfahrungen sowie ihrer zeitlichen Verfügbarkeit diese Maßnahmen leisten können. Das Zeitbudget für die KA-Bearbeitung ist oft ein limitierender Faktor, da geeignete Leistungsträger in andere organisatorische Einheiten eingebunden sind und dort ihren Beitrag zu den Zielen der Einheit leisten sollen. Insbesondere in der Anfangsphase des Key Account Managements oder für neu als KA ausgewählte Kunden trifft das zu. Für Folgejahre hat der KA-Manager die Aufgabe, den Aufgabenumfang und Zeitbedarf zu definieren und ihn in der Planungsphase mit den liefernden Einheiten zu vereinbaren.

Umsetzungs-Qualität

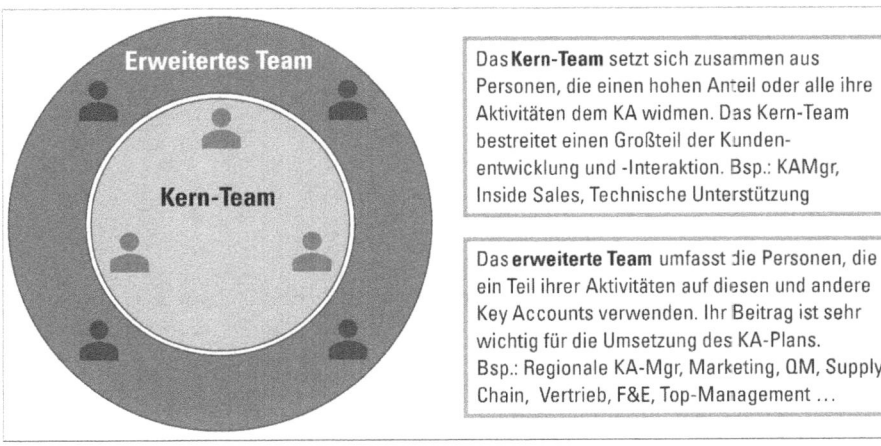

Abbildung 92: Struktur des Key Account Teams

Neben den Kompetenzen und der Verfügbarkeit spielt die Persönlichkeit der Teammitglieder und wie sie sich im Verhalten ausdrückt eine Rolle. In der Buying-Center-Analyse haben Sie das Diagnostik-Tool Insights MDI bereits kennengelernt. Es kann auch wertvolle Hinweise für die Teamzusammensetzung liefern. Unter der Annahme, dass eine facettenreiche Gruppe breitere Lösungsansätze findet, sollte das ganze Typenspektrum in einem KA-Team zu finden sein.

In einem Kundenprojekt fand sich die Konstellation der Abbildung 93. Dieses zehnköpfige Team ist gut auf die Quadranten unten rechts/Gelb, unten links/Grün und oben rechts/Blau aufgeteilt. Damit waren Inspiration/Kreativität, Wertschätzung/Beständigkeit sowie Zahlen-Daten-Fakten/Präzision gut vertreten. Was fehlt ist Zielstrebigkeit/Entscheidungsfreude. Ein solches Team wird gut miteinander arbeiten, Spaß dabei haben, sich aber mit Terminen und Ergebnissen schwertun.

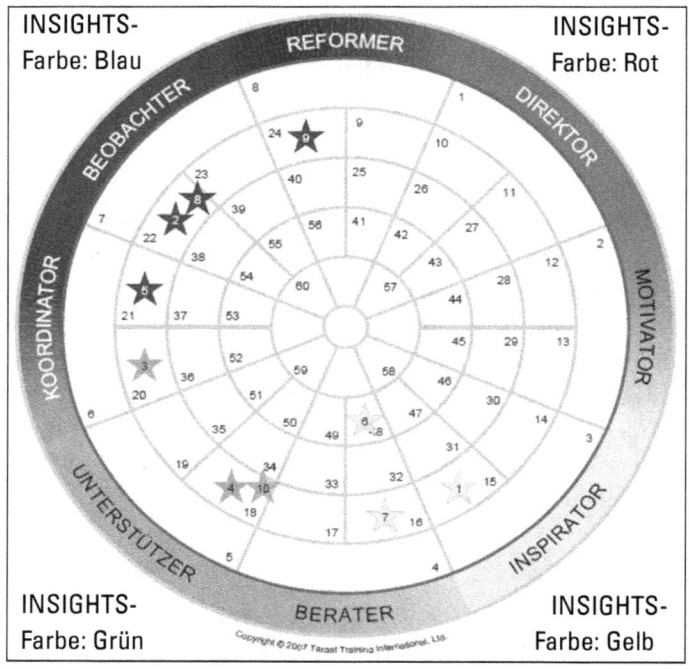

Abbildung 93: Teamrad nach INSIGHTS MDI ®[20]

Praxistipp:

Ein Key Account entsteht nicht über Nacht, es gibt Kontakte vor der Auswahl. Nutzen Sie dieses Netzwerk als Ausgangspunkt für die Teambesetzung. Bauen sie dann nach den beschriebenen Schritten das Team auf:

Wie ist das Buying Center aufgestellt?

Welche Aufgaben sind zu erledigen?

Wer hat die notwendigen Kompetenzen und Zeit?

Wie ausgewogen sind die Akteure in ihrem Verhalten?

Nach Zusammensetzung des Teams achten Sie auf Stetigkeit, viele und schnelle Wechsel kommen beim Kunden nicht gut an!

---

[20] Das 8-Typen-Rad detailliert die vier Quadranten an ihren Übergängen weiter. Zusätzlich geben die inneren Ringe zunehmende Präsenz weiterer Verhaltensmerkmale an. Das Teamrad visualisiert die Ergebnisse der individuellen Gruppenmitglieder in einer Darstellung.

5.2.2 Teamerfolg orchestrieren

Die Teamzusammensetzung und -Struktur ist gefunden, ein Kick-Off und Teambildung haben stattgefunden, die Arbeit kann losgehen. Wie kann der KA-Manager als Dirigent sein Team wie ein Orchester zu bestem Hörgenuss = Erfolg führen? Ein Key Account Team ist dann erfolgreich, wenn es regelmäßig und nachhaltig, mit der Vision für den KA im Blick, die Ziele erreicht. Weitere Erfolgsmaßstäbe für den Erfolg des KA-Teams sind die Aspekte:

- Erledigung der geplanten Aufgaben,
- Einhaltung von Budgets,
- Realisierung zur geplanten Zeit.

Der erste – und nach meinem Dafürhalten der wichtigste – Erfolgsfaktor ist bereits genannt. Hier die gesamte Liste:

- Ziele,
- Kommunikation,
- Teamspirit und Leistungsbereitschaft,
- Rollen und Regeln.

Ziele

Im KA-Entwicklungsplan sind die Ziele definiert worden. Angesichts der Häufigkeit, mit der ich in Beratungen und Trainings unzureichend definierte Ziele antreffe, sei hier eine Empfehlung für deren Formulierung gegeben:

S – Spezifisch (Präzise Beschreibung des gewünschten Endzustandes)

M – Messbar (Überprüfbarkeit der Zielerreichung)

A – Attraktiv (Motivation durch lohnenswerten Endzustand)

R – Realistisch (Machbare Herausforderung)

T – Terminiert (Eindeutiger Fälligkeitstermin)

Je »smarter« Ziele definiert sind, desto einfacher ist die die Festlegung der Umsetzungsmaßnahmen. Da die Aktivitäten zur Zielerreichung sich auf das gesamte KA-Team verteilen, empfiehlt sich ein organisiertes und gemeinsames Zielvereinbarungsvorgehen. Es findet statt, nachdem der KA-Entwicklungsplan durch die KAM-Leitung – und eventuell das Topmanagement – genehmigt und damit zur Umsetzung freigegeben und ausgestattet ist. Es besteht aus folgenden Schritten:

1. Der KA-Manager präsentiert und erläutert dem gesamten KA-Team idealerweise in einem Präsenz-Workshop den Plan. Alle Beteiligten sollen dadurch nachvollziehen können, wie die Situation des KA aussieht, wie sich das eigene Geschäft entwickelt hat und welche Ziele in welcher Ausprägung daraus abgeleitet werden.

Zielvereinbarungsvorgehen – Schritte

2. Nun erhält jedes Team-Mitglied die Gelegenheit, für sich und den eigenen Zuständigkeitsbereich die Maßnahmen zu definieren, die zur Erreichung der vorgestellten Ziele zu leisten sind. Hat beispielsweise ein Maschinenanbieter das Ziel, die Reichweite im Produktionsprozess des KA auf den nächsten Prozessschritt auszudehnen, so ist nun die Produkt-Entwicklung gefordert, das Leistungsspektrum der bisherigen Maschine zu erweitern oder eine neue zu konzipieren.
3. Nun überprüft der KA-Manager, ob die Summe aller Maßnahmen ermöglichen wird, die Ziele zu erreichen. Das ist bei der ersten Anwendung dieses Verfahrens und im ersten Durchgang gelegentlich nicht der Fall. Dann ist der KA-Manager gefordert, Nachbesserung anzustoßen oder zusätzliche Ressourcen zu mobilisieren.
4. Wenn die Gesamtheit der Maßnahmen die Erreichung aller Ziele möglich macht und alle Teammitglieder die Verpflichtung zur Ausführung übernehmen, ist eine Zielvereinbarung getroffen. Der KA-Manager dokumentiert dies im Aktionsplan, der Teil des KA-Plans ist.
5. Der letzte Schritt dient der Quervernetzung zwischen den Teammitgliedern. Braucht im oben genannten Beispiel die Produktentwicklung detaillierte Informationen zum Wettbewerbsangebot für den angestrebten Prozessschritt, so könnten diese von der Marktforschung erhoben werden. Solche Leistungen innerhalb des KAM-Teams sind ebenfalls zu dokumentieren.

> **Praxistipp:**
>
> Mit diesem Vorgehen fördern Sie die Motivation im Team, da die Mitglieder zum einen Transparenz über die Hintergründe der Ziele erhalten, zum anderen die eigenen Aktivitäten selber definieren können. So sind Sie nicht nur Betroffene, sondern Beteiligte. Der erste Durchgang verlangt exzellente Vorbereitung, ein Moderator ist hilfreich.

Kommunikation

Die Kommunikation zwischen KA-Manager und den Teammitgliedern, also auch deren Kontakt untereinander, ist bedeutsam für den Teamerfolg. Um Ansatzpunkte für förderliche Kommunikationsmuster zu finden, haben am MIT intensive Untersuchungen dazu stattgefunden. Durch die soziometrische Beobachtung vieler Teams aus unterschiedlichen Branchen mit einer Vielzahl an Aufgabenstellungen ergaben sich drei Treiber zur Messung von Kommunikationsmustern und deren Aussagekraft für Teamerfolg (Pentland 2012. S. 6):

- »Energy«: Zwei Komponenten fließen in die Messung der Energiewertung jedes Teammitglieds ein:
  - Die Häufigkeit, mit der Teammitglieder miteinander kommunizieren.
  - Der Wert der Kommunikationsart. Dabei hat ein Gespräch von Angesicht zu Angesicht den höchsten Wert, gefolgt von einem Telefonat oder Videokonferenz, solange nicht zu viele Teilnehmer dabei sind. Den geringsten Wert hat E-Mail, SMS etc.
- »Engagement«: Die Verteilung der Energie auf die Teammitglieder wird als Engagement bezeichnet. Je gleichmäßiger jedes Teammitglied mit den anderen kommuniziert, desto höher ist die Erfolgsaussicht. Eine ungleiche Verteilung deutet auf Team/s im Team hin, was den Teamgeist beeinträchtigt.
- »Exploration«: Damit ist die Kommunikation mit Teams oder Personen außerhalb des eigenen Teams gemeint. Wenn hierauf Energie verwendet wird und die so gewonnenen Erkenntnisse in die eigene Truppe getragen werden, fördert dies die Ergebnisse. Besonders bei Teams, die Kreativität brauchen, wirkt dieser Treiber intensiv. Allerdings steht bei gegebenem Energielevel die Explorationsaktivität im Wettbewerb zur Energieverwendung im eigenen Team.

Eine sehr bemerkenswerte Erkenntnis aus den MIT-Untersuchungen ist, dass die Art der Kommunikation mehr Einfluss auf den Teamerfolg hat als Können, Intelligenz und andere Faktoren der Teammitglieder. Entsprechend ist bei der Auswahl der Teammitglieder darauf zu achten, dass möglichst viele davon ausgeprägte integrative Fähigkeiten besitzen, um Energie und Engagement bei den anderen Mitstreitern zu mobilisieren.

Praxistipp:

Fördern Sie als KA-Manager folgende Kommunikationsweisen:
- Jeder spricht und hört in einem ausgewogenen Verhältnis zu, wobei die Aussagen kurz und knackig gehalten werden.
- Gegenseitig zugewandt, mit Gesten und Energie miteinander reden.
- Direkter Kontakt zwischen den Teammitgliedern, nicht nur mit dem KA-Manager.
- Informeller Austausch und Aktivtäten.
- Anzapfen externer Quellen und Einbringen in das Team.

Teamspirit und Leistungsbereitschaft

Ein gut entwickeltes Zusammengehörigkeitsgefühl beflügelt die Teamarbeit. Die Erkenntnis, Teil eines nach attraktiven Zielen strebenden Ganzen zu sein, schafft einen starken Esprit de Corps. Unverzichtbarer Baustein: Vertrauen zwischen allen Teammitgliedern. Vertrauen entsteht, indem die Wahrnehmung reift, dass man sich aufeinander verlassen kann. Es muss also geliefert wer-

Leitwährung: Vertrauen

den, was verabredet ist. Trivial? Stimmt, wird aber immer wieder verletzt. Und es sollte ein Gleichgewicht herrschen. So wie Engagement bei der Kommunikation zum Erfolg führt, so sollte es auch bei den Aktivitäten sein. Denn wenn alle im Team ein balanciertes Engagement wahrnehmen, besteht auch Bereitschaft, sich gegenseitig zu unterstützen, z. B. in schwierigen Situationen, Engpässen, Arbeitsspitzen.

Praxistipp:

Diesem Punkt wird meistens wenig oder keine Aufmerksamkeit gewidmet bis die Performance hinter den Erwartungen zurückbleibt. Fangen Sie hingegen frühzeitig damit an, indem Sie für persönliches und näheres Kennenlernen der Kollegen sorgen.

Etablieren und sichern Sie mit sauberem Aktivitäten-Management aus Aufgabenübergabe, Zwischenresümees, Zielerreichungs-Review und Feedback, dass eine Kultur des Lieferns entsteht. Vermeiden Sie Team-Schädlinge!

Rollen und Regeln

Das Wissen um Rolle und Regeln stellt funktionierende Abläufe sicher. Es hat sich im Projektmanagement als hilfreich erwiesen, Rollen bzw. Zuständigkeiten zu definieren. Dafür gibt es ein praktisches Hilfsmittel: RASIC

R – Responsible (Der Verantwortliche für eine Aufgabe)

A – Approve (Die Person, die autorisiert)

S – Supporting (Mithelfer bei der Erledigung der Aufgabe)

I – Informed (Personen, die über eine Aufgabe zu informieren sind)

C – Consulted (Personen, die als Experte für die Aufgabe einbezogen werden)

Damit lassen sich Aufgaben und Personen verknüpfen (siehe Abbildung 94).

	Key Account Manager	KAM-Leiter	Innendienst	Produktentwicklung	Flächen Vertrieb
Key Account Plan erstellen, aktualisieren	R	A	S	S	C
Jahresgespräch führen	R	A	I	C	S
Produkte entwickeln, verbessern	A	C	I	R	C
Prozesse abstimmen	A	I	R		S

Abbildung 94: RASIC-Anwendung (Bsp.)

> **Praxistipp**
>
> Jeder Aufgabe ist nur ein »R« = Verantwortlicher und ein »A« = Autorisierender zuzuordnen. Eine gleichzeitige Zuordnung von »A« und »R« ist zu vermeiden, damit das Vier-Augen-Prinzip gewahrt bleibt.

Regeln für die Zusammenarbeit mag man für »Kinderkram« halten. In Teambildungsprozessen findet das Aufstellen solcher Regeln dennoch jedes Mal statt, oft informell. Dann entstehen die »ungeschriebenen Gesetze«, die nicht nur nicht besser sind als geschriebene, sondern oft auch nicht allen bekannt. Es empfiehlt sich daher, die Mitglieder selbst einen Regelsatz erarbeiten zu lassen. Das Verfahren hat sich bewährt. Der KA-Manager ist gut beraten, in der Vorbereitung seine eigenen Vorstellungen für sich zu klären. Folgende Beispiele dienen der Orientierung:

- Jeder Einzelne zählt, gemeinsam geht viel mehr!
- Alle Teammitglieder machen (pro-) aktiv mit, jeder wird für den Teamerfolg gebraucht!
- Vereinbarte Termine, insbesondere Fertigstellungstermine von Aufgaben, werden eingehalten!
- Engpässe, Planabweichungen, Verzögerungen, zusätzliche Risiken etc. werden sofort nach Entdeckung mitgeteilt.
- Das Team tritt nach außen geschlossen auf, Unstimmigkeiten werden im Team geklärt!
- Alle Kommunikation wird klar und knapp und vor allem wertschätzend geführt.
- E-Mails sind innerhalb von x Stunden zu beantworten, »Multi-tasking« in Gesprächen und Meetings unterbleibt.

> **Praxistipp:**
>
> Lassen Sie Ihr KA-Team die Regeln erarbeiten, notieren Sie diese auf ein Flipchart oder eine Pinnwand und lassen Sie alle Beteiligte unterzeichnen. Seien Sie darauf vorbereitet, bei Nicht-Einhaltung angemessen zu reagieren.

> **Praxistipp:**
>
> Die Erfolgsfaktoren haben deutlich gemacht, wie wichtig die Teamkommunikation in allen ihren Facetten ist. Dabei sind Face-2-face Kontakte die wirkungsvollsten. Stellen Sie also unbedingt sicher, dass ein Live Kick-Off stattfindet, selbst bei einem globalen KA-Team. Darüber hinaus empfiehlt sich, jährlich ein weiteres Präsenztreffen zur Vorstellung des KA-Plans und Zielvereinbarung zu veranstalten. Bei sorgfältig ausgewählten KAs sollte sich die Investition lohnen!

5.3 Der Key Account Manager

»The increasingly important yet difficult role played by key account managers makes it imperative that individuals of the highest calibre staff this position« [21] (Capon). Es liegt in der Natur der Schlüsselkunden, dass sie besonders wichtig für das Wohlergehen des Unternehmens sind. Gute Geschäfte bei dieser Kundengruppe sichern Bestand und Zukunft. Der Betreuung eines jeden einzelnen Key Accounts kommt also gesteigerte Bedeutung zu, der KA-Manager wird zur Schlüsselfigur und trägt eine hohe Verantwortung.

Um dieser Verantwortung gerecht werden zu können, sind folgende Faktoren zu beachten:

- eine sorgfältige Auswahl bei der Besetzung von KA-Manager Positionen,
- aufgabengerechte Vorbereitung und Training,
- geeignete Entlohnungssysteme.

5.3.1 KA-Manager Aufgaben

In einem Kundenprojekt hat der KAM-Leiter vier fundamentale Anforderungen an einen KA-Manager formuliert. So soll er den Kunden besser kennen als dieser sich selbst, er soll ihn und sein Verhalten verstehen, konkreten Mehrwert bieten und das Angebot ertragsorientiert gestalten. Daraus leiten sich die in der Abbildung 95 gezeigten Rollen und Verantwortungen ab.

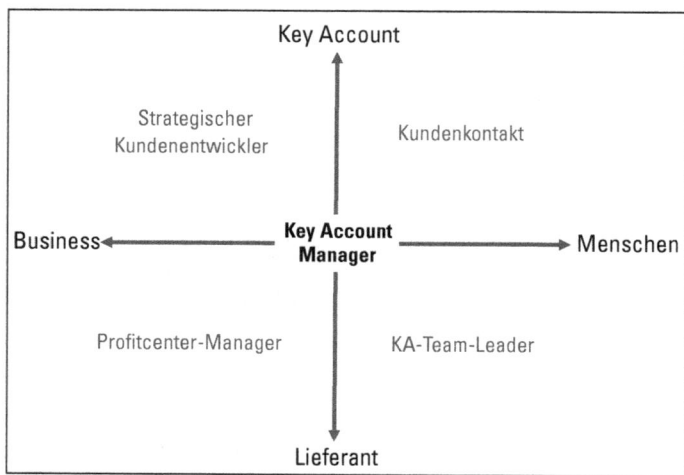

Abbildung 95: Rollen des Key Account Managers

Die Abbildung zeigt die zwei Wirkachsen des KA-Managers und die sich daraus ergebenden vier Quadranten mit den Rollen.

---

21 Die zunehmend wichtige, dabei schwierige Rolle, die KA-Manager spielen, macht es zwingend, dass Personen höchsten Kalibers diese Position besetzen.

Strategischer Kundenentwickler

Der strategische Dreiklang aus Analyse – Zieldefinition – Maßnahmen zur Umsetzung bringt diese Verantwortung auf den Punkt. Wie Kapitel 4 gezeigt hat, geht die Analyse sehr ins Detail. Das ist ein markanter Unterschied zum Verkauf an andere Kunden. Einerseits deren Anzahl, andererseits deren geringere Bedeutung rechtfertigen nicht den Aufwand der Erstellung einer kundenindividuellen Strategie. Für diese Kunden kann es angebracht sein, sie zu Kundengruppen zu bündeln und dann intensiver zu planen.

Der KA-Manager ist die zentrale Figur für die Erstellung, Aktualisierung und Umsetzung der Kundenentwicklungsstrategie. Sie findet ihren Ausdruck im Kundenentwicklungsplan oder KA-Plan (KAP). Ein solcher Plan ist das zentrale Instrument für den KA-Manager in seiner Rolle als strategischer Kundenentwickler. Die Erstellung verlangt einen chancenorientierten Denkansatz, analytisches ebenso wie strategisches Denkvermögen und die Fähigkeit, Ziele und Strategien in praktisches Handeln umzusetzen.

Strategie übersetzt sich in einen Plan, der wie eine Landkarte die Navigation erst ermöglicht.

Bei vielen Kunden und Trainingsteilnehmern nehme ich eine eher zurückhaltende Einstellung gegenüber dem KAP wahr. Er wird als Pflichtübung oder lästiges Übel empfunden. Er wird für die jährliche Planung verlangt, verschwindet dann in der Ablage und wird erst zur Aktualisierung wieder hervorgeholt. Damit wird eine Chance vertan. Es gibt Studien, z. B. von der amerikanischen SAMA[22] und von Workman et.al. (2003, p.15), die belegen, dass »KAM effectiveness has a direct effect on performance in the market that then leads to profitability«. Es lohnt sich also, strategische KA-Entwicklung ernsthaft zu betreiben.

Strategische Key Account Entwicklung lohnt sich!

Die in dieser Rolle typischen Aufgaben und dafür gebrauchten Kompetenzen zeigt die Tabelle 43.

	Aufgaben	Kompetenzen
Strategischer Kunden-Entwickler	<ul><li>Daten sammeln und auswerten</li><li>Chancen ableiten</li><li>Ziele und Strategien definieren und mit der Unternehmens- und Vertriebsstrategie synchronisieren</li><li>Umsetzungsmaßnahmen festlegen und terminieren</li><li>Planung von Umsatz, Ergebnis, Budgets</li></ul>	<ul><li>Analytische Fähigkeiten</li><li>Markt-, Industrie und Anwendungs-Knowhow</li><li>Unternehmerisches und strategisches Denken</li><li>Kundenorientiertes Denken</li><li>Anwendung der Marketing-Toolbox 4Ps (Produkt, Preis, Place Promotion)</li><li>Business Planning, betriebswirtschaftliche Kenntnisse</li></ul>

Tabelle 43: Aufgaben und Kompetenzen des strategischen Kundenentwicklers

---

[22] Strategic Account Management Association

> **Praxistipp:**
>
> Meine eindringliche Empfehlung an jeden KA-Manager lautet, machen Sie die strategische KA-Entwicklung – festgehalten im KAP – zu Ihrem ständigen Begleiter. Nutzen Sie jeden Kundenkontakt, jede Informationsquelle, jede Veränderung um Ansätze zu finden, wie Sie proaktiv etwas für Ihren KA tun können.

Kundenkontakt

Der KA-Manager ist der vorrangige Gesprächspartner auf Lieferantenseite für alle Belange der Beziehung. Bei Themen von Neugeschäft bis Reklamation, bei Anlässen von Jahresgespräch bis Messebesuch, bei Personen von Topmanagement bis operativer Einkauf, im Heimatmarkt oder weltweit, der KA-Manager ist immer dabei oder spinnt zumindest die Fäden. Der Vergleich mit der Spinne im Netz liegt nahe.

Als primärer Ansprechpartner ist der KA-Manager zuständig für den gesamten Verkaufsprozess, die Verhandlungsführung und Vertragsabschlüsse. In der folgenden Leistungserbringung ist er derjenige, der sicherstellt, dass das Account-Team alles zur Erfüllung der Vereinbarungen Nötige tut, um Kundenzufriedenheit zu erreichen.

Als primärer Kundenkontakt ist der KA-Manager derjenige, der den besten Einblick hat in die Ausgewogenheit der Beziehung zwischen der eigenen Firma und dem KA. Im Idealfall besteht auf beiden Seiten ein gleichgroßes Interesse, d. h. ein gleichgroßer wahrgenommener Nutzen, oder auch Win-win. Die Gestaltung einer positiven Wahrnehmung ist Teil dieser Rolle. Die oben erwähnte gute Leistungserfüllung ist Voraussetzung und wird ergänzt um die aktive und breite Darstellung des geschaffenen Nutzens. Dazu bietet das Jahresgespräch eine Gelegenheit, jedes Follow-up-Gespräch aber auch gemeinsame Veröffentlichungen, Events, Marketingaktivtäten und dergleichen. Wenn die Leistung stimmt, ist übertriebene Bescheidenheit kontraproduktiv.

Die Aufgaben und Kompetenzen im Einzelnen sind in Tabelle 44 dargestellt.

	Aufgaben	Kompetenzen
Kundenkontakt	- Beziehungen in die gesamte Kundenorganisation hinein auf- und ausbauen - Kundenkontakte und KA-Team vernetzen - Informationsfluss organisieren - Eigene Firma gut positionieren - Kundenbedürfnisse erfassen und Nutzen liefern - Verhandeln, Verträge schließen - Informationsaustausch innerhalb des Key Accounts fördern - Kundengespräche, -Besuche planen, vorbereiten, moderieren	- Beziehungs-Management - Umgang mit Top-Management - Souveräner Auftritt - Networking - Value Selling - Kundenzufriedenheit erzeugen - Verhandlungsfähigkeit - Juristisches Verständnis - Kommunikations-kompetenz - Gesprächsführung, Meeting Management - Überzeugungs- und Argumentationsstärke - Präsentationskönnen

Tabelle 44: Aufgaben und Kompetenzen des Kundenkontakts

Praxistipp:

So sehr Sie sich auch mit Ihrem KA identifizieren, so sehr Sie Mehrwert für ihn schaffen sollen und wollen, so sehr Sie als Trusted Advisor agieren, so wichtig ist die Verfolgung eines beiderseitigen Profits aus der Beziehung.

Key Account Team Leader

Der KA-Manager übt eine Führungsaufgabe aus. Diese zeichnet sich durch die besondere Herausforderung fehlender disziplinarischer Befugnisse über alle oder die meisten Teammitglieder aus. Dennoch gehören dazu alle Facetten von Führung wie Auswahl der Teammitglieder, Sinn und Richtung geben, Ziele verabreden, wirkungsvolle Kommunikation initiieren, Aufgaben stellen, Rückkopplung geben, Kompetenzen entwickeln und Zusammenarbeit organisieren.

Auf die Führung kommt es an!

Im vorherigen Abschnitt sind die Erfolgsfaktoren für Teamarbeit dargestellt worden. Der KA-Manager ist der Protagonist für das Anwenden, Vorleben und Verbreiten dieser Faktoren. Die größten Erfolgsaussichten hat er, wenn es ihm gelingt durch Ansprache nicht nur der kognitiven Ebene, z. B. Ziele, Regeln, sondern insbesondere durch die Aktivierung der emotionalen Ebene Begeisterung und Teamspirit zu erzeugen. Diese hohe Schule der Führung entspricht dem Verständnis der Führenden als Coach. Die Verknüpfung von klaren Zielen mit größtmöglicher Entscheidungs- und Handlungsfreiheit der Mitstreiter sowie Unterstützung des KA-Managers bei Bedarf, ergeben eine optimale Kombination aus Produktivität und Humanität.

Die beschriebene Idealsituation verlangt Kompetenzen, die bei Vertrieblern selten anzutreffen sind. Für den Verkäufer, der in der Fläche unterwegs ist und einige Dutzend Kunden betreut, ist das auch nicht gefordert. Leider begegnen mir sogar unter Vertriebsleitern viele, die noch weit weg von mitreißender Führung agieren. Der KA-Manager, der aus dem Flächenvertrieb promoted wurde, braucht hier also unbedingt Training.

Ein weiteres Element der Leadership-Aufgabe besteht im internen Beziehungs-Management zu den Verantwortlichen der Einheiten, zu denen die Team-Mitglieder gehören sowie zu den Ebenen darüber. Die gewünschten Kollegen sind in die Zielräson ihrer Einheiten eingebunden. Für das KA-Team muss der »Heimathafen« also auf Beiträge verzichten. Für diese meist schwierige Aufgabe braucht der KA-Manager gutes Standing und Verhandlungsgeschick.

	Aufgaben	Kompetenzen
KA-Team Leader	• Team zusammenstellen und Leistungskontingente vereinbaren • Sinn stiften, Team motivieren • Ziele vereinbaren und verfolgen • Zusammenarbeit organisieren, Aufgaben verteilen • Informationen verfügbar machen • Kundenorientierung als Grundwert verankern • Approach zum KA koordinieren "One uniform message to the customer!" • Teammitglieder coachen und entwickeln • Konflikte lösen	• Organizational smartness: internes Marketing • Vorbildfunktion: Werte vorleben wie Kundenorientierung, Trusted Advisor • Mit Zielen führen: Ziele vereinbaren, verfolgen und erreichen • Delegieren • Personalauswahl, Einschätzung und – Entwicklung • Führung durch Coaching • Feedback geben • Teambildung • Überzeugungskraft, Verhandlungsgeschick • Konflikt-Management

Tabelle 45: Aufgaben und Kompetenzen des KA-Team-Leaders

Praxistipp:

Erfolge feiern! Das schwäbische »Nicht geschimpft ist schon genug gelobt!« reicht nicht. Die ehrliche Anerkennung der Beiträge, der Kooperation, des Engagements bringt eine Geisteshaltung von Wertschätzung zum Vorschein. Das Team wächst noch weiter zusammen und strebt nach weiteren Erfolgen. Success breeds success!

Profitcenter[23]-Manager

Diese Rolle wirkt in zwei Richtungen. Die eine wirkt in die eigene Firma hinein. Der KA-Manager mit seinem Team ist verantwortlich für das Erzielen von Umsätzen und Ergebnissen beim KA. Dazu steht ihm – wie jedem Profitcenter-Manager – die ganze Klaviatur unternehmerischer Aktionsparameter zur Verfügung. Unter Einsatz dieser Enabler soll eine Geschäftsbeziehung geführt werden, die einen größtmöglichen Customer Lifetime Value bringt. Der Zeithorizont ist also langfristig, die Betreuung strategisch und nachhaltig und nicht nur transaktionsorientiert. Mit der Annahme der Zuständigkeit für einen KA hat der KA-Manager die Verantwortung für einen bedeutenden Vermögenswert seiner Firma übernommen. Daran ist die Erwartung und die Verpflichtung geknüpft, optimale Ergebnisse aus der Arbeit mit diesem Vermögenswert zu schöpfen. Was »optimal« ist, wird zwischen KA-Manager und KAM- oder Vertriebsleitung definiert.

Die andere Wirkrichtung bezieht sich auf das KA-Team. Hier ist der KA-Manager für das Bereitstellen von Ressourcen für das KA-Team und seine Aufgaben zuständig. Ohne Ressourcen sind die anspruchsvollen Aufgaben für die Betreuung von Key Accounts nicht zu bewältigen. Typische Ressourcen sind:

- die Mitglieder des KA-Teams als wichtigste Ressource,
- Arbeitsplätze und -Mittel,
- Budgets und Nutzungszeiten von Laboren, Pilotanlagen und Prüfständen für Entwicklungsprojekte,
- Läger und Bestände,
- Budgets für Marketing zum und mit dem KA,
- Reisekostenbudget.

Die Tabelle 46 zeigt typische Aufgaben und Kompetenzen.

	Aufgaben	Kompetenzen
Profitcenter-Manager	<ul><li>Ziele des KA-Entwicklungs-Plans realisieren durch Umsetzung der KA-Strategie und Maßnahmen</li><li>Profitables Geschäft auf- und ausbauen</li><li>Erträge und Kosten managen</li><li>Langfristige Geschäftsbeziehung etablieren</li><li>Leistungsgestaltung mit echtem Mehrwert für den KA</li><li>Business Plan erstellen</li><li>Planerreichung verfolgen</li></ul>	<ul><li>Betriebswirtschaftliches Verständnis</li><li>Beurteilungsvermögen für (technische) Lösungen</li><li>Entscheidungs-Kompetenz</li><li>Szenariotechnik</li><li>Business Planning</li><li>Selbstorganisation</li></ul>

Tabelle 46: Aufgaben und Kompetenzen des Profitcenter-Managers

---

23 Die Bezeichnung Profitcenter impliziert, dass ein Profit erfasst werden kann. In vielen Unternehmen gibt die Ergebnisrechnung das auf Key-Account-Basis nicht her. Überall jedoch ist eine Deckungsbeitragsermittlung möglich. Da der DB eine maßgebliche Vorstufe für den Profit ist, passt die Bezeichnung Profitcenter-Manager auch dort, wo kein echter Profit ermittelt wird.

> **Praxistipp:**
>
> Aufgaben und Anforderungen in den vier Rollen sind enorm anspruchsvoll. Ich empfehle Ihnen, anhand der in den Tabellen dargestellten Soll-Kompetenzen für sich selbst regelmäßig eine Bestandsaufnahme zu machen. Wo sind Sie schon gut, wo fehlt's noch? Suchen Sie sich dafür Coaching, Training oder einen Austauschpartner.

5.3.2 Vorbereitung und Weiterentwicklung

Die Betrachtung der vier Rollen hat die Forderung Capons nach höchstem Kaliber bei der Besetzung von KA-Manager-Positionen untermauert. Nach meiner Wahrnehmung bei Kunden und Workshop-Teilnehmern ist diese Erkenntnis inzwischen weit verbreitet. Die systematische Umsetzung in Vorbereitung und Weiterbildung lässt jedoch vielfach auf sich warten.

Vorbereitung

Bei einigen positiven Beispielen wird gezielt nach Potentialkandidaten bei der Einstellung gesucht, um diese dann auf eine KAM-Aufgabe vorzubereiten. Es bieten sich zwei Modelle für die Vorbereitung an:

Training-on-the-Job:

Der Kandidat durchläuft eine Anzahl von Stationen, in denen er Aufgaben für KAs ausführt. Das können alle Funktionen sein, die im KA-Team vertreten sind.

Spezifischer Zuschnitt auf KAM — Oft finden sich Stationen im Innendienst, Marketing, Logistik, je nach Ausbildungshintergrund auch in der Technik und Produkt-Management. Sinnvolle Ergänzungen können Controlling, Qualitätsmanagement und dergleichen sein.

In diesem Modell ist der Kandidat in die jeweilige Einheit integriert. Dabei ist entscheidend, die jeweilige Verweildauer so auszutarieren, dass ausreichendes Verständnis für die Tätigkeit gewonnen wird, andererseits das Ziel KAM nicht in zu weite Ferne rückt. Für die aufnehmende Einheit bedeutet das eine höhere Personalrotation und einen regen Zustrom neuer Ideen. Die KAM- oder Vertriebsleitung koordiniert.

Trainee-Programm

Breiter und weniger spezifischer Zuschnitt — Es gibt sie in jeder Form und Farbe. Es eint sie der Zweck, dem Unternehmen nach Abschluss des Programms Nachwuchskandidaten für Führungs- oder Vertriebs-/Marketing- oder andere Fachaufgaben zur Verfügung stellen zu können. Sie richten sich in der Mehrheit an Hochschulabsolventen. Hochwertige Traineeprogramme zeichnen sich dadurch aus, dass sie neben der fachlichen Vorbereitung großen Wert auf die Weiterentwicklung der sozialen

Kompetenzen legen, den Austausch und damit den Aufbau von Netzwerken zwischen den Trainees fördern und Kontakte zum Topmanagement organisieren, auch in Form von Coaching oder Mentoring.

In vertriebsorientierten Programmen besteht bei Beginn oft nur eine grobe Vorstellung von der Verwendung danach. Im Verlauf des meist zweijährigen Programms kristallisiert sich das besondere Interesse und die Passung heraus. Traineeprogramme werden zentral, oft von der Personalabteilung, geführt. Die aufnehmenden Einheiten genießen zusätzliche Mitarbeiter ohne Niederschlag in Headcount und Personalkosten.

Der Einstieg ist geschafft, die erste KA-Manager-Position erreicht. Es gibt meist mehrere KA-Manager-Levels mit steigender Verantwortung und Seniorität. Die Anzahl der Levels richtet sich nach Unternehmens- und Kundengröße. Die in Abbildung 96 dargestellten Stufen und Titel finden sich häufig.

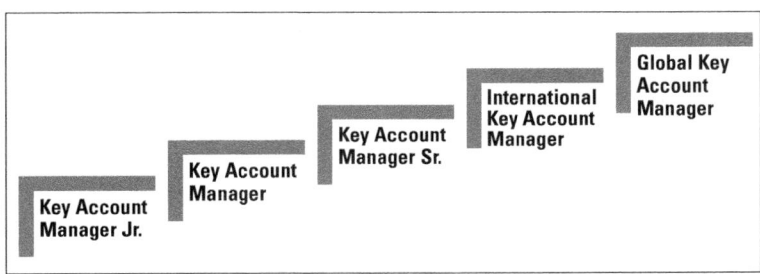

Abbildung 96: Key Account Manager Levels

Am Anfang der KAM-Laufbahn ist der KA-Manager Junior entweder für einen kleinen KA zuständig, oder – häufiger – als »Eleve« einem erfahrenen Kollegen und dessen Kunden zugeordnet. Je nach Komplexität der Betreuung sind 2-3 Jahre angebracht, bevor die nächste Stufe erreicht wird und die alleinige Verantwortung für einen Schlüsselkunden übernommen wird.

Mit steigender Erfahrung wachsen auch die Kompetenzen. Damit sind einerseits die Fähigkeiten gemeint, andererseits die Handlungsspanne. Die Karrierestufen reflektieren dies. Ihr Unternehmen nutzt sie für mehrere Zwecke:

- Außenwirkung: Verdeutlichung Ihrer Erfahrung und Entscheidungskompetenz dem Kunden gegenüber.
- Einordnung in die Firmenhierarchie: Hinweis auf die Position in der internen »Hackordnung«.
- Gestaltung der Entlohnung: Je höher Erfahrungen und Fähigkeiten, desto größer ist der zu erwartende Beitrag des KA-Managers, entsprechend reichhaltiger sind Entlohnung und Ausstattung.
- Mitarbeiterbindung: Gerade die gewünschten zielstrebigen Mitarbeiter brauchen eine Entwicklungsperspektive. Die lässt sich durch mehrere Karrierestu-

fen besser abbilden. Gepaart mit steigender Ausstattung steigt die Aussicht, dass der Mitarbeiter bleibt.

> **Praxistipp:**
>
> Kontinuität und Geduld sind hilfreiche Tugenden im KAM! Kontinuität dem Kunden gegenüber, da in diesem Geschäft der Trusted Advisor das Rennen macht. Und Geduld mit der nächsten Promotion, damit ein solides Fundament gelegt wird.

Weiterbildung

Fehlertoleranz deckt niemals die Verletzung gesetzlicher, ethischer und moralischer Grundsätze!

Die Erfahrung wächst mit jedem Tag. Das Lernen aus Erfolgen ist am angenehmsten, Lernen aus Fehler am intensivsten. Da Fehler meist mit Kosten oder Ergebnisausfall verbunden sind, handelt es sich dabei um Investitionen der Firma in den Mitarbeiter. Bei guter Analyse ist ein positiver ROI zu erwarten, weshalb viele Unternehmen eine Kultur der Fehlertoleranz proklamieren.

Neben diesem Learning-by-doing braucht KAM den Aufbau weiterer notwendiger Fähigkeiten. Sie setzen sich zusammen aus Soft Skills sowie Fach- und Methodenkompetenzen. Die Praxis ist vielfach noch sehr zurückhaltend damit. In Großunternehmen ist eine intensive Auseinandersetzung mit dem Thema im Gang. In zunehmendem Maße werden Methoden der Personaldiagnostik eingesetzt. Im Idealfall wird zunächst aus den Zielen und Strategie des Unternehmens über die folgenden Schritte ein Sollprofil erstellt (Beispiel ASSESS®[24]):

1. **Warum** besteht dieser Job (mind. 10 Argumente)?
2. Worin bestehen die **wesentlichen Aufgaben** (Fokussierung)?
3. An welchen **messbaren Resultaten** wird der Erfolg des Stelleninhabers gemessen?
4. Welche **kritischen Situationen** können auftreten?

Dem Sollprofil werden die Kandidaten und Stelleninhaber gegenübergestellt. Dafür gibt es verschiedene Erhebungsmethoden wie webbasierte Fragebögen, 360j°-Analyse, Beobachtung und Selbsteinschätzung. Aus dem Delta zwischen Sollprofil und Ist-Situation wird der Bedarf an Weiterbildung gemessen. Der Charme dieses Vorgehens liegt in der Synchronisierung vom Anforderungsprofil mit den Zielen der Firma sowie der Ableitung individueller Ansatzpunkte.

Unabhängig von dem beschriebenen Vorgehen sollte der KA-Manager während seiner KAM-Laufbahn für die wachsende Verantwortung befähigt werden. Die Tabelle 47 bietet Anhaltspunkte über sinnvolle Trainings.

---

[24] ASSESS Strategic Success Modelling

KA-Manager Jr.	KA-Manager	KA-Manager Sr.	International KA-Manager	Global KA-Manager
KAM-Grundlagen	Führungs-Grundlagen	Team-Führung	Konflikt-Management	C-Level Networking
KA-Plan Erstellung	Selbst-Management	Strategische Konzepte	Interkulturelle Kompetenz	Unternehmerisches Handeln
Produkt-Kenntnis	Verhandeln	Fremdsprachen	Entscheidungsfindung	

Tabelle 47: Weiterbildungsempfehlung für KA-Manager

Praxistipp:

Lebenslanges Lernen ist nicht nur gerade aktuelles Thema, sondern angesichts rapider Veränderung auch Voraussetzung von »Employability[25]«. Überprüfen Sie also regelmäßig Ihre persönlichen beruflichen Langfristziele und ob Ihr Kompetenzprofil noch dazu passt.

5.3.3 Entlohnung des Key Account Managers

Es entspricht dem Zeitgeist, variable Vergütungsbestandteile für Manager abzuschaffen oder zu vereinfachen. So hat Bosch 2015 verkündet, an individuelle Ziele gekoppelte Boni abzuschaffen und durch einen vom Ergebnis der Gruppe abhängigen Bonus zu ersetzen. Die Begründung liefert der CEO so: »Motivieren Sie Menschen nur über monetär bewertete Ziele, erhalten Sie am Ende nicht bessere, sondern sogar schlechtere Leistung« (Volkmar Denner, FAS 20.09.2015). Damit hat Bosch eine Vorreiterrolle übernommen. Auch SAP hat das Performance Rating bei »Innovative Workers« (Spiess 2016) abgeschafft, hält aber z. B. im Vertrieb an variablen Gehaltsbestandteilen fest, die sich auf Zielerreichung beziehen. Im Durchschnitt beläuft sich der variable Anteil am Jahreszielgehalt auf 24 %, Spanne 10 – 50 %.

Im KAM als einer vertrieblichen Funktion sind Entlohnungssysteme aus fixen und variablen Bestandteilen vorwiegend. Eine Studie von Mercuri und efkam hat dies bestätigt. Danach haben 61 % der Befragten einen variablen Anteil bis zu 20 %, ein weiteres Viertel zwischen 20 und 30 %. Höhere variable Anteile, dann meist in Form von Provisionen, finden sich verbreitet im Flächenvertrieb bei Fokus auf Umsatz.

---

[25] Konzept, mit dem die lebenslange Arbeitsmarktfitness von Mitarbeitern gestärkt werden soll.

> **Praxistipp:**
>
> Sollten Sie vor der Einführung/Revision Ihres Entlohnungssystems stehen, achten Sie darauf, dass Bemessungsgrundlagen der variablen Komponenten die folgenden Anforderungskriterien erfüllen:
>
> - Zielkonformität,
> - Transparenz, Ausgewogenheit, Fairness,
> - motivationsfördernd,
> - leicht ermittelbar.

Im KAM findet sich – zurecht – eine geringere variable Vergütung als im Flächenvertrieb

Es liegt in der Natur von KAM, dass die Orientierung von kurzfristiger Maximierung zu langfristiger Optimierung schwenkt. Damit verliert eine reine Umsatzbetrachtung als Grundlage für die Bemessung der variablen Vergütung relativ an Gewicht. Hinzu kommen Aspekte wie Kundenzufriedenheit, Loyalität, Lieferanteil und Verbesserung des Beziehungsnetzwerkes.

Zielgrößen zur Ermittlung des variablen Einkommensanteils sind (Mercuri, efkam 2011):

- Umsatz/Absatz Ihrer Kunden,
- Gewinn/Margin Ihrer Kunden,
- Marktanteil bei spezifischen Kunden,
- Kundenzufriedenheit,
- Kundenloyalität,
- Spezifische Aktivitäten für einzelne Kunden,
- Maßnahmen zur Steigerung der Kosteneffizienz,
- Neukundengewinnung,
- Gesamterfolg Ihres Unternehmens,
- andere.

Zwei weitere Erkenntnisse der Studie zur Entlohnung sind außerdem belangreich:

1. Berücksichtigung des KA-Teams: Die Einführung eines Team-Bonus wirkt sich positiv auf das Ergebnis aus, da alle »an einem Strang ziehen«.
2. Hohe Zufriedenheit der KA-Manager: 90 % der Befragten sind mit ihrer Aufgabe zufrieden, 2/3 davon immerhin sehr oder außergewöhnlich zufrieden! Als Gründe werden die Rolle, Gesamteinkommen sowie Struktur und Höhe des variablen Anteils genannt. Bei zusätzlicher Berücksichtigung von Führungsstil, Kommunikation und Kooperation, Anerkennung und Karrierechancen verlieren die finanziellen Aspekte eher an Bedeutung.

Nach diesen Betrachtungen drängt sich nun die Frage auf, wie hoch das Gesamteinkommen des KA-Managers sein soll. Dabei sind auch die anderen Vertriebsaufgaben zu berücksichtigen (siehe Abbildung 97).

5.3 Der Key Account Manager

KA-Manager Jr.	KA-Manager	KA-Manager Sr.	International KA-Manager	Global KA-Manager
Vergleich mit anderen Vertriebsaufgaben					
Vertriebs-repräsentant	Regional-Vertriebsleiter		Nationaler Vertriebsleiter	Director/VP Global Sales

Abbildung 97: KA-Manager-Levels im Vergleich mit anderen Vertriebsaufgaben

Zum aktuellen Gesamteinkommen hat das Staufenbiel Institut eine Analyse veröffentlicht, die nach Erfahrungsjahren differenziert (siehe Abbildung 98).

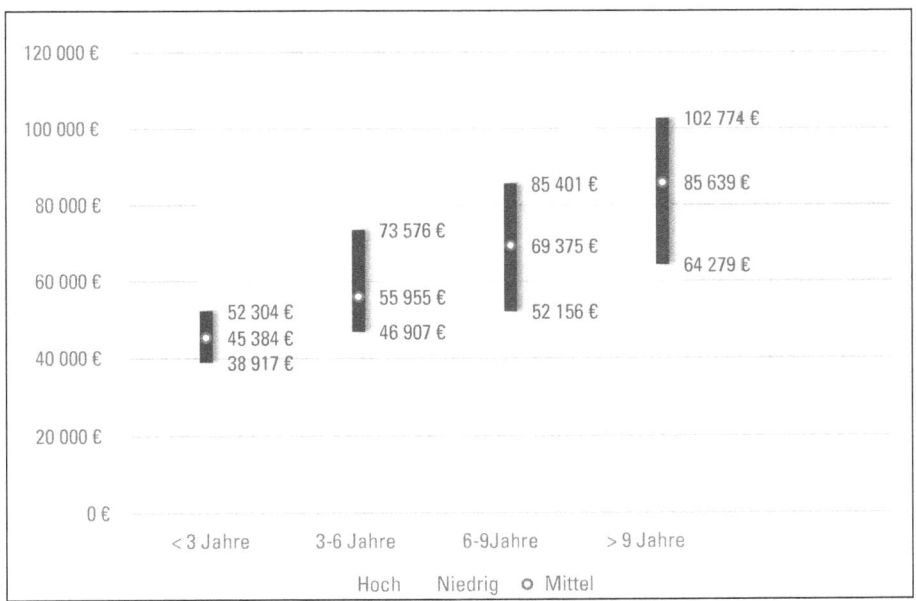

Abbildung 98: Gehälter von KA-Managern nach Erfahrungsjahren (Staufenbiel Institut 2016)

Im Mittel wächst das Einkommen nach mehr als neun Jahren um knapp 90 %, was einer durchschnittlichen jährlichen Zuwachsrate von über 7 % entspricht. Die Differenzierung nach Branchen zeigt markante Unterschiede: Abbildung 99.

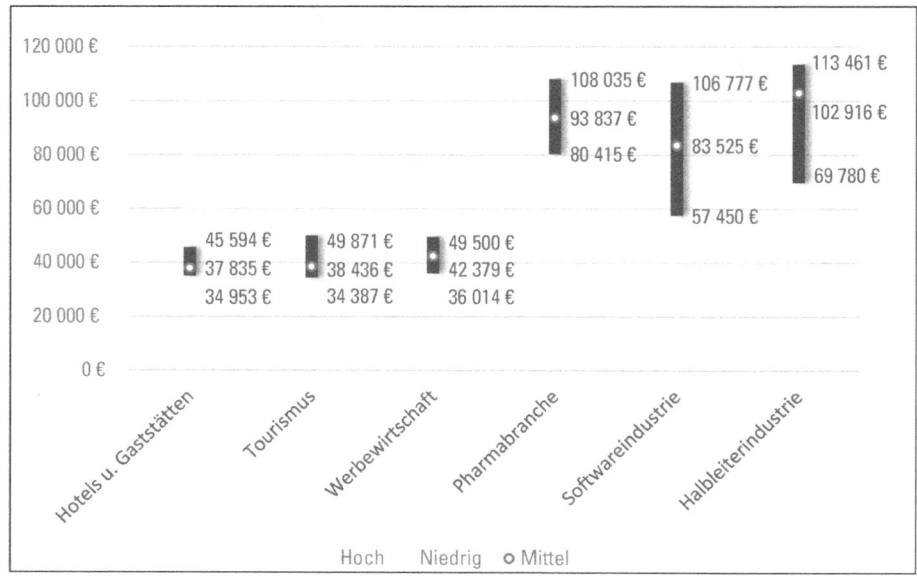

Abbildung 99: Gehälter von KA-Managern nach Branchen (Staufenbiel Institut 2016)

Neben Erfahrung und Branche hat die Mercuri/efkam-Studie folgende Erkenntnisse geliefert:

- Mit zunehmender Verantwortung und steigender Zahl an Mitarbeitern steigt das Einkommen.
- Eine deutliche Mehrheit der KA-Manager liegt beim Einkommen zwischen 70 000 und 100 000 €.
- Zwei Drittel verfügen über ein Firmenfahrzeug, knapp die Hälfte über Versicherungen bzw. Pensionszusagen.

Neben der finanziellen Ausstattung bietet die Tätigkeit des KA-Managers einige intangible benefits:

Intrinsische Motivation:

Nicht monetäre Komponenten der KA-Manager Ausstattung

- Im KAM ist die Attraktivität der Kunden hoch. Der KA-Manager arbeitet mit den führenden Vertretern ihrer jeweiligen Branchen, die die spannendsten Leistungen anbieten, ihre Märkte gestalten und gute Wachstumsaussichten haben. Entsprechend hoch sind die Anforderungen an die Lieferanten. Das bietet die Chance, vom KA zu lernen, Lösungen voranzutreiben und sowohl für den Kunden als auch die eigene Firma Nutzen zu generieren.
Diese Kunden verlangen Ihnen auch höchste Professionalität ab. Sie spielen nicht mehr Regional- oder Bundesliga, sondern Champions-League. Ihre Kompetenzen müssen das abbilden: im Rückraum Kundenstrategie und Planung, Interne Abstimmung, im Mittelfeld exzellentes Teamzusammenspiel, im An-

griff gewinnende Verhandlungskompetenz, Value Selling, Networking. So werden Sie stark gefordert, wodurch die Zufriedenheit steigt, umso mehr bei Erfolg.

- **Querschnittsfunktion:**
Die Bandbreite an Tätigkeiten ist so umfassend wie sonst nur in höheren Ebenen. Der KA-Manager verantwortet eine kleine Business Unit in allen Aspekten wie Strategie, Verkauf, Supply, Führung, Ergebnisverantwortung. Wer es schafft, bei Kunden, die auch bei der Konkurrenz Begehrlichkeiten wecken, die gesteckten Ziele zu erreichen und das mit einem Team quer über organisatorische Grenzen hinweg, hat den Nachweis unternehmerischer Fähigkeiten erbracht.

- **Karrieresprungbrett:**
Das Interesse an Key Accounts ist groß, die Berührungspunkte vielfältig. Das ermöglicht dem KA-Manager eine hohe Visibilität bis hin zum Topmanagement. Wenn die Ergebnisse und die Kundenloyalität stimmen, gemeinsame Veranstaltung positiv verlaufen, empfiehlt sich der KA-Manager für mehr oder weiterreichende Verantwortung, z. B. als Potentialkandidat für das höhere Management.

Praxistipp:

In Anlehnung an Sprengers »Mythos Motivation« gilt für die Mitarbeitermotivation der Dreiklang »wollen – können – dürfen!«. Das Wollen, also die Leistungsbereitschaft, kann im KAM als gegeben angenommen werden. Dem Können lässt sich nachhelfen, siehe Weiterbildungsempfehlung. Das Dürfen, die Leistungsmöglichkeit, muss durch Organisation, KAM-Leitung, Team und KA-Manager befördert werden. Hier ist jeder Beteiligte in der Pflicht mitzugestalten, Engpässe zu überwinden und Abläufe zu verbessern, damit die Menschen im KAM am Kunden und an den Leistungen für ihn arbeiten können.

6 Prozesse und Tools

Prozesse und Tools sind Hilfsmittel, um die Arbeit zu standardisieren, effektiver und effizienter, somit schneller zu gestalten. Durch Prozesse lassen sich Aktivitäten leichter planen und vergleichen. Des Weiteren erlaubt ein wiederholt gleiches Vorgehen steilere Lernkurven, als wenn jedes Mal »das Rad neu erfunden« wird.

In diesem Abschnitt erfahren Sie, welche Prozesse im KAM anwendbar sind. Darüber hinaus lernen Sie als ganzen Werkzeugkasten mehr über den Key-Account-(Entwicklungs-)Plan (KAEP oder KAP).

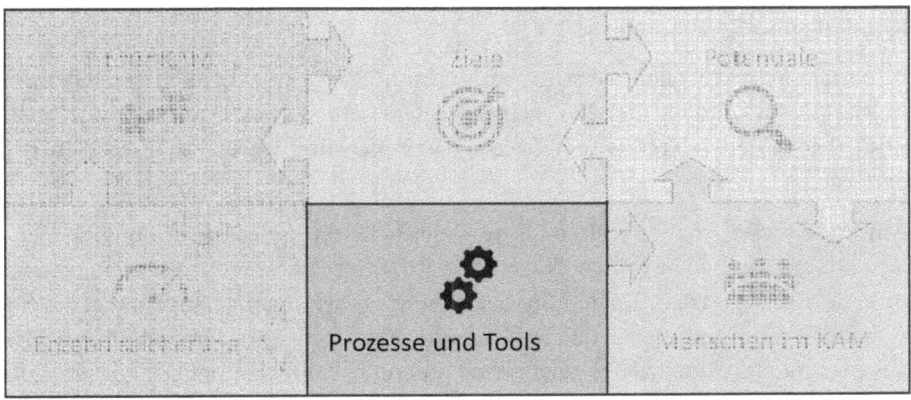

6.1 Prozesse

Vertrieblern das Denken in Prozessen nahebringen zu wollen, trifft oft auf wenig Begeisterung. Ein Workshop-Teilnehmer formulierte es so: »Lasst mich doch einfach verkaufen!« Er hat sich schließlich überzeugen lassen, denn Vereinfachung, Beschleunigung und höherer Wirkungsgrad ist dem Zweck guter KA-Betreuung sehr dienlich.

Ein Prozess ist die Summe von Aufgaben, welche von einer oder mehreren Personen unter Anwendung bestimmter Regeln erbracht werden. Ein Prozess beginnt mit dem Eintritt eines Auslösers, z. B. Kundenanfrage, nutzt Input, z. B. Wissen, um einen Output, z. B. neues Produkt, zu erreichen und um damit ein Unternehmensziel zu realisieren. Ein Prozess lässt sich vergleichen mit einer gespurten Loipe im Langlauf: Sie hilft auch, leichter und schneller ans Ziel zu kommen.

Ein Prozess kann sich in Unterprozesse gliedern

Die KAM-spezifischen Prozesse sind:

- Prozess zur Key Account Auswahl (siehe Kap. 3.2., wird nicht weiter behandelt),
- Key Account Verkaufsprozess,
- Key Account Plan Erstellungsprozess.

6.1.1 Key Account Verkaufsprozess

Der Verkaufsprozess beschreibt alle Schritte zwischen dem Auftreten eines Kundenbedürfnisses und – wenn alles gut geht – einem zufriedenen Kunden, dessen Bedürfnis erfüllt wurde. Der Auslöser ist die Erkennung des Bedarfs durch den Kunden oder die Bedarfsweckung durch Ihre Firma als Lieferant. Vier Prozessschritte werden durchlaufen, es kann innerhalb und zwischen den Schritten zu Iterationen kommen, um auftretende Informationslücken zu schließen oder Anpassungen vorzunehmen:

Kunden- und Bedarfsanalyse

In diesem Schritt wollen Sie so genau und umfassend wie möglich verstehen, in welchem Marktumfeld der KA sich bewegt, welche Veränderungen eingetreten sind, welche neuen Trends sein Geschäft betreffen und warum er nun einen Bedarf hat.

Am Ende dieser Analyse sollten Sie von sämtlichen Mitgliedern des Buying Centers erfahren haben, welchen Nutzen sie für ihren Verantwortungsbereich von Ihrer Lösung erwarten. Fragen Sie bei diesen Erwartungen solange nach, bis Sie auf den Grund gestoßen sind. Dieser hohe Anspruch erfordert möglicherweise das persönliche Hinzuziehen aller Beteiligten und kann sich bei komplexen Einkaufsentscheidungen über mehrere Runden erstrecken.

> **Praxistipp:**
>
> In dieser Phase äußerste Gründlichkeit walten zu lassen, ist eine gute Investition:
>
> - Sie dokumentieren Ihr authentisches Interesse an der Bedarfslage Ihres KA.
> - Ihre Entscheidung ob »Go« oder No-Go« ist bestens fundiert.
> - Die Lösungsgestaltung geht schneller und günstiger.
> - Sie sind Ihrem Wettbewerb möglicherweise voraus.
> - Die Akzeptanz der Lösung ist höher.
> - Sie kommen schneller und wahrscheinlicher zum Abschluss.
> - Ihre Zufriedenheit und Motivation steigen.

Lösung entwickeln

In diesem Prozessschritt werden auf Basis der Erkenntnisse aus dem vorherigen Schritt die Leistungsmerkmale so gestaltet, dass Sie möglichst umfassend die Nutzenerwartungen aller am Einkaufsprozess Beteiligten erfüllen. Im KAM gehört dazu auch die berühmte »extra mile«, also die Schaffung einer kundenspezifischen Lösung.

Gerade bei großen Projekten kann es Sinn machen, unterschiedliche Leistungsumfänge zu definieren, damit wird sowohl Ihre Leistungsfähigkeit als Anbieter dokumentiert, als auch eine Wahlmöglichkeit eröffnet, die die Entscheidung und Preisverhandlung erleichtert.

In dieser Phase werden auch die Referenzen und Angebot vorbereitet, sowie der Verhandlungsrahmen abgesteckt.

> **Praxistipp:**
>
> Die erwähnte »extra mile« ist aufwendig. Schon die Angebotserstellung kann erhebliche Kosten verursachen. Sichern Sie Ihre Investition ab, indem Sie klären, ob ein Wettbewerber im Spiel ist, und wenn ja welcher, ob Bereitschaft zur Kostenbeteiligung besteht, oder bei Abschluss Lieferantenschutz für eine Zeit eingeräumt wird.

Lösung platzieren

In dieser Phase stellen Sie dem KA dar, wie Ihr Leistungsangebot für die Mitglieder des Buying Centers Nutzen schafft. Hohe Wirkung erzielen Referenzen, Produktbeispiele und Demos. Einer meiner Kunden aus dem Maschinenbau lädt seine Kunden in sein Werk ein. Im dortigen Showroom stehen die gängigsten Modelle für Vorführungen bereit. Die Kunden können dort eigene Rohlinge bearbeiten und sich so von den erzielbaren Ergebnissen überzeugen lassen. Damit ist der Abschluss in der Mehrzahl der Besuche besiegelt. *(Value Selling)*

Nicht immer geht es so einfach, neue Anforderungen und Begehrlichkeiten tauchen auf oder in den Phasen eins und zwei ist etwas unentdeckt geblieben. Dann wird (Fein-)Justierung nötig.

Nach gelungener Demonstration des lieferbaren Mehrwerts folgt die Verhandlung. In Ihrem Verhandlungsrahmen finden sich Ihre Verhandlungsvariablen in den Ausprägungen Leistung und Gegenleistung und Ausstiegsschwellen. Sofern Letztere nicht ausgelöst werden, kulminiert diese Phase im Kaufabschluss. *(Was Sie nehmen wollen und zu geben bereit sind.)*

> **Praxistipp:**
>
> Die vorher erworbene Kenntnis über die Anforderungen der einzelnen Personen hilft Ihnen, in dieser Phase zielführend Ihr Nutzenangebot zu positionieren. Die Beteiligung sowohl von Anwendern, Beeinflussern und wenn möglich dem Entscheider bietet Ihnen die beste Chance dafür. Gegebenenfalls rein preisgetriebene Einkäufer lassen sich damit flankieren.

> **Praxistipp:**
>
> Je stärker Ihr Nutzenabgebot, desto einfacher die Verhandlung. Dennoch sollte die Vorbereitung auf die Verhandlung mit großer Sorgfalt betrieben werden. Klären Sie für sich UND Ihren Key Account die jeweils eigene Position, die Alternativen und Konsequenzen aus Nicht-Abschluss. Verhandeln ist keine Magie[26], sondern Vorbereitung, Rollenverteilung, Übung und Einstellung!

Realisierung und Follow-up

Jetzt wird geliefert, und zwar in doppelter Hinsicht: das Produkt oder die Dienstleistung an sich und die Erfüllung der dargestellten Leistungen. Dazu gehören je nach Industrie und Anwendung die Inbetriebnahme, technische Unterstützung und Anwendertraining. Im Verlauf der Nutzung bieten Instandhaltung und Verbrauchsmaterialien weitere Geschäfts- und Kontaktgelegenheiten.

Je komplexer der Kunde und sein Bedarf, desto mehr Iterationen können in und zwischen Prozessschritten nötig werden.

Unverzichtbar für Sie und Ihr KA-Team ist das Kunden-Feedback. Sie erfahren, wie der Kunde Ihre Leistung und die gesamte »customer journey«[27] wahrgenommen hat. Die Erkundigung danach bringt Ihnen wertvolle Erkenntnisse über die Kaufgründe ebenso wie über Verbesserungspotential. Gleichzeitig signalisiert sie Ihrem KA, dass Sie als Lieferant ernsthaft darum bemüht sind, ihn zufrieden zu stellen.

Diese Art des Follow-ups kann inzwischen als Best-Practise bezeichnet werden. Vertriebler, die sich nur um Termineinhaltung kümmern müssen oder der Begleichung der Rechnung nachlaufen, sind nicht mehr auf der Höhe der Zeit.

Der Prozess in der Übersicht ist in der Abbildung 100 zu sehen.

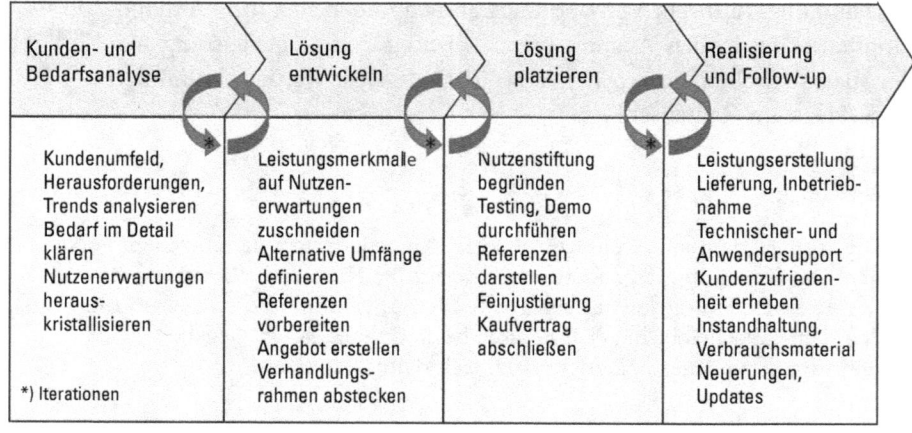

Abbildung 100: Key Account Verkaufsprozess

---

26 Buchtipp: Gates, Steve: *Verhandeln – Das Buch*, 2012.
27 Holistischer Ansatz, der alle Aspekte wie Bewusstsein, Interesse, Wunsch, Absicht und Umsetzung = Kauf eines Produktes und viele unterschiedliche Berührungspunkte, sog. Touchpoints, umfasst.

Praxistipp:

Nicht überverkaufen! Erwartungen, die Sie im 3. Schritt wecken, müssen im vierten erfüllt werden. Gelingt das nicht, ist das im KAM das Ende Ihres guten Standings.

6.1.2 Key Account Plan Erstellungsprozess

Einen Key Account Entwicklungsplan schreiben zu müssen, löst bei einigen KA-Managern mehr oder weniger heftige Gegenwehr aus. In Seminaren äußert sich das in Nichterscheinen oder enormer Zurückhaltung bei den Aufgabenstellungen. Andere machen mit, »weil mein Boss das verlangt«. Nun gibt es valide Gründe, einen KAP zu erstellen. Ein amerikanischer Auftraggeber formulierte es so: »Failing to plan is planning to fail!«[28]

Nun gibt es neben der negativen Wirkung mangelnder Planung gute Gründe, die für KA-Planung und KAP-Erstellung sprechen:

- Die SAMA berichtete 2010, dass 70 % der befragten Unternehmen eine Planvorlage hatte, sie aber nur von 20 % der KA-Manager effektiv genutzt wurde. Diese 20 % jedoch waren deutlich besser durch die Krise gekommen! (Sieck 2016)
- Mit dem Plan sind Sie der proaktive Treiber der Ziel- und Strategiedefinition, des Vorgehens und des Ressourcenbedarfs als Basis für Autorisierung durch die KAM- bzw. Vertriebsleitung.

Vorgehen zur Planerstellung

Aus der Natur der Key Accounts ergeben sich vielfältige Beteiligte, Betroffene und Interessierte. Ich empfehle aus eigener Erfahrung, diese Personen frühzeitig in den Prozess einzubeziehen. Kalkulieren Sie je nach Datenlage und Unterstützung durch Teammitglieder mehrere Wochen oder Monate ein. Zusätzlicher Zeitbedarf entsteht durch Abstimmungsgespräche.

Frühzeitig und breit abstimmen, auch mit dem Key Account.

Abstimmungen in frühen Phasen der Planerstellung ersparen Ihnen spätere Nachbesserungen, die erheblich mehr Zeit und Mühe kosten. Auch der Überzeugungsaufwand ist geringer, da das Einbinden Ihren Kollegen signalisiert, dass dessen Meinung für Sie wichtig ist. Damit nimmt die Bereitschaft Ihr Konzept zu unterstützen zu und Ihr Kompetenzpool auch.

Diese Empfehlung gilt zunächst für das unternehmensinterne Umfeld. Da letztlich der Key Account im Fokus Ihres Handels steht, sollten Sie auch mit den relevanten Gesprächspartnern des Buying Centers die Marschrichtung abstimmen.

---

[28] Geht zurück auf Benjamin Franklin, wurde auch von Winston Churchill verwendet.

Auch hier senden Sie mit diesem Vorgehen positive Signale. Unter der Voraussetzung, dass Ihr Verhältnis mit dem Key Account schon so vertrauensvoll ist, dass diese Nähe akzeptiert wird, kann damit eine weitere Intensivierung erreicht werden.

In der eigenen Praxis habe ich erlebt, dass ein Key Account, für den wir ein wichtiger Lieferant waren, uns seine Ziele und Strategie vorgestellt hat. Damit wurde großes Vertrauen demonstriert sowie die daraus resultierenden Chancen und auch die Erwartungen an uns dargestellt. Dieses Vorgehen war für uns hochgradig motivierend.

Der Ablauf bei der Ersterstellung einer Schlüsselkundenstrategie wird in der Abbildung 101, einem Prozess-Flowchart visualisiert.

Der analytische Teil des KAP Dieser Ablauf schematisiert die einzelnen Schritte. Sie finden zunächst die Analysephase mit den früher erwähnten Ansatzpunkten. In der Abstimmung A1 kommen Key Account Manager, das engere Key Account Team mit dem Vertriebsleiter und/oder dem KA-Leiter zusammen, um sich über die Ergebnisse der Analysen abzustimmen und als Ansatzpunkte für das weitere Vorgehen zu beschließen. Sie dienen als Input für den strategischen Teil des Key Account Plans.

Da diese Ansatzpunkte das weitere Vorgehen entscheidend bestimmen, empfiehlt sich an dieser Stelle, den Kontakt mit dem Key Account zu suchen, um auch mit ihm Übereinstimmung herzustellen. Sollten Sie auf andere Einschätzungen treffen, sind diese einzubeziehen und Ihre Ansatzpunkte zu revidieren.

Der strategische Teil des KAP Nun geht es an die Zieldefinition. Die Unverzichtbarkeit von Zielen beschreibt schon Lucius Seneca mit der Aussage »*Wenn ein Seemann nicht weiß, welches Ufer er ansteuern muss, dann ist kein Wind der richtige.*« Auch im Key Account Plan brauchen Sie die Richtungsangabe, um die entsprechenden Schritte gehen zu können. Damit ist die Festlegung der Strategie, Maßnahmen und Ressourcen gemeint.

Wieder folgt eine Abstimmung, A2, der Teilnehmerkreis ist der gleiche wie in A1. Jetzt ist der Plan fast komplett, zur Umsetzung fehlt die endgültige Zustimmung von Vertriebsleitung, eventuell Geschäftsführung/Vorstand. Denn dann erst haben Sie die Genehmigung zur Umsetzung und Zugang zu den benötigten Ressourcen.

Der operative Teil des KAP Nun steht Ihr Unternehmen hinter Ihrem Plan, fehlt noch der »Buy-in« des Schlüsselkunden. Sollte er Ihnen den verweigern, fängt die Überarbeitung bei den Zielen an. Wenn Sie Zustimmung erhalten haben, dann informieren Sie das gesamte Key Account Team und führen die Zielvereinbarung durch. Der fertige, genehmigte, ausgestattete, kommunizierte und vereinbarte KAP ist der Endpunkt des Prozesses.

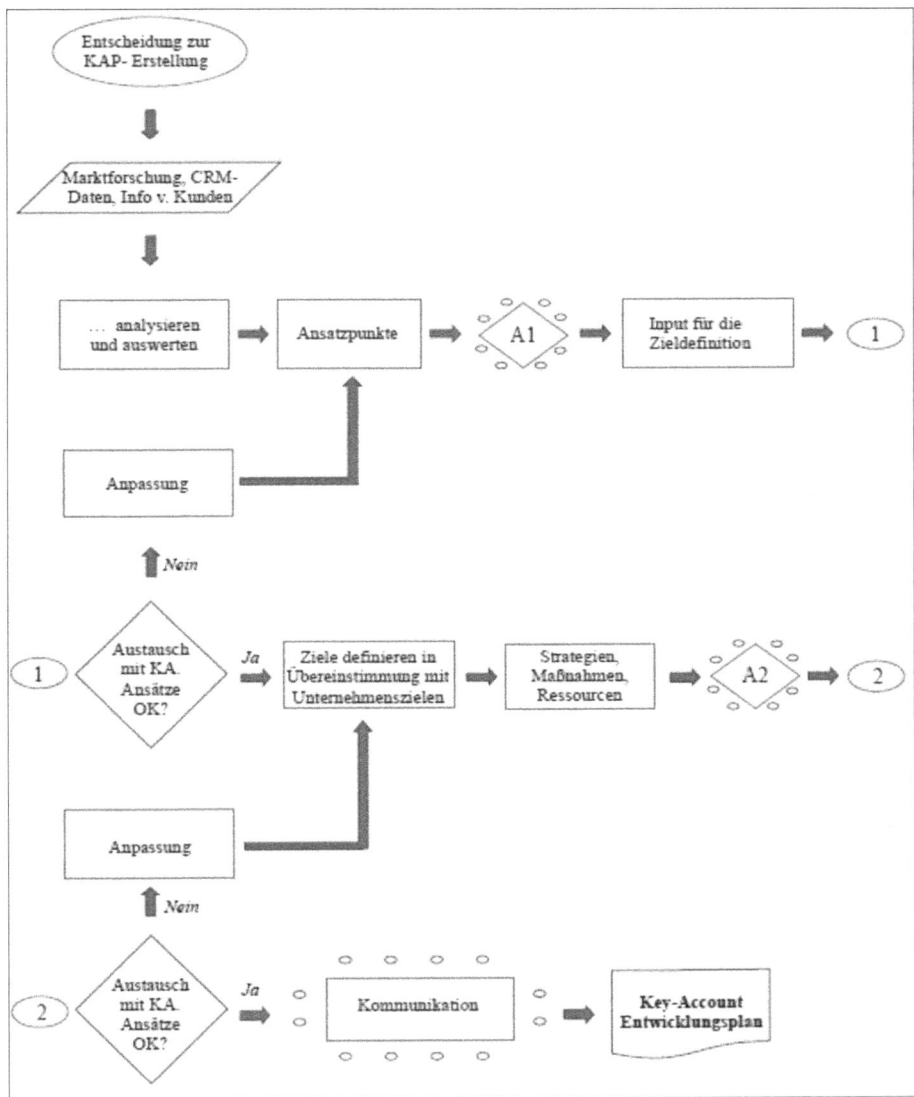

Abbildung 101: Flowchart KAP-Erstellung

Praxistipp:

Und dann in die tiefste Ablage vergraben und hoffen, dass nie wieder jemand danach fragt? Oder zu den 20 % gehören, die effektiv damit arbeiten und erfolgreicher sind? Machen Sie den Plan zu einem lebenden Dokument, zum Gegenstand Ihrer KAM-Team-Gespräche, zum Wissensmanagement-Tool bei neuen Erkenntnissen, nach Kundenkontakten, zu Ihrem ständigen Begleiter.

6.2 Toolbox: Der Key Account Entwicklungsplan

Der Key Account Plan ist weit mehr als ein einzelnes Tool, sondern eine Ansammlung vieler einzelner Werkzeuge, weshalb die Bezeichnung als Werkzeugkiste treffend ist. In diesem Abschnitt werden Sie Zweck, Anforderungen und Aufbau des KAP kennenlernen.

6.2.1 Zweck

Der KAP dient verschiedenen übergeordneten Zwecken:
- Steuerung des Geschäftes mit dem Key Account,
- KA-Team ins Boot holen, Kurs bestimmen,
- breites Interesse im Unternehmen wecken,
- Topmanagement informieren und aktivieren,
- Ressourcen mobilisieren,
- Freiheitsgrade für die Umsetzung sichern,
- Einbindung des Key Accounts.

Die Wichtigkeit der KAs übersetzt sich oft in erhöhte Aufmerksamkeit seitens des höheren Managements. Ohne KAP kann diese Begleitung sehr intensiv und damit für KA-Manager und Team zeitraubend werden. Der KAP kann Ihnen die nötigen Freiräume schaffen, insbesondere wenn der Nachweis erbracht wurde, dass Account Planung und Umsetzung erfolgreich realisiert worden sind.

Chance zur Intensivierung der Beziehung — In Abhängigkeit des Reifegrades der Beziehung zwischen Ihnen und Ihren Kontakten beim KA, steigt die Intensität und Offenheit im Austausch über Ziele, Strategie, Vernetzung, Entwicklung, Erwartungen und Aktivitäten. Die KAP-Erstellung und Präsentation ist eine ideale Plattform dafür. Werden Sie bei dieser Gelegenheit die Inhalte zeigen? Sicher nicht Ihre eigene Profitabilität oder Margen, sofern nicht die Kundenmacht so groß ist, dass Sie sich dem nicht entziehen können. Einige Automobilzulieferer kennen diese leidvolle Erfahrung.

Was kann Ihnen Besseres passieren, als dass Ihnen ein wichtiger Kunde Feedback zu Ihren Vorstellungen zur Entwicklung des gemeinsamen Geschäftes gibt? Gleichzeitig übernimmt er ein gewisses Maß an Verantwortung, seinen Beitrag zur Umsetzung zu leisten.

> **Praxistipp:**
> Verfassen Sie Ihren KAP so, als würden Sie ihn Ihren Ansprechpartnern präsentieren. Dabei werden Sie automatisch den Perspektivwechsel hin zur Kundenseite vollziehen. Dadurch wird Ihr KA noch stärker in den Vordergrund treten. Die Entscheidung, ob Sie Ihren Plan tatsächlich teilen, ist davon unabhängig, die Eignung dafür ist auf jeden Fall besser geworden. Ihre Bereitschaft vielleicht auch.

Neben diesen grundsätzlichen Zwecken dient der Kundendurchdringungsplan als

- Diskussionsgrundlage,
- Teamentwicklungsinstrument,
- Projektplan,
- Messlatte,
- Mitarbeiterentwicklung.

6.2.2 Anforderungen an den KAP

Aus den genannten Zwecken der Erstellung und Aktualisierung der Key Account Pläne ergeben sich die folgenden Anforderungen (in Anlehnung an Belz/Müllner/Zupancic 2008, S. 187):

- »*Ist der Plan nachvollziehbar aufgebaut?*« Ein nachvollziehbarer Aufbau logische Struktur erleichtert die Erstellung und die Arbeit mit dem Plan. Grafische Darstellungen erleichtern die Nachvollziehbarkeit von Analyseergebnissen, besonders in Kombination mit pointiert formulierten Schlussfolgerungen. Auch lockern diese Elemente den Text auf und fördern die Lesbarkeit.

  Die Erfüllung dieser Anforderungen hilft Ihnen, den KAP zu einem lebenden Dokument zu machen.

- »*Wie lassen sich Betroffene zu Beteiligten machen?*« In arbeitsteiligen Organisationen ergeben sich vielfältige Schnittstellen. Nicht jede hat die gleiche Bedeutung. Dementsprechend wird eine Auswahl zu treffen sein, wer an der Erstellung des Plans in welcher Form mitwirkt.
- »*Stimmt der Key Account Plan mit den anderen Unternehmensplänen überein?*« Denn dann erlangt der Plan die größte Wirkung. Im gegenteilen Fall entstehen Reibungsverluste. Es sollte aber nicht darauf verzichtet werden, die übergeordneten Pläne zu hinterfragen, wenn die Erkenntnisse über einen oder mehrere Schlüsselkunden eine andere Richtung verlangen. Es liegt in der Natur von Key Accounts, dass sie an der Vorderfront von Veränderungen agieren und ihre Lieferanten gut beraten sind, dabei mitzumachen.
- »*Wer erhält Einblick in den Plan?*« Ein Kundenentwicklungsplan enthält die zentralen Daten, Intentionen und Aktionspläne. Die Sicherheit dieser vertraulichen Informationen muss gewährleistet sein, Zugangsbeschränkungen sind unerlässlich. Andererseits darf niemand, von dem ein Beitrag erwartet wird, ausgeschlossen werden und sollte zumindest die für seinen/ihren Bereich notwendigen Einsichten erhalten.
- »*Rechtfertigt der Informationsgewinn den Aufwand?*« Team-Mitglieder mit einer blauen INSIGHTS-Präferenz neigen dazu, alle Zahlen-Daten-Fakten wissen zu wollen. Sie geraten damit möglicherweise in eine Analyse-Paralyse-Situation, mindestens brauchen Sie mehr Zeit. Fokussieren Sie daher auf entscheidungsrelevante Sachverhalte, vermeiden Sie in eine Analyse-Paralyse zu geraten.

- »Wie lassen sich die Mitglieder des Key Account Teams dazu bewegen, wertvolle Informationen in den Plan zu integrieren?« Innerhalb des Teams hilft es, wenn vom Key Account Manager die Prinzipien Offenheit im Team, Vertraulichkeit nach außen und Wertschätzung für jede Person und jeden Beitrag gepflegt werden. Flankierend können entsprechende Regelungen in das Anreizsystem eingebaut werden.

6.2.3 Aufbau des KAP

Bei der Frage nach dem Aufbau des KAP stehen sich zwei Standpunkte gegenüber. Soll es ein vorgeschriebenes Format für alle KAs geben oder völlige Gestaltungsfreiheit? Mit der Erklärung, dass jeder Kunde einzigartig ist, wird für eine kundenindividuelle Gestaltung des KAP plädiert. Das ist nachvollziehbar. Es gibt allerdings auch gute Gründe für ein einheitliches Format:

- Vergleichbarkeit,
- bessere Lesbarkeit,
- Erleichterung bei der Erstellung für KA-Manager, die mehr als einen KA betreuen,
- schnellere Vorbereitung für diejenigen, die in die KAP-Review einbezogen sind und deren zügigere Durchführung.

Auch Umfang, Format und Zeithorizont lösen regelmäßig Kontroversen aus:

- Umfang: Es gilt: so kurz wie möglich und so lang wie nötig, passend für den jeweiligen Verwendungszweck. In einer KAP-Review zwecks Autorisierung durch das Management empfehlen sich folgende Inhalte:
  - Veränderungen beim KA,
  - die sich ergebenden Potentiale,
  - Ziele und Strategien,
  - Maßnahmen – Wer macht was bis wann?
  - Wenige Zahlen wie Umsatz, DB oder Gewinn und Mittelbedarf.

  Ein Kunde hat für seine globalen KAs eine Formatvorlage von 30 Seiten. In der Präsentation waren es dann 18, was bei 3–5 Min./Seite und Diskussion schon eine zeitintensive Veranstaltung wird.

Praxistipp:

Es ist zu beobachten, dass im Laufe der Zeit der Umfang des KAP wächst. Versäumen Sie also nicht, gelegentlich eine »Entrümpelung« vorzunehmen. Nutzen Sie den Anhang.

- Format[29]: Der KAP soll in aller Kürze über Fakten, Zahlen und Ziele informieren, visualisiert dies in Grafiken, Tabellen und Schriftform. Die Handhabung soll anwenderfreundlich sein, lesbar auch, dazu gute Eignung für Präsentationen. Das lässt sich am ehesten mit PowerPoint oder Ähnlichem erreichen. Die Integration der Formatvorlage in das CRM, die ein Kunde geschaffen hat, wurde von den Beteiligten sehr geschätzt. Im Zusammenspiel mit einem mobilen Gerät (Pad), war die Bereitschaft, direkt nach einem Kundengespräch die wichtigsten Erkenntnisse festzuhalten, sehr groß.

Praxistipp:

Kombinieren Sie die Vorteile von Excel und PowerPoint, indem Sie Tabellen und Grafiken in Excel erstellen und in PowerPoint einbetten. Damit reduziert sich der Eingabeaufwand in den Folgejahren erheblich.

- Zeithorizont: KA-Geschäft ist langfristiger, strategischer Natur. Das wird bereits in dem Grundsatz Durchhaltevermögen und Kontinuität (Kapitel 2.3.) gefordert. Der Zeithorizont im KAP trägt dem Rechnung, wenn er mindestens zwei, besser drei Jahre beträgt, auch wenn einige Elemente des KAP einer jährlichen Betrachtung unterliegen, wie z. B. die Umsatz- und Budgetzahlen für Reporting und Planung. Gerade im B2B-Geschäft finden sich vielfach mehrjährige Projekte, umso mehr empfiehlt sich der Ausweis eines entsprechenden Zeithorizontes. Damit werden auch frühzeitig die benötigten Investitionen erfasst, können den geplanten Rückflüssen gegenübergestellt und über die CLV-Berechnung auf Vorteilhaftigkeit überprüft werden. KAP-Updates erfolgen kontinuierlich. Zielvereinbarungen mit dem KA-Team typischerweise jährlich, ebenso wie die Management-Freigabe.

KA-Geschäft ist auf Dauer angelegt.

Die in Abbildung 102 und 103 dargestellten Kundenbeispiele zeigen Strukturvarianten von KAP.

Selbst ein Umfang wie oben beschrieben ist im Allgemeinen nicht Topmanagement geeignet. Gleichwohl ist dessen Information und Aktivierung einer der Zwecke des KAP. Auch Präsenz von Vorstand oder Geschäftsführung bei dem Key Account ist gelegentlich wünschenswert. Daher empfehle ich, ein sogenanntes »Executive Summary« an den Anfang zu stellen.

In aller Kürze sollten darin folgende Themen schlaglichtartig behandelt werden:

- Faktoren, die den bisherigen Geschäftsverlauf bestimmt haben, Ausblick,
- Strategie des Key Accounts, welche Themen/Herausforderungen sind gerade besonders »heiß«,
- Eigene Ziele und Strategie,

---

[29] Für eine Formatvorlage kontaktieren Sie mich unter sr@prosalesacademy.com

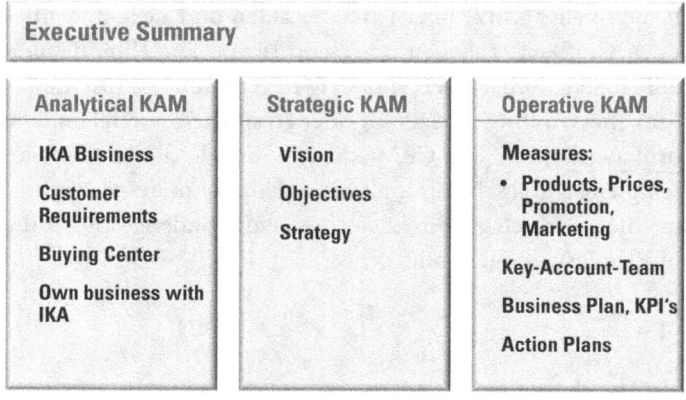

Abbildung 102: KAP-Struktur, Kundenbeispiel Elektronikindustrie

Analysis		Joint Mission /Targets /Strategy	Implementation	Monitoring
Customer	Own Position			
Facts & Figures	Purchasing volume	Mission	Account Team	Customer Performance
Mission /Targets/ Strategy	Perception of the customer	Target & Strategy	Agreements & Contracts	Sales/Project Tracking
SWOT	Own Position within Customer	Long Term Plan	Relationship Management	Review Meetings
Buying Centre (Power Map)			Processes	
			Joint Solutions	
			Sales Actions/ Trainings	

Abbildung 103: KAP-Struktur, Kundenbeispiel Gebäudeausrüstung

- Kennzahlen (Umsatz, Absatz) letztes, laufendes und nächstes Jahr, wenn vorhanden 2 Folgejahre,
- wichtigste Projekte und Maßnahmen.

Praxistipp:

Durchbrechen Sie Franklin's Vorhersage und nehmen Sie Ihr Schicksal selbst in die Hand, denn:

»Succeeding to plan is planning to succeed!«

6.3 Key Account Jahresgespräche

Key Account Jahresgespräche rücken immer mehr in den Fokus der Aufmerksamkeit, gemessen an der Anzahl der Anfragen und Veranstaltungen, die derzeit dazu stattfinden. Diese Kundengespräche sind in Ablauf und Inhalten sehr unterschiedlich und werden zum Teil mit großer Intensität und Härte geführt. Automobilzulieferer und Lebensmittelhersteller gehören zu den Anbietern, deren Jahresgespräche die höchsten Anforderungen stellen. Die Qualität und Atmosphäre der Gespräche hängt sehr stark von der Machtverteilung zwischen Kunde und Lieferant ab. Bei einer oligopolistischen Kundenstruktur, der eine polypolistische Angebotsstruktur mit vielen austauschbaren Anbietern gegenübersteht, sind die Lieferanten stark im Nachteil. Sie können sich dem nur entziehen, indem Sie besondere Leistungsvorteile und damit einzigartigen Mehrwert anbieten.

Die meisten dieser Gespräche enthalten zum einen strategische Themen, zum anderen operative bzw. kommerzielle Inhalte. Die strategischen Themen sind:

Die Kundenzufriedenheit ist ein Indikator für den zukünftigen Erfolg beim Kunden.

- Rückblick: Zielerreichung, Kundenzufriedenheitsanalyse,
- Ausblick: Veränderungen und Trends, veränderte Leistungsangebote,
- Wachstumspotenziale,
- Ziele, Strategie,
- Vereinbarung von Maßnahmen.

Die Abbildung 104 zeigt die empfohlene Agenda aus einem Kundenprojekt.

Your agenda for a Business Review

Small-Talk
Introduction round (if required)
1. Setting the frame (objective of the meeting, agenda) – check t he available timeframe
2. Business Review last year
   - Customer perspective
   - BOSCH ST perspective
3. Customer business strategy
4. BOSCH ST news and updates
5. Joint agreement on business targets next year
6. Joint agreement on marketing plan next year
7. Summary and next steps
Small-Talk

Abbildung 104: Agenda Empfehlung (intern) für ein strategisches Kundenjahresgespräch

Die operativen, kommerziellen Themen sind:

- Mengen und Preise,
- Rabatte, Boni,

- Zuschüsse zu Marketingaktionen, Produkteinführungen, Hausmessen etc.,
- Zielerreichungs-, Jahresend-Vergütungen,
- Liefertermine und Orte,
- Konditionen.

> **Praxistipp:**
>
> Strategische und kommerzielle Themen entwickeln unterschiedliche Dynamiken und Atmosphäre, brauchen eventuell andere Gesprächspartner auf beiden Seiten. Prüfen Sie daher, ob Sie beide Themenblöcke inhaltlich und zeitlich trennen können. Sogar eine persönliche Trennung kann sinnvoll sein, wenn der KA-Manager sich bei hohem Konfrontationspotential aus der Verhandlung zurückzieht.

> **Praxistipp:**
>
> Erstellen Sie sowohl für strategische als auch kommerzielle Themen – eine detaillierte Agenda für das Jahresgespräch und senden Sie diese an Ihren KA. Sie erhöhen damit die Chancen auf ein gut vorbereitetes und zeiteffizientes Gespräch. Außerdem übernehmen Sie die Initiative und schaffen sich so eine solide Ausgangsposition.

6.4 Kundenzufriedenheitsanalyse

Nur zufriedene Kunden kommen wieder. Die Kundenzufriedenheit gibt Auskunft über die Chancen, in Zukunft gut mit dem KA zusammenarbeiten zu können. Sowohl in der Praxis als auch in Forschung & Lehre ist die Wichtigkeit der Zufriedenheitsmessung akzeptiert. Beobachtungen haben jedoch ergeben, dass dies noch zu wenig, zu selten und zu unprofessionell betrieben wird, was bei KAs nicht angemessen ist.

Die Kundenzufriedenheitsmessung kann unterschiedliche Zielsetzungen und Fragestellungen verfolgen:

- Herausfinden konkreter Handlungsvorgaben für die Verbesserung der angebotenen Produkte und Dienstleistungen.
- Überprüfung der Akzeptanz und Relevanz von Serviceleistungen, die das Produkt oder die Dienstleistung begleiten.
- Ermittlung der Gesamtwahrnehmung als Unternehmen, z. B. Vertrauenswürdigkeit, Zuverlässigkeit, Zukunftsfähigkeit, Freundlichkeit, Kundenorientierung.
- Vergleiche im Zeitverlauf, zum Wettbewerb, mit einer Benchmark im eigenen Konzern, Markt, über Märkte und Regionen hinweg.

Die Messung der Zufriedenheit eines KA ist wesentlich fokussierter und detaillierter als eine allgemeine Kunden-Zufriedenheitsmessung, die versucht so viele Kunden wie möglich zu erfassen. Das schlägt sich vor allem in der Auswahl der Zielpersonen nieder, wählt aber aus dem gleichen Methodenangebot aus und folgt dem gleichen Prozess.

Messverfahren gibt es im Überfluss. Eines, das schon erwähnt wurde und derzeit viel Aufmerksamkeit erhält, wird im Folgenden kurz porträtiert.

Customer Journey Analysis

Auch unter dem Begriff customer experience[30] bekannt, geht es um sämtliche Berührungspunkte, die der Kunde mit seinem Lieferanten durchläuft. Das Ziel ist, die einzelnen Kontaktpunkte und Aktivitäten zu visualisieren und zu analysieren, wie sie sich auf die Kundenzufriedenheit auswirken. Dadurch können positive und negative Erfahrungen ermittelt und auf ihre Ursachen hin weiter untersucht werden. Die Schritte im Einzelnen:

1. Touchpoints identifizieren

Sammeln Sie sämtliche Berührungspunkte, die der KA im Geschäft mit Ihnen durchläuft. Das schließt auch Informationsbeschaffung vor einer Anfrage, Ihre Materialien wie Flyer, Broschüren und Muster ein ebenso wie Kauf, Annahme, Verarbeitung bis hin zum Verkauf seiner Leistungen, in die Ihr Produkt eingegangen ist. Ein Feedback zu seiner Leistung aufgrund Ihrer Komponente darin ist ein Touchpoint!

2. Touchpoints gewichten

Nicht alle Berührungspunkte haben den gleichen Effekt für die Un-/Zufriedenheit. Auf einer Skala von 1 = wenig wichtig bis 5 = sehr wichtig differenzieren Sie die Bedeutung. Die Begegnungen mit der höchsten Bewertung sind die Schlüsselmomente.

> Unbedingt beachten: die Customer Journey Analysis betrachtet die Touchpoints aus Sicht des Kunden!

3. Kundenwahrnehmung einschätzen

Bewerten Sie die Kundenzufriedenheit. Eine Skala von +5 = optimal zufrieden/signifikant besser als erwartet bis –5 = unterirdisch ist geeignet. Falls Sie keine Daten haben, beziehen Sie die Personen ein, die auf Seiten Ihrer Firma in den Berührungspunkt involviert sind.

4. Visualisierung der Customer Journey

Schaffen Sie eine Karte zum Journey, welche die Touchpoints, deren Bedeutung und die Zufriedenheit darstellt. Der Kreativität sind hier keine Grenzen gesetzt, wichtig ist jedoch, dass die Ansatzpunkte gut erkennbar sind (siehe z. B. Abbildung 105).

---

30 »To provide a distinctive experience for customers, an organization must unite around the goal of meeting their true needs. Done well, the effort can power a vast amount of innovation« (*McKinsey Quarterly*, 3/2016).

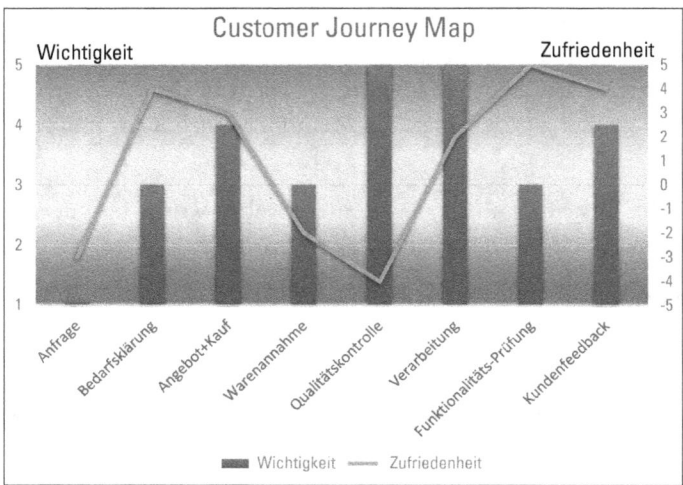

Abbildung 105: Customer Journey Map

5. Verbesserungsmaßnahmen identifizieren

In dem Beispiel wird erkennbar, dass die Zufriedenheit bei Anfrage, Warenannahme und Qualitätskontrolle gering/sehr gering war. Letztere besitzt höchste Wichtigkeit für den Kunden, daher ist hier absoluter Handlungsbedarf, gefolgt vom Thema Warenannahme. Die Touchpoint-Anfrage ist unwichtig, bedarf also keiner gesteigerter Aufmerksamkeit.

Wenn Sie zum ersten Mal eine Customer-Journey-Analyse durchführen, entdecken Sie voraussichtlich Verbesserungsbedarf, der Ihnen bisher gar nicht oder dessen Tragweite dem KA-Team nicht bekannt war. Lösungsansätze zu entwickeln sollte entsprechend zügig vorangetrieben werden. Da die Journey Analyse noch nicht sehr verbreitet ist, können Sie hier einen Wettbewerbsvorteil für sich erarbeiten.

6. Verbesserungsmaßnahmen umsetzen

Als Erstes definieren Sie den angestrebten Zustand nach der Umsetzung möglichst SMART, damit das KA-Team zielgerichtet zu Werke gehen kann. Legen Sie bei knappen Ressourcen Prioritäten fest. Nach Abschluss der Umsetzung messen Sie die Zielerreichung anhand der KPIs.

Praxistipp

Kundenzufriedenheitsanalysen sind am wirkungsvollsten bei Einbezug der Ansprechpartner beim Kunden und unter Hinzuziehung eines Marktforschungsunternehmens. Die Bekanntgabe der Ergebnisse und Ihrer Ableitung stärkt das Vertrauen in Sie und Ihre Firma. Die Präsentation der Verbesserungsmaßnahmen bringt unmittelbares Feedback, Zusatzinformationen, eventuell Verbesserungsvorschläge

7 Ergebnissicherung

Ergebnissicherung umfasst immer sowohl den Rück- als auch den Ausblick, um die Grundlagen für die Steuerung des Unternehmens, einer Business Unit oder eines Key Accounts zu liefern. Im Rückblick geht es um die Messung der Ergebnisse. Die im Kundenentwicklungsplan smart definierten Ziele enthalten Messgrößen, deren Erreichung leicht nachvollziehbar ist. Im Ausblick werden Ansatzpunkte aufgezeigt, welche Maßnahmen für die weitere Umsetzung der Unternehmens- und Vertriebsstrategie zu ergreifen sind. Ergebnissicherung ist die Leistung des Controllings, ein geeignetes Tool dafür ist die Balanced Scorecard. Sie ist als Instrument allgemein akzeptiert, bei einigen Unternehmen im Einsatz, jedoch sehr selten bis zum einzelnen Key Account aufgefächert. Entsprechend gründlich ist die Einführung ins Thema.

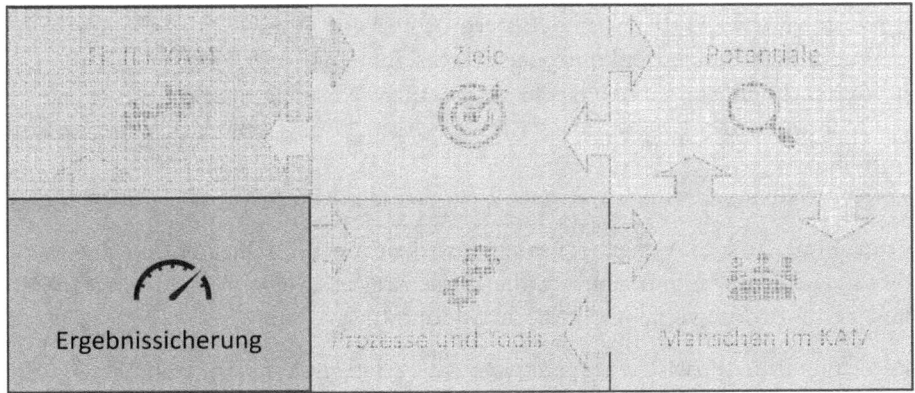

7.1 Controlling

»Ein Unternehmen ohne aktuelle Zahlen ist wie Blindflug im Nebel ohne Radar, oder wie ein Kapitän, der mit der Stange im Nebel stochert« (Unbekannt).

Genau das verhindert das Controlling, denn es liefert die relevanten Zahlen, die Ihnen erlauben, Ihr Geschäft nicht nur zu kontrollieren, sondern zu steuern.

Zweck des Controllings ist, die Unternehmensleitung darin zu unterstützen, die langfristige Sicherung und Mehrung des Unternehmensvermögens zu erreichen.

Daraus ergibt sich für das Controlling die **Aufgabe,** die Entscheider im Unternehmen mit den relevanten Informationen zu versorgen, die sie für ihre Planungs-, Steuerungs- und Koordinationsaufgaben brauchen.

Auch wenn jeder BWL-Student im ersten Semester in der Vorlesung Rechnungswesen lernt »Vertrauen ist gut, Kontrolle ist besser«, kommt es eben genau auf dieses Vertrauen an. Und zwar sowohl seitens des KAM zum Controlling als auch vice versa. Unter der Annahme, dass auf beiden Seiten jeweils mit besten Absichten und ausreichenden Kenntnissen zu Werke gegangen wird, rückt der gemeinsame Erfolg ins Zentrum der Betrachtungen.

Für zweckdienliches Controlling gelten folgende Empfehlungen (Malik 2014, S. 225ff):

- »Die kleinste Zahl von Kontrollpunkten«: alles andere schafft Konfusion und hält die Leute von der Arbeit ab.
- »Stichproben statt Vollerhebung«: Fokus auf wenige aussagekräftige/relevante Messgrößen. Nicht der Versuchung erliegen, die Fülle an verfügbaren Informationen zu missbrauchen und ein Datenüberfluss zu kreieren.
- »Aktionsorientiert statt informationsorientiert«, also handlungsrelevant. *(Zielgerichtet, Analyse-Paralyse vermeiden)*
- »Keine Überraschungen«: frühzeitige Erkennung und Adressierung von möglichen Problemen erleichtern deren Behebung.
- »Lückenlose Pendenzenkontrolle« bei Assignments (Aufträgen).
- »Berichte genügen nicht«: besser gelegentlich selbst »an die Front«.
- »Wohlwollendes Übersehen«: nicht jede Abweichung lohnt das sofortige Eingreifen.
- »Kontrolle muss individuell sein«: Reifegrad des Mitarbeiters berücksichtigen.

Controlling findet im engen Zusammenwirken mit der Führung des Unternehmens statt. Den Zusammenhang, die Zielsetzungen, Aufgaben, Führungsgrößen und Zeithorizonte verdeutlicht die Abbildung 106.

Die Unterschiede zwischen operativem und strategischem Controlling zeigt die Tabelle 48.

Operatives Controlling	Strategisches Controlling
- Gegenwartsbezogen - Interne Orientierung - Sicherstellen der Zielerreichung	- Zukunftsbezogen - Externe Orientierung - Sicherung der Existenz

Tabelle 48: Operatives und strategisches Controlling

Controlling kann seine Wirkung nur entfalten, wenn alle Bereiche des Unternehmens, die für die Zielerreichung und Existenzsicherung relevant sind, einbezogen werden (siehe Abbildung 107).

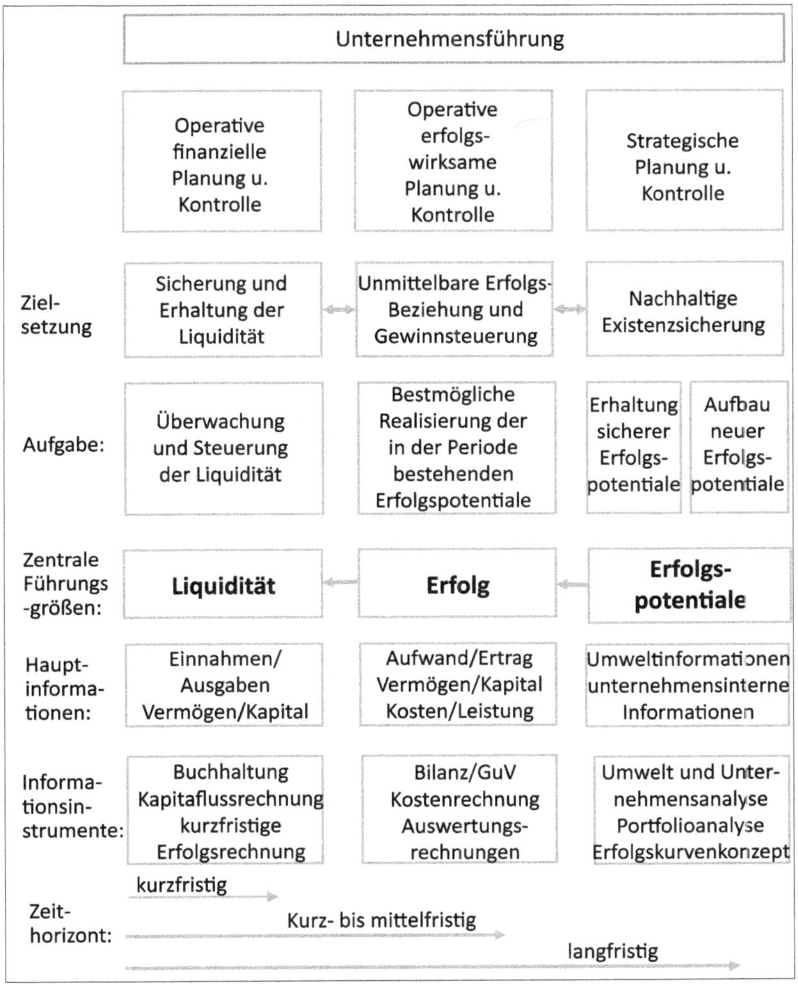

Unternehmensführung
Operative finanzielle Planung u. Kontrolle
Operative erfolgs-wirksame Planung u. Kontrolle
Strategische Planung u. Kontrolle
Ziel-setzung
Sicherung und Erhaltung der Liquidität
Unmittelbare Erfolgs-Beziehung und Gewinnsteuerung
Nachhaltige Existenzsicherung
Aufgabe:
Überwachung und Steuerung der Liquidität
Bestmögliche Realisierung der in der Periode bestehenden Erfolgspotentiale
Erhaltung sicherer Erfolgs-potentiale
Aufbau neuer Erfolgs-potentiale
Zentrale Führungs -größen:
Liquidität
Erfolg
Erfolgs-potentiale
Haupt-informa-tionen:
Einnahmen/ Ausgaben Vermögen/Kapital
Aufwand/Ertrag Vermögen/Kapital Kosten/Leistung
Umweltinformationen unternehmensinterne Informationen
Informa-tionsin-strumente:
Buchhaltung Kapitalflussrechnung kurzfristige Erfolgsrechnung
Bilanz/GuV Kostenrechnung Auswertungs-rechnungen
Umwelt und Unter-nehmensanalyse Portfolioanalyse Erfolgskurvenkonzept
Zeit-horizont:
kurzfristig
Kurz- bis mittelfristig
langfristig

Abbildung 106: Zusammenspiel von Unternehmensführung und Controlling (Reichmann)

Strategisches Controlling
Kosten- u. Erfolgs-Contr.
Vertriebs-Controlling
Marketing-Controlling
Controlling
Finanz-Controlling
Produktions- u. Logistik-Contr.
Investitions-Controlling
Beschaffungs-Controlling

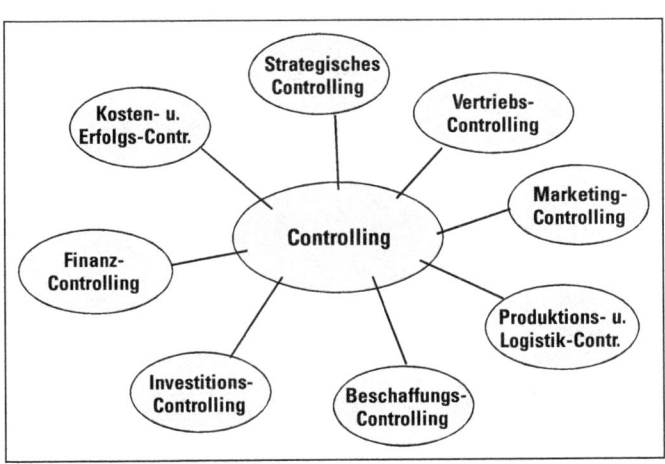

Abbildung 107: Controlling Themen

Für das KAM ist die Anlehnung an das Vertriebs-Controlling naheliegend. Dessen Aufgaben lassen sich folgendermaßen präzisieren (Duderstadt 2006):

- Koordination der Vertriebsplanung (Steuerung/Planabstimmung/Ergebniskontrolle),
- frühes Aufdecken von Planungslücken (Hoch- und Forecast-Rechnungen),
- erfolgsbezogene Planung und Kontrolle von Vertriebsressourcen und Aktivitäten (z. B. Mitarbeitersteuerung durch Anreiz- und Entlohnungssysteme),
- Soll/Ist-Vergleiche und Wirtschaftlichkeitsanalysen auf Organisations-, Produkt-und Kundenebene,
- Analyse der Kosten-, Risiko- und Ertragssituation im Vertrieb,
- Sonderanalysen (z. B. qualitative Parameter wie Kundenzufriedenheit, -bindung, -pflege oder Servicequalität),
- Effizienzanalysen zur Aufdeckung von Schwachstellen (z. B. in Prozessen oder Schnittstellen)
- Frühzeitige Beschaffung, Aufbereitung und Bereitstellung entscheidungsrelevanter Informationen (Vertriebs-Informationssystem),
- Bereitstellung eines ergebnisorientierten Planungs-, Kontroll-, und Steuerungssystems (z. B. Kennzahlensysteme als Frühwarnsystem),
- Aufdeckung von Handlungsalternativen; Einleitung von Gegensteuerungsmaßnahmen,
- Aufbau und Weiterentwicklung eines konsistenten Berichtswesens.

Für das operative und strategische KAM-Controlling ergeben sich die in Tabelle 49 aufgeführten Betrachtungsgegenstände.

Operatives Controlling → Zielerreichung	Strategisches Controlling → Zukunftssicherung
• Absatz, Umsatz, Deckungsbeitrag • Lieferanteile • Vertriebs- und Logistikkosten • Erlösschmälerungen (Rabatte, Boni) • Werbungs- und Promotionskosten • Auftragseingang • Anfragen, »Leads« (= Verkaufschancen)	• Markttrends • Wettbewerbsanalyse • Preis- Absatzfunktionen • Neue Technologien, Substitutionsprodukte • Kundenzufriedenheit, Wiederkaufrate, Reklamationen • Kundenwert, CLV • Innovationskraft • Investitionsrechnung, Szenario-Analyse • Produktlebenszyklen • Sortimentsanalyse

Tabelle 49: Bezugsgrößen des KAM-Controllings

Praxistipp:

Die gezeigten Punkte sind weitgehend die gleichen, die im Controlling des Gesamtunternehmens betrachtet werden. Damit empfiehlt sich eine enge Zusammenarbeit mit dem Controlling für operative und strategische Fragestellungen. Ein Repräsentant des Controllings im KA-Team ist ein Muss!

Praxistipp:

Die Ergebnisrechnung auf KA-Ebene sollte idealerweise bis zum Gewinn gehen. Die Schwierigkeit besteht darin, die Gemein- und Fixkosten KA-spezifisch zuzuordnen. Achten Sie gemeinsam mit dem Controlling darauf, dass soweit irgendwie möglich nicht nach Verteilungsschlüsseln, z. B. Umsatz, sondern verursachungsgerecht zugerechnet wird. So stellen Sie sicher, dass Ihre Entscheidungen, z. B. über Bearbeitungsintensität, Projekte, Unterstützung, Pricing etc. auf Basis korrekter Wirtschaftlichkeitsbetrachtungen gefällt werden.

7.2 Balanced Scorecard

7.2.1 Hintergrund

In diesem Kapitel wird die Balanced Scorecard (BSC) vorgestellt. Kaplan und Norton haben sie gemeinsam mit 12 Unternehmen entwickelt, zunächst zur Ergebnismessung für das gesamte Unternehmen. Nach intensiven Praxiserfahrungen haben sie es zu einem Konzept verfeinert, welches Vision, Strategische Ziele und Maßnahmen über verschiedene Betrachtungsperspektiven, Zeithorizonte und Unternehmensteile hinweg integriert.

Da die Balanced Scorecard dennoch völlig flexibel gestalt- und einsetzbar ist, gleichzeitig viele Vorteile besitzt, drängt sie sich als Controlling-Tool für Ihre wichtigsten Kunden geradezu auf.

Ausgangspunkt für die Erarbeitung der BSC war der Engpass des Controllings, welches vor allem vergangenheitsbezogene Daten aus der Buchhaltung nutzte, um den Erfolg der Vorperiode zu messen. Damit wurde darauf verzichtet, zukunftsbezogene und/oder qualitative Informationen zu berücksichtigen. Das mag u. a. darauf zurück zu führen sein, dass das Controlling sich als faktenbasierte Disziplin verstand und sich dem »Kaffeesatzlesen« nicht öffnen wollte.

Praktikern und Wissenschaftlern war jedoch klar, dass die genannten Ausgrenzungen möglicherweise die Zukunftschancen der Unternehmen gefährdeten. So entstand das Thema »Performance Management«, um das sich neben vielen anderen die Herren Norton und Kaplan verdient gemacht haben. Kaplan ist Professor an der Harvard Business School, Norton ist Berater, Forscher und Autor, beide vielfach ausgezeichnet. Aus den Anfängen des Performance Managements ging dann die BSC hervor.

Controlling als Kontrolle und Performance Management

Die BSC schließt die Lücken früherer Controlling Ansätze, indem es strategische und operative, vergangenheits- und zukunftsbezogene, qualitative und quantitative Aspekte untersucht, und in Beziehung zur Strategie und deren Realisierung stellt. Darüber hinaus werden alle für die Zielerreichung im Unternehmen relevanten Abteilungen und Geschäftseinheiten berücksichtigt. Eine Definition und Abgrenzung liefert die folgende Übersicht:

Definition

- Instrument zur Steuerung von Unternehmen und Teilen davon, welches aus der Strategie eine konzentrierte Anzahl Kennzahlen ableitet.
- Die BSC folgt aus der Strategie und dient ihrer Umsetzung.
- Die Kennzahlen sind so gewählt, dass sie erfolgsrelevante Einflussgrößen abbilden.
- Die Kennzahlen stehen in einem Ursache-Wirkungs-Zusammenhang mit den strategischen Unternehmenszielen.
- Die BSC dient sowohl als Hilfsmittel im Planungs- als auch im Controlling-Prozess.

Was die BSC nicht leistet

- Strategiegestaltung.
- Ersetzt nicht das eigene Denken.
- Gibt keinen Umsetzungsfahrplan vor.
- Bietet keine Kennzahlen, die von der Strategie ablenken.
- Keine Zielerreichungsgarantie bei falschen Zielen oder signifikanten Marktveränderungen.
- Kann Mitarbeitermotivation nicht ersetzen.

Auch wenn die BSC inzwischen bei vielen Unternehmen zu finden ist, gilt das nicht unbedingt für das KAM oder gar einzelne KAs. In diesem und in dem Fall, dass auch das Unternehmen nicht mit der BSC arbeitet, kann das KAM zum Vorreiter werden und das Instrument BSC einführen. Der Nutzen aus Sicht des Unternehmens ist, dass in einer gut abgegrenzten Einheit, die einen hohen Bedarf an qualitativen Kennzahlen hat, ein wirkungsvolles Instrument eingeführt, verfeinert und beherrscht wird, um es dann in alle Bereiche der Firma auszurollen.

Auch diese Change Initiative braucht als Auslöser Wahrnehmung von Dringlichkeit. In der Tabelle 50 steht Ihnen einen Test zur Verfügung, mit dem Sie die Dringlichkeit für die Einführung einer Balanced Scorecard für Ihr Unternehmen und Ihre KAs ermitteln können. Notieren Sie jeweils Ihre Einschätzung zwischen 1 (= gar nicht) und 5 (= komplett) Punkten und addieren Sie die Punkte. Liegt Ihr Ergebnis unter 20 Punkten, sollten Sie ein komplett neues Vorgehen aufsetzen, zwischen 20 und 30 Punkten haben Sie deutlichen Verbesserungsbedarf, über 30 Punkten sind Sie gut aufgestellt und sollten Ihre strategischen Ziele erreichen, etwas »Fine Tuning« geht noch.

	Wert 1 = gar nicht 5 = komplett
Es gibt eine sauber definierte Strategie	
Die Strategie kann ich in einem Statement wiedergeben	
Alle Mitarbeiter kennen die Strategie	
Alle Mitarbeiter tragen die Strategie mit	
Die strategischen Ziele sind aufeinander abgestimmt	
Die strategischen Ziele sind smart	
Die strategischen Ziele sind in Maßnahmen übersetzt	
Die Strategie ist in Planung und Controlling reflektiert	
Summe	

Tabelle 50: Fragebogen Bedarf an BSC

7.2.2 Aufbau

Ausgangspunkt der Balanced Scorecard sind Vision und strategische Ziele. Beide sind unverzichtbar. Auf Unternehmensebene ist das Topmanagement für die Festlegung der Vision und die strategischen Ziele zuständig. Für Ihren KA haben Sie Vision, Ziele und Strategien im KAP festgelegt. *Vision*

Die Vision als Zukunftsbild des Unternehmens oder als Key Account Zulieferer wird realisiert durch die Strategie. Diese basiert auf einer Vielzahl von Hypothesen. Um diese Hypothesen in der Praxis handhabbar zu machen, werden sie in eine Anzahl von Ursache-Wirkungsbeziehungen überführt.

Die Ursache-Wirkungsbeziehungen, auch als Strategy Map/strategische Landkarte bezeichnet, bilden die Grundlage der Balanced Scorecard. Wie sie aufgebaut ist, zeigt die Abbildung 108.

Nachfolgend werden die vier Perspektiven der Balanced Scorecard behandelt. *Strategy Map*

7.2.2.1 Finanzperspektive

Ausgehend – und zwar Top-Down – von der Vision und Strategie werden Fragen gestellt wie: »Welche finanziellen Ziele müssen wir uns setzen, damit unsere Teilhaber zufrieden gestellt werden?«, d.h.: Was erwarten unsere Shareholder von uns, welche Quellen speisen Rentabilität? *Steigerung des Unternehmenswertes*

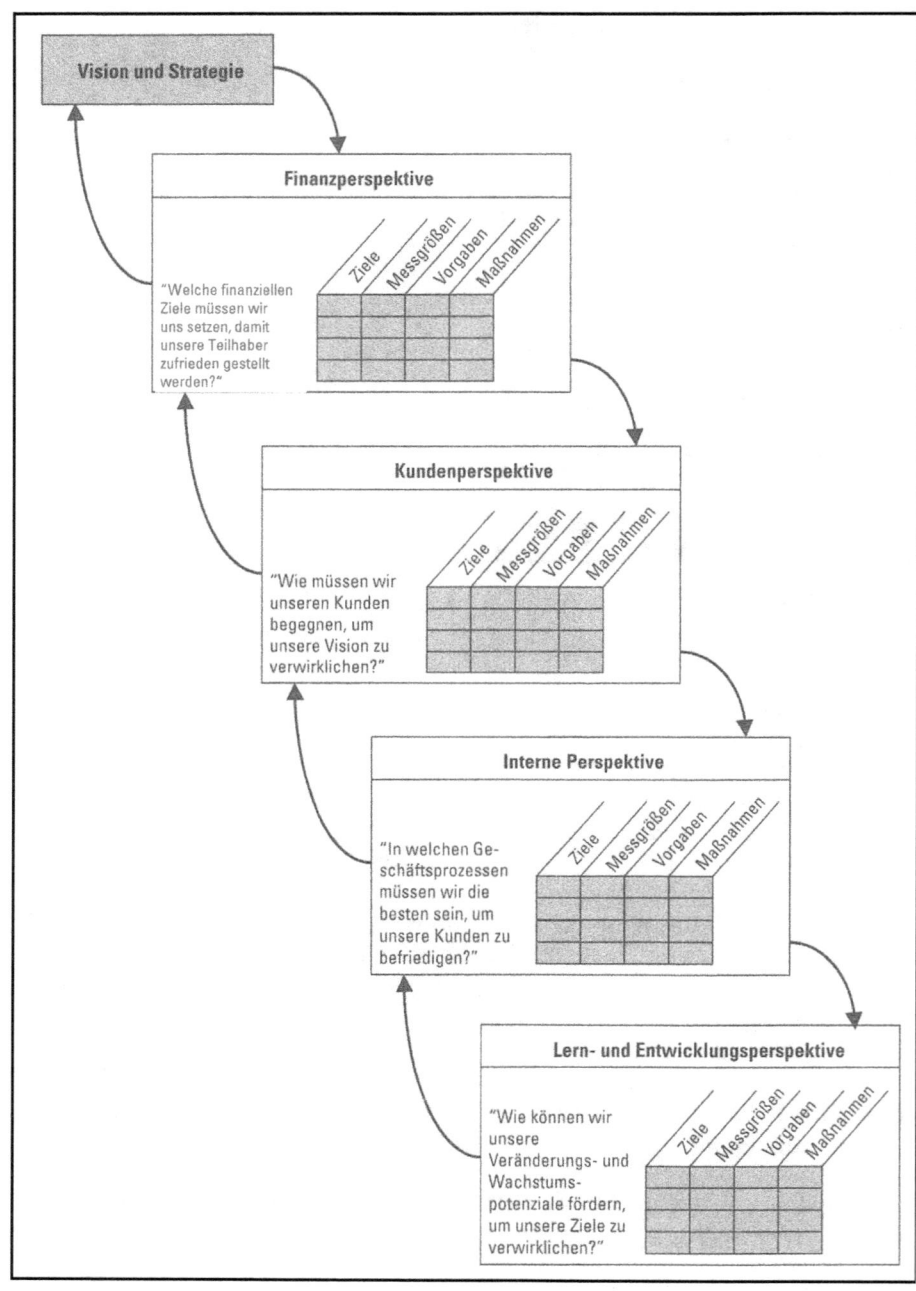

Abbildung 108: Aufbau der BSC (Kaplan, Norton 2001, S. 70)

Die Rentabilität steht im Fokus aller gewinnorientierten Unternehmen. Sie lässt sich durch eine Vielzahl von Erfolgsindikatoren abbilden (siehe Abbildung 109).

$$\text{ROI (Return on Investment)} = \frac{\text{Betriebsergebnis}}{\text{Grundkapital}} \times 100$$

$$\text{ROCE (Return on Capital Employed)} = \frac{\text{Betriebsergebnis} + \text{Fremdkapital-Zinsen}}{\text{Grundkapital}} \times 100$$

$$\text{EVA (Economic Value Added)} = \text{Gewinn} - \text{Kapitalkosten}$$

Abbildung 109: Rentabilitätskennzahlen

Unabhängig von der Messgröße sind es zwei Komponenten, die die Rentabilität speisen:

- Umsatzwachstumsstrategie,
- Produktivitätsstrategie.

Umsatzwachstum lässt sich erzielen durch Marktdurchdringung, Produkt- oder Marktentwicklung oder Diversifikation. Eine Produktivitätsstrategie besteht aus den Komponenten Kostenreduktion und höhere Auslastung. Die Rentabilität des Key Accounts kann darüber hinaus durch höhere Preise und/oder eine Verbesserung des Produktmixes gesteigert werden. Es wird jetzt schon deutlich, dass die finanzielle Perspektive auf Maßnahmen beim Kunden und bei internen Prozessen aufbaut.

> **Praxistipp:**
>
> KAM als unternehmerische Aufgabe verlangt solides Verständnis betriebswirtschaftlicher Zahlen und Formeln. Damit steht Ihnen als KA-Manager das Instrumentarium zur Verfügung, um tiefere Einblicke in das Geschäft mit dem KA zu gewinnen und um besser steuern zu können.

7.2.2.2 Kundenperspektive

Diese Perspektive wird als »Herzstück der Strategie« (Kaplan/Norton 2001, S. 87) bezeichnet, weil sie erklärt, wie Wachstum geschaffen wird. Daraus resultiert unmittelbar die Frage danach, was auf Kundenseite zu tun ist, um die Vision zu realisieren. Konkret kann das auf Unternehmensebene bedeuten: »Welches sind unsere Zielkunden, die die Basis für das Umsatzwachstum bilden und einen rentablen Mix unserer Produkte und Dienstleistungen erzeugen? Was sind deren Ansprüche und wie können wir ihre Zufriedenheit messen?« (Kaplan/Norton 2001, S.71)

Kundenzufriedenheit

In der Frage nach den Zielkunden steckt eine nicht zu unterschätzende Herausforderung. Sie besteht in der Festlegung, welche Kunden zu bedienen sind und welche nicht. Das sorgt sowohl bei den Kunden, die nicht bedient werden sollen – z. B. durch deren Übertragung auf einen Absatzmittler – als auch bei der eigenen Vertriebsmannschaft für Widerspruch. Ebenso ist das konsequente Durchhalten von nach Kundenattraktivität definierten Servicelevels schwierig. Im Key Account Management stellen sich diese Fragen nicht oder nur dann, wenn er von dieser Einordnung heruntergestuft wird.

Zielkunden

Es sei an dieser Stelle daran erinnert, dass das Leistungsangebot, welches Sie Ihrem Schlüsselkunden machen, nicht nur dessen Anforderungen erfüllen muss, sondern dabei auch noch besser als das Angebot der Konkurrenz sein sollte, besonders wenn es sich um die wichtigeren Kundenanforderungen handelt. Dafür stehen Ihnen im Rahmen des Key Account Managements genügend Optionen zur Verfügung.

Wertangebot Welche Erwartungen und Anforderungen ein Key Account an seinen Lieferanten stellt, erläutert ein Beispiel. Der Lieferant ist einer meiner Kunden, der Key Account ein namhaftes Unternehmen für Reinigungs- und Pflegeprodukte. Die Abbildung 110 zeigt die vier Dimensionen, die der Key Account zur Bewertung seiner Lieferanten heranzieht:

- Value In: Welchen Wertbeitrag ist der Lieferant bereit und fähig zu leisten, der uns als dem Kunden hilft, die Marktposition zu stärken?
  Kriterien sind:
  – Innovationen,
  – exklusive Produkteigenschaften,
  – differenzierte Produkte,
  – …
- Cost Out: Welche Maßnahmen hat der Lieferant ergriffen, um unsere Kosten insgesamt – Konzept der Total Cost of Ownership) – zu reduzieren?
  Kriterien sind:
  – Produktpreis, Rabatte, Boni,
  – Entfall der Eingangsprüfung,
  – Zahlungsziel,
  – Consignment,
  – …
- Minimize Risk: Hierbei handelt es sich um Aspekte wie
  – Liefersicherheit,
  – Lieferzuverlässigkeit,
  – Qualitätsgarantie,
  – …

- Strategic Vision: proaktive Unterstützung des Lieferanten. Kriterien sind:
  - erste und exklusive Angebote von Innovationen,
  - Entwicklungspartnerschaft,
  - ...

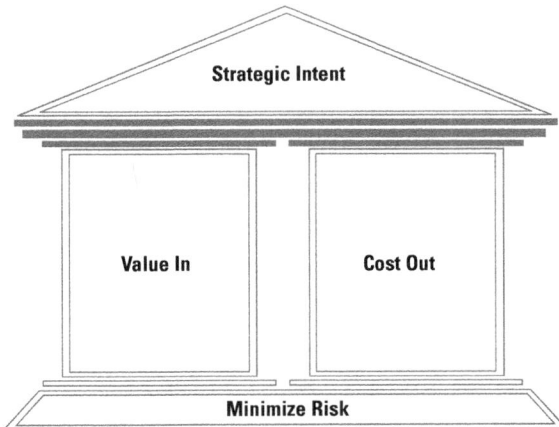

Abbildung 110: Kriterien zur Lieferantenbewertung (Quelle: Kundenprojekt)

Praxistipp:

Die Kundenperspektive wurde als »Herzstück der Strategie« bezeichnet. Achten Sie als KAM- oder KA-Verantwortlicher darauf, dass die Verzahnung der BSC mit den KAM-/KA-Zielen nahtlos funktioniert und die Ursache-Wirkungsbeziehungen aussagekräftig erfasst werden.

7.2.2.3 Interne Prozessperspektive

Um die Ziele der Finanz- und Kundenperspektive zu realisieren, bedarf es der entsprechenden internen Geschäftsprozesse. Es stellt sich die Frage, wie sollen die Prozesse z.B. der Leistungserstellung, Lieferung, Produktentwicklung, Kundenbearbeitung, Marketing gestaltet sein, damit die gewünschten Erfolge entstehen. »Die Kunst, eine erfolgreiche und dauerhafte Strategie zu entwickeln, besteht darin, die internen Aktivitäten der Organisation und ihr Wertangebot an die Kunden auf eine gemeinsame Linie zu bringen« (Kaplan/Norton 2001, S. 82).

Ausrichtung der internen Aktivitäten am Wertangebot

Die Gesamtheit der Aktivitäten, welche die Geschäftsprozesse bilden, ergibt die Wertkette. Eine allgemeine Darstellung zeigt die Abbildung 111.

Die Elemente der Wertkette können in Ihrem Unternehmen völlig anders aussehen. So wird ein Billiganbieter vermutlich wenig Innovation betreiben, hingegen auf exzellentes Lieferanten-Management und effiziente Logistik fokussieren.

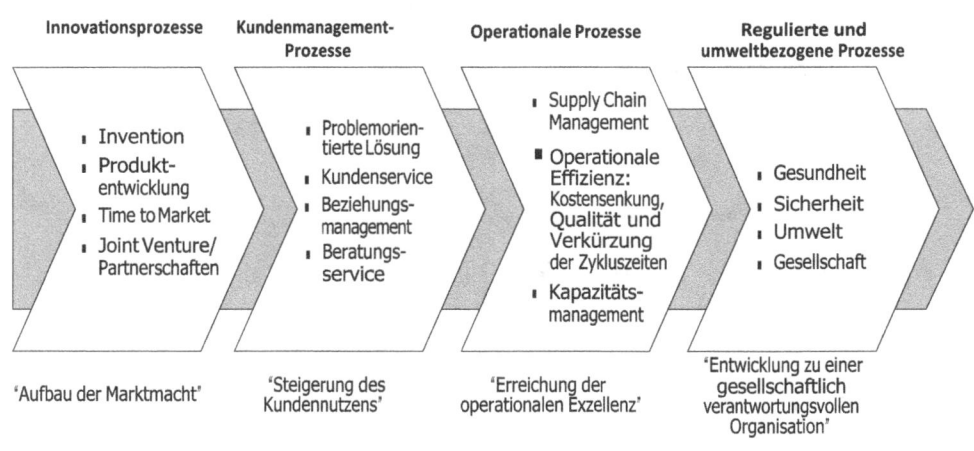

Abbildung 111: Allgemeine Wertkette einer Organisation (Kaplan/Norton 2001, S. 82)

7.2.2.4 Lern- und Entwicklungsperspektive

Immaterielle Vermögenswerte Diese Perspektive ist das Fundament aller Strategien. Da interne Prozesse von Mitarbeitern ausgeführt werden, deren Leistungspotential von Bildung, Weiterbildung und Betriebsklima abhängt, sind deren Wissen und Können eine Voraussetzung für die Strategierealisierung. Dazu brauchen sie darüber hinaus Infrastruktur und Technologie. Diese werden als immaterielle Vermögenswerte bezeichnet und in drei Kategorien gegliedert (Kaplan/Norton 2001, S. 85):

- strategische Kompetenzen,
- strategische Technologien,
- aktivitätsorientiertes Klima.

Die Wichtigkeit der immateriellen Vermögenswerte und deren Transformation in materielle Vermögenswerte erläutert folgende Sequenz:

- Mitarbeiterzufriedenheit lässt sich z. B. durch Weiterbildung erhöhen, was sich auf gesteigerte Mitarbeiterproduktivität auswirkt.
- Die höhere Zufriedenheit bewirkt auf der internen Prozessebene eine bessere Servicequalität.
- Die bekommt der Kunde zu spüren, was dessen Zufriedenheit steigert. Aus der Wertkette der Kundenorientierung ist bekannt, dass Kundenzufriedenheit zu Kundenbindung führt und letztlich zu Kundenwert. Auch eine Wirkung auf den Preis ist möglich.

Investition in Wissen
- All dies führt auf der Finanzebene zu Umsatzsteigerung und Kostensenkung, u. a. durch Kostendegression über größere Mengen, und somit letztlich zu Gewinnsteigerungen. Es zeigt sich, dass Benjamin Franklin (1706-90) schon Recht hatte mit seiner Aussage: »Eine Investition in Wissen bringt immer noch die höchsten Zinsen.«

Welche Wirkung immaterielle Werte entfalten können, hängt vom *Kontext*, in dem sie eingesetzt werden, ab. Ein hervorragender Entwickler ist in einem Niedrigpreis-/Commodity-Umfeld fehl am Platze, da seine Kompetenz nicht zur Strategie passt und die Kosten seiner Arbeit die Wettbewerbsfähigkeit senken würden.

Immaterielle Vermögenswerte – Marken stellen eine Ausnahme dar – lassen sich nicht bilanzieren, werden nicht an der Börse gehandelt und haben somit kein Preisschild, sie besitzen jedoch *Potential*. Dieses kann gehoben werden in Verbindung mit anderen materiellen und/oder immateriellen Vermögenswerten.

Die Balanced Scorecard stellt den Zusammenhang zwischen immateriellen und materiellen Vermögenswerten her und ermöglicht, gezielt die Steuerung und den Aufbau immaterieller Werte zwecks Strategieerreichung zu betreiben. Welche Bedeutung den immateriellen Vermögenswerten im globalen Wettbewerb zukommt, lässt sich an den Markenwerten und Patenten ablesen. Bei Marken haben amerikanische Unternehmen wie Apple, Google und Coca Cola die Medaillenränge inne, Mercedes Benz und BMW folgen auf 9 und 11 (statista). Bei Patentanmeldungen liegen Philips, Samsung und LG vorn, Siemens, Robert Bosch und BASF auf den Plätzen 5, 8 und 9 (European Patent Office 2015).

Von materiellen zu immateriellen Vermögenswerten

Zusammenfassend lässt sich feststellen, dass die Lern- und Entwicklungsperspektive die Voraussetzung dafür ist, dass die Mitarbeiter kompetent und motiviert ihre Aktivitäten erledigen in der Ausführung der Geschäftsprozesse zur Schaffung von Wertangeboten zur Realisierung von Wachstum und Produktivitätssteigerung, was dann den Unternehmenswert erhöht.

7.2.2.5 Die Strategy Map

Nun haben Sie die vier Perspektiven der Balanced Scorecard kennengelernt und die Beziehungen zueinander. Eine allgemeine Vorlage einer Strategy Map, was auch als Ursache-Wirkungs-Modell bezeichnet wird, finden Sie in Abbildung 112.

Ursache-/Wirkungsketten haben folgende Vorteile:

- Aus den übergeordneten Unternehmenszielen werden strategische Teilziele für die vier Perspektiven abgeleitet.
- Die strategischen Ziele werden zueinander in Beziehung gesetzt.
- Deren Zusammenwirken erhöht die Chance auf Zielerreichung.
- Die Transparenz über das Zusammenwirken der Teilziele und die Zielerreichungsmaßnahmen wird größer.
- Übersetzung der Ziele in Aktivitäten.
- Verständnis und Zusammenarbeit bei allen Beteiligten verbessert.

Ausgehend von einer solchen Strategy Map für das Gesamtunternehmen lassen sich nun BSCs für Business Units, Serviceeinheiten, Abteilungen bis hin zu persönlichen Scorecards ableiten. Für Key Accounts gilt das Gleiche.

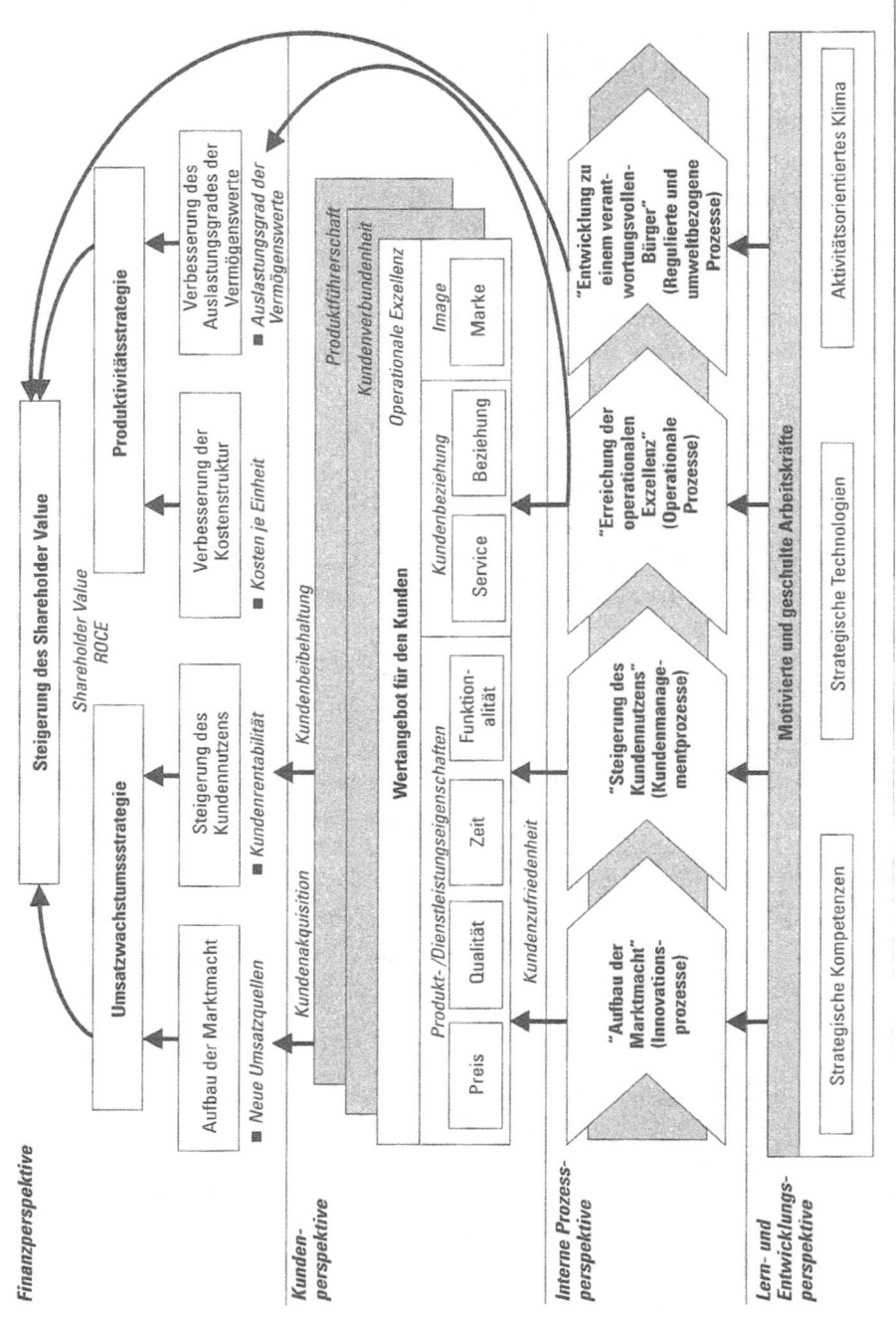

Abbildung 112: BSC Strategy Map (Kaplan/Norton 2001, S. 88)

7.2.3 Grundsätze und Nutzen

Die erfolgreichen Unternehmen, mit denen Kaplan und Norton gearbeitet haben, zeichneten sich einerseits dadurch aus, dass sie ihre Führung, Geschäftsbereiche, Mitarbeiter, Infrastruktur und finanzielle Ressource fokussiert und ausgerichtet haben. Andererseits haben sie bei der Einführung der Balanced Scorecard die in der Abbildung 113 gezeigten Grundsätze befolgt.

Abbildung 113: Grundsätze der strategiefokussierten Organisation (Kaplan/Norton 2001, S. 10)

1. Operationalisierung der Strategie: Ausgehend von der Frage nach der Strategie wurde gleich einem Kochrezept festgelegt, in welchem Mengengerüst und welcher Qualität die Rohstoffe (im Rezept die Zutaten), Instrumente/Anlagen (Backofen bzw. Herd) und Mitarbeiter (Koch) zusammengefügt werden sollen. Strategy Map und Scorecard sind die Instrumente zur Realisierung dieses Grundsatzes.
2. Ausrichtung der Organisation an der Strategie: Hierbei geht es darum, die einzelnen Organisationseinheiten aus ihren Silos zu lösen, zum ergänzenden Zusammenwirken zu bringen, um Synergie zu erzeugen. Die in Geschäftseinheit

und Serviceabteilungen vorhandenen Fähigkeiten und Ressourcen können nur bei der gemeinsamen Verfolgung des Unternehmenszieles die angestrebte Produktivität entwickeln. Besonders gemeint sind Service-Einheiten, die »Shared Services«, die das gesamte Unternehmen betreuen. Anstatt dass sie ein Eigenleben haben, sollen deren Aktivitäten auch an den strategischen Zielen ausgerichtet sein, bzw. die operativen Einheiten bei deren Zielverfolgung unterstützen. Service-Einheiten befinden sich oftmals in einer schwierigen Situation. Sie sind Kostenstelle statt Profit Center, haben vorwiegend interne Kunden und genießen für ihren Beitrag zur Zielerreichung wenig oder keine Anerkennung. Die Scorecard bietet Abhilfe, in dem sie die Shared Services in das strategische Handeln einbezieht und damit deren Beitrag sichtbar macht.
3. Strategie als »Everyone's Everyday Job«: Vom Topmanagement bis zur Werkshalle müssen Vision und Strategie bekannt sein und gelebt werden, jeden Tag. Die BSC dient dafür als Kommunikationsinstrument und Basis für Lernprozesse, indem sie von der Unternehmensebene auf Abteilungs-, Gruppen- und persönliche Ebene heruntergebrochen wird. Dann kann die persönliche Scorecard auch mit Entlohnungssystemen verknüpft werden.
4. Strategie als kontinuierlicher Prozess: Durch den regelmäßigen Abgleich zwischen angestrebtem Ziel und dem jeweiligen Ist-Zustand werden allen Beteiligten die Stellschrauben zur Strategieerreichung immer klarer. Regelmäßige Meetings zu diesem Thema sowie zielgerichtete Weiterbildung fördern den Prozess.
5. Mobilisierung des Wandels durch die Führung: Die Einführung einer BSC und die vorher beschriebenen Grundsätze stellen eine markante Veränderung dar. Diese verlangen Change-Management, in dem die Führung eine zentrale Rolle spielen muss. Wandel ist eine Kernaufgabe der Führung, die sie anstoßen und für die sie die Mitarbeiter begeistern muss.

Damit liegt der Nutzen der Balanced Scorecard auf der Hand:

- Kohärenz zwischen Vision, strategischen Zielen, Aktivitäten und Vermögenswerten,
- Umsetzungsorientierung, Begleitung der Aktivitäten,
- Feedback-Funktion,
- Kollektives Lernen,
- Anreizsysteme lassen sich verbinden und auf strategisch relevante Größen ausrichten,
- Nachgewiesene Wirkung auf den Unternehmenserfolg.

Die BSC sorgt für die Überführung der Vision in den Unternehmenserfolg.

7.2.4 Implementierung der Balanced Scorecard

Phase 1: Strategische Grundlagen schaffen

Das Vorliegen von Vision und strategischen Zielen wurde als Voraussetzung für die Einführung einer Balanced Scorecard bezeichnet. Das heißt im Falle des Fehlens dieser Grundlagen, dass das Topmanagement die Initiative ergreifen muss, sie zu schaffen. Dabei ist darauf zu achten, dass nicht zu viele strategische Ziele festgelegt werden, es gilt »Twenty is plenty«, sie sollen gleichmäßig auf die vier Perspektiven verteilt sein. Außerdem sollen sie eine Balance zwischen finanzwirtschaftlichen, internen und marktbezogenen Messpunkten herstellen.

Vision und strategische Ziele zuerst

Die Themen Vision, Ziele und Strategie haben Sie bereits ausführlich behandelt. Wenn Sie nun die Balanced Scorecard einführen, wird Ihnen sofort deutlich, ob Ihre Maßnahmen und Ressourcen zu Ihren Zielen passen.

Phase 2: Den organisatorischen Rahmen für die Implementierung schaffen

Idealerweise besteht für Ihr Unternehmen eine Balanced Scorecard, dann lässt sich die für Ihren Key Account daraus ableiten. Ebenso verhält es sich mit der Strategie. Solange Ihre Key Account Strategie auf der des Unternehmens basiert, können Sie Ihre eigene BSC aufbauen.

Da das Key Account Management auch Fortschrittstreiber in das eigene Unternehmen hinein ist, hier einige Kommentare zur Einführung für Ihre Firma als Ganzes:

KAP als Basis

- Zunächst sind die Ebenen und Unternehmensteile zu definieren, die in den Prozess der BSC Einführung einbezogen werden sollen.
- Der Regel folgend »Strategie ist Chefsache« muss das Topmanagement als Treiber, Sponsor, Projektteam-Mitglied und Kommunikator dabei sein. Damit, wird das »Commitment« von Geschäftsführung und Vorstand sichtbar, die Mitarbeiter werden einbezogen, es entsteht Unterstützung, Identifikation und Motivation.
- Je nach Umfang der Einführung ist ein Pilotprojekt sinnvoll.
- Erwarten Sie intensive Diskussionen, deren Nutzen in hoher Transparenz über das Marktgeschehen, Trends und Wertreiber sowie im breiten und geteilten Verständnis für Strategie und Ursache-Wirkungsbeziehungen besteht.
- Sie werden etliche Workshops, Einzel- und (Klein-)Gruppeninterviews führen. Damit können Sie einerseits den Nutzen der Scorecard kommunizieren, andererseits Informationen sammeln, aber vor allem die Einbindung aller Beteiligten erlangen.

Phase 3: Die Balanced Scorecard entwickeln

Konkretisierung der strategischen Ziele Der erste Teilschritt besteht in der Konkretisierung der strategischen Ziele. »Während die Strategie den allgemeinen Weg zur Erreichung der Vision inhaltlich beschreibt, spezifizieren die Ziele im Konzept der Balanced Scorecard die angestrebten Qualitäten und damit eine Entwicklungsrichtung für jede einzelne Perspektive« (Reichmann 2006, S. 609). Dabei helfen die Fragen zu jeder Perspektive. Die Beantwortung erfolgt unter Berücksichtigung der für Ihre Situation spezifischen Shareholder- und Key Account Anforderungen sowie der Leistungsfähigkeit der internen Prozesse und immateriellen Vermögenswerte.

Im zweiten Teilschritt wird die Strategy Map entwickelt. Damit wird ersichtlich, wie die einzelnen strategischen Ziele sich in den vier Perspektiven niederschlagen. Dieser Schritt bedeutet gleichzeitig eine Überprüfung und gegebenenfalls Anpassung der strategischen Ziele. Erst durch die Ursache-Wirkungsbeziehungen wird sichergestellt, dass Vision, Ziele, Maßnahmen und Ressourcen zusammenpassen und die Vision verwirklicht wird.

Im nächsten Teilschritt geht es an die Festlegung von Kennzahlen, um die Ziele messbar zu machen. Wichtigstes Auswahlkriterium soll sein, dass die Messgröße die Aktivitäten der handelnden Personen auf das Ziel ausrichtet. Für jedes Ziel ist mindestens eine Kennzahl festzulegen. Diese müssen eindeutig definiert und messbar sein, der Erhebungsaufwand muss in einem vernünftigen Verhältnis zum Aussagegehalt stehen.

Die Kennzahlen werden aus solchen bestehen, die nachlaufend Ergebnisse messen, z. B. ROI, Umsatz, DB, Marktanteil etc., und solchen, die als Frühindikatoren die zukünftige Entwicklung in den einzelnen Perspektiven abbilden. Beispiele hierfür sind Mitarbeiter- und Kundenzufriedenheit, Fluktuationsraten, Wiederkaufraten etc.

Die Auswahl den Kennzahlen ist auch von der Strategie abhängig. Wird beispielsweise eine Wachstumsstrategie verfolgt, so ist eine kostenorientierte Größe wenig sinnvoll. Hingegen gibt das Wachstum im Verhältnis zum Gesamtmarkt oder zum ausgewählten Konkurrenzprodukt Auskunft, ob die ergriffenen Maßnahmen Sie Ihrem Ziel nähergebracht haben. Diesen rückblickenden Aspekt können Sie um einen vorausschauenden ergänzen, z. B. die Zufriedenheit der bisherigen Kunden Ihres Angebots.

Vergangenheits- und zukunftsbezogen Nun folgt der Teilschritt der Festlegung des Soll-Niveaus für Ihre Kennzahlen. Die Zielwerte sollen, wie in der bekannten SMART-Regel, attraktiv, d. h. motivierend, sein, gleichzeitig realistisch und mit einem Enddatum versehen. Bei Zielen mit einem längeren Zeithorizont als die übliche Beurteilungsperiode sind zeitlich gestaffelte Zwischenziele zu setzen.

Die vorhergegangenen Schritte werden abgeschlossen mit der Bestimmung der Aktivitäten zur Zielerreichung, den sogenannten strategischen Initiativen. Dabei werden Marktstellung, Kundensituation, Wettbewerb, Ressourcen und Fähigkeiten berücksichtigt. Ausgehend von der aktuellen Ist-Situation werden geeignete Maßnahmen beschlossen, das oben definierte Soll zu erreichen. Ein Beispiel findet sich in der Tabelle 51.

Perspektive	Strategische Ziele	Messgröße	Strategische Initiativen
Finanzwirtschaftliche Perspektive	- Profitabilität - Cash Flow steigern - Erwartungen der Anteilseigner übertreffen	• ROCE • Cash Flow • Umsatzwachstum	♦ Mannigfache Ertragsquellen ♦ Unternehmensakquisition
Kundenperspektive	- Kundenerwartungen übertreffen - Marktanteil steigern	• Umsatz/Kunde • Marktanteil/-wachstum-Analyse	♦ Marktpenetrationsprogramm ♦ Kundenzufriedenheitsprojekt
Interne Prozesse	- Kurze Entwicklungszeiten - Geringe Fehlerquote	• Durchlaufzeiten • Fehlerquote	♦ Komplexitätsreduktion ♦ Teambildung
Lernen und Entwicklung	- Qualifikation der Mitarbeiter - Mitarbeiterzufriedenheit	• Anzahl Schulungsprogramme • Informationstechnologie	♦ Schulungsprogramme ♦ IT-Projekte

Tabelle 51: Stufenweise Operationalisierung von Strategien (Reichmann)

Phase 4: Rollout und kontinuierlicher Einsatz

Im Gesamtunternehmen erfolgt nun die Durchführung von Phase 3 für alle ausgewählten Einheiten. Im Key Account Management steht Ihnen die BSC nun zur Verfügung, um die internen »Zulieferer« bzw. die Führungskräfte der Mitglieder Ihres Key Account Teams zu gewinnen. Es empfiehlt sich, gelegentlich schon vorher Zwischenberichte zu geben, ähnlich wie bei der Einbindung des Buying Centers des Key Accounts.

Für den kontinuierlichen Einsatz empfiehlt sich die Verbindung von Scorecard und anderen Managementsystemen. Das kann zu erheblichem Arbeits- und Systemaufwand führen, da bestehende Planungs- und Budgetierungs-, Rechnungswesen-, Controlling- und Berichtssysteme meist den organisatorischen Einheiten und Ebenen angepasst sind, während die Scorecard nach der Strategy Map aufgebaut ist und alle relevanten Einheiten einbezieht. Die Abbildung 114 zeigt die Anbindung des Budgets an die Scorecard und wie über den »Double Loop« das Berichtswesen mit der Strategie zurückkoppelt.

Verknüpfung der Systeme

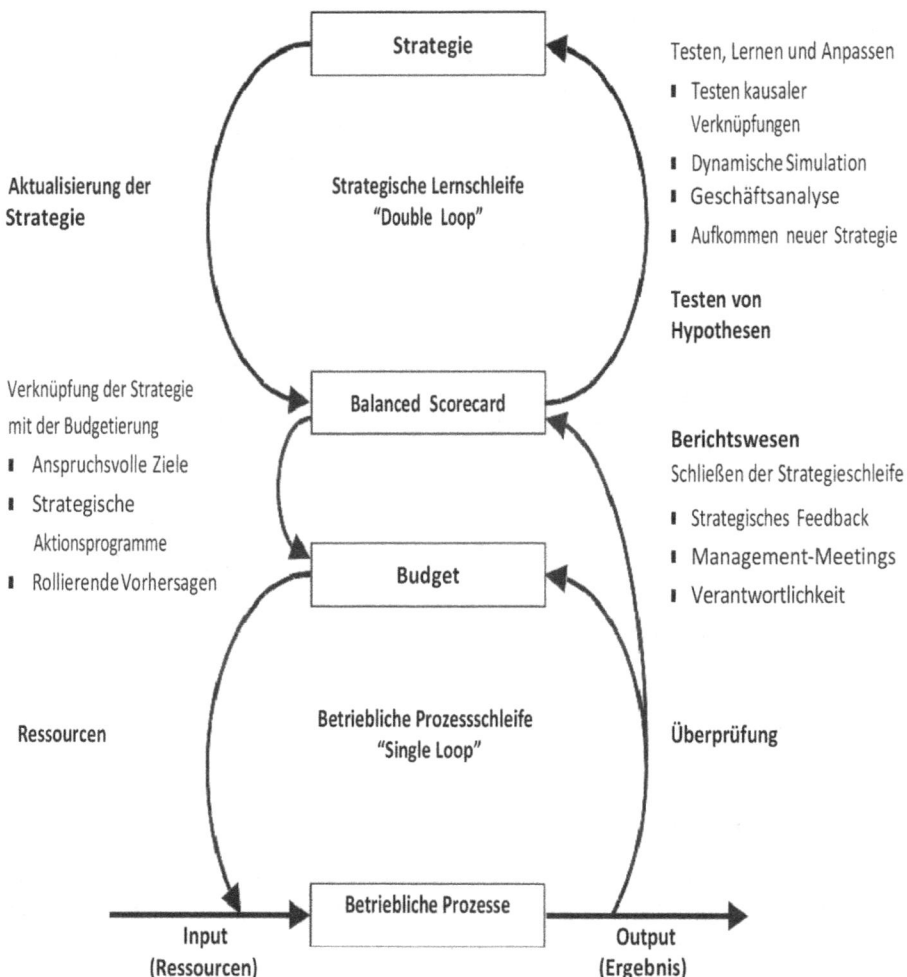

Abbildung 114: Strategie als kontinuierlicher Prozess (Kaplan/Norton 2001, S. 245)

Die Abbildung zeigt, dass die ursprüngliche Vorgehensweise, der »Single Loop«, Budget und Ergebnis abgleicht. Die dafür typische Besprechung zeigt Abweichungen auf und fragt nach Korrekturmaßnahmen. Werden die Ergebnisse jedoch auf die Scorecard bezogen, wird deutlich, welche strategischen Ziele durch die Abweichungen betroffen sind.

Anhand der Strategy Map lässt sich dann überprüfen, welche Aktivitäten von welcher Person durchgeführt werden können, um das gesteckte Ziel doch zu erreichen.

»**Strategie ist eine Hypothese**« Wenn dies nicht funktioniert, werden die Hypothesen, die der Strategy Map zugrunde liegen, getestet und gegebenenfalls verworfen und durch neue ersetzt. So entsteht ein kontinuierlicher Lern- und Verbesserungsprozess, der durch die Beteiligung der handelnden Personen auch die Motivation fördert.

Die BSC verlangt – und bei entsprechender Unterstützung durch das Topmanagement erzeugt sie – eine Unternehmenskultur, in der Offenheit und Bereitschaft zur Zusammenarbeit herrschen. Da der Beitrag zur Zielerreichung einer jeden Einheit, jedes Managers und eventuell jedes Mitarbeiters deutlich wird, entsteht Transparenz darüber. Wird eine Einstellung von Unterstützung, Förderung und Fehlertoleranz – im wohlverstandenen Sinne – gepflegt, entsteht ein Klima der Offenheit.

Die Scorecard mit ihren Perspektiven und abgeleiteten Business Unit- und Service-Scorecards zeigt, dass die Strategieerreichung alle Kräfte im Unternehmen benötigt. Damit endet das Silo-Denken und fördert die Zusammenarbeit. Aus eigener Erfahrung kann ich feststellen, dass allein die abteilungsübergreifende Betrachtung der Scorecard in gemeinsamen monatlichen Meetings einen konstruktiven und kollaborativen Esprit erzeugt hat.

7.2.5 Gründe für das Scheitern

Die Kenntnis von Hintergrund und Nutzen der BSC und der Wunsch sie einzuführen, sind noch keine Garantie, dass dies auch gelingt. Die Gründe für einen Fehlschlag sind vielfältig:

- keine Führung durch das Topmanagement,
- kein »Buy-In« der Betroffenen,
- zu frühe Verknüpfung mit variablen Entlohnungskomponenten,
- BSC im Alleingang entwickeln,
- Verbleib an der Unternehmensspitze,
- fehlendes Know-how zur Einführung,
- Gestaltungsfehler: ausschließlicher Fokus auf Kennzahlen oder Stakeholder,
- einmaliges Projekt mit Fokus auf IT,
- Datenmangel,
- zu viele und nur finanzwirtschaftliche Kennzahlen,
- unklare Zuständigkeiten für Ziele,
- Wechsel der Unterstützer während des Einführungs- oder Übernahme-/Integrationsprozesses.

Praxistipp:

Selbst wenn Ihnen die Einführung gelingt, braucht es weitere Anstrengungen und Ausdauer, dass Sie den möglichen Nutzen ziehen können. Ähnlich dem KAP sollte die BSC zu einem oft verwendeten Werkzeug werden.

7.2.6 Die Balanced Scorecard im KAM

Es liegt in der Natur des Key Account Managements, dass Sie nicht nur genau Bescheid wissen wollen über den Zustand Ihres Geschäftes mit den wichtigsten Kunden, sondern auch sicherstellen wollen, dass Vision und Strategien auch umgesetzt werden. Dafür empfiehlt sich die Balanced Scorecard.

An anderer Stelle habe ich Key Account Management als Champions League oder Formel 1 der Vermarktung bezeichnet. So wie sie in solchen Top-level-Sportarten nur mit Topleuten und Topinstrumenten antreten, sollten Ihre Top-Kunden Ihnen das auch wert sein!

Idealerweise ist Ihre Key Account Management Balanced Scorecard eingebettet in die des Unternehmens. Falls diese nicht existiert, können Sie auch eine Insellösung wählen. Damit ermöglichen Sie sich die Vergleichbarkeit der Key Accounts, der Key Account Manager und Teams und können die zuliefernden Einheiten einbinden. Sie werden damit auch der Vorreiterrolle des Key Account Managements gerecht.

Um die Zielerreichung im Key Account Management zu messen, empfiehlt es sich, Kennzahlen zu wählen, die vier Anforderungen erfüllen:

- Abgleich von Vision, strategischen Zielen und Maßnahmen sowohl auf Key Account Ebene als auch zwischen Unternehmen und Key Account.
- Dem Einfluss des Key Account Managers unterliegen.
- Schnell und einfach aus den verfügbaren Daten herstellbar.
- Fokussiert, d.h. nicht zu viele Messpunkte.

Praxistipp:

Es hat sich in der Praxis bewährt, für die Finanz-, Kunden- und Lernperspektive jeweils 3 – 5 Kennzahlen, bei der Prozessperspektive 5 – 7 zu verfolgen. Beim Aufbau einer Scorecard ist die Schaffung eines Datenpools bzw. Data Warehouses sinnvoll.

Im Folgenden finden Sie Vorschläge für Ziele, Messgrößen und Zielausprägungen, die in Forschungsworkshops mit Praktikern entwickelt wurden (Zupancic 2002).

Finanzielle Perspektive

Bisher hatten wenige Controlling-Systeme, denen ich begegnet bin, exzellente Ergebniskennzahlen auf Kundenebene geliefert. Die Gründe wurden bereits genannt. Die Forderung gilt aber weiter, insbesondere für die KAs. In dieser Perspektive dominieren naturgemäß die quantitativen Kennzahlen.

Finanzperspektive: Welche finanziellen Ziele setzen wir uns, damit die Ansprüche unserer Shareholder erfüllt werden?		
Ziel	**Messgröße**	**Zielausprägung**
Schnelleres Wachstum mit dem Key Account	• (Weltweit) kumulierter Umsatz	• Steigerung um X Prozent p.a. im Vergleich zu anderen Kunden(-gruppen)
Steigerung des Kundenwertes	• Customer Lifetime Value	• Steigerung um X Prozent p.a.
Steigerung der Profitabilität des Key Accounts	• (Weltweit) kumulierter Gewinn bzw. Deckungs-beitrag • Deckungsbeitrag des Sortimentsportfolios • Kostensenkung aufgrund neuer Funktionsaufteilung	• Steigerung um X Prozent p.a. • Steigerung um X Prozent • Senkung um X Prozent pro Prozess und Jahr
Ausschöpfung des Kundenpotentials	• (Weltweiter) Share of Wallet des Key Accounts	• Steigerung um X Prozent p.a.

Tabelle 52: Beispiele für die Inhalte der Finanziellen Perspektive einer Key Account Scorecard (in Anlehnung an Zupancic 2002)

Key Account Perspektive

So vielfältig wie Branchen, Märkte, Segmente und Kundensituationen sind, so vielfältig werden auch die Ziele, Kennzahlen und Zielvorgaben sein. Bei den Kennzahlen ist besonders in der Kunden-Perspektive darauf zu achten, dass die Zukunftschancen – z.B. abgebildet durch Kundenzufriedenheit – und Risiken, z.B. durch Reklamationshäufigkeit erhoben, ausreichend betrachtet werden.

Key Account Perspektive: Welche Ziele setzen wir uns in Bezug auf dessen Wahrnehmung von uns als Lieferant?		
Ziel	**Messgröße**	**Zielausprägung**
Steigerung der Kundenzufriedenheit	• Kundenzufriedenheits-Index im Rahmen von Kundenbefragungen • Qualitative Fragen	• Steigerung im Index um X Prozent
Reduktion der Beschwerden/ Reklamationen	• Anzahl der Beschwerden • Ausmaß der Problemursachen	• Reduktion der Anzahl • Verminderung der Problemursachen
Steigerung der Effizienz in der KAM-Team-koordination	• Qualitative Befragung des Kunden • Qualitative Befragung des KAM-Teams	• Qualitative Beurteilung
Steigerung der Angebotsqualität	• Anzahl der Zuschläge in Ausschreibungen	• Steigerung um X Prozent
Status eines bevorzugten Lieferanten beim Kunden	• Lieferantenbewertung durch den Key Account	• Status erreichen oder Position verbessern
Intensivierung der Zusammenarbeit mit dem Key Account	• Anzahl gemeinsamer Innovationen, neue F&E-Projekte oder gemeinsamer Events	• Steigerung der Anzahl
Verbesserung der Beziehungsqualität	• Anzahl außergeschäftlicher Kontakte • Anzahl Kundenevents	• Steigerung der Anzahl

Tabelle 53: Beispiele für die Inhalte der KA-Perspektive einer Key Account Scorecard (in Anlehnung an Zupancic 2002)

Perspektive Interne Prozesse

Das Wort »intern« scheint im Widerspruch zum Geist des Key Account Managements zu stehen, geht es doch in einer reifen Lieferbeziehung um Verzahnung und Synergie. Dennoch sollte das Key Account Team nur solche Kennzahlen in die Scorecard aufnehmen, die sie auch selbst beeinflussen können.

KAM-Prozess Perspektive: In welchen KAM-Prozessen sollten wir als Anbieter besonders herausragende Leistungen erbringen, um die KA-Bedürfnisse optimal zu erfüllen?		
Ziel	Messgröße	Zielausprägung
Steigerung der Angebotsqualität	• Anzahl der Zuschläge	• Steigerung gegenüber Vorjahr
Steigerung der Qualität in der Auftragsrealisierung	• Zeit, Qualität, Flexibilität, Beschwerden, First Pass Yield	• Steigerung der Messgrößen gemäß interner Statistik
Koordination der Leistungserstellung verbessern	• Projektlaufzeit • Auftragsbearbeitungs-zeiten	• Verkürzung
Optimierung logistischer Prozesse	• Zeit, Qualität, Flexibilität, Beschwerden	• Steigerung der Messgrößen gemäß interner Statistik
Optimierung der unternehmensübergreifenden Zusammenarbeit	• Qualitative Befragung von Kunden- und KAM-Teammitgliedern • Zeit, Qualität, Flexibilität, Beschwerden	• Qualitative Beurteilung • Steigerung der Messgrößen gemäß interner Statistik
Transparenz der Schlüssel kunden-Beziehung steigern	• Dokumentation gemeinsamer Projekte, Meilensteine und Er-gebnisse in Datenbank	• Anteil dokumentierter Leistungen steigern
Verrechenbarkeit erhöhen	• Verhältnis von berechneter zu gesamter Leistung an KA	• Verhältnis verbessern

Tabelle 54: Beispiele für die Inhalte der Prozess-Perspektive einer Key Account Scorecard (in Anlehnung an Zupancic 2002)

Lern- und Entwicklungsperspektive

Nicht umsonst wird diese Perspektive als das Fundament aller Strategien gesehen. Sowohl die Prozesse als auch die Kundenbearbeitung werden von den handelnden Personen geprägt. Das ist unabhängig vom jeweiligen Zeitgeist. Auch Digitalisierung, Industrie 4.0, Agilität, Generation Y, Z und kommende Ansätze bedürfen der Menschen und deren Können und Wollen, um zum Funktionieren gebracht zu werden. In einer CEB Studie wurde gerade bei den Millennials, geboren zwischen 1980 und der Jahrtausendwende, festgestellt, dass mangelnde Entwicklungsmöglichkeiten einer der drei häufigsten Gründe zum Verlassen des Arbeitgebers sind (Fortange 2016).

Ähnlich wie in der Kundeperspektive sind hier vorausschauende und qualitative Kennzahlen von Bedeutung. Mitarbeiterzufriedenheit ist an vorderster Stelle zu nennen, gefolgt von Verbesserungsvorschlägen, Fluktuation, Krankenstand, Weiterbildungstage etc.

Lern- und Entwicklungsperspektive: Wie kann die KAM-Organisation/die KA-Teams durch Lernen sich weiterentwickeln, um Wettbewerbsvorteile in der KA-Bearbeitung auf-/auszubauen?		
Ziel	Messgröße	Zielausprägung
Über eine bestimmte Zeit sind die Teamkonfigurationen stabil	• Teaminterne Fluktuation	• Fluktuation < X pro Jahr
Zufriedenheit der Teammitglieder	• Zufriedenheitsindex	• Mitarbeiterbefragung
Steigerung der Mitarbeiterqualifikation für KAM-Teamaufgaben	• Trainingsrate, Turnus, Jobrotation • Anzahl potentieller Mitarbeiter für KAM-Teams	• Trainingsrate Y X Tage / Jahr • Pool von X Mitarbeitern
Steigerung des Informationsaustausches	• Nutzung eines internen Knowledge Systems • KAM-Workshops	• Nutzungsrate > X Std./Tag, • Anzahl Workshops p. a.
Anstoßen gemeinsamer Lernprozesse	• Mitarbeiteraustausch • Integration von technischen Personal in die Fertigungs- und Entwicklungsprozesse des Key Accounts • Gemeinsame Schulungen	• Anzahl der Mitarbeiter / Jahr
Akquise neuer Key Accounts (Referenz-kunden)	• Aufträge von neuem Key Account	• Auftragseingang
Verbesserung der Neuproduktentwicklung	• Anzahl gemeinsamer Neuentwicklungen • Anzahl gemeinsam generierter Ideen	• Anzahl pro Jahr • Steigerung der Anzahl im Laufe der Geschäfts-beziehung

Tabelle 55: Beispiele für die Inhalte der Lern- und Entwicklungsperspektive einer Key Account Scorecard (in Anlehnung an Zupancic 2002)

Praxistipp:

Je näher an Ihrem Zuständigkeitsbereich die BSC vorhanden ist, z. B. in der KAM-Einheit, desto leichter wird die Einführung für Ihren KA. Wenn erst bei der Vertriebs- oder Unternehmensleitung oder in der Zentrale in einem anderen Land damit gearbeitet wird, desto mehr Überzeugungsarbeit braucht es. Folgende Faktoren helfen Ihnen dabei:

- »Vermarkten« Sie Ihren KA intern.
- Schaffen Sie sich einen Unterstützerkreis, darunter einen Sponsor aus dem Topmanagement.
- Bleiben Sie schlank am Anfang mit wenigen und leicht beschaffbaren Kennzahlen.
- Nutzen Sie die BSC anfangs für Quick Wins zur weiteren Vermarktung.
- Bleiben Sie dran, indem Sie zeigen, dass selbst schlechte Nachrichten aus der BSC Ihnen den Vorteil des schnellen und proaktiven Handelns eröffnen.

7.3 CRM

Die Notwendigkeit eines professionellen CRM wird mit den folgenden Umfeldfaktoren begründet (Schneider):

- stagnierende bzw. schrumpfende Märkte,
- Internationalisierung –> steigende Zahl konkurrierender Anbieter,
- höhere Produktkomplexität bei gleichzeitig kürzer werdenden Lebenszyklen,
- bessere Markttransparenz der Kunden,
- höhere Ansprüche an die Qualität, Individualisierung,
- sinkende Loyalität, höhere Wechselbereitschaft,
- zunehmender Bedarf an »Convenience« im Einkauf,
- neuartige und vielfältigere Kommunikationskanäle.

KAM und CRM adressieren die gleichen Umfeldbedingungen

Es sind genau diese Faktoren, die auch dazu führen, dass die Anbieter sich auf die großen Absatzpotentiale konzentrieren. Die finden sich vordringlich bei den werthaltigsten Kunden, was wiederum professionelles KAM verlangt. Somit verlangen die herrschenden Umfeldfaktoren jeweils nach einem guten und richtigen CRM und KAM und als Synthese daraus einem KAM-CRM. Die Anforderungen sind:

- zentrale Plattform für analytisches, strategisches und operatives KAM.
- Integration aller für das KAM-Team relevanten Systeme und Tools.
- anwenderfreundlich, global, mobil, sicher.

Die in den letzten Jahren aufkommende Ausrichtung auf Kundenwert passt gut zur KAM-Philosophie. Im in der Abbildung 115 dargestellten Vorschlag für ein KAM-CRM findet sich die Wertkette der Kundenorientierung als Orientierung wieder.

CRM-Nutzen im KAM

Der Nutzen für das KAM lässt sich so zuspitzen:

- umfassende Betrachtung aller zur zielführenden KA-Bearbeitung relevanten Aspekte,
- Einbeziehung des gesamten KA-Teams,
- bessere Kenntnis der KA-Anforderungen und damit stärkere Bearbeitungsbasis,
- kundenspezifisch angepasste Leistungserstellung,
- Aussicht auf Nachhaltigkeit in der Kundenbeziehung,
- Schaffung einer Wissensdatenbank.

Die Details zeigt die Abbildung 116.

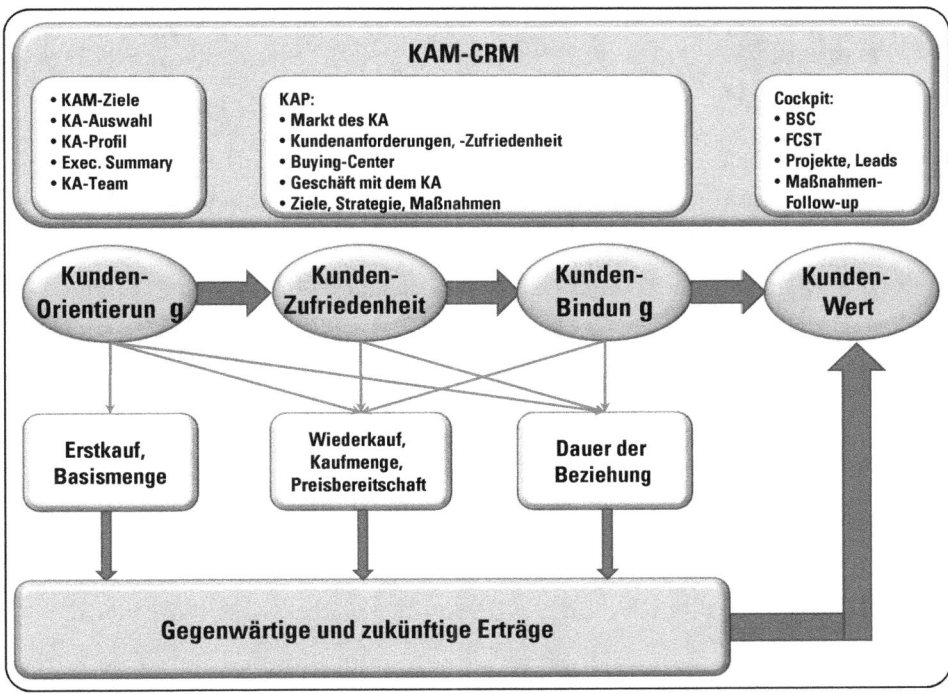

Abbildung 115: Vorschlag für KAM-CRM

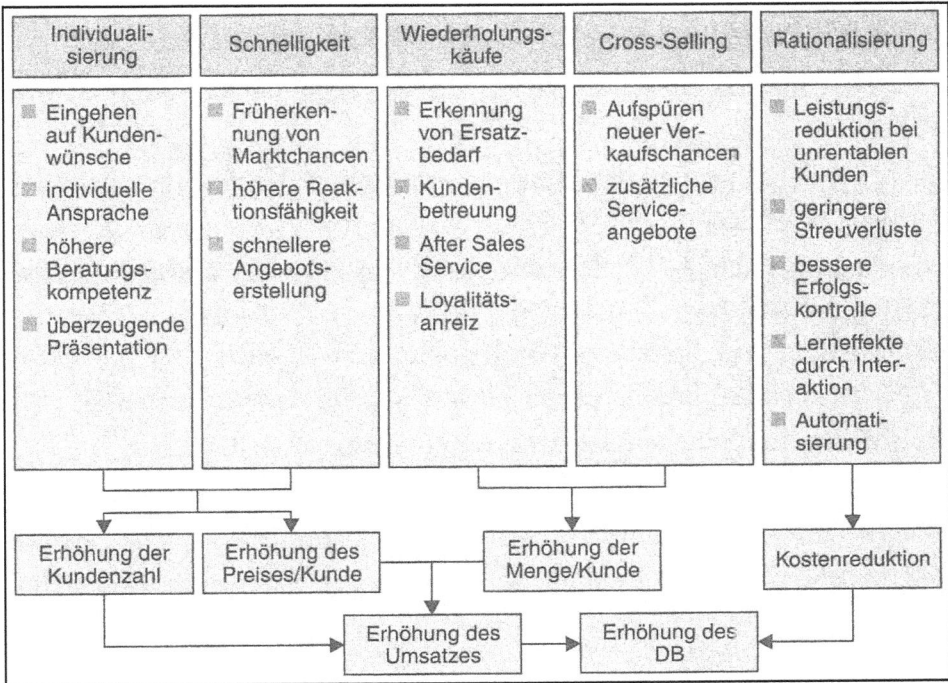

Abbildung 116: Nutzen eines kundenorientierten CRM-Systems (Biesel)

Praxistipp:

Die KA-Manager eines Kunden arbeiten mit einem KAM-CRM, welches Benchmark-Qualität hat:

- Cloudbasiert, damit überall und jederzeit verfügbar. Schnell und sicher.
- Per mobilem Endgerät (Pad) nutzbar (Ein- und Ausgabe), damit bequem und sehr beliebt bei den Anwendern.
- KAP integriert, jeder Baustein der Formatvorlage über eigenen Gliederungspunkt direkt erreichbar.
- Präzise definierte Zugangs-, Lese-, Schreibeberechtigungen.

Ihre Kunden und Sie verdienen das Gleiche!

8 Quo Vadis KAM?

Dieses Kapitel will die Diskussion über aktuelle Themen und Entwicklungen mit deren Auswirkungen auf KAM anstoßen. Die drei Themen sind Digitalisierung, Führung und Agilität.

8.1 Digitalisierung

Vor wenigen Tage erschien der *CHEManager* 5/2017. In einem der Artikel titelt H. Steinrötter, IT-Manager BP Europa »Aus Daten werden Erkenntnisse – Digitalisierung und Industrie 4.0 finden in den Raffinerien von BP ein breites Einsatzfeld«. Ziele sind Erhöhung der Sicherheit, möglichst hohe Anlagenverfügbarkeit und optimale Fahrweise und Produktion aufgrund intelligenter Auswertung gesammelter Daten.

Ein zweiter Artikel ebendort zitiert McKinsey, die für Chemieunternehmen die Chance auf Erschließung neuen Potentials in Höhe von $200 Milliarden durch Digitalisierung sehen. Als Beispiel wird BASF genannt, die sich in China auf effiziente und kostengünstige Weise mit einem E-Store auf Alibaba Zugang zu kleinen und mittleren Firmen und damit 99 % des Marktes verschafft haben.

In seinem Buch *Vertrieb 4.0* erklärt Biesel: »Die Digitalisierung verändert die Welt« (Biesel 2016, S.1). Er hat als Erfolgsfaktoren die Qualität der Informationen und der Mitarbeiter ausgemacht. Er fordert, Unternehmen müssen sich auf den durch Digitalisierung ermöglichten Wandel einstellen, indem sie ihre Geschäftsmodelle verändern, evolutionär oder disruptiv.

Die Bedeutung von Daten unterstreicht eine Aussage von Manfred Knof, Chef der Allianz Deutschland im *Handelsblatt*-Interview am 23.02.2017 unter dem Titel »Amazon und Apple sind für uns Rivalen«: »Jeder andere, der versucht, die Kundenschnittstelle zu besetzen, ist für uns ein Wettbewerber.« Ausgangslage dafür ist der unerschöpfliche Datenschatz von Apple und Amazon. Inzwischen sind die Angebote der Allianz weitgehend digitalisiert und werden per App über mobile Endgeräte angeboten.

> **Praxistipp:**
>
> Im Unternehmen und im KAM sollten einige Fragen gestellt werden:
> - Was heißt Digitalisierung für unsere Kunden und Märkte?
> - Wie stellen wir uns darauf ein?
> - Way-to-market: Wie erschließen wir Wachstumspotentiale und verteidigen existierende Kunden?
> - Interne Prozesse: Wie gelingt Kosteneffizienz, höhere Flexibilität, kleinere Losgrößen bis hin zur Individualisierung?
> - Welche Produkte werden wir zukünftig anbieten?
> - Wo stehen unsere KA in dieser Hinsicht?

8.2 Führung

V volatile
U uncertain
C complex
A ambiguous

In der herrschenden VUCA-Welt, in der nicht nur die »digital natives« sondern alle Generationen ihr Kauf-, Arbeits- und Kommunikationsverhalten, insbesondere die Nutzung sozialer Medien, verändern; in der die Trennung von Arbeits- und Freizeit verschwimmt, Arbeit an jedem angebundenen Ort stattfinden kann, ist Führung ganz neuen Herausforderungen ausgesetzt.

Führungskräfte werden ihre Mitarbeiter nicht mehr steuernd anleiten und minutiös begleiten/»controllen«/mikro-managen können. Sie müssen mit Vertrauen, Inspiration, einer gemeinsamen Vision und Zielvorstellung ihre Mitarbeiter mitnehmen und zu eigenverantwortlichen Mittreibern machen.

Das wird erschwert werden durch möglicherweise wechselnde Bezugsgruppen. Aufgrund der wachsenden Volatilität wird eine Führungskraft mit wechselnden Teams und in unterschiedlichen Projekten arbeiten, eventuell sogar parallel. Es wird deutlich, dass dafür weniger die fachliche Kompetenz als die soziale entscheidend ist. Dafür gibt es die persönliche Erfolgsformel (Abbildung 117).

$$E = \frac{1}{2} W * V^2 \quad \begin{array}{l} E = \text{Erfolg} \\ W = \text{Wissen} \\ V = \text{Verhalten} \end{array}$$

Abbildung 117: Persönliche Erfolgsformel

Im Verhalten sind Werte, Vertrauen, Wertschätzung, Fehlertoleranz, Authentizität, Ehrlichkeit Feedback und mehr enthalten. Nach meinem Dafürhalten wird sich eine Führungskraft im oft zitierten war-for-(exceptional)-talents nur mit dem beschriebenen Verhalten behaupten können, sonst laufen ihr die Mitarbeiter weg. Schon heute sind die Gründe für das Verlassen der Firma in erster Linie der Führungskraft anzulasten. Ob es mangelnde Entwicklungschancen sind, fehlende Weiterbildung, Ausbleiben von Anerkennung/Lob, nicht vorhandenes Interesse an der Person des Mitarbeiters, Fairness, Erfüllung von Zusagen etc. – all das liegt in der Hand des Chefs.

Praxistipp:

Als KAM-Leiter oder KA-Manager verantworten Sie die wichtigsten Kunden. Bestehen Sie daher darauf, die besten Mitarbeiter zu haben und sie weiter zu entwickeln. Etablieren Sie in Ihrem Verantwortungsbereich die entsprechende Führungsphilosophie durch eigenes Können, Vorleben und Coaching der Mitarbeiter. Sie werden überrascht sein, wie sich die Ergebnisse kontinuierlich verbessern.

8.3 Agilität[31]

»Speed kills!« hat einer meiner früheren Kunden in den USA zu seinem Motto erhoben. Als Inhaber einer auf Vitaminprämixe für die Lebensmittelindustrie spezialisierten Firma war das sein USP, damit konnte er seine Kunden flexibel und mit kurzen Reaktionszeiten beliefern und konnte seinen Wettbewerbern – die zum Teil auch seine Lieferanten waren – Paroli bieten und seine Kunden binden.

Digitalisierung hat den Zeitdruck weiter erhöht. Das bedeutet:

- Entscheidungen müssen schneller getroffen werden.
- Damit steigt die Unsicherheit von Entscheidungen.
- Sequentielle Prozesse werden in parallellaufende überführt.
- In der Produktentwicklung wird vor 100-prozentiger Konzeptvollendung mit der Umsetzung begonnen, Änderungen werden von vorneherein in Kauf genommen.

Digitalisierung hilft der Agilität, indem mehr Daten automatisiert zu relevanten Erkenntnissen verdichtet werden. Andererseits lässt sich über Co-Creation, d.h. die Einbeziehung der Kunden/Anwender, gezielter ein Konzept erstellen. In einem gut geführten Crowdsourcing-Projekt wird zudem Zeit eingespart. Ein inzwischen bekanntes Beispiel stammt aus dem B2C-Geschäft, die australische Biermarke Blowfly. Die Gründer hatten keine Ahnung vom Markt, aber sahen angesichts nur zweier etablierter Anbieter ein Potential. Die interessierten Mitkreatoren haben alles festgelegt wie Marke, Geschmacksrichtungen, Verpackung, Vertriebsweg. So wurde ein völlig neues Biererlebnis geschaffen. Entscheidend für den Erfolg von Blowfly Beer war, dass die Entscheider die vorgeschlagenen und ausgewählten Ideen tatsächlich umgesetzt haben. So waren die Co-Creators zu Fans geworden und haben als Kunden ihr eigenes Produkt durch Kauf zelebriert.

Agiles Management verlangt von den Beteiligten eine höhere Ambiguitäts- und Risikotoleranz. Kontrollfreaks werden es schwer haben, denn nur durch Loslassen entsteht Geschwindigkeit. Die möglicherweise höhere Fehlerquote wird einerseits gemildert durch hohe Datenqualität. Fehlertoleranz sollte in der Unternehmenskultur dennoch nicht fehlen.

> **Praxistipp:**
>
> Definieren Sie mit Ihrem KA gemeinsam, wieviel Agilität gebraucht wird und in welchen Prozessen. Legen Sie dabei auch fest, bei welchen Aktivitäten und Leistungen absolute Zuverlässigkeit und Qualität unausweichlich sind.

---

[31] Buchtipp dazu: *Erfolgsfaktor Agilität – Chancen für Unternehmen in einem volatilen Marktumfeld*, von C. Ramsauer, D. Kayser und C. Schmitz (Hrsg.)(2017)

Die drei Themen sind Chance und Risiko zugleich, und zwar für alle Marktteilnehmer. Für Sie besteht mit dem folgenden Fragebogen die Möglichkeit, Ihr KAM einem »Schnell-Stresstest« auf Zukunftstauglichkeit zu unterziehen (siehe Tabelle 56). Er soll Ihnen erste Anhaltspunkte liefern, wie Ihr KAM insgesamt und in den sechs Bausteinen des KAM-Performance-Konzeptes vor dem Hintergrund der beschriebenen Herausforderungen abschneidet. Idealerweise betten Sie ihn ein in eine rundum Zertifizierung Ihres KAMs nach efkam (siehe Kap. 3.3.6.).

KAM- Zukunftstauglichkeit	1 = trifft gar nicht zu, 9 = trifft voll zu 1 2 3 4 5 6 7 8 9
1. Fit für KAM	
Die Unternehmensstrategie adressiert die Themen Digitalisierung, Agilität und Generation Y,Z	
Ressourcen für die Umsetzung der Unternehmensstrategie sind ausreichend vorhanden	
Die Kernkompetenzen (Schnittmenge interne und externe Komp.) sind zukunftsorientiert entwickelt	
Zwischensumme	
2. Ziele	
Es bestehen klare Zielvorstellung für KAM innerhalb der Unternehmensstrategie	
Die KA-Auswahl berücksichtigt deren Zukunftsfähigkeit mit hoher Gewichtung	
Die KAM-Organisation ist entscheidungsfreudig, dezentral und mit hoher Eigenverantwortung aufgestellt	
Zwischensumme	
3. Potentiale	
Wir wissen, wohin sich die Märkte unserer Key Accounts entwickeln	
Neue Leistungen, neue Business Models unserer Wettbewerber sind uns bekannt	
Unsere Key Accounts betrachten uns als Key Supplier für ihre vorausschaeuende Strategie	
Zwischensumme	

KAM- Zukunftstauglichkeit	1 = trifft gar nicht zu, 9 = trifft voll zu								
	1	2	3	4	5	6	7	8	9
4. Menschen									
Auswahl und Entwicklung von KA-Managern und Team berücksichtigen die Zukunftsanforderungen									
Die Führungsphilosophie ist geeignet, agile Methoden anzuwenden und neue Generationen einzubinden									
Organisation und Top-Management werden ihren Rollen als Enabler und Sponsor gerecht									
Zwischensumme									
5. Prozesse und Tools									
Account Planning ist bei allen Beteiligten schon fest verankert und wird praktiziert									
Veränderungen bei den Key Accounts werden frühzeitig und häufig über vielfältige Kanäle erfasst									
Der KA-Verkaufsprozess ist zweigleisig: - automatisierte transaktionelle Prozesse - personalisierte strategische Elemente									
Zwischensumme									
6. Ergebnissicherung									
Für jeden KA gibt es eine Balanced Scorecard									
Prozessagilität wird über Key Performance Indicators erfasst									
Digitalisierungseffekte wie Umsatzsteigerung, Kostenersparnis sind transparent									
Zwischensumme									
Gesamtsumme									

Tabelle 56: Schnell-Stresstest Zukunftstauglichkeit

Das Ergebnis zeigt die Abbildung 118.

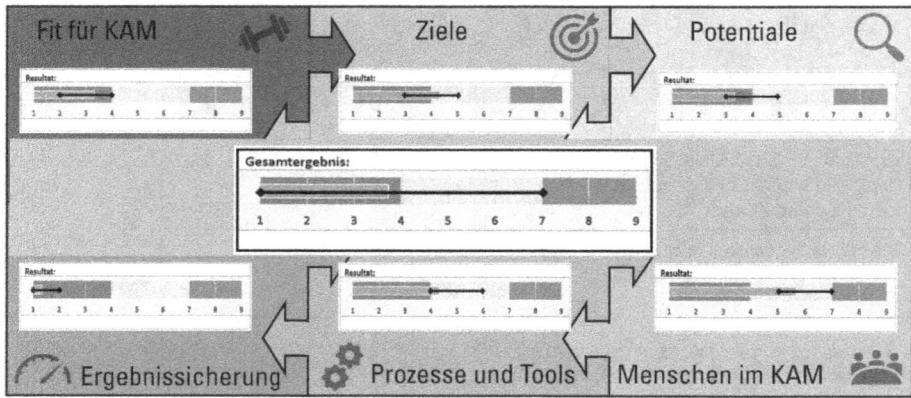

Abbildung 118: Ergebnis Stresstest Zukunftstauglichkeit

In der Darstellung zeigt der dickere Balken jeweils das Ergebnis an, die dünnere Linie die Bandbreite der Nennungen. Sie sehen an dem fiktiven Beispiel, dass in den Themen »Ziele«, »Menschen im KAM« und »Prozesse und Tools« eine mittlere Bewertung (4 – 7 Punkte) erzielt wurde. Die anderen Felder sind im »roten« Bereich (Bewertung 1-4), kein KAM-Performance Element ist auf Top-Niveau.

Ganz aktuell hatte ich Gelegenheit, die zweite Rezertifizierung von Schmitz Cargobull im Rahmen eines efkam-Best-Practice-Workshops zu erleben. Sie erhielten wieder die Top-Bewertung »Professional«. Die hochinteressante Präsentation des KAM-Leiters hat die kritischen Erfolgsfaktoren deutlich gemacht. Diese finden Sie im KAM-Performance-Konzept.

> **Letzter Praxistipp:**
>
> KAM ist nie fertig. Es ist kontinuierlicher Weiterentwicklung unterworfen, gleichzeitig Treiber derselben. Und es braucht Personen, die es weitertreiben. Das sind die KA-Manager und Team, der Leiter KAM und das Topmanagement, welches dem KAM den Rücken stärkt und Raum und Ressourcen verschafft.
>
> Noch jeder im KAM Involvierte ist auf der Reise zum professionellen KAM auf Grenzen gestoßen. Schaffen Sie sich ein Netzwerk – auch außerhalb Ihrer Firma –, das Ihnen zum Austausch dient und in dem Sie mit Gleichgesinnten Wege über die Grenzen finden können.

Ihnen und Ihrem Key Account Management wünsche ich gutes Gelingen und viel Erfolg!

Ihr Stefan Reintgen

Literaturverzeichnis

Backhaus, Klaus / Voeth, Markus (2014): *Industriegütermarketing*, 10. Aufl., München

Belz, Christian / Müllner, Markus / Zupancic, Dirk (2015): *Spitzenleitung im Key-Account-Management*, 3. Aufl., München

Belz, Christian / Müllner, Markus / Zupancic, Dirk (2008): *Spitzenleitung im Key-Account-Management*, 2. Aufl., München

Beutin, Nikolas: »Verfahren zur Messung der Kundenzufriedenheit im Überblick«, in Homburg, Christian (Hrsg.): *Kundenzufriedenheit*, Wiesbaden, 2003

Biesel, Hartmut H. (2016): *Vertrieb 4.0*, Norderstedt

Biesel, Hartmut H. (2007): Key Account Management erfolgreich planen und umsetzen, 2. Aufl., Wiesbaden

BMW Group (2016): *The Next 100*, https://www.bmwgroup.com/de/next100/markenvisionen.html, Aufruf am 29.12.2016

Boyarsky, Brooke / Enger, Will / Ritter, Ron (2016): »Developing a customer experience vision«, in: *McKinsey Quarterly*, March 2016

Brehm, Carsten (2014): »Kommunikation im Wandel«, in: Krüger, Wilfried / Bach, Norbert (Hrsg.): *Excellence in Change*, 5. Aufl., Wiesbden

Bundesverband Materialwirtschaft, Einkauf und Logistik e.V. (BME): *Einkauf vor gewaltigen Herausforderungen*, https://www.bme.de/feldmann-einkauf-vor-gewaltigen-herausforderungen-1315/ Aufruf am 07.12.2016

Capon, Noel (2001): Key Account Management and Planning, New York

Capon, Noel (2014): *Managing Marketing: An Applied Approach*, https://www.youtube.com/watch?v=YJP_02OltXQ, Abruf am 22.03.2017

Chan, W. Kim / Mauborgne, Renée (2005): Blue Ocean Strategy: How To Create Uncontested Market Space And Make The Competition Irrelevant, Boston

Cooper, Robert G. (2010): *Top oder Flop in der Produktentwicklung*, 2. Aufl., Wiley VCH, Weinheim

Cooper, Robert G. (2014): »What's next? After Stage Gate«, in: *Research-Technology Management*, Vol 157, No. 1, Jan-Feb 2014, pp 20-31

Denner, Volkmar im Interview mit Hank, Rainer / Meck, Georg (2015): »Geld wirkt demotivierend«, in: *Frankfurter Allgemeine Sonntagszeitung*, 25.09.2015

Diller, Hermann (2009): *Preispolitik*, 4. Aufl., Kohlhammer, Stuttgart

Diller, Hermann / Haas, Alexander / Ivens, Björn (2005): *Verkaufs- und Kundenmanagement*, Kohlhammer, Stuttgart

Dippe, Frank (2006): *Verkaufen mit Persönlichkeit*, Stuttgart

Drucker, Peter F. (1993): *Innovation and Entrepreneurship*, New York

Duderstadt, Stefan (2006): Wertorientierte Vertriebssteuerung durch ganzheitliches Vertriebscontrolling, Gabler, Wiesbaden

European Patent Office, epo annual results, *top ten applicants 2015*, https://mediacentre.epo.org//razuna/assets/1/48E87A7B232941C28C61EBF14484744C/img/0D09C1BCCFCB462F8A6688E00AA84078/EPO_2015_Top10applicants.jpg, Abruf 02.03.2017

Fortange, André (2016): »Wie bindet man Angestellte, wenn man sie nicht befördern kann?« In: https://www.impulse.de/management/personalfuehrung/fehlende-aufstiegsmoeglichkeiten/3538240.html, Abruf 02.03.2017

Gates, Steve (2012): *Verhandeln – Das Buch*, Weinheim

Heinzelbecker, Klaus / Gloggengießer, Rolf: »Management von Kundenzufriedenheit in der chemischen Industrie: das Beispiel BASF«, in: Homburg, Christian (Hrsg.): *Kundenzufriedenheit*, Wiesbaden, 2003

Hinterhuber, Hans H. / Matzler, Kurt (Hrsg.): *Kundenorientierte Unternehmensführung*, Wiesbaden, 2009

Hofstede Geert, Hofstede Gert Jan (2009): Lokales Denken, globales Handeln. Interkulturelle Zusammenarbeit und globales Management, München

Homburg, Christian / Schäfer, Heiko / Schneider, Jana (2006): *Sales Excellence*, 4. Aufl., Wiesbaden.

Homburg, Christian / Stock, Ruth: Der kundenorientierte Mitarbeiter: Bewerten, Begeistern, Bewegen, Wiesbaden, 2000

Johne, Thomas (2005): *Basiswissen Kundenorientierung – Kundenbindung, RKW 2005*, RKW Rationalisierungs- und Innovationszentrum der Deutschen Wirtschaft e.V. Kompetenzzentrum, Düsseldorfer Straße 40 A, 65760 Eschborn

Kaplan, Robert S. / Norton, David P. (2001): *Die strategiefokussierte Organisation: Führen mit der Balanced Scorecard*, Schäffer-Poeschel, Stuttgart

Krüger, Wilfried: (2014): »Strategische Erneuerung: Probleme und Prozesse«, in: Krüger, Wilfried / Bach, Norbert (Hrsg.): *Excellence in Change*, 5. Aufl., Wiesbaden

Lewin, Tony (2006): »The most advanced car of our time«, in: *Ricardo Quarterly Review Q2*, 2006, online unter: http://ricardo.com/news-and-media/ricardo-quarterly-magazine?page=3, Abruf 03.01.2017

Maister, David H. / Green, Charles H. / Galford, Robert M. (2004): *The trusted advisor*, New York

Malik, Fredmund (2014): *Führen, Leisten, Leben*, Frankfurt am Main,

Malik, Fredmund (2005): *Gefährliche Managementwörter*, 3. Aufl., Frankfurt

Miller Heiman Inc. (1997): *La Venta Estratégica/La Venta Conceptual* (Training-Manual), Mexico

Möhrle, Martin G. / Specht, Dieter: »Innovationsprozess«, in: *Gabler Wirtschaftslexikon*, online: http://wirtschaftslexikon.gabler.de/Definition/innovationsprozess.html, Abruf 14.12.2016

o. V.: *Best Global Brands: Markenwert der 100 wertvollsten Marken im Jahr 2016* (in Milliarden US-Dollar), https://de.statista.com/statistik/daten/studie/164601/umfrage/die-100-wertvollsten-marken-in-2010-nach-markenwert/ Abruf 02.03.2017

o. V.: *Preisdifferenzierung*, www.wirtschaftslexikon24.net/d/preisdifferenzierung/preisdifferenzierung.htm, Abfrage 13.01.2011

Paul, Michael (2002) (Hrsg.): So entwickeln Sie Ihre Unternehmensstrategie, Frankfurt

Pentland, Alex (2012): »The new science of building great teams«, in: *Harvard Business Review Reprint* 1204C, April 2012

Prahalad, C. K. / Hamel, Gary (1990): »The Core Competence of the Corporation«, *Harvard Business Review* May/June 1990, S. 79–91.

Preißler, Peter R. (2008): Betriebswirtschaftliche Kennzahlen – Formeln, Aussagekraft, Sollwerte, Ermittlungsintervalle, München

Ramsauer, Christian / Kayser, Detlef / Schmitz, Christoph (Hrsg.)(2017): *Erfolgsfaktor Agilität – Chancen für Unternehmen in einem volatilen Marktumfeld*, Wiley VCH, Weinheim

Reichheld, Frederic: The Loyalty Effect. The Hidden Force Behind Growth, Profits and Lasting Value, Harvard Business School Press, 2001

Reichmann, Thomas (2006): Controlling mit Kennzahlen und Managementberichten, 7. Aufl., München

Roll, Oliver / Pastuch, Kai / Buchwald, Gregor (Hrsg.)(2012): *Praxishandbuch Preismanagement*, Wiley VCH, Weinheim

Scheelen, Frank M. (2006): *Menschenkenntnis auf einen Blick*, 2. Aufl., München.

Schneider, Willy (2008): Profitable Kundenorientierung durch Customer Relationship Management (CRM), München

Schreyögg, Georg / Koch, Joachim (2007): *Grundlagen des Managements*, Wiesbaden

Schulz von Thun: *Das Werte- und Entwicklungsquadrat*. www.schulz-von-thun.de/index.php?article_id=72, Abruf 30.03.2017

Sidow, Hans: Key Account Management. Wettbewerbsvorteile durch kundenbezogene Strategien, Landsberg 2002

Sieck, Hartmut (2016): *Key Account Management*, 3. Aufl., Norderstedt

Sieck, Hartmut (2016): *The Strategic Key Account Plan*, 3. Aufl., Norderstedt

Simon, Hermann / Fassnacht, Martin (2009): *Preismanagement*, 3. Aufl., Wiesbaden

Simon, Hermann / von der Gathen, Andreas (2002): *Das große Handbuch der Strategieinstrumente*, Frankfurt/Main

Spiess, Rainer (2016): »Kleine Revolution in der Vergütungspraxis«, in: *VDI Nachrichten*, 13.05.2016

Sprenger, Reinhard K. (1992): *Mythos Motivation*, 3. Aufl., Frankfurt, New York

Staufenbiel Institut Redaktion (2016): *Das verdienen Key Account Manager*, Abruf unter https://www.staufenbiel.de/magazin/gehalt/gehaltstabellen/key-account-manager.html, Abruf am 18.02.2017

Workman, John P. / Homburg, Christian / Jensen, Ove (2003): »Intraorganizational Determinants of Ley Account Management Effectiveness«, in: *Journal of the Academy of Marketing Science*, Vol. 31, No. 1

Wunderer, Rolf (2011): Führung und Zusammenarbeit, eine unternehmerische Führungslehre, 9. Aufl., Köln

Zupancic, Dirk (2001): International Key Account Management Teams: Koordination und Implementierung aus der Perspektive des Industriegütermarketings, Diss., Universität St. Gallen

Abbildungsverzeichnis

Abb. 1: B2B-KAM in a nutshell	9
Abb. 2: Rahmenbedingungen des KAM	11
Abb. 3: Das integrierte KAM Performance Konzept	18
Abb. 4: Vertriebsstrategie	24
Abb. 5: Kernkompetenzen	25
Abb. 6: Aufwand im KAM	26
Abb. 7: Grundsätze für Key Account Management	28
Abb. 8: Wertkette der Kundenorientierung	30
Abb. 9: Ursprung der Kundenzufriedenheit	30
Abb. 10: Die ABC-Analyse zur Kundenauswahl	41
Abb. 11: Profitabilität nach Kundengruppen	41
Abb. 12: Weiterführende ABC-Analyse	42
Abb. 13: Kombination von ABC-Analyse und Portfolio-Technik	43
Abb. 14: Die BCG-Matrix in verschiedenen Darstellungsvarianten (Beispiel links aus einem Beratungsprojekt).	47
Abb. 15: Kundenportfolio	51
Abb. 16: Kundenlebenszyklus	52
Abb. 17: Auswahlprozess – Übersicht	56
Abb. 18: 1. Vorauswahl: Kundenentscheidungsprozess	57
Abb. 19: 2. Vorauswahl: Internationale Reichweite	57
Abb. 20: Feinauswahl	58
Abb. 21: Veränderungsreaktions-Typen	60
Abb. 22: KAM-Einführung: Projekt-Überblick (in Anlehnung an Krüger, 2014, S. 40)	61
Abb. 23: Stakeholder einer KAM-Einführung	62
Abb. 24: Kommunikation im Wandlungsprozess (in Anlehnung an Brehm, 2014)	64
Abb. 25: Projektplan Konzeptionsphase	70
Abb. 26: Projektplan Testing	73
Abb. 27: Schritte der Umsetzung	74
Abb. 28: Projektplan Umsetzung	74
Abb. 29: Kulturzwiebel nach Hostede (2006)	75
Abb. 30: Beziehungsbalance (nach Sieck 2016_1, S. 40)	78
Abb. 31: efkam Partnerschaftsdiagramm (Beispiel)	80
Abb. 32: Risiko Management Ansätze	81
Abb. 33: Der Markt des Key Accounts	85
Abb. 34: SWOT-Analyse mit Konfrontierungsmatrix	88
Abb. 35: Wirkungskette Key Account Erfolg	93
Abb. 36: Kundenanforderungen, Wettbewerb, Lieferant (Kunden-Beispiel)	94
Abb. 37: Herzstück der Blue Ocean Strategie (in Anlehnung an Kim/Mauborgne 2015)	95
Abb. 38: Ansatzpunkte für Leistungsgestaltung	96
Abb. 39: Kriterien zur Beschreibung des Buying Centers	99
Abb. 40: Umgang mit Coach und Gegner	108
Abb. 41: Haupteinflussfaktoren menschlichen Verhaltens nach Jung/Marston	110
Abb. 42: Übersicht der präferierten Verhaltensweisen	112
Abb. 43: Die Quadranten und ihre Repräsentanten	113
Abb. 44: »Lesehilfe zur Einschätzung des Gesprächspartners	123
Abb. 45: Handlungssteuerung durch das Motiv (Dippe 2006)	123
Abb. 46: Buying Center Darstellung	127
Abb. 47: Strategieumsetzung – Zielerreichungs-Matrix	130
Abb. 48: Sortimentsportfolio	132
Abb. 49: Analyse der eigenen Lieferanteile beim Key Account (Projektbeispiel)	133
Abb. 50: Lieferanteile aller Anbieter	134
Abb. 51: Produktlebenszyklus und BCG-Portfolio	135
Abb. 52: Projektportfolio	136
Abb. 53: Innovationsprozess (Beispiel)	138
Abb. 54: Stage Gate Prozess (Cooper, 2010)	138
Abb. 55: Schlüsselfaktoren im Innovationsprozess	140
Abb. 56: Strategie im Innovationsprozess	140
Abb. 57: Innovationspartnerschaft mit dem Key Account	141
Abb. 58: Organisationsmöglichkeiten für Innovationen (Quelle: Beratungsprojekt)	142
Abb. 59: Innovationskultur	143
Abb. 60: Kundenlebenszyklus	149

Abb. 61:	Stufen der Beziehungsintensität (Biesel)	150	
Abb. 62:	Vision als Kern der KA-Entwicklung (Paul)	156	
Abb. 63:	Prozess zur Entwicklung einer Vision (in Anlehnung an Paul)	157	
Abb. 64:	Werte- und Entwicklungsquadrat (nach Schulz von Thun) für den Wert Kundenorientierung	160	
Abb. 65:	Zielsystem	161	
Abb. 66:	Produkt-/Markt-Matrix nach Ansoff	165	
Abb. 67:	Marktakteure und ihr Zusammenwirken	169	
Abb. 68:	Konkurrenzanalyse (Paul)	171	
Abb. 69:	Abb.: Leistungselemente und -Kategorien (Belz/Müllner/Zupancic 2015)	180	
Abb. 70:	Gegenleistungen	182	
Abb. 71:	Gewinnwirkung bei Verschlechterung der Gewinntreiber (Simon/Fassnacht)	184	
Abb. 72:	Gewinnwirkung bei Verbesserung der Gewinntreiber (ebda.)	185	
Abb. 73:	Preis-Absatz-Funktion	188	
Abb. 74:	Preiselastizität	188	
Abb. 75:	Preispositionierungen (in Anlehnung an Simon/Fassnacht 2016)	190	
Abb. 76:	Spannungsverhältnis der Marktakteure	195	
Abb. 77:	Break-Even in Abhängigkeit vom Preis (Simon/Fassnacht)	198	
Abb. 78:	Nutzenfunktionen	200	
Abb. 79:	Preispremium des Marktführers gegenüber dem Imitator	201	
Abb. 80:	Ziele der Preisdifferenzierung (Simon/Fassnacht)	202	
Abb. 81:	Preisspielraum	204	
Abb. 82:	Institutionelles und funktionelles KAM (Sieck 2016, S. 128)	211	
Abb. 83:	Organisationsmodelle für KAM	214	
Abb. 84:	Kundenbeispiel Dienstleister B2B	215	
Abb. 85:	Kundenbeispiel Lebensmittel-Ingredienzen	217	
Abb. 86:	Kundenbeispiel Maschinenbau	220	
Abb. 87:	Management divisionsübergreifender KAs durch Lead GKAMgr	222	
Abb. 88:	Management divisionsübergreifender KAs durch Corporate KAM	222	
Abb. 89:	Buying Center trifft Key Account Team	229	
Abb. 90:	Buying Center Selling Center Matrix	230	
Abb. 91:	Virtuelle Key Account Teams (angelehnt an Sieck 2016_1, S. 155)	230	
Abb. 92:	Struktur des Key Account Teams	231	
Abb. 93:	Teamrad nach INSIGHTS MDI®	232	
Abb. 94:	RASIC-Anwendung (Bsp.)	236	
Abb. 95:	Rollen des Key Account Managers	238	
Abb. 96:	Key Account Manager Levels	245	
Abb. 97:	KA-Manager-Levels im Vergleich mit anderen Vertriebsaufgaben	249	
Abb. 98:	Gehälter von KA-Managern nach Erfahrungsjahren (Staufenbiel Institut 2016)	249	
Abb. 99:	Gehälter von KA-Managern nach Branchen (Staufenbiel Institut 2016)	250	
Abb. 100:	Key Account Verkaufsprozess	256	
Abb. 101:	Flowchart KAP-Erstellung	259	
Abb. 102:	KAP-Struktur, Kundenbeispiel Elektronikindustrie	264	
Abb. 103:	KAP-Struktur, Kundenbeispiel Gebäudeausrüstung	264	
Abb. 104:	Agenda Empfehlung (intern) für ein strategisches Kundenjahresgespräch	265	
Abb. 105:	Customer Journey Map	268	
Abb. 106:	Zusammenspiel von Unternehmensführung und Controlling (Reichmann)	271	
Abb. 107:	Controlling Themen	271	
Abb. 108:	Aufbau der BSC (Kaplan, Norton 2001, S.70)	276	
Abb. 109:	Rentabilitätskennzahlen	277	
Abb. 110:	Kriterien zur Lieferantenbewertung	279	
Abb. 111:	Allgemeine Wertkette einer Organisation (Kaplan/Norton 2001, S. 82)	280	
Abb. 112:	BSC Strategy Map (Kaplan/Norton 2001, S. 88)	282	
Abb. 113:	Grundsätze der strategiefokussierten Organisation (Kaplan/Norton 2001, S. 10)	283	
Abb. 114:	Strategie als kontinuierlicher Prozess (Kaplan/Norton 2001, S. 245)	288	
Abb. 115:	Vorschlag für KAM-CRM	295	
Abb. 116:	Nutzen eines kundenorientierten CRM-Systems (Biesel)	295	
Abb. 117:	Persönliche Erfolgsformel	298	
Abb. 118:	Ergebnis Stresstest Zukunftstauglichkeit	302	

Tabellenverzeichnis

Tab. 1: Inhaltsübersicht zum Key Account Management Performance Konzept 19
Tab. 2: Umfeldanalyse mit PESTLE (Capon 2014) 23
Tab. 3: Dauer und Vorteilhaftigkeit von Kernkompetenzen (in Anlehnung an Sander/Bauer) 27
Tab. 4: KAM Fitness Check 32
Tab. 5: Der grundlegende Aufbau des Scoring-Verfahrens (Schneider 2008, S.129) 46
Tab. 6: Bewertungs-Maßstab für Kundenportfolio (Beispiel) 50
Tab. 7: Bewertungsbeispiel 50
Tab. 8: Schema zur Berechnung des quantitativen CLV (Schneider 2008, S.132) 54
Tab. 9: Vor- und Nachteile der Verfahren 55
Tab. 10: Umfassender Analyseansatz 56
Tab. 11: Erwartungen der einzelnen Stakeholder 62
Tab. 12: Ablauf des Projektstart-Workshops 66
Tab. 13: Fragebogen zu Learnings aus der Testphase 72
Tab. 14: efkam Werkzeug: Partnerschaftsdiagramm 79
Tab. 15: Risiko Management Planung 82
Tab. 16: Megatrends und ihre Relevanz 86
Tab. 17: Kundenanforderungen und deren Wichtigkeit aus Key Account Sicht (Kunden-Beispiel) 90
Tab. 18: Kundenanforderungen, Key Account Sicht und Lieferantenleistung (Kunden-Beispiel) 92
Tab. 19: Kundenanforderungen und deren Erfüllung (Kunden-Beispiel) 94
Tab. 20: Vergleich der Rollen im Buying Center bei verschiedenen Autoren 101
Tab. 21: Aufgaben Strategischer und operativer Einkauf 104
Tab. 22: Checkliste Einfluss im Buying Center 106
Tab. 23: Themen der Vertragsgestaltung 153
Tab. 24: Übersicht: Analyse des eigenen Geschäftes mit dem KA 154
Tab. 25: Zielkorridore und Ziele 163
Tab. 26: Bewertungsbeispiel für die Optionen 1 und 2 173
Tab. 27: Beispiele für die Leistungskategorien (BelzMüllner/Zupancic 2015, S. 95) 179
Tab. 28: Mengenveränderung zur Kompensation einer Preisänderung 185
Tab. 29: Ergebnis der Schätzung zur Preisentwicklung 189
Tab. 30: Marketinginstrumente bei Niedrigpreispositionierung (Simon/Fassnacht 2016) 191
Tab. 31: Marketinginstrumente bei Mittelpreispositionierung (Simon/Fassnacht) 192
Tab. 32: Marketinginstrumente Premiumpreispositionierung (Simon/Fassnacht) 193
Tab. 33: Marketinginstrumente bei Luxuspreispositionierung (Simon/Fassnacht) 194
Tab. 34: Break-Even-Menge für alternative Preise (Simon/Fassnacht) 197
Tab. 35: Beispiel von Produkt-Merkmal-Preis-Profilen 200
Tab. 36: KA-Planzahlen 207
Tab. 37: Vor- und Nachteile des institutionellen KAM 212
Tab. 38: Vor- und Nachteile des funktionellen KAM 212
Tab. 39: Vor-/Nachteile Kundenbeispiel Dienstleister 216
Tab. 40: Vor-/Nachteile Kundenbeispiel Lebensmittel-Ingredienzen 218
Tab. 41: Vor- und Nachteile Kundenbeispiel Maschinenbau 221
Tab. 42: Effektivitäts-Check der Organisation 223
Tab. 43: Aufgaben und Kompetenzen des strategischen Kundenentwicklers 239
Tab. 44: Aufgaben und Kompetenzen des Kundenkontakts 241
Tab. 45: Aufgaben und Kompetenzen des KA-Team-Leaders 242
Tab. 46: Aufgaben und Kompetenzen des Profitcenter-Managers 243
Tab. 47: Weiterbildungsempfehlung für KA-Manager 247
Tab. 48: Operatives und strategisches Controlling 270
Tab. 49: Bezugsgrößen des KAM-Controllings 272
Tab. 50: Fragebogen Bedarf an BSC 275
Tab. 51: Stufenweise Operationalisierung von Strategien (Reichmann) 287
Tab. 52: Beispiele für die Inhalte der Finanziellen Perspektive einer Key Account Scorecard (in Anlehnung an Zupancic 2002) 291

Tab. 53: Beispiele für die Inhalte der KA-Perspektive einer Key Account Scorecard (in Anlehnung an Zupancic 2002) ... 291

Tab. 54: Beispiele für die Inhalte der Prozess-Perspektive einer Key Account Scorecard (in Anlehnung an Zupancic 2002) ... 292

Tab. 55: Beispiele für die Inhalte der Lern- und Entwicklungsperspektive einer Key Account Scorecard (in Anlehnung an Zupancic 2002) ... 293

Tab. 56: Schnell-Stresstest Zukunftstauglichkeit ... 301

Der Autor

Stefan Reintgen hat umfassende internationale B2B-Praxiserfahrung als Bereichsleiter, Marketing- und Vertriebsleiter sowie als Verantwortlicher für Global Key Accounts, darunter Fortune-Top-Ten-Firmen ebenso wie Hidden Champions des Mittelstands. Praxis und Theorie kombiniert er als Autor und Lehrbeauftragter eines KAM-Studiengangs. Er ist Mitglied der efkam (European Foundation for Key Account Management).

Seit 2008 ist er selbstständiger Berater, Trainer und Coach mit den Schwerpunkten Einführung, Weiterentwicklung und Auditierung von KAM-Programmen, Kunden-Orientierung, Führung im Vertrieb und Verhandlungsführung. Er ist verheiratet, hat drei erwachsene Töchter und lebt am Niederrhein. Sein Motto: »Können – Wollen – Machen!«

Stichwortverzeichnis

A ABC-Analyse 40
Ansoff 165
ASSESS® 246

B Balanced Scorecard 273
– Implementierung 285
BCG-Portfolio 135
Bedarfsanalyse 254
Begrifflichkeiten 17
Beschwerdeanalyse 147
Beziehung KA – Lieferant 149
– Intensität 150
Blue Ocean 94
Buing Center
– Coach 107
Buying Center 97
– Anwender 102
– Beeinflusser 103
– Entscheider 102
– Entscheidungsprozess 100
– Organisation 100
Bying Center
– Einkäufer 103

C Change-Management *Siehe* Veränderung
CLV *Siehe* Customer Lifetime Value
Coach 224
Conjoint Analyse 200
Controlling 269
CRM 294
Customer Lifetime Value 52

E efkam *European Foundation for Key Account Management*
Einkauf
– Operativer 104
– Strategischer 104
European Foundation for Key Account Management 76
Executive Summary 263

G Gegenleistungen 180
Gehälter 249
Geschäft mit dem Key Account 128
Geschäftsentwicklung 128
Gewinn 183

H Handlungsoptionen 172
– Bewertungskriterien 172
Hierarchisches Level 213

I Innovation 137
– prozess 138
– Stage-Gate-Prozess 138
Innovations-Kultur 142
Innovations-Marketing 142

Innovationspartnerschaft 141
INSIGHTS MDI 109

J Jahresgespräche 265

K KAM Performance Konzept 18
KAP *Siehe* Key Account Plan
Kernkompetenzen 25
Key Account
– Markt des KA 85
– Steckbrief 84
– Verkaufsprozess 254
Key Account Auswahl 37
– Verfahren 39
Key Account Entwicklung 155
Key Account Management
– Balanced Scorecard 290
– Controlling 272
– Einführung 59, 61
– funktionelles 211
– Grundsätze 27
– institutionelles 211
– Leitung 226
– Organisationsgestaltung 209
– Organisationsmodelle 214
– Quick-Check 31
– Rahmenbedingungen 11
– Rollen und Verantwortung 223
Key Account Manager 238
– Aufgaben 238
– Entlohnung 247
– Levels 245
– Vorbereitung und Weiterentwicklung 244
Key Account Plan 260
– Anforderungen 261
– Aufbau 262
– Erstellungsprozess 257
– Zweck 260
Key Account Team 227
– Erfolg orchestrieren 233
– Kommunikation 234
– Leistungsbereitschaft 235
– Rollen und Regeln 236
– Struktur 231
– virtuelles 230
– zusammensetzung und Struktur 228
Konkurrenzanalyse 171
Kontinuierliche Verbesserung 77
Kulturzwiebel 75
Kundenanforderungen 89
– Erfüllung 92
Kundendeckungsbeitragsrechnung 43
Kundenentwicklungsplan 239

Kundenentwicklungsstrategie 239
Kundenorientierung 30, 76
Kundenzufriedenheit
– Ursprung 30
Kundenzufriedenheitsanalyse 266

L Learnings 72
Leistung 176
Leistungsgestaltung 174
– Leistungskategorien 179
Lieferanteile 133

M Maßnahmen 171
Matrixorganisation 218
Mehrwert 175
Mission 22
Motiv-Erkennung 127
Motivation 163, 250
Motive 122
– Bequemlichkeit 126
– Entdeckung 126
– Gesundheit 125
– Materielles 124
– Prestige 126
– Sicherheit 124
– Soziale Verantwortung 125

N Nutzen 174

P Persönlichkeitstypen 109
PESTLE 23
Planzahlen 206
Portfoliotechnik 47
Potentialermittlung 83
Preis
– Implementierung 203
Preis-Absatz-Funktion 187
Preisbildungsverfahren 195
Preisdifferenzierung 202
Preiselastizität 187
Preisgestaltung 183
– Preises als Marketinginstrument 186
Preismanagement 183
Preispositionierung 189
Preisspielraum 204
Preiswirkung 183
Produkt-/Markt-Matrix 165
Produktlebenszyklus 135
Profitcenter 243
Prozesse 253

R RASIC 236
Rentabilität 168
Ressourcen 25
– opertive 206
Risiko Management 78
– Ansätze 81
– Planung 82

S SAMA 17, 239, 257
Scoring Verfahren 45
Selling Center 229
SMART 36, 162
smart 233
Sortimentsanalyse 131
– Sortimentsportfolio 131
Stakeholder 62
Strategie 129, 164
– Diversifikation 167
– Marktdurchdringung 165
– Marktentwicklung 166
– Markterschließung 166
– Optionen 165
– Produktentwicklung 166
Strategische Allianz 151
Strategische F&E-Planung 140
Strategy Map 286, 288
Supply Chain 145
Supply Shares Siehe Lieferanteile
SWOT 88

T Teamspirit 235
Topmanagement 71, 142, 223
– Commitment 29

U Unternehmensstrategie 21
UVP 23

V Value Curve 94
Veränderung 59
– Projektinhalte 66
– Projektplan 69
– Projektstart 65
– Projektteam 64
– Reaktions-Typen 59
– Testing 70
– Umsetzung 73
– Veränderungsprozess 60
– Veränderungsprozesse 60
– Verstetigung 75
Vertragssituation 152
Vertriebsstrategie 23
Vision 22, 155
– Anforderungen 155
– Entwicklung 156
Vorteile von KAM 13

W Weiterbildung 246
Werte 22, 155, 159
Wettbewerberreaktion 169

Z Z-Matrix 165
Zahlungsverhaltens 148
Zertifizierung 76
Ziele 35, 61, 161
– Leistungsziele 162
– Zielkorridore 163
Zielvereinbarung 233
Zielvereinbarungsprozess 163